# 百色学院创新创业教育"D-TSO"模式发展报告

# （2017年）

唐拥军　罗志发　兰翠玲　主编

利用亚洲开发银行贷款广西百色职业教育发展项目
（多层次职业教育能力建设与创新）（CS1）成果

科学出版社

北　京

# 内 容 简 介

本书在比较全面地梳理国内外林林总总的高等学校创新创业教育模式基础之上，全面总结百色学院创新创业教育改革的最新成果，即双层（double）"理论（theory）-模拟（simulation）-实操（operation）"创新创业教育模式（简称"D-TSO"模式），包括分析"D-TSO"模式的探索历程、内涵特征、组织运行、保障机制、主要成效、不足之处、未来展望，探讨"D-TSO"模式的理论意涵，展现"D-TSO"模式的多维实践图景。实践图景以各类实施主体和参与主体的体验感悟文章，以及部分同行高校、合作企业和报刊等媒体的评论得以实现。这也是本书的显著特点之一。

本书适合于高等教育相关管理者，尤其是高校创新创业教育改革实践者和研究者阅读，也可作为有关专业研究生和学者的阅读书目。

**图书在版编目（CIP）数据**

百色学院创新创业教育"D-TSO"模式发展报告.2017年／唐拥军，罗志发，兰翠玲主编.—北京：科学出版社，2019.3

ISBN 978-7-03-059317-7

Ⅰ.①百… Ⅱ.①唐… ②罗… ③兰… Ⅲ.①百色学院-创造教育-研究报告-2017 Ⅳ.①G647.38

中国版本图书馆 CIP 数据核字（2018）第 251277 号

责任编辑：郝　静／责任校对：王丹妮
责任印制：霍　兵／封面设计：无极书装

**科学出版社** 出版
北京东黄城根北街 16 号
邮政编码：100717
http://www.sciencep.com
**新科印刷有限公司**印刷

科学出版社发行　各地新华书店经销

＊

2019 年 3 月第 一 版　开本：720×1000　1/16
2019 年 3 月第一次印刷　印张：18 1/4
字数：367000
**定价：90.00 元**
（如有印装质量问题，我社负责调换）

# 编 委 会

主　任：唐拥军　金长义
副主任：徐魁峰　罗志发　蒋兴礼　吴佩杰　兰翠玲　吕嵩崧
成　员：黄建雄　肖福流　张泽丰　唐金湘　易忠君　徐洪刚
　　　　黄子军

## 本书编写组

主　编：唐拥军　罗志发　兰翠玲
副主编：黄建雄　肖福流　张泽丰　唐金湘　易忠君
成　员：徐洪刚　黄子军　王美云　王惠珍　梁　川　陈洪诚
　　　　廖英丽　彭佑兰　雷国慧　蒋　璇　陈艳红　何中洋
统　稿：黄建雄　肖福流　张泽丰
审　定：唐拥军　罗志发　兰翠玲

百色学院东合校区大门

百色学院澄碧校区大门

百色学院公共实验中心外景

百色学院 GMS 大楼外景

# 广西高等教育自治区级教学成果奖

# 证　书

为表彰2017年广西高等教育自治区级教学成果奖获得者，特颁发此证书。

成 果 名 称：百色学院创新创业教育"D-TSO"（双层"理论-模拟-实操"）模式的构建与实践

主要完成人：唐拥军、罗志发、兰翠玲、肖福流、黄建雄、唐金湘、张泽丰、王惠珍、王美云、梁　川、蒋　璇、赵世安、谢瑞刚、彭佑兰

主要完成单位：百色学院

获 奖 等 级：二等奖

证 书 号：20172123

广西壮族自治区教育厅

二〇一七年六月二十七日

百色学院创新创业教育"D-TSO"模式获得2017年自治区级教学成果奖二等奖

# 广西高等教育自治区级教学成果奖

# 证 书

为表彰2017年广西高等教育自治区级教学成果奖获得者，特颁发此证书。

成果名称：新建本科院校"双元制＋双园制"应用型人才培养模式改革的探索与实践

主要完成人：金长义、韦宗发、罗志发、兰翠玲、覃焕昌、黄建雄、杨秀富、王　芳、赵金和、马　博、潘大胜、滕政胜、陈洪诚

主要完成单位：百色学院

获 奖 等 级：一等奖

证 书 号：20171042

相关教学改革成果获得 2017 年自治区级教学成果奖一等奖

# 前　言①

　　创业即创办经营企业。创业教育是指对学生开展专业教育的同时开展创业理论、创业模拟与创业实操等课程教学而使之获得创业精神、创业素质和创业技能的教育。

　　美国是创业教育的始祖也是目前创业教育最为发达的国家。1942 年哈佛商学院开设 MBA 课程"新企业管理",标志着美国高校创业教育拉开序幕;20 世纪 60 年代末美国创业教育兴起,百森商学院 1968 年为本科生开设首个创业学主修课程,开辟了美国高校创业教育的新领域;学术界兴起创业研究,美国小企业管理局(small business administration,SBA)资助开展中小企业研究,《创业企业家》等一大批创业领域重要期刊纷纷创设;1984 年首届创业计划大赛后美国创业教育快速发展,创业论坛、学生创业俱乐部等组织层出不穷;而且适应经济发展与全球化竞争,美国高校创业教育跨出商学院向全校、研究生教育和中学教育发展,科技创业项目比重渐居榜首。英国高校创业教育始于 20 世纪 80 年代,1981 年推出"青年培训项目",1983 年启动青年创业计划,1984 年高校正式在本科生课程中加入创业教育内容,1987 年推行"高等教育创业"计划,1997 年提出"教育、教育、再教育"口号并在全社会倡导创业精神与创业文化,1998 年发表的《我们的竞争——建设知识经济》提出在英国大学开展更多创业精神教育,英国高校创业教育进入快速发展轨道。

　　中国高校创业教育启蒙于 20 世纪 90 年代初,至今可分为三个阶段:①启蒙启动。1989 年在北京召开的联合国教育、科学及文化组织(简称联合国教科文组织)"面向 21 世纪教育国际研讨会"提出创业教育引发中国一些高校关注,1991年国家教育委员会基础教育司开展基础教育阶段实施就业创业教育项目将创业教育正式引入教育界,1998 年清华大学举办"第一届清华创业大赛"并在 MBA 中开设"创新与创业管理"方向、为本科生开设"高新技术创业管理"课程,1999

---

① 原文曾以"创业教育:应用技术大学的跨越发展机遇"为题发表于《光明日报》2015 年 12 月 8 日第 14 版,有改动。

年共产主义青年团中央委员会（简称团中央）、中国科学技术协会、中华全国学生联合会联合举办全国首届"挑战杯"，各高校纷纷响应、参与，创业教育开始启蒙、启动。②探索发展。2002年，教育部发文确定九所高校为创业教育试点院校，2003年教育部委托北京航空航天大学举办第一期"创业教育骨干教师培训班"，2006年国际劳工组织与团中央、中华全国青年联合会在高校中试点推广KAB（know about business）创业教育项目，2009年教育部通知要求全面加强高校创业教育、成立高校创业教育指导委员会、积极建设高校学生创业实践及孵化基地。③举国推进。2010年教育部召开"推进高等学校创业教育和大学生自主创业工作"会议，大力推动创业教育的研究。2011年中国大学生自主创业工作经验交流会召开。2012年党的十八大报告中明确提出："鼓励多渠道多形式就业，促进创业带动就业。加强职业技能培训，提升劳动者就业创业能力，增强就业稳定性。"[1]2015年国务院发布《国务院关于大力推进大众创业万众创新若干政策措施的意见》（国发〔2015〕32号）、国务院办公厅印发《国务院办公厅关于深化高等学校创新创业教育改革的实施意见》（国办发〔2015〕36号），标志着我国高校创新创业教育进入举国推进阶段。

综上，创新创业教育的国际格局可以归纳为四个特征：其一，国外发达国家的创新创业教育已经形成完整体系。其二，我国的创新创业教育进入举国推进的战略机遇期。其三，我国高校创新创业教育目前还处于初级发展阶段。各个高校创新创业教育的发展水平较为初级，形式主要包括以下四类：一是组织参加全国大学生创新创业训练计划项目、"挑战杯"中国大学生创业计划竞赛等大学生创业竞赛；二是开设大学生创业教育课程，如公共必修课创业基础、SYB（start your business）、SIYB（start and improve your business）、KAB等创业模块课程；三是建设运行大学生创业孵化基地；四是一些大学陆续设立集中开设创业课程的创业学院。其四，我国各地区各高校的创业教育总体上处于同一起跑线。尽管全国各地经济发展水平高低各异，各个高校发展历史长短不同，但由于创业教育启蒙、启动较晚，因此，各地区各高校创业教育均处于初级发展阶段，发展水平还没有表现出特别大的差异，总体上处于同一起跑线。甚至客观地说，一些后起的新建本科院校或民办院校由于没有历史束缚、紧跟国际创业教育最新潮流，迅速走到全国创业教育的前列。例如，福建闽江学院的新华都商学院、民办的和君商学院等，均因国际先进模式成功开展创业教育而在近年来名扬国内外。

创业教育国际格局的四个特征表明，正在转型发展的地方应用型大学将迎来一个千载难逢的跨越式发展机遇，如果应对得当，有可能在十来年里，因为创业教育的成功实现较大发展。20世纪70年代，美国斯坦福大学在当时并不入流，

---

[1] http://cpc.people.com.cn/18/n/2012/1109/c350821-19529916-7.html.

因成功开展创业教育、建设大学科技园而为硅谷兴起做出巨大贡献，短短十几年时间跃升为美国一流创业型大学。而上述闽江学院新华都商学院、和君商学院就已经展露了中国版"斯坦福现象"的雏形。其依据是：一方面，机会均等、水平相当、起点相同。我国举国推进创业教育的战略机遇对所有高校是均等的，而名校与应用型大学的创业教育发展都处于初级发展阶段，都处于同一起跑线。另一方面，机制优势。创业教育最先进的模式应该是以美国为代表的"创业理论+创业投资基金"模式，即由大学与创业投资基金合作共同开展，不仅有创业理论教育，还有创业投资基金植入，使学生获得创业模拟与创业企业孵化实操教育的模式。以上之所以归纳提出了"我国高校创业教育目前还处于初级发展阶段"的特征，其核心依据就是我国目前高校创业教育还极少有创业投资基金的植入。严格地说，没有创业企业孵化的创业教育不能称为真正的创业教育，而没有创业投资基金的植入，绝大多数创业企业无法进入孵化环节，因此不能称为真正的创业教育。而众所周知的原因，历史悠久的名牌高校通常自己单方实施的重大战略措施可以畅通无阻，但对于必须有外部创业投资基金植入才能真正运行的校企合作创业教育模式，实施起来则阻碍重重，这已被多起名校与创业投资基金合作开展创业教育项目迟迟无法落地的案例证明。与此形成鲜明对照的是，应用型大学的人才培养基本模式本是校企合作、产教融合，充分满足企业利益和相关需求的体制机制，使吸纳创业投资基金植入、共同开展创业教育不仅不会有任何阻力，而且给体制机制天然的拥抱。在这样的背景下，抓住国家大力发展创业教育的战略机遇，借鉴国外发达国家高校创业教育的先进经验，结合所在区域产业特色优势，应用型大学完全可能在老牌名校尚处于应对调整期时，迅速构建形成自己"国际先进、国内一流、区域特色"的创业教育体系。

中国有的应用型大学已经开始实施这个战略。例如，百色学院，它的创业教育目前除具有其他大学类似项目外，还与中国知名创业投资基金及区域公益性、营利性创业投资基金合作，创立和运行了集创业课程学习、创业发明专利库、创业投资基金、创业导师"四位一体"的运行机制，实行"项目驱动的团队培养"模式的实体型"创业学院"，以此为平台面向全校所有专业开展与专业教育并行的创业理论、创业模拟与创业实操等课程教学。

百色学院　唐拥军

2017 年 8 月

# 目　　录

# 绪　　论

## 第一节　研究背景与问题

创新创业是社会发展的源泉和动力，创新创业能力是个体素质结构的核心部分和素质水平的最高阶段。进入信息时代和知识经济时代后，创新创业能力对个体、社会、国家的生存和发展所起到的关键性作用比过去的任何一个历史发展阶段都愈加明显。当前，创新创业实践、创新创业教育成为改革实践的时代强音，成为高等教育领域理论探讨和实践探索的焦点之一。

## 一、研究背景

本书开展百色学院创新创业教育"D-TSO"模式研究，主要基于以下背景。

### （一）社会对创新创业人才的迫切需求和创新创业教育的蓬勃兴起

首先，新时期社会经济发展对创新创业人才的迫切需求。一方面，目前国际竞争日趋激烈，国家间的竞争归根结底是高价值的人才竞争，而最具高价值的人才就是最具有生产性、动力性、竞争性的人才，即高层次创新创业人才。换言之，创新创业人才是国家发展的发动机，是决定国家之间竞争胜负的关键性资源。另一方面，当前世界还面临环境恶化、资源枯竭、冲突频发、发展缓滞等一系列问题，需要人类不断有新思想、新思路、新举措、新智慧解决此类问题，这就更加迫切需要创新创业型人才。此外，随着人类的文明进步，个体对自身素质、自身价值有了更高追求，其中创新创业素质已被视为个体发展的一种基本素质，成为个体发展的一项基本需求。

其次，世界范围内高等院校创新创业教育的蓬勃兴起。现代高等教育从诞生开始，就孕育着创新创业教育的种子，并不断发芽、生长、开花、结果。不仅高等教育系统本身不断处于创新创业式的变革之中，而且高等学校对学生开展创新创业教育也从未停止过，只是在不同时代和不同的国度，创新创业教育的理念、内涵、形式不同而已。自 20 世纪中期，现代意义的创新创业教育概念、理论和实践在发达国家萌芽和兴起，并逐步形成一种世界性高等教育改革潮流。自 90 年代，创新创业教育的专题研究在国内起步，创新创业教育实践以清华大学为代表在部分大学率先展开。之后，通过国家持续推动和部分大学的引领，我国创新创业教育改革取得了可喜成绩，但也面临诸多困惑和难题。总体来说，中国大学至今还没有形成一套成熟的、颇具国内外影响力、高质量成果（人才、思想、理论、技术等）频频迸发的创新创业教育模式，传统的教育模式还没有得到根本性改变，因此需要对不同高校的各种创新创业教育模式进行梳理和分析，以提升理论认识，扩大交流借鉴，促进模式优化，不断提升创新创业教育质量。

## （二）高等教育改革的时代趋势以及地方本科院校的内在发展逻辑

首先，中国高等教育已经进入创新创业教育改革新时代。创新既包括思想、观念、理论、制度等形而上和形而中层面的创新，也包括策略、技术、措施、行动等实践层面的创新，而创业主要指实践层面尤其是职业层面的创新；思想观念和理论制度的创新最终会引起实践创新和职业创新，而实践创新和职业创新也离不开思想观念和理论制度创新的支持与引导。当前，中国高等教育发展改革所处的新阶段正是创新创业教育发展逻辑的、历史的和具体的结合与统一阶段。在精英高等教育发展阶段，大学主要实施通识性博雅教育（如纽曼时期的大学），或实施纯理性无功利教育（如洪堡时期的大学），或实施国家本位教育。在此阶段，大学毕业生是稀缺资源，毕业后即可进入精英阶层或由国家统包职业，无求职创业之虞。当时的大学教育主要关注创新教育而忽视创业教育，甚至不甚关注创新而是侧重遵守传统、传承文化和传播知识。高等教育进入大众化阶段之后，应用型高等教育成为高等教育系统的重要乃至主要（至少从规模上）组成部分，加上经济发展日新月异，社会竞争不断加剧，个体对自身的价值追求愈高，创新创业教育成为能积极回应此类问题的最佳教育类型。总之，大众化的高教形态、信息化的社会形态、竞争性的生存方式、主体性的价值诉求、个性化的发展需要等高教外部环境变迁和系统内部逻辑演变，将中国高等教育推进到以创新创业教育为显著特征的发展新时代。

其次，创新创业教育改革是地方本科院校的内在发展逻辑。高等教育进入大众化阶段之后，按照美国高等教育专家马丁·特罗的观点，并根据发达国家高等教育发展的历史经验和中国高等教育发展的趋势特点,必然引发高等教育内部系统的结构变迁和功能分化,形成了在横向上既差异发展又相互竞争效仿,在纵向上既等级分化又相互衔接渗透的多样化的高等教育新形态,其中一个重要的分化是研究型大学侧重理论创新,尤其是基础理论创新和非功利的技术创新,而地方本科院校则侧重实践创新、应用创新,并和就业创业对接一体,形成创新创业一体化人才培养模式。这既是经济社会发展新阶段对地方本科院校的外部需求或倒逼,也是大众化的高等教育对地方本科院校的定位需求,更是地方本科院校生存和发展的合理生态位。

总之,实施创新创业教育是地方本科院校在经济社会环境、高等教育内部系统和自身内部发展逻辑三者相互结合和相互作用下的"自然选择"和"自我进化"的结果。

## (三)百色学院多年来对创新创业教育改革的理论探索和实践创新

首先,百色学院对创新创业教育模式进行了多年的深入探索。自 2006 年升格为本科院校以来,百色学院发扬"弘扬传统,团结务实,奉献拼搏,争先创新"的"百色精神"和"团结合作,艰苦奋斗,克难攻坚,磨砺成才"的"石磨精神",敢为人先,主动探索应用型人才培养和创新创业人才培养的新思路、新举措、新模式。总体来说,百色学院创新创业教育改革走过了借鉴与模仿、试用与调整和成型与推广三个发展阶段。

2006 年至 2011 年为借鉴与模仿阶段。在深入研究世界高等教育发展历程和准确研判中国高等教育发展趋势基础上,学校在升格本科伊始就明确应用型的人才培养定位,主动将创新和创业素质纳入人才培养目标规格的结构之中,初步建立了百色学院创新创业教育"1131"体系,即一个齐抓共管的工作机制、一个通识必修平台(即开设"大学生职业发展与就业指导"和"创业基础"等通识必修课程)、三个系列教育课程(活动)(即"专业+"课程系列、模拟训练系列、专项竞赛系列)、一个项目孵化基地。

2012 年至 2015 年为试用与调整阶段。学校在国务院办公厅印发《国务院办公厅关于深化高等学校创新创业教育改革的实施意见》(国办发〔2015〕36 号)之前,就提出借鉴发达国家"双元制"和"双园制"(大学校园和大学科技园双园一体)经验,以构建多层次现代职业教育体系为契机,在总结"1131"体系基础上,创立了集创新创业课程学习、创新创业发明中心、创新创业投资基金、创业导师"四位一体"的运行机制,实行"项目驱动下的团队培养"模式,提出了百色学院创新创业教育"1+4"体系,即一个人才培养基本模式,四个人才培养基本要素。其中,前者实行了基于网络环境的自主学习、基于任务驱动的团队学习、基于初创企业的孵化学习等不同的学习方式；后者包括创新创业课程实践、创新创业导师指导、创新创业专利与诀窍的培育和开发、创新创业基金资助等基本要素。

2016年至2017年为成型与推广阶段。学校以建设和建成创新创业学院为牵引，依托广西壮族自治区"大学生创业示范基地"和"创新创业教育孵化基地"，大力实施各式各类创新创业教育实践活动，对"1+4"体系进一步调整和凝练，形成了比较成型和可以推广借鉴的"D-TSO"模式。在此阶段，学生（团队）形成了"五个百分之百"的"实体型"创新创业教育特征，即百分之百有项目、百分之百有团队（创业企业团队）、百分之百有基地、百分之百有导师、百分之百有基金。

学校在探索和实施创新创业教育"D-TSO"模式过程中，取得了一系列标志性成果，积累了不少经验，获得了不少理论上的新认识，也存在不少新的困惑。总之，为更好地总结经验教训，探讨理论意蕴，拓宽改革思路，也为了更好地和其他创新创业教育模式交流互鉴，有必要对"D-TSO"模式开展系统性专题研究。

## 二、研究问题

本书以百色学院创新创业教育"D-TSO"模式为核心研究问题，包括三个方面的子问题，其中第二个方面的问题为重点研究对象。

### （一）创新创业教育"D-TSO"模式的内涵特征

每一种教育模式一旦形成，都会有着与其他模式不同的内涵特征。这些内涵特征是该教育模式的内在规定性或者说是本质属性，是该教育模式的身份表征，是该模式与其他教育模式交流对话的基础。一般来说，对某一教育现象进行研究，都要从其特有的内涵特征探讨开始，只有准确把握其内涵特征，才能正确理解其外在表现和功能作用。因此，本书将百色学院创新创业教育"D-TSO"模式的内涵特征作为第一个研究内容，重点分析该模式与其他模式的不同之处，具体包括其内涵和架构、形成历程、理论依据和特点优势等。

### （二）创新创业教育"D-TSO"模式的实施状况

此部分是本书的重点内容，具体包括以下几个部分的内容。
第一，创新创业教育"D-TSO"模式的组织与运行。主要包括学校创新创业理论教育、创新创业模拟教育、创新创业实操教育的组织运行三个方面，每一个方面的组织运行都大体包括过程、成效、特点等；还分析创新创业学院的组织机构、职责范围、运行机制等内容，以及总结分析了"D-TSO"模式保障体系的建设和运行状况等。

第二，创新创业教育"D-TSO"模式的亲历与感悟。主要包括参与"D-TSO"模式的学生代表、教师代表，尤其是项目指导教师代表、教务处、招生就业处、校团委等职能部门和创新创业学院等二级学院的管理干部代表的体验感悟和认知收获等，还包括学生家长代表、合作企业代表等主体对"D-TSO"模式的体验和认知。同时从不同主体的视角真实地展现了"D-TSO"模式的多维实践图景。

第三，创新创业教育"D-TSO"模式的交流与评价。包括同行高校代表到访观摩交流的情况及给予的评价，合作共建企业代表以及"D-TSO"模式的其他利益相关者与百色学院互动交流的情况及给予的评价。还包括相关报刊就百色学院创新创业教育主题发表的有关理论文章，校外各类媒体对"D-TSO"模式的有关报道和评论，百色学院官方网站发布的有关新闻报道等。

第四，创新创业教育"D-TSO"模式的完善与规划。主要包括对"D-TSO"模式的创新点和特色亮点的总结归纳；对"D-TSO"模式的不足与缺陷的整体分析，包括问题成因诊断及改革思路探讨；对"D-TSO"模式未来发展的规划和展望等。

### （三）创新创业教育"D-TSO"模式的理论意涵

本书不仅限于对"D-TSO"模式的内容介绍和实践总结，还试图运用教育学、创新学、创业学、利益相关者理论等对"D-TSO"模式进行理论挖掘和解读，既分析"D-TSO"模式的理论基础，也探讨"D-TSO"模式可能存在的理论性创新之处。

# 第二节　研究目的与意义

## 一、研究目的

本书的研究目的主要有以下三个方面。

（一）记录探索过程，总结创新收获

在梳理国内外有关创新创业教育模式的理论和实践的发展历程、发展现状基础上，翔实记录和全面总结百色学院创新创业教育 "D-TSO" 模式的探索历程、主要成效、主体体验、特色亮点等，力求能比较全面地展现百色学院在深入实施创新创业教育改革过程中不同主体的探索精神、成长状态、成果收获、心路历程和价值追求。

（二）凝练改革经验，提升理论认识

对百色学院创新创业教育 "D-TSO" 模式的改革经验进行总结凝练和理性提升，分析其可能创新之处及其具有的特色优势，阐释 "D-TSO" 模式的理论支撑，挖掘 "D-TSO" 模式的理论意涵，探讨 "D-TSO" 模式对现有创新创业教育理论体系发展的可能新贡献及对其他兄弟院校相关改革创新的借鉴意义。

（三）促进模式改进，助益模式交流

每一个研究都不过是整个科学研究发展过程中的一个脚印或一块垫脚石，现有研究就是为了将该主题研究不断向前推进。百色学院创新创业教育 "D-TSO" 模式虽然已经基本成熟，但还有需要改进之处。开展该研究的另外一个重要目的就是在多个利益相关者的共同努力下，对 "D-TSO" 模式进行全面总结反思，寻求进一步改进完善的理性思路和实践路径，以期更好地完善与推广 "D-TSO" 模式的有益经验，实现创新创业教育模式自身的不断创新，从而不断提升创新创业教育改革的效果。另外，对 "D-TSO" 模式进行全面研究并撰写成书，有利于和其他高校的创新创业教育模式相互交流，互学互鉴，共同开创中国高校创新创业教育改革新局面。

## 二、研究意义

根据研究的问题、内容和目的，本书具有以下研究意义。

（一）有助于丰富地方本科院校创新创业教育改革的实践素材

本书的研究是一个有关西部地区一所地方本科院校创新创业教育改革的校本研究，对百色学院创新创业教育 "D-TSO" 模式的内容、内涵、结构及探索和实施过程进行多角度、系统性的记录、总结和展示，既是一个个案研究，又具有行动研究特征。因此，本书的出版将有利于丰富中国高校尤其是西部地方本科院校创新创业教育模式的实践素材。

### （二）有助于充实地方本科院校创新创业教育理论的内容体系

本书的研究既是一个实践案例研究，在一定程度上也是一个创新创业教育模式的理论研究。本书对现有的创新创业教育模式进行比较全面的梳理和概括，并在此基础上对"D-TSO"模式进行理论挖掘、理论提炼和理论阐释，有一定的理论深度。因此，本书的出版将有利于充实中国高校尤其是地方本科院校创新创业教育理论体系的新内容，有助于推动地方高校开展创新创业教育模式的理论构建。

### （三）有助于地方本科院校创新创业教育改革成果的交流互鉴

本书的主要作者既是实践者，也是研究者。本书是笔者的理论思考、实践体验、精神状态、心旅路程的符号性体现，是与同行交流的重要载体。本书的一个重要目的就是以书为载体，以期和更多同行深入交流，互学互鉴，争鸣斗艳。因此，本书可以为同行高校尤其是同行地方本科院校开展有关理论研究和实践改革提供交流互鉴新文本，也可为其他相关学者研究创新创业教育问题提供新素材。

## 第三节　研究现状与评述

## 一、研究现状

### （一）高校创新创业教育思想的萌芽与发展

创新和创业密不可分，创新有可能引起创业，创业必然包含创新。现代意义的、概念性的创业教育被认为最早出现于美国的 20 世纪 40 年代，即美国哈佛商学院于 1947 年率先为 MBA 学员开设创业课程，被认为是创业教育的现代性开端。然而，在此之后的二三十年里，创业教育并没有引起世人更多关注（因为在那个年代，石油、煤炭等生产性资源是生产力的决定性要素），创业教育基本上处于萌芽状态，没有形成独立和完整的概念体系①。直到 1989 年 11 月，联合国教科文组织在北京召开"面向 21 世纪教育国际研讨会"上，通过大会报告《21 世纪的教育哲学》提出了"事业心和开拓心的教育"的概念（后被翻译成"创业教育"），提出创业能力将被视为未来人应该掌握的"第三本教育护照"，要求把创业教育提高到与学术性教育、职业性教育同等的地位②。从那时起，现代意义的创新创业教育实践与理论性研究才逐步蓬勃兴起。当前，创新创业教育已被广泛纳入各国国民教育体系，世界上已有 1 600 多所高校开设有关创业课程，呈现快速发展态势，成为全球教育改革发展的一大潮流③。

在中国，较早引起较大关注的创新创业教育观念提出和主题研究是在 20 世纪 20 年代。最早的研究代表作为《教育杂志》1917 年第 9 卷发表的《儿童创造力养成法》及于 1919 年发表的多篇创造教育主题论文。1926 年，商务印书馆出版了由刘经旺翻译的日本学者稻毛诅风的专著《创造教育论》，此举在较大程度上推动了创新创业观念在国内的传播。20 世纪三四十年代，我国的创造教育思想集大成者陶行知先后发表了《创造的教育》（1933 年）、《创造宣言》（1943 年）和《创造的儿童教育》（1944 年）等演讲和文章，掀起了创新创业观念传播和实践探索的小高潮④。

改革开放后，创新创业思想和实践在中国得到新发展。1985 年和 1994 年先后成立了中国发明协会和中国创造学会。一般认为，1988 年胡晓风提出"创业教育"概念并在合川开展教育实验，标志着我国创业教育的发端。

20 世纪末，创新创业教育得到联合国教科文组织的高度认可和大力推动。1989 年，联合国教科文组织在北京召开"面向 21 世纪教育国际研讨会"，将创业教育作为"第三张通行证"的思想写进会议文件并开始实施多个相关项目。1990 年至 1991 年，联合国教科文组织亚太地区办事处组织实施了"提高青少年创业能力的教育联合革新项目"，中国的"五省一市"参与了该项目实施。从此，我国创新创业教育实践开始积累了一些经验。

在联合国教科文组织的倡导推动下，结合中国教育改革发展需要，中国分别于 1992 年、1995 年先后成立了中国发明协会中小学创造教育分会、中国发明协会高校创造教育分会④。从此，高校创新创业教育开始成为一个相对独立的研究领域和实践领域进入学界和高等教育界的视野。在国际组织推动和研究学会成立基础上，

---

① 孙惠敏，陈工孟. 全球创新创业教育研究报告[M]. 北京：经济管理出版社，2016：5.
② 孙惠敏，陈工孟. 全球创新创业教育研究报告[M]. 北京：经济管理出版社，2016：6.
③ 孙惠敏，陈工孟. 全球创新创业教育研究报告[M]. 北京：经济管理出版社，2016：7.
④ 王占仁. 中国创新创业教育史[M]. 北京：社会科学文献出版社，2016：13.

中国掀起了一个创新创业教育研究新高潮。1990 年至 1995 年是中国创新创业教育的"六年研究"阶段，第一批立项课题包括江苏省"创业教育理论与实践研究"等，是在国家教育科学"八五"规划课题资助下展开的。"六年研究"取得一系列可喜成果，主要包括明确创业教育的意义和价值定位，厘清了创业教育的基本概念，框定了创业教育的基本内容，构建了创业教育的"理论模式""基本素质模式""实践活动模型""实践模式"等①，所有这些研究成果为构建中国特色创新创业教育理论体系奠定了良好基础，也为后来的教育实践起到了很好的指导借鉴作用。

高校的创新创业教育专题研究稍晚，起于清华大学的实践探索。1997 年，清华大学经济管理学院在国内 MBA 培养计划中首次设立创新与创业方向课程，标志着中国高校创新创业教育（具有现代意义的，具有明确概念内涵的）的诞生。1998 年，清华大学又成功举办了首届创业计划大赛，引起了较大的反响。也在当年，中央教育科学研究所首次提出了"创新教育"理念并得到了学界的回应和认同。可以说，清华大学的实践行动和中央教育科学研究所的理念倡导对中国高校创新创业教育的理论研究和实践改革起到了引领示范作用。

中国政府以正式文件强调和推动高校创新创业教育始于 1999 年②。当年，国务院在转发教育部制订的《面向 21 世纪教育振兴行动计划》中，首次要求加强对教师和学生的创业教育，鼓励师生自主创办高新技术企业。2002 年，教育部在九所大学（清华大学、中国人民大学、北京航空航天大学、上海交通大学、西安交通大学、武汉大学、黑龙江大学、南京财经大学、西北工业大学）开展了创业教育试点，产生了积极效应。这一试点工作取得如下主要成果：第一，提出了创业教育是素质教育的一个重要方面、创业教育以专业教育为基础、"三创教育"（创业教育、创造教育、创新教育）相结合等三大理念；第二，形成了九校不同的创业教育模式和运行机制；第三，开设了一系列创业教育课程；第四，搭建了九校不同的创业教育实践载体③。九校试点工作取得的经验对我国高校全面铺开创新创业教育具有重要的推动意义。

中国高等教育进入大众化阶段之后，基于国际国内经济社会发展新形势和高等教育发展新趋势，高校创新创业教育思想和理念在国内逐步形成广泛共识，成为国家政策的重要议题。2008 年，教育部在清华大学、北京大学、北京航空航天大学等 32 所高校设立 32 个创新与创业教育类人才培养模式（也可以说是创新创业教育模式）创新实验区。实施此批创新实验区项目最终取得的主要成果有：第一，推进了创业教育理念的转变和更新，包括明确提出"面向全体""贯穿全程"

① 王占仁. 中国创新创业教育史[M]. 北京：社会科学文献出版社，2016：55.
② 王占仁. 中国创新创业教育史[M]. 北京：社会科学文献出版社，2016：24-27.
③ 王占仁. 中国创新创业教育史[M]. 北京：社会科学文献出版社，2016：85-95.

"融入专业"的创业教育理念；第二，推进了创业教育模式的深化，包括本校特色模式深化、区域特色模式拓展等；第三，创新创业教育课程建设得到逐步完善，表现为课程初成体系、内容日趋专业、结构更为合理；第四，创新创业实践教育体系更加丰富，创业实践教育载体渐趋完善，产学研合作机制更为健全，资金投入不断加大等；第五，创新创业教育的组织管理机构更为健全，形成了成立领导小组、校领导主抓、多部门协调的制度体系，管理部门日趋专业化，管理机制更为完善；第六，创新创业师资队伍建设更为专业，更加注重培训，总体质量得到提升，队伍结构渐趋合理[①]。

进入 21 世纪第二个十年，创新创业教育成为中国高等教育领域改革和研究的重要议题之一。2010 年，教育部颁发第一个推进创新创业教育的全局性文件《关于大力推进高等学校创新创业教育和大学生自主创业工作的意见》，并成立教育部高等学校创新创业教育指导委员会。2012 年，教育部颁行《普通本科学校创业教育教学基本要求（试行）》，首次对高等学校创业教育教学做出规范性要求。2015年，国务院办公厅颁行《国务院办公厅关于深化高等学校创新创业教育改革的实施意见》，明确深化改革的指导思想、基本原则和总体目标。这些国家政策的颁布实施，不仅有力推动了高校创新创业教育观念的广泛传播和向前发展，促进了观念理念的实施落地，还引发了学界对高校创新创业教育研究的新浪潮，其中对高校创新创业教育模式的研究是学界的一个重要关注点。

## （二）高校创新创业教育模式研究总体状况

从目前所掌握文献来看，中国关于高等学校创新创业教育模式的研究从 20世纪 90 年代中期开始兴起，迈入 21 世纪后相关研究获得快速发展，到 2006 年出现第一个研究小高潮，2010 年前后出现第二个研究小高潮，2015 年前后出现第三个研究小高潮。由中国知网搜索所获得的文献可见，较早关于高校创新创业教育模式主题研究的论文，是张金马发表于《中国行政管理》1994 年 11 期中的《兰德研究生院及其创新教育模式》一文。关于本科学生创新创业教育模式主题研究的较早的论文，应属于肖云龙和文振华 1997 年合著的《模式研究与改革实践》（上、下）。该论文依托长沙铁道学院创新素质教育模式研究与改革实践课题组项目，以该学院机械工程系为对象所开展的研究，最后提出了四个实践模式，即第二课堂模式、创造学培训模式、创造学专业模式和"五个一"系统模式。作者所在高校努力构建的是"五个一"系统模式，这一模式包括研制一份《创新素质教育大纲》、开设一组创新素质教育系列课程、印发一份《任课教师开展创新素质

---

① 王占仁. 中国创新创业教育史[M]. 北京：社会科学文献出版社，2016：103-120.

教育建议书》、创建一所"创新素质教育业余学校"、成立一个创新素质教育研究室。作者还强调了要设置创新教育评价体系，包括行为测评法、作品分析法、相关分析法、追踪调查法、社会评价法①。当年，较早研究创新教育模式的学者邓玲提出了"三阶段模式"，即模拟思维阶段、再现异体思维阶段、应用与创新阶段②。以上便是我国早期研究高校创新创业教育模式的基本状况。

当前，各高等院校和学者探索实施或总结归纳的创新创业教育模式的名称林林总总。例如，2002 年参与国家实验创新试点院校的九所大学就有九种不同的模式，分别是：清华大学的"创新环"模式，中国人民大学的以课堂教学为主导的创业教育模式，北京航空航天大学的创业意识与创业精神培养（课堂教学与实践相结合）—创业辅导—创业孵化—进驻科技园的四步流程教育模式，上海交通大学的综合式创业教育模式，西安交通大学的理论与实践并重的创业教育模式，武汉大学的"三创教育"模式和黑龙江大学的"三创教育"模式，南京财经大学的"创业教育试点班"模式，西北工业大学的以课堂教学为主导的创业教育模式。其中，"三创教育"模式和"创业教育试点班"模式被认为最具有代表性③。

## （三）高校创新创业教育模式的多样性研究

创新创业教育模式是关于创新创业教育活动的要素组织方式和过程操作程序的一种稳定的、可复制的结构化样式或样态，是连接理论与实践、理念与行动两个范畴的中介和桥梁④。由于创新创业教育活动要素组织方式和过程操作程序的复杂性及人们对其观察的多维度性，创新创业教育模式具有明显的多样性特点。

最早的创新创业教育模式为美国大学的聚焦模式、磁石模式和辐射模式。其中，聚焦模式是由商学院或创业学院独立展开，负责运行和管理，只面向本二级学院学生。磁石模式也是由特定学院展开，负责提供师资和运行管理，但面向本二级学院和其他学院，即面向全校学生。辐射模式也是面向全校学生，但是由各个学院分别负责本学院的师资、课程、教学和管理等事宜，学校只成立一个专门委员会负责统筹协调⑤。

---

① 肖云龙，文振华. 创新素质教育模式研究与改革实践（上）[J]. 发明与革新，1997，（7）：22-23. 肖云龙，文振华. 创新素质教育模式研究与改革实践（下）[J]. 发明与革新，1997，（8）：20-21. 肖云龙. 创新素质教育的基本内容与实施模式[J]. 辽宁高等教育研究，1997，（5）：80-81.

② 邓玲. 创新教育模式及实施方案研究[J]. 软科学，1997，（2）：15-18. 邓玲. 试论创新教育模式[J]. 民主与科学，1997，（4）：47-48.

③ 王占仁. 中国创新创业教育史[M]. 北京：社会科学文献出版社，2016：89.

④ 黎江. 对高等教育领域创业教育模式的认识[J]. 高等农业教育，2004，（12）：14-17.

⑤ 左文敬. 中美高校"全校性"创业教育组织模式的比较研究[D]. 东北师范大学硕士学位论文，2013.

　　与国外相对应，中国高校早期的创新创业教育模式有滴灌模式、融入模式和双轨模式。滴灌模式是面向全校开展课堂教学和实践训练，但更强调层层遴选、精心培育、准确"滴灌"。融入模式是将创新创业教育内容融入原来的教学体系中，不改变原有的教学组织体系。双轨模式既开展全校性的创业教育，还设立"精英班"实施精英教育①。此类模式还有三螺旋模式和广谱模式等②。前者强调大学、产业和政府的相互联动，学校充当知识技术创新和实践的主导角色，政府搭建竞赛和扶持平台，产业企业介入上述平台发挥助推作用③。

　　有学者对国外大学的创新创业教育模式进行比较分析，认为美国大学主要有集中模式、中心模式和分散模式，英国大学有网络型模式，日本大学主要采取普及教育模式、专门教育模式、技艺辅助模式和综合练习模式，印度大学主要采用以就业为导向的联动模式。其中，集中模式中的学生要经过严格筛选，高度专业化，在某一特定学院展开，学生严格限定在某一学院内；中心模式即先在特定学院成立一个教育中心，负责规划和开展教育活动，通过整合全校所有资源和技术吸引不同专业背景学生参加，教育课程具有普遍适应性，学生可以修习和选修；分散模式则鼓励不同学院的教师参与，注意结合专业背景④。

　　随着改革探索的不断深入和学习借鉴先进经验，中国高校创新创业教育模式近年来也呈现出多样化，有项目参与（做中学）模式⑤、前店后校模式、校中班模式、"三项融合、分层递进"模式、多元分级模式等。其中，前店后校模式中的"前店"指由企业、学校、政府共建的实战基地，"后校"指学校提供旨在培养创新创业所需的知识和素质的理论课堂⑥。在"三项融合、分层递进"模式中，"三项"指竞赛项目、企业真实项目、高校科研项目，"分层"指专业社团、工作室、虚拟公司等三层平台。在多元分级模式中，"多元"指在开展通识性创新创业教育基础上，针对不同的专业、年级、个性等多元学生，建设通识性、专业差异性、实践性等创新创业教育和孵化型创业服务等多元平台⑦。还有协作式模式，即强调不同专业、不同院系、不同高校、产学研之间的协作⑧；"双渠道、三结合"模

① 左文敬. 中美高校 "全校性" 创业教育组织模式的比较研究[D]. 东北师范大学硕士学位论文，2013.
② 王占仁. "广谱式" 创新创业教育导论[M]. 北京：人民出版社，2012：44.
③ 李瑞宝，翁谦. 构建基于三螺旋结构的大学生创新创业教育模式——以福州大学数学与计算机科学学院为例[J]. 创新与创业教育，2015，（3）：62-65.
④ 刘洋. 中外高校创业教育模式比较研究[J]. 徐州师范大学学报（哲学社会科学版），2012，（6）：135-140.
⑤ 许朗，贡意业. 大学生创新创业教育模式探索——项目参与式创业教育[J]. 学术论坛，2011，（9）：213-217.
⑥ 张鹤. 高校创新创业教育研究：机制、路径、模式[J]. 国家教育行政学院学报，2014，（10）：28-32.
⑦ 倪涵，王朋珠. 高职院校 "多元分级式" 创新创业教育模式研究[J]. 职教通讯，2012，（23）：48-50.
⑧ 彭玲. "协作式" 创新创业教育模式研究及实践[J]. 湖北经济学院学报（人文社会科学版），2011，（11）：118-120.

式，即强调课内课外双渠道的结合和产学研的三结合①；知行结合模式、产学研一体化模式等，不一而足。

由于有些大学的创新创业教育的实践模式比较成熟，打下本校烙印，具有典型性，因此，有些模式直接以大学名称来命名。例如，百森商学院模式，也称百森商学院的强化意识模式，其主要特点是侧重精神、思维和意识的培养，注重通过创新性教学计划、外延拓展计划及学术研究来支撑创新创业教育，特别注重培养创业精神②。斯坦福大学模式，即系统思考模式，此模式强调实际管理经验和关于经济、金融、市场运转等理论的学习，让学生学会评估创业机会，以培养系统的创业知识。哈佛大学模式，即注重经验模式，此模式重点培养学生在苛刻的资源限制与不确定环境下识辨和抓准创业机会的能力，侧重培养学生的实际管理经验③。

在国内，还有五要素带动一循环模式，其中"五要素"指课程、师资、项目、基地、保障，带动高校、企业、学生创业实践团队等之间形成良性循环的协同育人机制④。有三步模式，即第一步抓好"第一课堂"主渠道，培养创新创业意识；第二步打造"第二课堂"主阵地，塑造创新创业品质；第三步搭建"社会实践"大舞台，提升创新创业能力⑤。有三位一体模式，即实现学校实践基地、大学社团组织和导师的三位联合⑥。有"三创融合"模式，即创新、创意、创造三者融合⑦。有 CCPC 模式，包括传统的"课程体系"（courses）、模拟实战的"参赛体系"（competition）、提升实践能力和个人效能的社会"实践体系"（practice）及实现素质绩效考评的"素质认证体系"（certification）⑧。还有课堂教学主导模式、知识技能模式、综合模式⑨，"导师+项目+团队"模式⑩、作

---

① 大连理工大学. 双渠道，三结合，多模式，构建大学生创新创业体系[J]. 中国高校科技与产业化，2010，（7）：67-68.

② 胡宝华，唐绍祥. 高校创业教育课程设计探讨——来自美国百森商学院创业教育课程设计的启示[J]. 中国高教研究，2010，（7）：90-91.

③ 王万山，汤明. 国内外高校创新创业教育模式比较研究[J]. 九江学院学报（社会科学版），2012，（2）：115-116，122.

④ 郭涛. "五要素带动—循环"构建大学生创新创业教育模式[J]. 实验室研究与探索，2016，（2）：167-169，174.

⑤ 吴衍涛，韩同吉，何婧. 高等农业院校"三步走"创新创业教育模式[J]. 沈阳农业大学学报（社会科学版），2012，（6）：698-700.

⑥ 杨慧. 三位一体：高校经管类专业创新创业教育模式[J]. 科教文汇，2014，（31）：212-213.

⑦ 商亮. 清华大学打造创新创业教育体系[EB/OL]. http://education.news.cn/2015-10/21/c_128341925.htm，2015-10-21.

⑧ 杨新宇，韩震. 高校创新型创业教育 CCPC 模式构建[J]. 航海教育研究，2013，（2）：38-40.

⑨ 中华人民共和国教育部高等教育司组. 创业教育在中国：试点与实践[M]. 北京：高等教育出版社，2006：19.

⑩ 史建磊，宰文珊，许方程. 高职农类专业"导师+项目+团队"创新创业教育模式探索与实践[J]. 高等农业教育，2015，（7）：105-108.

品导向模式①等，以及意识培养和知识构建模式、知识技能和实践模式、精神和能力以及实战素质模式等②。

此外，在中国还出现了多种体现综合性、系统性特点的创新创业教育模式。例如，张军提出的"三全模式"，"三全"指全覆盖、全链型、全方位，其中"全覆盖"指覆盖学生所需的全部素质、覆盖全校所有学科门类、覆盖全体学生、覆盖校内外所有相关教育空间；"全链型"指构建"资源、平台、载体"三位一体的创业实训体系链；"全方位"指推进校内互动、校政携手、校企合作"三管齐下"的创业孵化③。丁瑞忠等提出的立体模式，包括全方位注入"创业基因"，构建多元化创新创业实践平台，优化创新创业服务保障体系，营造创新创业文化氛围④。张烁提出的"三三模式"，即在本科教育分"大类培养""专业培养""多元培养"三个阶段，实施"专业学术""交叉复合""就业创业"三条发展路径，让全校学生自主选择专业、课程和发展路径，从而实现多样化和个性化协同发展、创新创业教育与专业教育有机结合⑤。左文敬提出基于"全覆盖、分层次、分阶段"思路的"三位一体""全校性"创业教育模式，其中，"三位"指课程融入、项目训练导向、先锋班建设三方面⑥。林壬璇和刘升忠提出的四位一体模式，即加强校园文化、师资队伍、考核机制、教学改革四方面改革⑦。还有其他学者提出的聚焦式和普及式并存的混合模式⑧，以及"全方位、全过程、互动式"模式⑨等。

根据前文介绍的名目繁多的创新创业教育模式，百色学院的"D-TSO"模式属于综合模式，因为它集国内外创新创业教育模式经验之大成，结合地方本科院校的具体实际，面向全体学生（全人教育）、全校各部门参与（还成立了实体性创新创业学院）、贯穿人才培养全过程，融入专业教育和通识教育，采用传统课程和讲座培训、学科竞赛、项目孵化等多种形式，学校、家长、企业等多利益相关者共同参与和协同合作，体现了模式的先进性和综合性。

总之，"D-TSO"模式是基于百色学院的办学实际，集各式各样高校创新创业教育模式的优点，而独立构建的一种新型创新创业教育模式，其显著特点是一体化、系统性、全面性，又具层次性、针对性、灵活性，因而属于综合模式，百色

① 袁渭锟，王满四. 作品导向型：高校创新创业教育新模式[J]. 高教探索，2016，（7）：125-128.

② 胡桃，沈莉. 国外创新创业教育模式对我国高校的启示[J]. 中国大学教学，2013，（2）：91-94.

③ 张军. 构建创新创业教育"三全"新模式[N]. 中国教育报，2015-11-02.

④ 丁瑞忠，王全文，吕海航. "立体式"创新创业教育模式探索——以鲁东大学为例[J]. 中国高校科技，2016，（1）：90-92.

⑤ 张烁. 创新创业，高校怎么教[N]. 人民日报，2015-07-09.

⑥ 左文敬. 中美高校"全校性"创业教育组织模式的比较研究[D]. 东北师范大学硕士学位论文，2013.

⑦ 林壬璇，刘升忠. 高职院校"四位一体"创新创业教育模式探析[J]. 湖北函授大学学报，2015，（2）：1-2.

⑧ 罗媛. 美国高校创业教育探析[J]. 比较教育研究，2010，（10）：55-60.

⑨ 孙爱武. 构建"六位一体"创业教育体系有效推动学生就业[J]. 中国高等教育，2013，（13）：58-60.

学院的"D-TSO"模式体现了大创新创业教育与小创新创业教育之间的相互兼顾和相互融合。关于"D-TSO"模式的特点，后文将有更为详细的解释。

## 二、研究评述

从研究现状来看，关于高校创新创业教育模式的专题研究，文献总量不少，近几年文献数量猛增，但总体而言，现有相关研究具有如下特点。

### （一）一般性的问题研究多，个案高校专题研究少

相对而言，现有关于高校创新创业教育模式的研究大多属于一般性研究，特殊性专题研究相对较少。虽然有的一般性研究文献也进行了个案分析，但文献的主要目标还是一般性研究。本书是以某一高校的创新创业教育模式进行综合性、专题性深入研究，这种研究成果具有一般性研究所无法具有的特殊意义。

### （二）关注重点大学研究多，聚焦地方高校研究少

由于长期以来形成的大学等级性观念，或者有的传统观念认为地方高校重在传承，在创新创业教育上难有作为，因此，现有的关于创新创业教育模式研究相对来说，主要关注重点大学，有关地方高校的主题研究较少。本书对西部一所地方高校的创新创业教育模式深入开展专题性、系统性研究，向世人呈现某种独特模式的探索、形成和实施过程及产生的效应，具有典型意义。

### （三）客观事实问题研究多，个体主观体验研究少

现有的关于高校创新创业教育模式研究，非常注重学理性，一般都采用事实描述、客观分析、逻辑推理、总结概括等论证方式，这种研究范式无疑有助于规律总结、发现真理和理论构建。但是，现有相关研究缺乏对主体体验的关注，无疑是一种缺憾。本书将客观事实研究和主观体验挖掘结合起来，既对创新创业教育模式进行学理性、客观性分析，也对创新创业教育模式各参与主体的个体体验进行情境性、阐释学分析，以更加全面、真实地展现"D-TSO"模式的产生、发展过程及其对各个参与者的影响。这是本书的一大特点。

此外，从现有研究成果的表现形式来看，以学术论文形式呈现的研究成果较多，以图书专著形式呈现的研究成果较少。本书将以专著的形式呈现，可增加该领域研究中专著性成果的分量。

# 第四节　研究思路与方法

## 一、研究思路

本书总体研究思路是紧紧围绕百色学院创新创业教育 "D-TSO" 模式这一主题，以国内外经济社会和高等教育变革尤其是创新创业教育改革为背景，以 "教育" 为目标、以 "构建" 为主线，以 "成效和变化" 为重点，从 "组织变革" 和 "个体变化" 两个角度，总体上按照 "背景分析—理论铺垫—模式构建—成效收获—感悟体验—社会影响—反思展望" 的逻辑顺序依次展开，重点对 "D-TSO" 模式的内容、构建、运行、影响（个体和社会两个方面）、成效（包括学校变化和个体体验两个方面）等方面进行分析，并挖掘凝练其理论内涵。

在整个撰写和组稿过程中遵循以下原则。

### （一）理论性与实践性相结合，更注重实践性

本书既全面总结教育模式的实践性状况，也深度分析模式的理论意涵，但更侧重于实践性意义和影响的阐释。

### （二）普遍性和特殊性相结合，更突出特殊性

本书分析国内外创新创业教育模式的一般状况，但更侧重分析百色学院独特构建的创新创业教育 "D-TSO" 模式的各个方面，分析 "D-TSO" 模式的特点和优势。

### （三）客观描述分析和主体体验展示相结合

本书既比较全面地概括总结和挖掘凝练 "D-TSO" 模式的实践过程与相关理性问题，又比较全面地描述说明和分析展现参与 "D-TSO" 模式各实践主体的思想、观念、心理、情感、认知等主观方面的自然状态和转变状况。

## 二、研究方法

研究方法为研究目的服务。本书根据研究目的和主题的实际情况，主要选用

如下研究方法。

（一）从哲学方法论来说，采用实证主义和解释主义相结合的研究方法

本书对百色学院创新创业教育"D-TSO"模式构建过程、组织运行、成果收效等方面的研究主要采用客观主义的实证主义研究方法，重点进行事实描述、客观分析和内在逻辑探寻。对参与人员的心理动态、情感变化及认知收获的研究，主要采用解释主义的研究范式，尊重主体的主观和个性。对个体进行个性化、主观性问题的研究，采用解释主义研究范式具有更强的解释力。

（二）从一般方法论来说，主要采用质性研究为主、定量研究为辅的方法

本书在研究百色学院创新创业教育"D-TSO"模式的实施成效过程中，主要采用定量研究的方法，通过一些标志性成果来说明问题。在对参与主体的心理成长、情感体验和认知变化等方面的研究，主要采用质性研究方法，采用个人总结和访谈记录等方式。

（三）从材料收集法来说，主要采用实地调查为主、文献调查为辅的方法

本书在收集材料过程中，主要采用实地调查方法，特别是对众多涉及个体进行深度和跟踪访谈从而获得第一手材料。同时，辅之采用文献调查方法，通过查询已有文献资料，包括已公开出版、发表的论著、论文，其他学校的经验介绍材料，各有关高校印发的相关文件、发布的宣传报道、教育主管部门印发的材料等特殊文献来说明或辅助解读相关问题。

此外，从研究者和实践者关系来看，本书还采用了教育行动研究的方法。笔者既是创新创业教育的研究者，也是创新创业教育改革的具体实践者、行动者。理论研究者和实践行动者集于一身，具有明显的教育行动研究方法的特点。

# 第一章 "D-TSO"模式的探索与构建

自 20 世纪和 21 世纪之交开始，我国实施了高等教育大扩招政策，各大学特别是地方本科院校的规模快速扩大，我国开始大跨步走进高等教育大众化的新阶段。但是，由于教育资源投入的滞后性、传统教育模式的顽固性及竞争日趋激烈的经济社会发展对高等教育提出了越来越高的要求，我国刚进入大众化的高等教育的质量面临着诸多严峻挑战并饱受社会广泛质疑。为了改变这种状况，国家先后推出了重要政策。其中，2010 年的《国家中长期教育改革和发展规划纲要（2010—2020 年）》明确指出"加强就业创业教育和就业指导服务。创立高校与科研院所、行业、企业联合培养人才的新机制"。李克强总理在 2014 年 9 月召开的夏季达沃斯论坛上，首次公开提出"大众创业、万众创新"的号召。2015 年国务院办公厅出台了的《国务院办公厅关于深化高等学校创新创业教育改革的实施意见》明确要求，"把深化高校创新创业教育改革作为推进高等教育综合改革的突破口"，明确提出"深化高等学校创新创业教育改革，是国家实施创新驱动发展战略、促进经济提质增效升级的迫切需要，是推进高等教育综合改革、促进高校毕业生更高质量创业就业的重要举措"[①]。此后，"创新创业"及"创业教育"这两个关键词频繁地出现在各种会议议题和政策文本中。在此种背景下，全国各高校积极投入创新创业教育改革浪潮之中。百色学院对创新创业教育的艰苦探索和改革实践也正是随着国家高等教育的时代脉搏而有序展开。

---

① http://www.gov.cn/zhengce/content/2015-05/13/content_9740.htm.

# 第一节 "D-TSO"模式的探索与架构

百色学院于 2006 年升格本科院校,以应用型高校为办学定位,其历史可追溯到 1938 年成立的广西省立田西师范学校,历经百色师范学校、百色师范专科学校、百色地区师范学校、右江民族师范高等专科学校等发展阶段。80 多年来,学校坚持在集"老、少、边、山、穷、库"和全国十四个集中连片特困地区的百色市①办学,凝练了"团结合作、艰苦奋斗、克难攻坚、磨砺成才"的"石磨精神",走出了一条艰苦创业的发展之路;秉承"志远行敏、德高业精"的校训,为社会输送了近 10 万名"下得去、留得住、用得上、干得好"的"四得"专门人才,有力促进了区域经济社会及教育事业的发展,为边疆民族地区的经济发展、社会进步和国防巩固做出巨大贡献。

学校坚持以"弘扬传统、团结务实、奉献拼搏、争先创新"的百色精神办学育人,以服务区域产业和经济社会发展为导向,以培养应用型人才为目标,科学谋划,艰苦创业,经过"明晰思路、寻求合作、创新模式"等探索改革阶段,实现了从专科教育为主向本科教育为主、从师范教育为主向产业服务型教育为主的"两个转型",办学水平显著提升,2014 年,成为广西首批 4 所整体转型发展试点高校之一,2016 年加入广西高校创新创业教育联盟,2017 年百色学院大学生创业孵化基地成为国家级众创空间,在校学生由 2006 年的 4 657 人,增加到 2017 年的 20 353 人,由 2006 年的面向广西地区招生,拓展为面向全国 20 多个省(自治区、直辖市)招生。

百色学院自成立开始,在应用型办学理念的指引下,以服务区域产业和经济社会发展为导向,以校企合作、产教融合为基本模式,探索构建符合自身实际的创新创业教育模式,最终形成了成型的"D-TSO"模式。百色学院创新创业教育"D-TSO"模式的探索与构建主要经历了三个阶段,即借鉴与模仿阶段、试用与调整阶段和成型与推广阶段。

## 一、借鉴与模仿阶段:2006~2011 年

百色学院 2006 年升格为本科院校初期,硬件设施不足,师资力量薄弱,木

① 老、少、边、山、穷、库:"老"是指革命老区,"少"是指少数民族地区,"边"是指边境地区,"山"是指大石山区,"穷"是指贫困地区,"库"是指水库移民地区。

科专业仅有 6 个，高职高专专业 33 个，大多为师范专业。这时，如何快速实现从专科教育为主向本科教育为主、从师范教育为主向产业服务型教育为主的"两个转型"，更好地促进学校在"十二五"时期快速发展，成为学校改革发展的重要问题。学校领导正确研判高等教育发展趋势，决定将学校定位为应用型高校，并开始主动借鉴德国的"双元制"和美国的"双园制"先进模式，从而开始了以提升学生就业质量为目标的百色学院应用型高校创新创业教育体系构建的借鉴与模仿期。

在这一时期，学校非常注重学习模仿国外职业教育经验和国内发达地区高校以就业为导向的教育模式，走以提升就业质量和自主创业能力为目标的应用型高校发展之路，以服务区域产业和经济社会发展为导向，以校企合作、产教融合为人才培养基本模式，结合广西省域特点和百色"老、少、边、山、穷、库"的实际，探索建立起百色学院创新创业教育体系，这一体系包括一个齐抓共管工作机制、一个通识必修课程平台、三个教育训练系列活动、一个项目孵化基地，因此也被简称为"1131"体系，其主要内容和基本结构如图 1-1 所示。

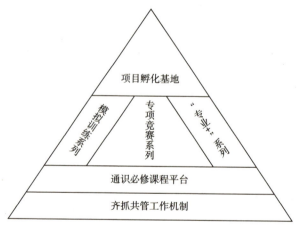

图 1-1　百色学院创新创业教育"1131"体系

百色学院创新创业教育"1131"体系的主要内容如下。

## （一）建立了一个齐抓共管工作机制

为推动创新创业教育有效展开，学校成立了由教务部门、招生就业部门、学生工作（简称学工）部门、共青团系统、各系部等部门（系部）组成的创新创业教育齐抓共管工作机制，成立了工作体系领导小组。其中，教务部门主要负责人才培养方案的制订与实施、课程体系的设计与建设、教育质量的监测与改进；招生就业部门主要负责就业指导课程的计划与实施、学生就业创业工作的指导与服务；学工部门和共青团系统主要负责大学生各项学科竞赛、社会实践活动的组织与实施以及科技社团的指导和服务；全校各二级系部负责组织、指导学生开展课程教学和参与各项比赛工作等。

## （二）构建了一个通识必修课程平台

面向全校学生，根据学生发展和就业的需要，学校开设创新创业教育通识必修课程平台。通识必修课程平台开设了"大学生职业发展与就业指导"与"创业基础"等具有培育培养学生创新创业意识和素养功能的必修课程。

## （三）开展了三个教育训练系列活动

（1）模拟训练系列，含初级和高级两个层次。其中，全校创业模拟训练（初级）主要是通过操作创业实战模拟软件，从而创建一个真实的企业管理场景和体系来实现教学目的。创业模拟训练（高级）课程主要让学生参与岗位设计、人事安排、战略和研发计划制订、市场分析、营销计划制订和经营绩效分析等初创企业运营过程中的各个环节，使学生了解企业运作的基本流程和规律，从而培养学生的社交能力、分析能力、做事能力、创新能力、领导能力等，还包括独立思考能力、团队协作能力等，为未来就业创业积累了基本知识和技能。

（2）专项竞赛系列，包括教务处组织的大学生创新创业训练计划项目系列、团委组织的"挑战杯"大赛等比赛系列、招生就业处组织的入驻创业园选拔大赛、二级系部组织的校内外的各类创业大赛等。

（3）"专业+"系列。主要包括"专业+"创新创业课程体系、"专业+"创新创业专业及中外合作办学专业、"专业+"创新创业双学位及辅修专业、"专业+"创客大街（社会服务）等课程系列。第一，"专业+"创新创业课程体系是指在专业课的基础上融入该课程的研究方法、学科前沿及专业创业等，通过改革教学方法和考核方式培养学生的批判性和创造性思维，激发创新创业灵感。第二，"专业+"创新创业专业及中外合作办学专业是指申报设置了电子商务（创业方向）专业，以及开设了中外合作创业管理和工商企业管理（创业方向）的专业。此类特殊专业以全新的模式培养创新创业型人才。第三，"专业+"创新创业双学位及辅修专业是指申报了双学位财务管理（创业实务方向）和工程管理（创业实务方向）专业，通过辅修第二专业来培养创新创业型人才。第四，"专业+"创客大街（社会服务）是指通过和百色市团委合作创建百色市青年创客大街，为百色市有志创业青年提供各项创业基础服务，服务地方经济发展。

### （四）建设了一个项目孵化基地

根据上级有关创业孵化基地的建设标准，学校通过整合各种资源，建设了一个服务学生开展个性化创新创业实践的场所，即大学生创业孵化基地。基地建成后，学生（团队）项目通过层层遴选，优胜者即可入驻基地开展孵化。基地为学生（团队）项目提供各种指导和服务。

## 二、试用与调整阶段：2012~2015 年

2012 年，百色学院创新创业教育 "1131" 体系开始正式运行。经过一段时间的实施，学校收到了可喜成效，但也发现一些急需改进的问题，主要是系统性组织管理问题。即出现了教务部门、招生就业部门、学工部门、共青团系统，以及后来成立的创新创业学院等部门（学院）都抓创新创业教育，但又存在多头管理、权责不清等问题。例如，教务部门只考虑人才培养方案的实施、课程体系的建设，招生就业部门则按照自身权责负责就业指导课程的实施，共青团系统只负责 "挑战杯" 中国大学生创业计划竞赛等，新成立的创新创业学院责权不清，不知道该做什么不该做什么，只能做一些学生的项目申报、遴选和学生公司项目孵化等工作，很多工作重复交叉。这种看似和谐的分工和配合，其实是职责和任务不清。这种多头管理、机构不健全的问题，不可避免地导致相互推诿扯皮、效益不高、重复劳动等弊端，不可能有效推动创新创业教育的健康发展[①]。

为了改进和优化 "1131" 体系，学校开展了深入研究。一是广泛收集并分析了国内外高校创新创业教育的实践经验；二是深入调研梳理了广西所有本科院校创新创业教育改革的历史、现状、成功经验、存在问题等。在掌握大量事实素材和国内外办学经验基础上，结合学校当时的办学实际，经过一段时间的研讨和思考，提出了整合协调全校各种创新创业教育类别（平台、机制）、将原来的 "1131" 体系调整为 "1+3" 体系的新思路。全校的各种创新创业教育类别（平台、机制）包括创新创业学院的大学生创业孵化基地、全校开设的大学生创新创业教育课程、全国和广西举办的大学生创新创业类竞赛项目、学校与中科招商投资管理集团股份有限公司（简称中科招商集团）合作创立的集创新创业课程学习、创新创业发明中心引领、创新创业投资基金资助、创业导师全程指导的 "四位一体" 运行机制。调整后的百色学院创新创业教育 "1+4" 体系注重采用 "项目驱动下的团队培养" 方式，其主要构成要素及其各要素之间的关系如图 1-2 所示。

---

① 肖福流. 民族地区高校创业教育研究[J]. 新时代教育电子杂志（教师版），2016，（39）：292-293.

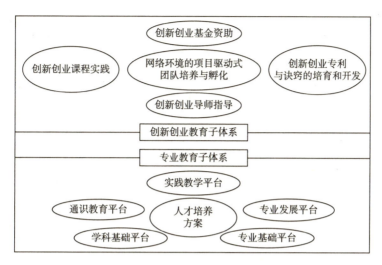

图 1-2  百色学院创新创业教育 "1+4" 体系

在 "1+4" 体系中，"1" 代表一个创新创业人才培养基本模式，"4" 是指四个创新创业人才培养基本要素。它们的具体内容如下。

## （一）构建了一个创新创业人才培养基本模式

其基本模式就是基于网络环境的项目驱动式团队培养与孵化模式，进入创新创业教育体系的学生，首先将根据兴趣爱好和拟创新创业的方向，分成每组 5~7 人的创新创业团队，其次按照基于网络环境的项目驱动式团队培养与孵化这一创新创业型应用技术人才培养的基本模式开展教育教学。其关键要点包括以下三个方面。

（1）基于网络环境的自主学习。根据网络时代知识获取的特点，开发线上学习课程，保证学生随时随地可上网，通过网络获取知识和信息、联络各种社会主体、整合各类资源。

（2）以完成任务为驱动力的团队学习。每个创新创业团队都有明确的项目——围绕某一专利或创意创办和运营企业。由共同创办和运营这一企业凝结起来的创新创业小组，成为一个学习团队，在任课老师尤其是创业导师的指导下，为完成这一使命和任务，以系统思考、自我超越、心智模式、共同愿景、团体学习五项修炼开展团队学习。

（3）基于初创企业的孵化学习。每个创新创业团队的学习过程又是其共同创办、孵化和运营同一企业的过程，将经历创办、经营管理一个企业的所有环节，从而在其中学习、实践、再学习、再实践创新创业活动的全部知识。为满足大学生创新创业企业孵化的需要，学校将免费为每个创新创业团队提供创新创业所需要的孵化基地。

### （二）具备了四个创新创业人才培养基本要素

即创新创业课程实践、创新创业导师指导、创新创业专利与诀窍的培育和开发、创新创业基金资助。四个基本要素的具体内容分别如下。

（1）创新创业课程实践。主要包括理论课程和实践课程两部分。创新创业理论课程教学共 42 学分，主要包括两类：一是大学生创业教育课程，如创业精神、互联网创业基础、创意与创业、创业融资、微商创业、创业测评、创业与服务等课程；二是企业经营管理课程，如微观与宏观经济学、基础会计、经济法、税法、商务谈判与公关、市场营销、市场调研、财务会计、管理会计、财务管理、资本市场、投资学等课程。创新创业实践课程教学共 32 学分，主要包括三类：一是创业技能课程，如创业计划书撰写与实施、客户管理、"互联网+"专业创业、企业战略、项目 O2O（online to offline，线上到线下）运营等课程；二是创业模拟课程，如心理破冰（陌生拜访）、创新意识训练（创意大赛）、市场调研（街访）、导师辅导下的计划项目模拟企业运营等课程；三是创业实操，即基金投入和导师辅导下的创业团队真实企业运营，同时完成《从创意到创业》毕业论文。

（2）创新创业导师指导。创新创业导师主要负责指导、帮助大学生开展创新研究、选择创业项目、开展创业孵化和经营管理企业。一般来说，创新创业导师除了少部分由具有实践经验的校内老师担任外，绝大部分由校外具有丰富创新创业经验和企业经营管理经验的企业家担任，特别是由与学院合作的创新创业基金中的有限合伙人（limited partner，LP）、企业家担任。

（3）创新创业专利与诀窍的培育和开发。创新创业专利、诀窍和创意是创业企业孵化的种子源。其产生的方法和途径主要有以下三种：一是引入专利基金，由其专利池提供创业所需专利；二是学校教师与学生从事科学研究活动，利用学校的实验室、研究中心及校企合作研发基地等研发各类专利和技术诀窍；三是组织参加全国和广西举办的大学生创新创业竞赛产生专利和创意，包括大学生创新创业训练计划项目、"挑战杯"中国大学生创业计划竞赛、"挑战杯"全国大学生课外学术科技作品竞赛等。

（4）创新创业基金资助。只有充足股权资金支持的创新创业教育才是完整和有效的创新创业教育，这是实体型创新创业教育体系与其他虚拟型或半虚半实型创新创业教育体系的重要区别。广西百色创新创业教育体系引入北京中科创大创业教育投资管理有限公司（简称中科创大）等社会创业基金、风险投资基金，其一方面以股权及其他方式介入创新创业团队的企业，另一方面连接基金产业链上的各类基金，共同培养和孵化、做大做强创业企业，同时通过上市或股权转让方式获利。

通过上述"1+4"构建起来的创新创业教育子体系，形成"五个百分之百"的"实体型"创新创业教育特征：即百分之百有项目、百分之百有团队（创业企业团队）、百分之百有基地、百分之百有导师、百分之百有基金。

百色学院通过实施创新创业教育"1+4"体系，可以现有创新创业双学位专业教育为基础，通过与世界创新创业教育先进大学的合作交流，设立中外合作创新创业专业或方向，开展创新创业社会培训，引入创新创业基金等社会力量参与，并以此为基础，结合中国、广西和百色实际，在百色学院百东校区开展如图 1-2 所示的"百色学院创新创业教育'1+4'体系"的硬件建设，推动创新创业教育深入有效展开。这一总体系又包括两个层次：一是上文已详细分析的创新创业教育子体系；二是专业教育子体系，它属基础层次，即百色学院各个专业学生的专业教育子体系，各个专业学生在学习专业课程、进行专业教育的同时，进入创新创业教育子体系学习。上述两个体系相互融合渗透，协同培养创新创业人才。

## 三、成型与推广阶段：2016~2017 年

### （一）"D-TSO"模式基本定型

创新创业教育"1+4"体系运行后，发现始终未能有效地解决地方本科院校在进行创新创业教育过程中广泛存在的三个问题：一是专业教育与创新创业教育仍然是两张皮，两者未能相互融合；二是创新创业教育没有循序渐进，以理论教育直接进入实践模拟，跨度大，转折突兀；三是对学生没有进行甄别，没有在创新创业教育普及化的基础上，对有创新创业兴趣的学生和有创新创业实际操作需求的学生进行遴选和培养。

为此，2016 年开始，我们在总结创新创业教育"1+4"体系运行中的优点与不足基础上，编制问卷，对广西 11 所普通本科院校 2 500 名学生开展创业教育问卷调查，获取数据，借助统计软件，进行数据分析，根据数据分析的结果，结合做中学理论[①]、马斯洛层次需求理论[②]、利用相关者理论[③]、创新创业生态系统理论[④]和人的全面发展理论[⑤]，总结提出了百色学院创新创业教育"D-TSO"模式，其内容

① 单中惠. "从做中学"新论[J]. 华东师范大学学报（教育科学版），2009，（3）：77-83.

② 马斯洛. 动机与人格（第三版）[M]. 许金声，等译. 北京：中国人民大学出版社，2007：60-65.

③ 张世爱. 瓶颈与对策：基于利益相关者视角的高校教学质量管理[J]. 黑龙江高教研究，2014，（10）：20-22.

④ 沈如茂，董纪昌，李建博. 区域创新创业生态系统的研究综述[J]. 科技促进发展，2017，（12）：963-974.

⑤ 中共中央马克思、恩格斯、列宁、斯大林著作编译局. 马克思恩格斯全集（第 42 卷）[M]. 北京：人民出版社，1979：102-106.

及框架如图 1-3 所示。

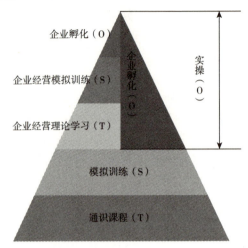

图 1-3　百色学院创新创业教育 "D-TSO" 模式框架

按照 "D-TSO" 模式，将全校学生依据培养目标与创新创业志趣划分为三大类，因材施教，相应开展对应的创新创业教育。

类型一：全校所有学生接受通识课程（T）。主要是开设 "创商培育与测评" "创业基础" "职业发展与就业指导" 三门创新创业通识必修课程，以及各二级学院根据专业特点至少开设一门以上的 "专业+" 创新创业课程。

类型二：类型一中有创新创业志趣的学生接受模拟训练（S）。主要是依托大学生创新创业训练计划项目、大学生 "挑战杯" 大赛、"互联网+" 大学生创新创业大赛、大学生创新创业遴选大赛及创新创业学院定期举行的项目路演等活动，进行创新创业模拟训练。

类型三：上述两类学生中有志于开展创新创业实际操作的学生，开展实操训练（O）。这里又分为两部分，一部分经考核进入百色学院基金植入式实体创业学院——创新创业学院学习和进行企业孵化；另一部分经重新选拔，进入学校大学生创业孵化基地和大学生创业园，进行企业孵化。

以上 "理论-模拟-实操" 分为两大层次，第一个 "TSO"，是全校创新创业教育模式，由全校通识课程（T）、模拟训练（S）、实操训练（O）组成；第二个 "TSO"，是图 1-3 顶端左侧部分所表示的教育组织活动，由创新创业学院具体负责实施，也是采取 "TSO" 模式进行培养。

进入创新创业学院的学生，首先进行企业经营理论学习环节（T），创新创业学院面向这部分学生主要开设了企业经营管理、创业技能、创业模拟、创业实操等专业性较强的课程；其次是开展企业经营模拟训练（O），主要采用了基于网络环境的项目驱动式团队培养，通过模拟软件 3D 建模、Flash 技术模拟企业经营，让学生掌握企业运营中的基本知识；最后是开展企业孵化（O），学生（团队）的项目全部进入学校免费提供的孵化区进行孵化，此时，学生（团队）将形成"五个百分之百"的"实体型"创新创业教育特征：百分之百有项目、百分之百有团队（创业企业团队）、百分之百有基地、百分之百有导师、百分之百有基金。这标志着"D-TSO"模式的成型。

### （二）"D-TSO"模式得到推广应用

在此阶段，百色学院创新创业教育"D-TSO"模式不仅开始成型，克服了前面两个阶段存在的弊端，开始显示出它的特色和优势，而且逐步得到推广应用。首先，在全校内得到全面推广，全校的创新创业教育改革完全按"D-TSO"模式进行组织和运行，实施效果越来越突显。其次，"D-TSO"模式开始在自治区内外产生影响力，几十所同行高校和企业先后慕名前来考察交流，逐步产生了模式的推广和示范效应。因此，本阶段为成型与推广阶段。

# 第二节　"D-TSO"模式的内涵

百色学院是一所培养应用人才的本科高校，以服务区域产业和经济社会发展为导向，以校企合作、产教融合为人才培养基本模式，投入大量的人力、物力、精力，研究借鉴国际一流的创新创业教育模式，结合自身实际探索构建"国际先进，国内一流，广西首创"的创新创业教育模式。

创业教育，也叫"企业家精神教育"和"创业精神教育"。根据《牛津现代高级英汉双解词典》给出的解释，"enterprise education"的意思可概括为：一是从事事业、企业、商业等规划、活动、过程的教育；二是进行事业心、进取心、探索精神、开拓精神、冒险精神等心理品质的教育[①]。

本书所提出的创新创业教育主要是按照人才培养计划对学生开展专业教育的同时开展创新创业理论、模拟与实操等课程教学，使学生获得创业技能、素质和能力的教育，从而实现学生创新精神、创业意识和创新创业能力的明显增强，更能适应社会发展的需要。

---

① 段雪辉. 高校创业教育的内涵及相关概念辨析[J]. 山西财经大学学报（高等教育版），2010，（2）：68-69.

# 一、"D-TSO"模式的提出

在现实的创新创业教育中，各高校在推进高等教育综合改革中广泛存在以下三个问题：一是明确校企合作、产教融合是应用型大学的基本模式，但采取什么方式进行校企合作，实现产教融合、协同育人一直是个难题，没有进入实质性阶段；二是创新创业教育只是根据要求开设创新创业通识课程学习，没有进行实践训练，重理论轻实践现象十分明显。只有理论没有模拟，无法达到培养学生创新精神、创业意识、创新创业能力和提高学生实践能力的目的；三是应用型高校学生高考成绩一般不是很好，大多数学生理论学习兴趣不足，内驱力不足，如何激发学生学习的激情、学习的内驱力，成为一个关键的问题。

针对解决应用型高校创新创业教育普遍存在的三个显著问题和百色学院地处"老、少、边、山、穷、库"及全国 14 个集中连片特困地区之一的百色市与百色学院自身实际特点、生源等情况，经过明晰思路、寻求合作、创新模式等创新创业教育模式探索改革阶段，以构建"国际先进，国内一流，广西首创"创新创业模式为目标，2011 年提出"D-TSO"模式。

# 二、"D-TSO"模式的内涵

百色学院创新创业教育"D-TSO"模式，不是简单的创新教育，它有别于社会上所说的创业教育就是培养"老板""企业家"的精英教育，也不是创新教育、创业教育与专业教育的简单结合，而是一种在开展专业教育的同时，全程融入创新创业教育的全新教育模式。

## （一）创新教育的内涵

创新起源于拉丁语，本来就包含着三层含义：其一是更新；其二是创造新的东西；其三是改变。创新的概念是美籍奥地利经济学家熊彼特（J.A.Schumpeter）在《经济发展理论》（1912 年版）一书中首次提出的，他指出创新就是要创立一种新的生产函数，也就是将一种从来没有过的关于生产要素和生产条件的"重新组合"引入生产关系[①]。这一关于"创新"的定义随着时代发展，有了较大的变

---

① 陈新亮. 大学生创业教育研究[M]. 长沙：湖南人民出版社，2015：33-38.

化，特别是进入 21 世纪人们对"创新"的认识更趋向于具有一种创新意识、创新创业精神和创新创业能力①。

当前国际社会对于创新的定义比较公认的有两个：一是 2000 年经济合作与发展组织（Organisation for Economic Co-operation and Development，OECD）提出的"创新的含义比发明创造更为深刻，它必须考虑在经济上的运用。实现潜在的经济价值。只有当发明创造引入经济领域，它才能成为创新"②；二是 2004 年美国国家竞争力委员会向政府提交的《创新美国》计划中提出的：创新就是把感悟和技术转化为能够创造新的价值、驱动经济增长和提高生活标准的新的产品、新的过程与方法和新的服务③。

"D-TSO"模式中的创新教育是指在高等院校的特定环境中，根据做中学理论、马斯洛需求层次理论、利益相关者理论、创新创业生态系统理论和人的全面发展理论，结合学生的志向与兴趣，以培养学生的创新精神、创新素质、创新意识和创新创业能力为切入点，依据学校人才培养方案，在开展专业教育活动中全程融入创新创业教育，为国家和民族培养具有创新精神、创新意识、创新素质、创新技能和创新能力的高素质应用型人才，为高等教育的改革和发展、创新型国家的构建、人才强国及"双创"战略的实施和促进大学生就业创业等进行的教育活动。

## （二）创业教育的内涵

"D-TSO"模式中的创业教育认为，创业是依据学生个人的志向与理想、意识与兴趣开展的一种活动，是创造有价值的事物的过程，是一种人生价值观与世界观统一。其本质特征是识别机会，整合资源，将创意付诸实施并创造价值。创业过程要求创业者掌握相应的知识和技能，并进行一定程度的冒险。它包括四个层面的内容，首先，任何创业活动都是基于一个可能被别人忽视的机会，创业者具有敏锐的洞察力和分析力，就有可能产生创意。其次，个人所能掌握的资源总是有限的，但是在追求设定的目标的过程中，创业活动需要突破资源限制，最大限度地创造资源和整合资源。创业者有一种内在驱动力去创造和整合资源，旨在完成最终目标。再次，创业活动是具体的操作性的过程，任何停留在理论层面或者思维层面的创意都不是创业；创业关注价值创造，因为创业者希望以更好、更快、更经济的方式完成某件事情。最后，创业活动要求一定程度的冒险，创业者必须打破陈规，突破现有的边界，改变现状。创业活动既存在于商业领域，也存

① Schumpeter J A. Theory of Economic Development[M]. London：Routledge，2017：19-20.
② 陈新亮. 大学生创业教育研究[M]. 长沙：湖南人民出版社，2015：2-6.
③ 丁俊武，杨东涛，王林. 对产品创新若干问题的思考[J]. 现代管理科学，2010，4：21.

在于社会的非营利机构和政府机构。在这一理念下，高校创业教育指的是在开展专业教育的同时利用创新创业课程和课堂以外的创新创业模拟、实操及实践活动，培养学生创业精神、创业意识和创业技能的教育。这些相互关联的知识和技能包括机会识别的能力、整合资源的能力、承担风险的勇气、灵活性和适应性、团队组织和领导能力等。

"D-TSO"模式中的创业教育是根据学生的兴趣和志向开展理论学习、模拟训练、实操孵化以培养学生创业精神、创业素质、创业意识和创业能力，进一步提升其创业综合素质融入专业教育的一种教育模式。主要培养学生今后适应社会发展和创业的能力，使他们掌握自我创业的方法和途径，进而拓宽大学生的就业创业渠道。构建和形成的创新创业教育模式，是促进大学生创业就业，推进创新型国家建设的有力途径之一。

## （三）创新创业教育的内涵

理解创新创业教育的内涵需要先明确创新教育和创业教育二者之间的关系。创业教育是以创新教育的新思想和新方法为指导，培养学生付诸实践的能力。创新创业教育既不等同于创新教育，也与创业教育存在区别，更不是创新教育与创业教育的简单结合。创新创业教育的内涵本质是培养受教育者的创业意识和创新精神，是就业教育的拓展。其基本特征是创新、创造和实践。"D-TSO"模式的创新创业教育就是将其创新、创造和实践的本质特征实实在在地落实到对培养对象的教育中，与专业教育相结合，以培养"创新、创业"的意识、能力和精神为主的高等教育活动的创新创业教育。

# 第三节　"D-TSO"模式的特色和优势

百色学院创新创业教育"D-TSO"模式经过多年的实践检验，从实践的结果可以看出它完全克服了应用型高校甚至所有的高校在开展创业教育过程中出现的创新创业教育模式不清晰，理论与实践脱钩，重理论轻实践，重完成任务不重效果，学生兴趣不高、不主动参与、不积极参与的现象，体现出独具特色的亮点，形成了鲜明的特色，取得了良好的效果，培养了学生的创新精神、创新素质、创新创业意识和创新创业能力，提升了学生的就业创业质量，促进了学校的发展。

# 一、有力推进了校企合作和产教融合

## （一）紧密的校企合作，相互提供孵化基地

（1）创业企业就是企业，学生就是企业经营人员，校企合作伴随学习始终。在"D-TSO"模式下，创新创业精英得到培养，得到企业家的指导，共有LP，符合企业发展的需求，创业企业乐意与学校开展校企合作，愿意参与创新创业课程建设。

（2）学校为创业企业提供实训平台、项目孵化、基金植入等支持与服务，如百色学院创新创业学院的孵化区、大学生创业园、大学生创业孵化基地等为大学生提供了创业平台，实现了产教融合。

## （二）紧密的知行结合，克服重知轻行弊端

在创新创业教育"D-TSO"模式下，通过理论学习后，开展有针对性的模拟训练，模拟训练项目包括大学生创新训练计划项目、大学生"挑战杯"大赛、"互联网+"大学生创新创业大赛、创新创业学院组织的大学生创新创业遴选大赛等；学校的大学生创业园、大学生创业孵化基地等为大学生创业提供场地，直接经营校内小型企业，直接把理论运用于实践；创新创业学院为进入创新创业学院的学生（团队）提供了更专业的企业经营、项目孵化和实践指导，解决了大学创新创业教学中重理论轻实践的问题。

# 二、有效激发了学生创新创业的内驱力

## （一）激发了学生创新创业兴趣

在"D-TSO"模式下，不再是枯燥的理论学习，而是理论直接与模拟训练、实操相衔接，在理论学习中激发灵感，将想法变成训练项目，通过模拟、实操等训练，引起学生对不足的反思，促进其认真学习理论，这样充分保证学生主体地位，充分调动学生自主学习的积极性，激发学生学习兴趣和热情。

## （二）降低了学生创新创业风险

"D-TSO"模式采用"项目带动、基金植入"的方式，基金植入为学生（团

队）项目的孵化带来了资金支持，降低学生创业资金风险；在创业的经验上，有校内创业导师和企业家的指导，降低学生盲目创业风险，激发了学生大胆创新创业的激情；学校制定《百色学院学生学分互换与认定管理办法》等制度，完善创新创业教育学分认定及互换制度，开展创新创业的学生（团队）可以获得相应的学分，学生可以大胆创新创业，不影响毕业。

# 三、具有"两新一全"特点，产生了良好示范作用

## （一）新模式——全国最早之一，广西首创

"D-TSO" 模式是一个新模式。百色学院在实施创新创业教育改革以来，抓住国家的战略机遇，基于国外发达国家高校创新创业教育模式、国内高校创新创业教育处于初级发展阶段、广西与全国高校创新创业教育处于同一起跑线等创新创业教育现状的特点，研究提出并构建"国际先进、国内一流、广西特色"的百色学院创新创业教育 "D-TSO" 模式，并于 2011 年末在全校组织实施，是全国最早之一，广西首创 "D-TSO" 模式的高校。

"D-TSO" 模式的组织实施得到了国家发展和改革委员会（简称国家发改委）的高度肯定，成为 2016 年国家发改委、财政部批准的全国首家由大学承担建设创新创业教育项目的高校，并列入 2016 年外国政府贷款滚动项目库，列入 2018 年以色列、沙特阿拉伯、科威特、欧佩克基金贷款备选项目，给予 2 000 万美元支持建设。

## （二）新机制——全校协同，基金植入

"D-TSO" 模式具有全校协同、基金植入的特点，其主要内涵如下。

全校协同。"D-TSO" 模式实施中，教务部门牵头，以二级学院与创新创业学院为骨干，招生就业、学工、团委等相关部门围绕模式协同运行、齐抓共管、配套改革工作，开展人才培养方案修订、创新创业学分认定互换、创新创业教育课程群建设、创新创业教师队伍培训、创新创业教育基地和平台建设等工作。

基金植入。学校与企业联合，成立了广西首家基金植入式实体型创业学院，是 "D-TSO" 模式龙头机构，负责 "D-TSO" 模式中第二层次 "TSO" 实施，更有针对性地开展创新创业教育。近几年来，与中科招商集团意向成立基金规模为 5 亿元的"中科百色创新创业投资基金"、成立社会组织参与初始规模为 500 万元的"百色学院大学生创新创业公益基金"，学校每年注入创新创业公益资金 100

万元，企业每年投入 50 万元。目前，学校在积极与百色市科学技术局、人力资源和社会保障局沟通成立百色市的创新创业基金，与百色市妇女联合会成立巾帼英雄创新创业基金，与中国农业银行百色分行成立创新创业基金等众多基金支持大学生创新创业，为第二层次"TSO"的运行提供资金需求保障，即进入创新创业学院的学生（团队）的项目百分之百有来自学校、社会、企业的基金保障。

### （三）全开放——面向全校、全社会开放

"D-TSO"模式是一个面向校内外全开放式的创新创业教育模式。一是面向全校学生开展创新创业教育。二是面向百色当地 12 个县（区、市）开放开展创新创业教育，如百色市企业孵化基地，与百色市共建"青年创客大街""大学生创业孵化基地"等；南宁市高新区、厦门市有关机构按照"D-TSO"模式开展训练营。

"D-TSO"模式形成了校内外共同培养创新创业人才的新机制，产生了引领、服务、辐射地方经济发展的积极作用，并将促进百色学院与东盟各国的教育交流。

## 四、应用推广效果显著，有力促进学校发展

"D-TSO"模式的实施，推动了学校在创新创业教育的师资队伍、课程体系、平台体系、管理制度、服务体系及校园文化等方面的建设，深化了校企合作，全面促进了学校教育改革，取得了很好的效果。

### （一）创新创业受益群体显著扩大

"D-TSO"模式面向全校、全社会开展创新创业教育，相关利益共同体都从中受益。一是学生受益。"D-TSO"模式面向全体学生开设创新创业教育课程，同时将创新创业活动纳入各专业人才培养方案，保证了全校百分之百的学生接受创新创业教育，百分之百的学生参加创新创业活动，2011~2017 年，累计有近 6 万名学生直接受益。二是教师受益。"D-TSO"模式实施以来，广大教师，尤其是创新创业"双师型"培养对象，各级各类项目、团队、赛事的指导老师，多次参加在校内外举行的创新创业培训，创新创业教育教学能力大幅提升，直接受益。三是广大社会创业青年受益。学校在百色及下辖各县区、南宁、厦门等地设立"青年创客大街""创新创业孵化基地"，面向社会青年开展创新创业培训和创业项目孵化，惠及广大社会青年。2016 年，有 40 余名社会青年接受了创新创业学院的

创新创业培训。四是合作企业受益。合作企业在参与学校创新创业人才培养中，能发现优秀的人才和项目，从中获益。

## （二）创新创业教育资源显著增多

"D-TSO" 模式实施后，全校创新创业教育得到有序展开，不断产生积极效益，不断吸引校外企业资源向学校集聚。一是合作办学单位快速增加到 100 余个。二是建立了数额充足的创新创业基金。例如，中科招商集团在学校设立总规模为 5 亿元的"中科百色创新创业投资基金"，另有 8 家企业在学校设立了规模为 119 万元的"百色学院创新创业公益基金"，为创新创业提供了资金保障。三是建立了充足的创新创业孵化基地。学校在校内建立了可以同时孵化 120 个大学生创业团队的创业孵化基地，其中，东合校区大学生创业孵化基地可供 24 家学生创业企业入驻，澄碧校区大学生创业园可供 36 家学生创业企业入驻，中科创业学院创业孵化基地可供 51 家学生创业企业入驻。同时在百色及下辖县区、厦门、南宁等地区建立了"创新创业孵化基地"，为创新创业提供了充足的场地保障。

## （三）学生创新创业能力显著增强

"D-TSO" 模式搭建了以创业项目孵化实战为高地的"第一课堂教学、学科竞赛、科技社团、社会实践、大学生创新创业训练计划项目、创新创业主题培训、创意创新创造创业大赛、创业双学位班（创业精英班）、创业孵化项目、自主创新创业"的"十联动"平台体系，为学生接受创新创业教育和参加创新创业活动提供了广阔的平台。同时，"D-TSO" 模式将理论与实践、专业与创新创业有机结合，促进学生深入、广泛、有目的地学习，有效培养学生的创新精神、创业意识、创新创业能力和实践能力，学生取得了一系列的创新创业成果，创新创业能力显著增强。

一是学生获得大学生创新创业训练计划项目立项数逐年增多。2012 年学生获得大学生创新创业训练计划项目 20 项，2016 年增长到 150 项，2017 年增长到 206 项。五年来，学生累计共获得大学生创新创业训练计划项目立项 608 项，共有 2 615 人次参与。

二是学生获得学科竞赛奖项总量比项目实施前大幅提高。2011~2016 年，共获省部级及以上学科竞赛奖项 1 064 项、1 867 人获奖，其中国家级奖项共 97 项、225 人获奖；获省部级及以上"挑战杯"大赛奖 80 项、305 人获奖；获省部级及以上中国"互联网+"大学生创新创业大赛奖 34 项、143 人获奖，其中国家级奖项共 1 项、9 人获奖。2017 年，学生获得国家级学科竞赛奖项 124 项、获奖 352 人次，获省部级奖项 344 项、获奖 639 人次。其中，获得中国"互联网+"大学生创新创业大赛奖 41 项、获奖 808 人次。学生在竞赛中得到了锻炼，创新创业能力增强。

三是学生创办企业增多。2013 年以来，先后有 80 个学生创业团队（项目）入驻东合校区大学生创业园和澄碧校区大学生创业孵化基地，且全部注册成微型企业或个体工商户，有 55 个学生创业团队入驻中科创业学院创业孵化基地，学生在创办企业的实践中提高了创新创业能力。

四是学生创业团队得到基金支持。2015 年有 4 个创业团队分别获得"中科百色创新创业投资基金" 100 万元投资意向，20 个创业团队各获得 1 万~10 万元投资。2016 年，又有 17 个创业团队分别获得"百色学院创新创业公益基金" 4 千元至 2 万元的启动资金。2017 年有 23 个团队获得基金支持，共计 18.3 万元。

五是学生创业项目成功孵化。截至 2016 年 12 月，在学生创业团队中，有 8 支团队成功孵化，在校外经营实体店。另外，2014~2017 年，大学生创业存活三年及以上的有 29 家企业，约占大学生创业比例的 19.86%。

学生的创新创业能力的提升促进了毕业生就业创业质量的显著提高。"D-TSO"模式培养了学生的创新思维、创业意识和创新创业能力，学生实践能力得到明显提升，为学生毕业后自主创业和结合职业岗位创新创业奠定了牢固的基础，提升了学生的就业创业能力。2015~2017 届毕业生的初次就业率分别为 88.76%、93.78%、95.70%。2015 届和 2016 届毕业生中有 32 人自主创业。另外，根据问卷调查和实地访谈所得的结果，用人单位对百色学院毕业生高度认可，综合满意度为 98.3%，认为毕业生具有良好的职业道德和较强的敬业精神，综合素质较高，创新创业能力强，能很快适应职业岗位需要。此外，毕业生对母校认可度高，评价好，不少成功创业的校友或校友所在单位组团回校招聘，校友主动牵线搭桥，促成校企合作办学项目。

## （四）创新创业教育研究成果丰硕

"D-TSO"模式实施以来，广大教师的积极参与，推进了学校创新创业教育研究工作，取得了一定的研究成果。首先，建成自治区级创新创业教学团队 1 个，开设创新创业教育改革示范专业 1 个。其次，获得自治区级及以上创新创业教学改革研究项目 7 项。最后，在省部级及以上公开刊物发表创新创业教改论文 30 余篇。

## （五）学校的社会影响力显著提升

"D-TSO"模式的经验，得到各级政府与领导、自治区内外高校、合作企业与广大媒体的广泛认可，提升了学校的社会影响力。

（1）得到各级政府与领导的认可。2016 年 1 月广西教育精准扶贫现场推进会、2015 年 12 月广西高校转型发展试点工作总结交流会在百色学院召开。到百色学院考察指导的有自治区人民政府前副主席黄世勇、教育厅前厅长秦斌，各级政府和兄弟高校领导对百色学院的创新创业教育工作给予了高度肯定。百色市委市政府还把百色市 12 个县区的创新创业教育基地放在了百色学院。

（2）得到自治区内外高校的广泛认可。"D-TSO" 模式实施以来，特别是 2015 年创新创业学院成立后，先后有华南师范大学等 60 多所自治区内外高校到百色学院考察，学习创新创业教育改革经验，学校领导也多次受邀在自治区内外会议（活动）上发言，介绍创新创业教育 "D-TSO" 模式的经验。"D-TSO" 模式的经验被多所自治区内外高校借鉴应用。

（3）得到合作企业的高度赞许。例如，某企业的总裁说"在全国创新创业学院成立的浪潮中百色学院率先落地"。

（4）获得众多媒体的关注。人民网、中国教育网、中国高校之窗、广西电视台、百色电视台和《光明日报》《中国科技日报》《中国教育报》《右江日报》等媒体对学校创新创业教育经验进行了广泛宣传报道。

# 第四节 "D-TSO" 模式的理论阐释

"D-TSO" 模式作为一种特定的创新创业教育模式有其理论渊源。威廉·维尔斯曼（Wil-Liam Wiersman）认为："理论就是一个判断或一系列判断，我们试图用它们以系统的方式来解释一些现象。"[1]康纳（Conner）指出："理论这个词从最严格的意义上看，一种理论乃是一个确立了的假设，或者是更常见的一些，乃至一组逻辑地联系着的假设，这种假设的主要功能在于解析它们的题材。"[2]中国著名教育学者叶澜认为："教育理论泛指人们有关教育的理性认识。所谓理性认识是指一种认识的结果，它是理性思考的产物，以概括、抽象、发展为直接目的，这是其与别的社会活动领域的标志性区别。"[3] "D-TSO" 模式主要依据的理论有做中学理论、需求层次理论、利益相关者理论、生态系统理论、人的全面发展理论。

---

① 陈新亮. 大学生创业教育研究[M]. 长沙：湖南人民出版社，2015：219-226.
② 袁凤琴. 教育理论本土化研究[D]. 贵州大学硕士学位论文，2005.
③ 叶澜. 思维在断裂处穿行——教育理论与教育实践关系的再寻找[J]. 中国教育学刊，2001，（4）：1-6.

## 一、做中学理论

"现代美国教育家杜威以'教育即生活''教育即生长''教育即经验的改造'为依据，对知与行的关系进行了论述，并提出了举世闻名的'从做中学'理论。在《明日之学校》一书中，他明确提出'从做中学要比从听中学更是一种较好的方法'。"①

杜威认为，"从做中学"也就是"从活动中学""从经验中学"，它使学校里知识的获得与生活过程中的活动联系了起来，儿童能从那些真正有教育意义和有兴趣的活动中学习，从而有助于儿童的成长和发展。"从经验中学"，就是在我们对事物有所作为和我们所享的快乐或所受的痛苦这一结果之间，建立前前后后的联结。在这种情况下，行动就变成尝试，变成一次寻找世界真相的实验；而承受的结果就变成教训——发现事物之间的联结。杜威还指出，经验本来就是一种主动而又被动的事情，它本来不是认识的事情；估量一个经验的价值的标准在于能否认识经验所引起的种种关系或连续性。一种经验，一种非常微薄的经验，能够产生和包含任何分量的理论（或理智的内容），但是，离开经验的理论，甚至不能肯定被理解为理论。这就是杜威提倡"从做中学"的重大意义。

"从做中学"是杜威教学论的中心思想，他把教学过程看作"做"的过程，也是"经验"的过程。做中学理论强调的是"从做中学"也就是"从活动中学""从经验中学"，创新创业教育"D-TSO"模式中的第二层次模拟训练主要就是让有志趣和兴趣的学生实实在在地参与到大学生创新训练计划项目、大学生"挑战杯"大赛、"互联网+"大学生创新创业大赛、大学生创新创业遴选大赛及各种学科竞赛等活动中，在实实在在的做中获得知识；特别是第三层次的实操孵化阶段更是强调学生基于项目驱动式的团队培养，通过模拟软件 3D 建模、Flash 技术模拟企业经营，掌握企业运营中的基本知识；开展企业孵化，学生（团队）的项目全部进入学校免费提供的孵化区进行孵化，此时，学生（团队）将形成"五个百分之百"的"实体型"创新创业教育，突显出一个"做"字，学生在"做"中获取知识，提升能力，培养创新创业意识、创新创业精神、创新创业素质和创新创业能力。

## 二、马斯洛需求层次理论

马斯洛需求层次理论是亚伯拉罕·马斯洛（Abrahaham Maslow）1943 年在其

---

① 单中惠. "从做中学"新论[J]. 华东师范大学学报（教育科学版），2009，（3）：77-83.

论文《人类激励理论》中初次提出的，主要包括五个层次的需求，即生理需求（the physiological needs）、安全需求（the safety needs）、归属需求（love and belonging needs）、尊重需求（the esteem needs）、自我实现需求（the needs for self-actualizdtion）。[①]马斯洛需求理论中的五种需求具有层级性，逐级递升，称为马斯洛需求梯级结构，或金字塔结构。前两个层次的需求归属于物质性需求，相对来说，是较低级的需求，后三个层次的需求可以归结为精神性需求，是人的高级需求。马斯洛需求层次理论认为，每一个人在不同时期的心理需求是不同的，每一个人只有当较低层次的需要获得了基本满足后，下一个较高层次的需要才能成为主导，并且在某一时刻只有一种需要是引发动机和行为的主导需要[②]。按照这一理论，如果想要激励某个人，就应设法知道他现在处于需求层次的哪个水平，然后试图去满足该层次及更高层次的需要。

创新创业教育 "D-TSO" 模式设置了两个层次三个训练段，即第一层次开展理论学习、模拟训练两个阶段的创新创业教育，第二层次在第一层次两个阶段学习结束后，对有需要、有志趣、有兴趣的学生开展实操孵化训练。这两个层次创新创业教育模式的设立正是依据马斯洛需求层次理论的"尊重需求""自我实现需求"层次的内涵。将全校学生依据培养目标与创新创业志趣划分为两个层次三个训练段，首先是尊重学生对创新创业通识基本知识的需求，面向全校所有学生开展创业教育通识理论课程学习；其次根据学生的需求和个人志趣、兴趣进行第二阶段的模拟训练培养，因材施教，相应开展对应的创新创业教育，激发了学生主动参与的积极性；最后是学生通过前两个阶段接受了理论学习、模拟练习的训练后，提升了对创新创业教育的认识和兴趣，为满足学生"自我实现需求"的需要，设置了第二层次的"实操孵化"的训练，学生带着项目进行"实战化"的训练，满足了对创新创业教育知识的渴求，实现了自我发展、提升的需要。

## 三、利益相关者理论

"利益相关者"一词最早提出可以追溯到 1984 年，弗里曼在《战略管理：利益相关者管理的分析方法》一书中明确提出了利益相关者管理理论（Stakeholder Theory），是一种新的企业管理理论，被认为是"理解和管理现代企业的工具"。弗里曼认为，"利益相关者"是指"能够影响组织目标的实现或能够被组织实现目标的过程影响的人"[③]。米切尔从合法性、权力性和紧急性三个属性对利益相关

① 马斯洛 A. 动机与人格（第三版）[M]. 许金声，等译. 北京：中国人民大学出版社，2007：60-65.
② 符路瑶. 马斯洛需求理论在大学生思想政治教育中的应用研究[D]. 北京化工大学硕士学位论文，2012.
③ 杜晓琳. 都市农业职业教育集团的合作治理与管理创新[J]. 北京农业职业学院学报，2014，（2）：5-10.

者进行细分,用以确定利益相关者的层次①。20 世纪 90 年代以来,利益相关者理论被逐步应用到多个学科领域,美国学者罗索夫斯基较早在高等教育管理领域进行相关研究,他认为大学是典型的利益相关者组织,与大学更广泛的有利害关系的个人或群体有教授、学生、校友、捐赠者、政府、公众、社区等②。

国内学者乜晓燕等认为高校管理人员、教师、学生三者构成高校内部创新创业教育绝对的利益相关者,代表不同的价值诉求③。创新创业教育 "D-TSO" 模式中蕴含着利益相关者理论的内涵,模式中广泛涉及管理人员、指导教师、学生(学生团队)、政府、社会组织、学生家长等利益相关者。在该模式的创新创业教育中,管理人员的利益诉求是通过制订科学、合理的学校创新创业教育计划,设立课程,对课程的学科定位、门类归属、基本理论等问题进行顶层设计,获得企业、教师和学生对其工作的认可。教师的利益诉求是通过讲授创业教育课程,指导学生(学生团队)设计项目,培养学生的创新精神、创新意识、创新思维和创业兴趣,引导学生创新与创业,得到社会组织、管理人员、学生和学生家长对他们教学能力、指导能力的认可。学生的利益诉求是通过接受该模式的教育,自己的创新思维能力得到提高,创业热情得到培养,得到社会认可,实现自己的创业就业梦。政府、社会组织、学生家长是该模式创新创业教育外部的主要利益相关者。政府的利益诉求是通过创新创业教育提高人才培养质量,培养创新创业人才,为国家建设和地区经济社会发展提供智力支持。社会组织包括企业、金融机构、创新创业中介服务组织等,他们主要的利益诉求是通过对高校创新创业教育投入项目和资金,在参与教育活动过程中,通过成果转化,来获得和增值自身的利益。学生家长主要的利益诉求是,孩子通过接受 "D-TSO" 模式创新创业教育,创新思维能力得到提高,创业热情得到培养,实现自己的创业就业梦,得到社会认可,全面发展,家长希望孩子成才、成人的梦想变成现实。

## 四、创新创业生态系统理论

创新创业生态系统是 20 世纪 70 年代发展起来的新理论④,主要是运用生态学原理,研究创新创业环境及其对创新创业实践的影响,以及如何更为有效地进

① 张世爱. 瓶颈与对策:基于利益相关者视角的高校教学质量管理[J]. 黑龙江高教研究, 2014, (10): 20-22.
② 欧阳光华. 美国大学治理结构中的校长角色分析[J]. 教育研究与实验, 2011, (3): 68-71.
③ 乜晓燕, 马玲, 李德才. 困境与路径:基于利益相关者视角的高校创新创业教育[J]. 黑龙江高教研究, 2017, (3): 47-49.
④ 惠兴杰, 徐珂欣, 罗国锋. 基于创业生态系统理论的创新创业教育模式与实践[J]. 创新与创业教育, 2014, (4): 70-72.

行创新创业教育。创新创业生态系统主要由高校、企业、政府等通过跨部门协作，形成基于共同使命和价值导向、互利共生、协同发展的创新创业体系，系统内各要素联结互动形成网络结构，共同决定和增进系统功能，使之具有一般自然生态系统的形态特征。

张运生等将创新生态系统类比自然界的生态系统，通过研究发现创新生态系统是面向客户需求，以技术标准为纽带，形成的共存共生、共同进化的创新体系[①]。梅亮等提到，创新驱动发展的背景下，创业的成效越来越依赖其所处的创新创业生态系统[②]。沈如茂等指出，创新创业教育生态系统主要划分为五个领域，即创新创业政策、创新创业服务、创新创业教育、创新创业文化及科技创新中心，它们既相互区别又相互联系[③]。创新创业教育生态系统的构建离不开相关政策的支持，在一定程度上是政府部门的相关政策支撑整个生态系统的运行。创新创业教育生态系统的构建需要对大学生进行正确有效的引导，提供相关的创新创业服务。创新创业服务的提供者既包括相关政府部门，也包括高校教学科研部门等。

创新创业教育 "D-TSO" 模式坚持协同推进，汇聚培养合力，构建了一个完整的创新创业循环系统。该系统从学生的创新创业理论学习、模拟训练、创业大赛、项目路演、创业实操，到项目孵化的集聚创新创业教育要素与资源，统一领导、齐抓共管、开放合作、全员参与，形成全社会关心支持创新创业教育和学生创新创业的良好生态环境。

# 五、人的全面发展理论

人的全面发展理论是马克思主义理论的重要组成部分，也是现代教育的根本目的和价值取向[④]。那么什么是人的全面发展？马克思将其定义为："人以一种全面的方式，也就是说，作为一个完整的人，占有自己的全面的本质。"[⑤]那么，何谓 "全面的本质"？马克思告诉我们，人的本质是丰富的、多层次的，是在人的需要、劳动、能力、社会关系和个性的全面发展的历史过程中不断生成的，人本质上是在一定社会关系中通过劳动实现其需要、发挥其能力和表现其个性的存在

---

① 张运生. 高科技企业创新生态系统技术标准许可定价研究[J]. 中国软科学, 2010, (9): 140-147.

② 梅亮, 陈劲, 刘洋. 创新生态系统: 源起、知识演进和理论框架[J]. 科学学研究, 2014, (12): 1171-1780.

③ 沈如茂, 董纪昌, 李建博. 区域创新创业生态系统的研究综述[J]. 科技促进发展, 2017, (12): 963-973.

④ 程健康. 试析人的全面发展理论的基本内涵及其教育意义[J]. 教育与职业, 2008, (27): 174-175.

⑤ 中共中央马克思、恩格斯、列宁、斯大林著作编译局. 马克思恩格斯全集（第42卷）[M]. 北京: 人民出版社, 1979: 32.

物。因而，人的全面发展，其具体含义就是人的需要、人的劳动、人的能力、人的社会关系及人的个性等方面的全面发展①。1972 年联合国教科文组织发布了报告《学会生存——教育世界的今天和明天》，指出教育和社会的关系正在发生深刻变化，反映这一深刻变化的概念就是"学习化的社会"，同时报告也指出，"唯有全面的终身教育才能够培养完善的人"②。2010 年的《国家中长期教育改革和发展规划纲要（2010—2020 年）》明确提出："坚持教育为社会主义现代化建设服务，为人民服务，与生产劳动和社会实践相结合，培养德智体美全面发展的社会主义建设者和接班人。"胡锦涛同志希望当代青年："努力成为理想远大、信念坚定的新一代，品德高尚、意志坚强的新一代，视野开阔、知识丰富的新一代，开拓进取、艰苦创业的新一代。"③深刻阐明了人的全面发展是当代中国的现实目标和具体要求。

大学生的全面发展，是 21 世纪社会发展对人才的需要，是当前国家提出"大众创业、万众创新"的"双创"战略的需要，是国家转型发展、建设创新型国家的需要，更是大学生本身适应社会发展、促进自己发展的需要。创新创业教育"D-TSO"模式是依据人的全面发展理论的内涵，尊重学生的个性特点、志趣和兴趣爱好，把专业教育与创新创业教育融合、理论学习与实践相结合的教育模式，学生在快乐的理论学习、模拟训练、实操孵化中增强其理论指导实践的能力、动手操作能力，促进其全面发展。

---

① 程健康. 试析人的全面发展理论的基本内涵及其教育意义[J]. 教育与职业，2008，（27）：174-175.
② 联合国教科文组织国际教育发展委员会. 学会生存——教育世界的今天和明天[M]. 北京：教育科学出版社，1996：16.
③ 《教育规划纲要》工作小组办公室. 教育规划纲要辅导读本[M]. 北京：教育科学出版社，2010：8-9.

# 第二章 "D-TSO"模式的组织与运行

　　课程是任何教育的核心载体和关键要素。高校要保证某一类创新创业教育模式的顺利运行和有效实施，就必须构建完善的课程体系及有力的组织保障体系。百色学院在实施创新创业教育"D-TSO"模式过程中，根据学校的办学定位、办学实际及创新创业教育的基本规律，主动探索、开发设计和组织实施了合理的创新创业教育课程，形成了与"D-TSO"模式基本相适应的理论课程体系，以及和实践课程体系相融合、线上与线下课程相呼应、课内与课外课程相结合的课程体系。本章分别分析"D-TSO"模式的第一层、第二层的理论、模拟、实操教育的课程体系构建情况和实施情况。

## 第一节 "D-TSO"模式理论教育的组织与运行

　　知识传授、理论教育是我国普通本科高等学校的传统强项，也是普通本科教育的内在要求。本科教育和专科教育的主要区别就是本科教育更加注重学生理论基础和理论素养的培养。理论是创新的先导，理论与实践相结合是教育教学的基本原则。百色学院在实施创新创业教育过程中，非常重视理论教育，充分挖掘理论教育的资源和优势，构建和实施面向全校学生、比较成型的创新创业理论课程体系，为激发广大学生的创新创业兴趣、挖掘广大学生的创新创业潜能、提升广大学生的创新创业能力奠定坚实基础。由于各专业学生的专业领域志趣、职业定向追求不同，为了实现创新创业教育与职业教育相融合，创新创业教育和专业教育相融合，创新创业教育和学生职业生涯发展规划相融合，百色学院构建和实施了三大类的创新创业理论课程：一是面向全校全体学生的创新创业教育通识理论课程；二是主要面向学科专业群学生的"专业+"创新创业理论特色课程；三是主要面向创新创业学院学生（包括创新创业学院各专业学生、创新创业学院双学位班学生、创新创业学院精英班学生、入驻创新创业孵化园项目团队学生）所开展的创新创业理论课程。其中，前两类课程属于基础型课程，系"D-TSO"模式中的第一层创新创业理论课程；最后一类属于提升型课程，系"D-TSO"模式中的第二层创新创业理论课程。

# 一、"D-TSO"模式第一层理论课程体系的构建与实施

## （一）面向全校全体学生的创新创业教育理论课程

实施面向全校学生的创新创业教育通识课程，其目的是培育广大学生创新创业的兴趣和热情、精神和意识，让大学生了解乃至掌握创新创业的基本知识和初步理论，引导大学生在规划自身职业生涯中合理融入创新创业思想。

目前，百色学院"D-TSO"模式中的第一层创新创业理论课程主要由三门公共必修课程构成。

（1）创商培育与测评。此课程面向大学一年级学生开设，共 40 学时、1.0学分。课程以激发学生创新创业兴趣，开发创新创业潜能，训练创新创业思维，培育创新创业的意识、素养、情怀，以及树立正确的创新创业理念和价值为宗旨。主要采用案例分析、头脑风暴、小组讨论、游戏竞赛等方式，以创新创业知识链为主线，通过引导学生围绕某一案例或项目进行独立思考、深度分析、总结陈述、观点分享，鼓励学生提出奇思妙想，从中介绍创新创业的知识和理念，解读创新思维的技巧和方法，阐明创新创业的原理和特点，训练学生的创新创业思维和能力，从而为学生未来开展创新创业活动打下良好的基础。

（2）职业发展与就业指导。此课程共 38 个学时、2.0 学分，分别在第二和第六个学期开设。第二个学期侧重培养学生对职业的认知，学会选择合理的职业志向；第六个学期侧重培养学生对职业的深刻理解，更加明确自己的未来成长方向，为今后就业创业奠定基础。该理论课程对传统课程进行了改造，融入了更多创新创业教育的内容。

（3）创业基础。此课程共 38 个学时、2.0 学分，在第三个学期开设。该课程也是对传统同名课程的深度改造，融入更多创新创业内容。目前，学校有创业基础和职业发展与就业指导课程的任课教师 40 多人，任课教师都有较高的职称和丰富的实践经验。此类课程实施过程中引入了新锦成职业发展教育平台，实施线上线下"翻转课堂"模式教学，教育教学素材丰富，效果明显。

此外，为了丰富此类通识性创新创业理论课程的资源类型和实施方式，学校还开发和实施了创新创业理论教育系列讲座类、培训类短微课程。

近年来，学校顺应教育信息化和教育大数据发展趋势，通过 "引进" "自建" "共建" 等方式分步骤建设了内容比较丰富、适应面广泛、资料质量较高、面向全体学生的创新创业教育网络课程。为了将网络课程更好地融入原有课程体系，学校于 2013 年修订了《通识选修课管理办法》等制度，明确了网络课程在课程体系中拥有和其他课程的同等地位，从而丰富了通识理论课程资源库，拓宽了学生的学习渠道，尤其是为学生自主地开展个性化学习创造了更为良好的条件。

### （二）面向学科专业群学生的创新创业教育理论课程

百色学院的 "专业+" 创新创业理论课程是指各二级学院根据本学院的专业特点，开发建设具有本专业特色的创新创业理论课程，此类课程体现了专业教育与创新创业教育的相互融合，是具有专业特色的创新创业理论课程，其目的是培养学生在所学专业领域应该具有的创新精神、创业意识及创新创业知识技能，提升学生在专业领域内的创新创业能力。

目前，百色学院各二级学院根据自身的专业实际都分别开设了至少一门面向本学院学生的 "专业+" 创新创业教育课程。此类课程的主要类型有："专业+" 学科前沿课程、"专业+" 研究方法课程、"专业+" 创新思维课程、"专业+" 创新心理课程、"专业+" 创业趋势课程、"专业+" 创业史课程等。例如，数学与统计学院的市场调查和数学建模、材料科学与工程学院的物理学前沿、农业科学与工程学院的果菜栽培、化学与环境科学学院的化学实验教学与创新研究等，都属于此类课程。

百色学院的 "专业+" 创新创业理论课程除了上述介绍的传统课程（有明确学时、学分规定）外，还包括系列网络课程、学术讲座等其他形态的理论课程。

## 二、"D-TSO" 模式第二层理论课程体系的构建与实施

百色学院 "D-TSO" 模式第二层理论课程体系主要服务于创新创业教育 "D-TSO" 模式框架中第二层 TSO 教育中的学生群体，即具有强烈创新创业兴趣和意愿、掌握了一定创新创业知识技能的学生个体及创新创业团队。此类理论课程的实施主要通过创新创业双学位班、精英班等组织形式来进行。课程实施过程中由具有丰富创新创业背景并具有较高创新创业理论水平的教师负责授课和指导，让此类学生在掌握通识性创新创业理论基础上，进一步理解和掌握更加专业

性、系统性的创新创业理论，掌握比较系统和较高层次的有关创办企业、企业经营管理、企业融资等方面的知识技能，更好地培育优秀创新创业苗子，力助他们在创新创业道路上走得更远。此类课程目前主要有市场调研与预测、创业融资与财务管理、商务谈判与公关、客户管理、企业战略管理等。此类课程的实施机构主要是创新创业学院，其他二级学院配合协作实施。

创新创业学院是"D-TSO"模式第二层 TSO 教育的主要实施机构，该学院目前有电子商务 1 个本科专业、工商企业管理和移动商务 2 个专科专业、工程管理（创业方向）和财务管理（创业方向）2 个双学位班、1 个本校学生创业精英班及 1 个社会学员精英班。上述 5 类学生的创新创业教育理论课程实施的基本情况如下。

### （一）本科专业的创新创业理论课程设置

电子商务本科专业目前开设的主要（主干）创新创业理论课程有管理学、高等数学、经济学、基础会计、金融学、市场营销学、人力资源管理、组织行为学、电子商务概论、电子商务法规、电子商务策划与实施、电子商务实务、广告策划、创业政策解读等。开设的特色创新创业理论课程有决策学、商业模式与设计、商业机会识别、团队组建与管理、中小企业运营、管理新创企业、创业项目融资、现代物流管理、农产品营销等。虽然其他学院也开设类似课程，甚至课程名称相同，但与其他学院开设的同类乃至相同名称课程相比，创新创业学院所开设和实施的此类课程更加注重创新创业要素的融入，融入的创新创业知识理论更具深度与广度。

### （二）专科专业的创新创业理论课程设置

工商企业管理和移动商务两个专科专业开设的主要（主干）创新创业理论课程有经济学、管理学、市场营销学、组织行为学、基础会计、营销策划与推广、创业项目策划、决策学、人力资源管理等。开设的主要特色创新创业理论课程有商业模式与设计、商业机会识别、团队组建与管理、中小企业运营、管理新创企业、创业项目融资、现代物流管理、商务环境分析、农产品营销等。针对专科学生理论基础较差的实际，专任教师在实施此类理论课程过程中，注重方式、方法的多样性和适应性，注重和创新创业实践相结合。

### （三）双学位班的创新创业理论课程设置

工程管理（创业方向）及财务管理（创业方向）两个双学位班和创业精英班

目前开设的主要创新创业理论课程有市场营销、企业战略管理、西方经济学、创业文化与创新思维、创业精神与实践、微商创业指南、国学与创业、大学生创业基础等。和第一层理论课程体系类似，第二层理论课程也包括系列学术讲座型课程。

（四）部分第二层理论课程简介

（1）市场调研与预测。此课程的主要目标是：通过指导学生开展问卷设计、资料查询、市场调研、数据整理分析、市场预测等课程活动，学生学会探索并掌握市场调研与预测的基本理论、基本方法以及使用相关调查工具。

（2）创业融资与财务管理。此课程的主要目标是：通过课程内容的学习，学生理解和掌握企业融资及财务管理的相关理论，掌握融资渠道、融资方法与融资技巧，培养和提升已创办成功的中小企业业主（大学生创业者）的市场化运作意识与财务管理能力。

（3）商务谈判与公关。此课程的主要培养目标是：培养学生团队协作的意识与能力、公关和谈判的能力等，掌握商务谈判的基本礼仪、技巧和方法等。

（4）客户管理。此课程的主要培养目标是：通过课程学习让学生掌握客户管理的系统理论知识和方法技能，提升客户管理、分析与归类的能力，培养学生的客户主体、客户服务、以客户为先的意识与素养。

（5）企业战略管理。此课程的主要培养目标是：通过学习企业战略管理有关知识，学生学会主动整合所学知识，学会分析企业的竞争优势与劣势，培养学生统筹综合能力及解决问题的能力；学生学会根据经营环境制定科学的企业发展战略，制定科学合理的企业发展规划和目标。

# 三、部分 "专业+" 创新创业理论教育课程简介

（一）数学与统计学院：市场调查

市场调查课程是统计学专业开设的具有专业特色的创新创业课程。它把能力培养体现在教学的各个环节，在统计知识的传授过程中培养能力，在统计知识的运用过程中形成能力，在统计知识的实践活动中强化能力。

市场调查业是一个智力密集型行业。随着大数据时代的到来，市场调查在新技术条件下萌生出了新的应用和方法，这对从业人员的知识结构和专业能力提出了更高要求。目前，我国从事市场调查工作的专业人才缺乏，有经验者更少，能进行科学分析的人则少上加少。市场调查课程的开设就是为了培养既懂市场调查

又掌握分析技术的专业人才（这正是统计学人才的优势所在），符合百色学院应用型人才培养的办学定位，有利于促进区域市场调查业的健康发展。

市场调查作为创新创业课程之一，注重培养学生的实践能力和创新能力，强调学生要学会并自觉认识社会、研究社会和服务社会。因此，建立了由实验教学、专业实习、社会调查与研究、社会实践与服务、学科竞赛等环节构成的实践教学体系。

市场调查课程在实施过程中，主要采取如下措施：一是强化实践教学，在教学内容安排上将理论知识和实践教学相融合，将真实的市场调查分析案例或真实的企业市场调查实践项目作为教学内容。二是改革教学方法，一般采用分组授课式。在传授知识时一般采用任务驱动式和案例式，在学习知识时一般采用问题引导式，让学生在解答问题过程中学会思考、学会交流、掌握知识，并养成良好的学习习惯。三是探索非标准答案考核方式，实施了"理论"+"上机操作"的考核方式。四是注重 Excel、SPSS、Eviews 和 SAS 等统计软件的学习和操作。

## （二）数学与统计学院：数学建模

自右江民族师范高等专科学校时期的 2000 年，就开设了数学建模课程。2006 年学校升格为本科高校后，数学建模作为必修课开设，每年大二学生在学习了数学分析、高等代数等基础课程后开始学习数学建模。

数学建模对实际问题用数学的语言和符号模式去表达，形成数学问题，从而可以用数学方法或计算机来求解。它是用数学来求解实际问题的第一步。这意味着数学建模和实际问题是直接相关联的，源于生产、生活等人类实践活动。大多数问题可能没有现成的答案，也没有唯一的方法，要充分发挥创造性能力去解决。数学建模的全过程就是一个分析问题、明确问题，然后思考问题、寻找解决方案的创新能力开发过程。数学建模问题和实际问题一样广泛，很多时候大学生在数学建模实践中用到的知识超出了自己的专业知识范围，需要学生去学习新的知识，并和自身已有的知识相融合。因此，开展数学建模实践的过程就是学生知识结构的优化过程，是创新能力的培养过程。

利用数学建模培养大学生创新创业能力，必须结合大学生人才培养方案，构建一个数学建模实践平台，形成创新创业教育的长效机制，让大多数的学生参加数学建模并从中受益。在百色学院，我们探索出基础实践阶段、专业实践阶段和综合实践阶段三个层次的实践阶段，学生可以在上述三个阶段合理地、循序渐进地进行数学建模实践教学活动，把专业教学活动、社会实践活动、实习实训活动、科学研究活动、创业实践活动结合起来，形成循序渐进的创新创业全过程实训体系。在这样的数学建模实践平台上，数学专业学习和数学建模实践相结合，并融合创新创业教育，让学生在"学习—实践—提升"的多次重复中提升创新创业能力。

由于数学建模课程的内容涉及多学科、多领域，所用数学方法多种多样。现有的数学建模教材也有很多种。这就要求必需根据学生的水平和培养的需求精心选择、安排教学内容。同时，每年都有全国大学生数学建模竞赛，可以利用这个竞赛对优秀学生进行数学建模竞赛培训，提高参赛学生的数学建模水平和创新解决问题的能力。

学校积极探索利用学生社团开展课外数学建模实践。包括完善学生社团数学建模协会的组织管理，探索激发学生参与数学建模实践的模式和方法。形成社团主动开展数学建模活动，参加创新创业训练的长效机制。深化数学建模实践机制，形成师生互动、生生互动、跨学科互动、校企互动局面。

教学团队是课程建设的主要实施力量，也是提高教学质量的核心保证。数学建模课程与一般的数学课程有很大不同，并不具体教授具有逻辑结构的某部分知识体系，而是诸如百科全书式的用多种数学知识解决各种各样的实际问题。只凭一两个老师讲授一些数学建模案例，进行灌输式的教学是没有办法建设好数学建模课程的。我们把有兴趣的数学老师都组织起来，作为数学建模课程的建设团队，让数学分析、高等代数、概率论等数学专业课程的老师在教学中引入数学建模的思想，推动各专业课程的教学改革。同时，这个教学团队也作为数学建模竞赛的教练团队，进行竞赛前的培训指导工作。

数学与统计学院以数学建模课程及相关数学建模课外实践活动来培养学生的创新创业能力，经过多年的努力取得了较好的效果。

自 2006 年学校升为本科高校以来，学院结合办学专业特点积极参加全国大学生数学建模竞赛，竞赛成绩稳步提高，学生创新能力与综合素质得到进一步培养和加强，学生应用数学与计算机知识解决实际问题的能力得到进一步提高，促进了数学教学质量的提高。2006~2017 年，学院学生在各类学科竞赛活动中获得国家级奖项 25 项，省部级奖项 145 项，多位老师被评为优秀指导教师或优秀组织者。学校因为在全国大学生数学建模竞赛中成绩突出，还获得了自治区优秀组织学校的称号。另外，2012 年"抓好学科竞赛，促进数学课程教学改革的研究与实践"教学改革成果获得了校级教学成果奖二等奖，团队成员发表了十余篇与学科竞赛相关的科研和教改论文。

虽然百色学院在数学建模课程的建设和实施过程中取得了较好成绩，但也存在着一些问题。

首先，师资较少，引进了不少年轻教师，而年轻教师经验不足。因此，要加强对年轻教师的培养，让年轻教师早日成为数学建模创新创业指导教师队伍的骨干。在充分发挥教师指导作用的同时，更应注重指导教师自身能力的不断发展，全面提高教师的专业指导能力和敬业精神，这样的教师指导的学生才会更具有创新性和开拓性。

其次，实验场所还不够充足和完善，还需要加快各种实验室和工作室的建设，为创新创业人才培养活动提供良好的环境。

## （三）材料科学与工程学院：物理学前沿

物理学前沿是材料科学与工程学院"专业+"创新创业教育系列课程之一。

物理学前沿课程从宇观、微观和宏观三个层面分别介绍现代物理学前沿发展的基本概况和演进逻辑，既扼要讲述相关的物理内容，也介绍一些现代物理学发展过程中的故事，尤其关注物理学的最新发展动向、最新研究热点、最新研究技术、最新实验设备，注重对物理新现象、新规律、新方法的描述和解释，使学生从中体会到学习物理学的乐趣，了解研究物理学的基本方法，认识物理学对于社会物质文明和精神文明建设的重大意义，认识到物理学和我们生产生活之间的密切关系。

物理学前沿课程主要面向物理学专业本科学生，在第三学期开设。在教学过程中广泛采用启发式、讨论式、参与式教学，积极主动将国际前沿学术发展、最新研究成果和实践经验融入教学内容，大力推进"非标准答案"课程考试改革，提高开放性考题的比例，培养学生创造性思维，激发学生的创新灵感。

## （四）化学与环境科学学院：化学实验教学与创新研究

化学与环境科学学院的化学专业开设有专业特色创新创业课程，或称为"专业+"创新创业教育课程，化学实验教学与创新研究是其中之一，该课程在化学专业人才培养方案中的第六学期开设，共 52 学时，其中理论课 16 个学时，实践课 36 个学时。该课程根据科学素养的构成要素要求，将化学实验教学目标分为三个维度：实验知识与技能，实验探究能力，实验态度、情感与价值观。其中，实验探究能力是学生在化学教学中运用实验来探究化学物质现象及其变化规律的一种能力，是学生科学素养在化学教学中的重要体现和重要标志，它包括发现和提出实验问题的能力、猜想与假设能力、实验设计能力、控制实验条件能力、收集证据能力、归纳结论能力、反思评价能力、讨论和交流合作能力八个方面。通过建设实施化学实验教学与创新研究课程，有效提高了学生综合性创新实践能力，还可以有效提高化学专业师范生的师范技能。

化学实验教学与创新研究课程的教学目标是培养化学专业师范生开展中学化学实验教学和实验研究及实验创新的基本技能，培养指导中学生开展化学实践活动的能力，包括掌握化学实验仪器和试剂方面的知识、化学实验安全方面的知识等，掌握化学实验的基本操作技能、仪器和试剂的选择技能、综合运用技能等，具有从事中学化学教学及教学研究工作的能力，或具有从事应用化学领域专业技术及相关管理工作的能力。

化学实验教学与创新研究课程有如下基本要求：一是掌握化学实验的新方式，认识化学实验教学发展的新趋势，掌握化学实验教学评价的新理念。二是掌握化学实验教学的基础知识和基本技能，培养在化学新课程改革理念下的化学实验教学能力，为将来独立从事中学化学教学工作奠定良好基础。三是提高学生对化学实验在化学科学中的重要地位的认识，掌握一定的实验教学设计与研究能力，提高开展化学开放创新实验研究的能力。

化学实验教学与创新研究的课程教学采取合作学习、自主探索、分组教学等方法。根据中学化学实验、化学小发明、生活化学、开放创新实验等类型对学生进行分组教学，各学生小组首先开展实验原理及实验条件探讨分析，再开展实验操作，在实践中筛选最佳实验条件，并对实验装置进行改进。通过该课程的学习，提升学生的理论基础知识和实验素养，提高学生分析问题、解决问题的能力，以及创新意识和创新能力。

## （五）农业与食品工程学院：果蔬加工工艺学

### 1. 课程基本情况

专业教育与创新创业教育的有机融合已经成为各高校改革的热点。随着我国市场经济不断发展，大学生创新创业能力的培养越来越重要，各高校都在采取积极措施推进创新创业教育，为学生提供良好的氛围和条件。面对大学生日益高涨的自主创业激情，百色学院农业与食品工程学院食品科学与工程专业针对高等食品专业院校目前创业教育开展的情况，在总结和剖析当前专业创业创新实践的基础上，针对性地建设了实用有效的果蔬加工工艺学课程。该课程的授课对象是食品科学与工程专业的学生，开课时间为大学第六学期，总学时为 36 个学时，每周 3 个学时，共学习 12 周。

### 2. 课程教学改革措施

第一，把创业创新教育教学纳入人才培养方案。

首先，把果蔬加工工艺学课程纳入食品科学与工程专业人才培养方案中，积极进行教学改革、修订教学计划、增加实践教学环节、加强实习基地建设。设立学院大学生创业创新基金，支持学生自主开展创新项目的研究，对学生的创新思想和创新项目采取项目化运作方式加以培养。其次，加大各类实验室的开放力度，使学生能够依靠学校的实验资源和教师指导进行科研训练。最后，实施课外创新学分制。从 2016 年起，百色学院规定学生从事科研训练和创新创业活动均可计学分，社会实践、科技劳动、专题讲座、学术报告等作为必修环节，使之成为学生综合素质评价体系中的重要指标。

第二，改变传统教学方法，专业教育与创业教育相结合。

从学校层面来说，主要采用开设创业类通识性选修课，成立学生创业社团，开展创新创业竞赛，建立创业孵化园等方式。从专业层面上来说，主要通过调整课程设置，在原有的专业课程中增加一些与创业相关的内容，改革课堂教学模式、教学方法，在企业情境的实训场所开展实训等方法开展创业教育。在教学组织过程中，农业与食品工程学院综合使用案例分析、任务驱动、现场演示、启发引导、实战演练、分组点评、头脑风暴等丰富的教学方法。

第三，丰富创新创业活动，营造创新创业氛围。

学院各专业之间积极开展创新创业有关竞赛活动，融合专业知识和创新创业教育。学院还积极开发大学生创新创业科研项目和课改课题，在创新创业教育中，积极引导学生学以致用、学为所用，使创新创业教育能够为自己未来的职业生涯发展奠定更好的基础。

### 3. 师资培养

在师资培养方面，学院将具备实战经验的企业家、其他有关专家、学者及成功创新创业的毕业生等作为创新创业教育的教师人选，同时重点培训校内具备创新创业精神和灵感的相关专业教师，选派其去创新创业基地或者相关企业轮岗实习，到国外强化先进理论知识等。这样可以在学习实践中提高教师的教学水平，以防"学者派"的教师只注重理论而轻视实践经验，能够给学生提供切实可行的创新创业指导。这种多元化的教师构成方式既丰富了创新创业课程教学体系，又增强了教学的实效性。

### 4. 教学改革实际效果

经过几年的研究与实践，学院不仅在培养学生的创业意识、创新精神，提高学生的创业能力方面积累了较多的实践经验，而且形成了颇具特色的成果，发表了多篇关于农产品加工创新技术的教改论文。学生的专业基础厚实、创新精神与创业意识强、创新创业实践能力强、在农产品加工和经营上有突出优势，在历届大学生创业比赛中都获得殊荣，多次在国家级、区级创业比赛中获奖。

### 5. 不足之处

第一，对创新创业课程建设重视不够。

目前，在大学一、二年级开设的通识公共选修课较多，但创新创业教育类课程的课时量常被压缩，再加上创新创业教育定位还不够清晰，未建立完善的创新创业课程体系，课程的作用、辐射面及影响力还不够大，还没有很好地达到有效提升大学生创新创业能力的预期目标。

第二，创新创业课程质量有待提高。

因为本专业的创新创业类课程尚处于建设阶段，没有成熟的教材和课程教学模式可资借鉴。在课程教学过程中，多以理论加案例的形式进行授课，实践教学、实训环节较少。还存在一种不良的情况，即教师对学生选课的指导不到位，有的学生是为了学分而选课而不是为了满足知识兴趣或提升素养，存在教学形式化、功利化的现象，从而影响了教学效果。

第三，创业课程师资队伍力量薄弱。

创业教育课程对指导教师提出了更高的要求。开设优质的创业课程不仅要求教师在知识结构、学术造诣、人文素养上达到较高水平，在创业实践和教学方法上更要有比较丰富的经验。目前，学院教师的创业实践经历少，创业能力较为薄弱。另外，创业类课程作为选修课的地位较低，即便创业经验丰富的教师讲授创业课，学生的积极性也普遍较低。因此很难开设出高质量的创业课程。

## 6. 改进思路

第一，大力推进课内课外一体化。

将第二课堂的创新创业实践纳入人才培养方案，规定相应的学分，制定相应标准，促进第一课堂与第二课堂的有机融合，形成"创新创业教育、素质教育、专业教育"三位一体的创新创业教育体系。

第二，加强创新创业课程师资队伍建设。

加大创新创业教育的师资培养力度，确保创新创业教育类公共基础课和专业实验实训课程的教学质量。制定相关的激励措施，鼓励校内教师担任大学生创新创业训练的导师，积极聘请外院教师或企业专家、学者指导学生开展创新创业训练和实践，确保大学生创新创业训练计划得到有效落实。

第三，加强创新创业课程平台建设。

进一步增强和充分发挥大型真菌研发中心、百色右江区拉皓生产实践基地等教学科研平台的教育功能。继续推进实习实训基地建设（华润小镇、广西高新农业产业投资有限公司等），积极开拓校外集学生见习、实习、创业及就业为一体的创新创业基地。

第四，广泛开展各类创新创业培训课程及活动。

举办大型创新创业教育讲座及主题沙龙活动。邀请创业训练专家、企业负责人、成功创业的毕业生代表来校开展创业讲座，邀请用人单位负责人或人力部门主管为学生开设就业讲座，帮助学生了解行业发展最新状况及企业运行最新动态。形成以专业为依托、以项目和社团为组织形式的创新创业教育培训体系（包括学术活动周、课外研学周、创新创业讲座、创新创业班会活动等）。

第五，大力开展创新创业实践活动。

大力引导学生积极参与教师科研项目、暑期社会实践、科技创新活动、创新创业大赛、素质拓展训练等形式多样、内容丰富的课外创新创业实践活动，鼓励学生积极参加国家级、自治区级各类别各层次的创新创业大赛，提升学生的创新精神和创业能力。

# 第二节　"D-TSO"模式模拟教育的组织与运行

在开展创新创业型人才培养过程中，模拟训练或模拟教育是联结理论教育和实践创新的中间纽带，是实现创新创业理论实践化的中间环节。开展创新创业模拟教育有很多优势。例如，可以进行不限人数、不限次数的重复演练操作，可以克服空间局限（不用到真实企业、车间中展开），可以克服经费不足（不用购买昂贵的真实的生产设备），可以避免学生因亲临有毒、易爆等危险现场而带来的风险等。"D-TSO"模式的模拟教育可划分为课内、课外两大部分，课内模拟教育课程主要包括创新性的专业实验实训、毕业论文（设计）、创业模拟等活动课程。课外模拟教育课程主要由两大类活动课程组成：一是学科竞赛类活动课程，如数学建模竞赛、电子设计竞赛、化工设计大赛等，此类竞赛具有显著的专业特点。二是创新创业大赛类及项目类活动课程，此类赛事或项目也面向全校所有专业全体学生，虽也具有一定的专业特点，但不像第一类活动项目那样专业特征非常明显，此类模拟课程的专业性更为综合。例如，"挑战杯"全国大学生课外学术科技作品竞赛和"挑战杯"中国大学生创业计划竞赛、"互联网+"大学生创新创业大赛、大学生创新创业训练计划项目中的创新训练和创业训练，其他相关的社会实践项目等。这两类创新创业模拟教育活动课程的展开，有效提高了学生对理论知识的个性理解和实践应用的能力。

## 一、"D-TSO"模式第一层模拟教育体系的构建与实施

"D-TSO"模式的第一层模拟教育面向全体学生，主要包括具有传统形式但又融入现代要素并丰富了开展形式的实验实训、见习实习（顶岗实习偏向于实操

教育）、毕业论文（设计）等实践教学课程，还包括各级各类学科竞赛（如 "挑战杯" 中的创新类竞赛）、学生社团（科技社团活动），以及大学生创新创业训练计划项目中的创业训练类项目活动。其中有些模拟教育以某一传统的课程为依托或在某一传统课程基础上进行内容拓展和形式改造，其专业性比较明显；有些模拟教育则以某一活动项目为依托或载体，具有比较综合的专业性。为了便于分类分析，下文分别从稳定课程类模拟教育、开放项目类模拟教育两个方面分析 "D-TSO" 模式中模拟教育的构建及其组织运行状况。

## （一）稳定课程类模拟教育的组织与实施

百色学院一直加强稳定课程类模拟教育的规范管理，将其科学合理地纳入人才培养方案中，明确了课程实施的起始时间、周数学时、学分及相应要求，分别制定了教学管理文件和质量标准体系，采取各种措施在此类实践教学环节中融入创新创业教育，或充分以此类实践课程为载体深化创新创业教育改革。以下从实验实训、见习实习、毕业论文（设计）三方面的组织实施情况进行说明。

（1）实验实训。首先，大力建设校内实验室和实训场所，整合优化全校实验实训教学资源，把学校的实验实训场所充分向广大学生开放，认真做好学生实验实训的全程指导服务工作。积极引导广大教师开发和精心指导学生开展综合性、创新性实验实训项目，激励学生个体或学生团队结合本专业实际或联合其他专业学生自主开发和开展个性化的创新性、挑战性实验实训项目。其次，大力建设校外合作共建的实验实训基地，依托共建企业的优质实践教学资源，组织学生到校外共建实验实训基地开展创新创业型模拟训练，使广大学生能在真实场景中检验理论知识、提升综合素质，促进理论知识向素质能力及实践技能的转化。

（2）见习实习。百色学院为了在见习实习环节中深入实施创新创业教育，主要采取了如下做法：第一，主动开放办学，深化校企合作，推进产教融合，通过主动走出去和积极引进来的方式，大力建设见习实习基地，保证每一个专业至少有两个以上合作稳定、容量充足、条件良好的见习实习基地。第二，注重和技术密集型、智慧密集型、创新密集型、创业密集型的行业企业或其他组织机构合作共建见习实习基地。第三，注重组织学生到协同创新中心、创新创业基地开展见习实习活动。第四，积极邀请或选派有较强创新创业教育指导能力的教师担任学生的见习实习导师。

（3）毕业论文（设计）。毕业论文（设计）是开展创新创业教育的重要环节和载体。近年来，百色学院为了适应创新创业教育改革的需要，对毕业论文（设计）和管理工作做了如下改革：第一，引导和要求学生的毕业论文（设计）选题及其素材主要来自实践领域（生产管理一线、社会生活等）尤其是创新创业实践领域。因为，对于应用型高校的学生来说，仅仅在查阅研究文献基础上撰写纯学理性论文是不合适的，也难以在基础理论方面做出创新。但在实践领域上就某个方面或某个环节做出设计、方法、技术上的创新，是完全可能的。第二，引导学生将毕业论文（设计）和大学生创新创业训练计划项目紧密结合起来，或和社会实践活动、科技社团活动的项目内容结合起来，使创新创业教育的模拟教育体系更具体系性。第三，已将多个专业的毕业论文（设计）的方式改革为"作品展示+创意阐释"（理论基础、作品解读）。例如，美术与设计学院开展美术设计作品+创意阐释的毕业专场展览、音乐与舞蹈学院开展毕业汇报专场演出等，使学生创新创业意识、素质、能力得到体现并展示在系列创造作品中。第四，实施"双导师"制度，学生在开展毕业论文（设计）过程中有校内导师和校外导师的协同指导，使学生得到更多资源、不同方式的创新创业指导和服务。

## （二）开放项目类模拟教育的组织与实施

这里主要介绍各大竞赛类模拟教育的组织与实施的基本情况。

（1）学科竞赛个性参赛过程的模拟教育。目前，高校的学科专业技能大赛种类繁多，几乎每一个专业都有相互对接、多层次递进的大学生赛事，这些赛事一般都是某个行业产业、职业岗位、技术技能的专业化和个性化预演，既注重实用性和规范性，又注重个性化和创新性，因此具有明显的创新创业模拟教育的特征。例如，全国大学生数学建模竞赛、"挑战杯"中国大学生创业计划竞赛、"挑战杯"全国大学生课外学术科技作品竞赛、全国大学生电子设计竞赛、全国大学生广告艺术大赛，包括自2014年开始举办的全国"互联网+"大学生创新创业大赛等，都具有非常显著的个性化和创新性相结合的模拟训练教育特点。百色学院作为以应用型人才培养为基本办学定位的地方高校，非常重视学科竞赛的组织和开展，采取以赛代练、以赛代学的方式，促进广大学生自主性学习、合作性训练和个性化创造，不仅对接上级管理部门和行业协会的各种学科赛事组织开展校内培训和选拔赛，还自主开发举办一些特色赛事，形成了"一学院一品牌"的学科竞赛格局。同时，完善了激励机制，引导广大学生参加比赛，做好比赛（参赛）准备、引导、组织、指导和服务等工作；引导广大教师认真指导学生参加比赛，争取获得好成绩。

（2）学科竞赛培训和遴选过程的模拟教育。任何比赛都有竞赛性，都要经过遴选淘汰的过程。要取得好成绩，还要注重赛前培训、初期模拟比赛等环节。如果说学生自主参加学科竞赛（正式比赛前的各自演练）是个性化模拟教育的话，那么集中培训、初赛遴选就属于集中性模拟教育。因为，在集中培训过程中，主讲老师一般会举不少例子甚至模拟大赛的真实场景进行讲解培训，经过初步遴选的参赛项目可以集中登台路演、模拟展示，接受评委的提问和点评。尤其是学校开展的"互联网+"大学生创新创业大赛、大学生"挑战杯"大赛等重大学科竞赛的校内遴选，整个过程都属于模拟教育。经过遴选环节，优胜者项目可获得推荐参加上一级比赛，或获得入驻大学生创新创业孵化基地或大学生创业园的资格。百色学院的孵化基地（创业园）项目的遴选一般有三种类型：①摘桃子型：即各种定期举办的学科竞赛遴选后的优胜者，大学生创新创业训练计划项目遴选后的优胜者，学生自主开展的有较高商业开发价值的项目，可获得直接入驻大学生创新创业孵化基地或大学生创业园的资格，得到场地设备、指导教师、创业基金等各方面的服务或资助。②撒大网型：面向全校征集入驻孵化基地或创业园的项目。有些项目如果出于某种原因没有参加或没有在上述的各类学科竞赛中脱颖而出，还可以通过这一渠道参加遴选，这些项目如果确实有较高创新价值或商业开发价值，经过有关审批程序，也可获得入驻孵化基地或创业园的资格。③愿者上钩型：即学生自我推荐并获得入驻孵化基地或创业园资格。百色学院的孵化基地和创业园随时向全校学生敞开大门，学生如果开发了项目并觉得自己的项目确有较大创新创业价值和商业开发价值，但又赶不上参加上述两种渠道的遴选，随时可以到创新创业学院登记申请，创新创业学院会定期召集有关专家对项目进行评估，通过评估的项目同样可以获得入驻孵化基地或创业园的资格。

（3）借助智能网络和仪器模型开展的模拟教育。首先，多媒体、大数据、云计算、人工智能的快速发展和推广应用，为开展创新创业模拟教育提供了良好的机会。百色学院非常重视虚拟模拟教育资源的开发、建设、购置和应用，已购买了多个模拟实操的教育软件，供广大学生模拟训练。这有助于学生对理论知识的理解，为学生提供体验模拟场景、开展模拟仿真性实践训练的机会。例如，通过运用某种特殊的模拟软件，学生可以重复性训练如何拆装某种发动机。还可以构建真实空间的模拟场景、购置相应的仪器设备和组装式模型，组织学生在此类场景中亲身体验和开展训练。例如，学校在校园内建有模拟法庭、模拟播音室、模拟机舱等实物性的模拟场所，购买了组装式的大楼模型、桥梁模型等模型，供相关专业学生参与体验和模拟实践。

## 二、"D-TSO"模式第二层模拟教育体系的构建与实施

"D-TSO"模式的第二层模拟教育体系主要由创新创业学院具体负责实施，主要面向创新创业学院学生、入驻创新创业孵化基地和大学生创业园的项目团队。此类模拟教育主要采取模块化或项目化的方式，这种模块化或项目化模拟教育主

要有以下几种类型。

### （一）面向精英班学生开展的模拟现场训练

此类模拟教育主要包括建设模拟商场、模拟银行、模拟政府一体化服务中心等。虽然"D-TSO"模式的第一层模拟教育也有诸如模拟法庭、模拟播音室等场所（教育资源），但第二层模拟教育的场所建设要求更高、层次更高、内容更全面、更有系统性。例如，建设一个包括创办企业整个流程的模拟场所。在这种系统性功能场所中，学生可以模拟开展合作谈判、解决纠纷、融资、人事管理等各个方面的训练。学生通过这种模拟教育可以学会关于创办企业所需的系统化知识和技能。

### （二）创业孵化基地创意型项目的孵化活动

对于通过各种渠道获得入驻大学生创新创业孵化基地资格的项目，根据其接近市场化程度的不同，可将它们划分为创意型、初创型（有工商执照）、成长型和成熟型四种类型。其中，创意型项目由于还没有真正进入市场，因此此类项目开展的活动属于模拟教育。此类项目由于有双导师的指导和孵化基地提供的各种良好服务，项目团队各学生可以得到很好的模拟训练，共同把项目逐步向市场化推进。可见，学生在这种模拟教育中能得到真实有效的创业训练。

### （三）旨在培养学生创业基础素养的模拟教育

此类模拟教育的具体活动主要有以下几个方面。

1. 百色学院大学生创业训练营活动

创新创业学院为提升创新创业高级班学生的精神风貌和创新品质，提高学生的心理素质和应变能力，激发学生的内在潜能和创业热情，开展了系列挑战性训练活动。此项活动已经成为百色学院培养学生创新创业基本素养的品牌长效活动，它又包括早训和野外素质拓展训练两个部分。

（1）早训。早训是指创新创业学院每天早晨组织学生集中开展高强度、军事化的体育训练活动，以培养学生良好的锻炼习惯和提升学生的身心素质、意志品质、团队合作和服从大局等意识。早训时间一般从早上6点开始，7点结束。每天的早训内容都经过精心设计和编排，由军人出身的教师担任早训班班主任，既包括一般训练强度的列队、早操、站军姿和趣味游戏等，又包括高训练强度的急速跑步、俯卧撑、博击等。百色学院精英班早训培养机制是广西壮族自治区内高校少有的特色品牌机制，是第二层创新创业教育模拟训练的重要品牌项目。

（2）野外素质拓展训练。此项活动也是 "D-TSO" 模式中的第二层模拟训练的重要内容之一，旨在锻炼学生的生存能力、团队协作能力等。此项活动由创新创业学院领导亲自带队，全体精英班学生都要参与。该活动将具有实战性意义的素质拓展活动搬进了校园，主要活动内容或形式有负重徒步行走、寻找食材、争抢宿营地、走夜路、极限挑战、勇攀高峰、穿越火线、高台演讲等。2015~2017年，创新创业学院每年五月都开展两天一夜的野外素质拓展活动，参与师生近200人。在野外素质拓展训练活动中，学生能够深切体会到战略目标与技术目标对于团队的重要意义，真实领悟到团队带头人对于团队的责任与作用，真切体会到团队分工协作的极端重要性，并从中得到磨炼意志品质、锻炼身心素质的良好机会。

百色学院在开展各类大学生训练营活动中，强调严格管理，倡导以军队的纪律规范学生，以军人的精神教育学生，以军营的作风感染学生，以培养学生优良的思想品格和良好的行为习惯。此外，学校还注重通过传统国学、西方先进文化、现代企业文化、情商等方面的教育开展其他素质拓展活动，来提高学生的创业基本素养，为学生应对未来的市场挑战奠定扎实基础。

2. 国家级百色市青年创客大街训练营活动

百色市青年创客大街训练营（创业训练营）是百色学院与共青团百色市委于2016年共同构建、以服务百色市创业青年（也包括百色学院青年学生）为宗旨的创新创业培训平台。百色市青年创客大街训练营的建设场地近3 000平方米，有创意咖啡厅、孵化办公室、创新创业实训中心、全球双创视频系统等硬件条件。此平台开展的主要活动有项目路演、创业讲座、创业分享会、拓展训练、头脑风暴沙龙等，已构建了比较成熟的"教育、实训、指导、服务"一体化工作体系。从更为具体的活动内容来说，此平台依托百色的区域特色产业优势和高校院所的科研人才优势，为立志创业的青年提供创业培训、投融资对接、商业模式构建、团队融合、政策解读、创办企业申请、工商注册、法律财务、媒体资讯等全方位的创业服务。

此平台建设以来，依托"训练营"拥有的投资人和企业家资源，采取具有针对性和适应性的措施，为广大青年提供模拟开展（参与）创新创业活动的机会，充分发挥了如下两方面的重要作用：第一，帮助创业青年转变经营观念，培育创业意识，树立创业信心，掌握创业技能，提高创业能力和创业项目管理能力，促进实体企业的孵化。第二，为创业青年之间、创业青年与创业机构之间的多维度对接交流搭建了长效平台，助力青年学子开拓自己的创业道路。

从服务主体的类型来看，百色市青年创客大街训练营以创客为主体，主要实施三类创客队伍（青年创客队伍、企业创客队伍、草根创客队伍）的培养计划。第一，依托百色市高校、科研院所的科研人才优势，打造高端人才创客队伍，重点推动科研项目的成果转化，培育百色市青年创客队伍。第二，以青年领军企业为带动，打造企业创客队伍，推动创客集聚发展、协调创新，推动小微企业、合作社的产业升级和融合发展。第三，面向社区居民、农村青年、返乡创业农民工等，培育草根创客队伍。重点围绕百色市电子商务产业发展战略定位，培育特色农业、特色旅游和特色文化产品创作等一批"互联网+"特色产业的创新创业主体。

# 第三节 "D-TSO"模式实操教育的组织与运行

实操教育是联结学校教育和社会市场化创新创业之间的纽带，只有扎实实施实操教育，才能更好地促进学生的创新创业意识、精神、知识转化为素质和能力，才能更好地培养出具有实践能力的高素质创新创业型人才。百色学院的"D-TSO"模式是一种突出实操教育的创新创业教育模式，表现在"D-TSO"模式的第一层和第二层教育中都重视实操教育体系的构建，并强化这一体系的组织运行保障。

## 一、"D-TSO"模式第一层实操教育体系的组织与运行

"D-TSO"模式的第一层实操教育面向全校学生，采用各种不同的方式展开，有的渗透和融于各类理论教育和模拟教育之中，有的以相对独立的实操教育形式展开。

（一）融于理论和模拟教育的实操训练

这种实操教育以各种方式或形态融于各类理论课程和模拟课程之中，此种实操训练可以让学生较早接触专业实践操作，避免理论课程和实践训练的脱节，更好地促进学生知行融合素质的养成。此种综合性的实操教育又可分为以下两种类型。

（1）融入理论课程中的实操教育。即在所有的理论课程中都有意识地融入实操教育，力求做到课程内容知行统一，以知导行，以行促知。百色学院的基本做法是：第一，在理论课程学时中安排部分学时专门开展实操教育，如在师范专业的学科教学法课程教学中，安排少数学时组织学生开展集中式的实操训练。第二，在理论课程的学时教学设计中合理安排实操教育小环节。例如，教师在讲授某一个理论知识点，随即组织学生围绕该知识点开展实操训练，以强化和巩固对该知识点的理解。第三，实施理论+实操融合性课程，即在课堂教学中，每讲授一个新理论知识，就立即开展针对性的实操训练环节，并在两者之间不断反复和逐层递进，以促进两者之间的相互融合和相互促进。

（2）融入模拟课程中的实操教育。其实，实操教育和模拟教育是在概念上密切关联难以分割，在实践中边界模糊和难以分开的两种教育类型。例如，学生在实验室做实验，相对于"理论教学"而言，可以说这是一种"实操训练"；但相对于"企业生产"而言，又可以视之为一种"模拟训练"。因此，相对于不同的环境或标准，同一种动手教育有时是模拟教育，有时是实操教育。所以，百色学院在实施"D-TSO"模式过程中，注重模拟教育和实操教育的相互融入，力助模拟教育向实操教育转化，实现理论知识的现实化和实践化。例如，在实验室、网络环境下的模拟操作中，开展一些对接性的具体实践操作；在开展毕业论文（设计）中，倡导学生在深入开展社会调研、企业调研基础上进行设计等。

（3）模拟和实操融合一体教育。这种类型的教育突出表现在文体类、艺术类、教育类的毕业论文（设计）活动中。百色学院的美术与设计学院、音乐与舞蹈学院、教育科学学院、体育学院等二级学院，近年来都改革了毕业论文（设计）形式，将传统的单一撰写学理性论文转变为"理论探讨+作品展示"的方式。例如，美术与设计学院开展设计作品展、音乐与舞蹈学院开展音乐舞蹈专场汇报、教育科学学院开展教学设计和课堂教学视频录制等。这些毕业论文（设计）方式既含有模拟行业企业产品生产的模拟教育，也有已经为行业企业提供样品并被行业企业采用、实现市场化的实操教育。

## （二）以相对独立形式开展的实操训练

这种实操训练活动主要有以下几种类型。

（1）在校企合作基地中的实操训练。校企合作共建的教学基地要么建在企业工场，要么将企业真实地搬到大学校园，学生在这种场景中开展实践教学活动，是真正的实操训练。百色学院目前有近200个校企合作共建的教学基地，每一个专业都至少有两个稳定的、容量充足的合作共建教学基地。百色学院非常重视共建基地的建设和利用，在人才培养方案中严格规定各个专业学生到合作共建基地开展实训活动的学时、学分和要求。学校加强对学生到共建基地进行实训的过程的指导和监控,积极聘用企业专家指导学生实训,力争让学生更快更好地掌握职业技能。

(2)真实职场场景的顶岗实习活动。学生顶岗实习是最具有现实实践意义、与社会市场无缝对接的人才培养活动。对于应用型大学,学生顶岗实习能力直接体现为学生的从业能力。百色学院非常重视实践教学体系中的顶岗实习环节。一是在人才培养方案中明确规定顶岗实习的时间和学分。二是跟区域各个行业企业、政府部门、研究机构建立广泛、密切的关系,主动了解各级各类顶岗岗位资源,主动把学生推荐到各个行业企业顶岗实习。三是密切跟踪顶岗实习学生的顶岗实习过程情况,配齐配好顶岗实习双指导老师。四是鼓励广大学生到艰苦岗位顶岗实习锻炼,指导学生通过艰苦岗位磨炼意志。例如,百色市每年的中小学校都缺少数量不少的教师,百色学院因此积极配合百色市教育局,积极发动师范专业高年级学生到各乡镇中小学和幼儿园从事顶岗实习。

(3)大学生创新创业训练计划项目中的创业实践类项目。大学生创新创业训练计划项目有创新训练、创业训练和创业实践三种类型。其中创新训练项目偏向于理论创新,创业训练项目偏向于模拟训练,创业实践项目偏向于实操训练。近年来,百色学院每年立项大学生创新创业训练计划项目150余项,其中创业实践项目有40项左右,分别立项为校级、自治区级、国家级三个级别,每项分别给予3 000元、5 000元、13 000元乃至50 000元的资助。学校加强实践训练项目的管理,各二级学院配备能力强的校内教师和企业导师联合指导学生开展创业实践项目。

(4)社会实践活动类项目。大学生各类社会实践活动也是面向全体学生的实操教育的重要组成部分,百色学院的此项工作由学校团委负责管理。比较宽泛的大学生社会实践活动一般包括社会调查、送教(技、文)下乡("三下乡"活动)、公益活动、志愿者活动等,包括学校和二级学院两个层面组织的活动。百色学院根据专业特点和区域特点,除了为地方政府和行业企业举办的大型活动(如运动会、合作论坛、交易会等)提供高水平的志愿服务和其他形式的公益活动外,每年通过征集评选,立项一批大学生社会实践活动项目,每一项目都给予一定的经费支持,要求项目做好合理计划和周密组织,并突出百色区域和百色学院的特色。例如,2016~2017学年,百色学院充分利用百色红色资源和民族文化资源,结合专业特色和人才优势,以"喜迎十九大·青春建新功"为主题,立项组建了36支校级社会实践团队,主要开展理论普及宣讲、国情社情观察、依法治国调研、科技支农帮扶等活动,号召和鼓励学生个人在家乡开展形式多样的实践活动。2016~2017学年社会实践活动的参与学生达1万人次,有2支团队被评为全国级重点团队,7支团队被评为自治区级重点团队。

# 二、"D-TSO" 模式第二层实操教育体系的组织与运行

"D-TSO" 模式的第二层实操教育主要面向创新创业学院的学生和入驻创新创业孵化基地和创业园项目团队的学生，即相对于普及性的实操教育而言，此层实操教育更突出高端性和针对性。

## （一）创新创业学院组织开展的实操教育

百色学院创新创业学院组织开展的实操教育形式多样、内容丰富，有的融合于理论教育和模拟教育中，或者作为一个课程模块（环节）、活动模块（环节）穿插在理论教育和模拟教育中。下文主要介绍相对独立开展的、与一般二级学院所开展的实操活动存在较大差异的、主要面向创新创业学院学生（包含入驻孵化基地的项目团队的成员）的各类实操活动。

### 1. 农村电商扶贫活动

创新创业学院学生利用自己学到的知识和技能帮助当地发展农村电商产业，参与农村电商产业的开发与建设。充分利用百色市各村级便民服务中心、农村超市等现有资源，积极推广"一村一店"模式。依托阿里巴巴农村淘宝项目和电商模式，一方面为贫困户开设网店提供策划、培训、客服、代运营等专业服务，另一方面对不具备开办网店条件的贫困户，支持驻村干部、大学生企业及致富能人开设扶贫网店代销特色农产品。通过专业培训和现场指导帮助贫困户开办网店，销售自产农产品。通过与当地电商企业、帮扶部门开展贫困户网店"一对一"对接，为贫困户网店开设和运营提供技术支持和专业服务，帮助贫困户提高网店运营效益。具体做法如下：

（1）主动培育农产品销售网络品牌。大力发展地方特色产业，对百色市优势农产品进行精细研发和打造包装，支持农产品"地标保护""绿色""有机""无公害"等资质的申报认证，提升产品品质、价值和知名度，打造适宜网络销售的特色产品。积极倡导"一村一品"，引导支持各乡镇至少培育一个特色农产品生产、加工、包装、销售的企业或专业合作社。

（2）协助建设农村现代快递配送体系。积极协助推进"快递下乡"，多形式、多渠道、多类型发展快递服务业，利用学生已有的快递平台扶持快递企业在乡镇、村屯建立符合电商发展需要的物流配送门店，提高物流配送效率。打造完备的农村现代物流配套体系，为电商扶贫打通脉络。

（3）积极建立电商扶贫人才培训机制。聘请创业导师及电子商务方面的技术

人员或有电商运营经验的创业学生面向贫困户和精准扶贫对象开展电子商务应用和实训操作培训。建设电商扶贫人才培训和实践基地,构建以学校、社会团体及电商企业为主体的电商扶贫人才培训体系,实现电商扶贫管理人员和从业人员培训全覆盖。

**2. 与农村合作社"结对子"开展助农工作**

根据百色市及周边地区的实际情况,充分利用农村合作社优势,以以下"四种模式""结对子",开展助农服务活动。

(1)"包销+贫困户种植"模式。主要针对有发展能力、缺乏技术支持的贫困户,与合作社进行沟通,向贫困户提供免费的技术培训和服务,由贫困户负责种养,合作社按不低于市场价的价格进行集中收回,学校组织电商企业与合作社合作,解决产品无销路、无市场的问题,实现贫困户与合作社及学校结对联业、共同发展。

(2)"用工+贫困户就业"模式。针对有就业能力和就业意愿的贫困户建立务工台账,既可以培训务工人员电商就业技能,使其在农村电商企业就业,也可以联系合作社进行务工人员的就业安置。

(3)"经营+贫困户入股分红"模式。针对自身无致富技能、无劳动力、缺乏脱贫信心的贫困户,学校通过各种渠道,积极与相关金融机构沟通,联合合作社,根据贫困户实际需要,引导贫困户将扶贫贷款资金以优先股方式投入学校学生创办的企业或者农村合作社,由学生创办的企业或者合作社自主经营,并按照入股资金总额向优先股股东分红。

(4)"租赁+贫困户增收"模式。学校积极联系有需要的外来企业或者有意向的学生企业与农村合作社合作,根据产业发展的实际需要,通过土地流转方式向贫困户支付相应的土地租赁费,提高贫困户收入。

## (二)大学生创新创业园开展的实操教育

(1)百色学院大学生创新创业园简介。百色学院大学生创新创业园建于2014年9月,位于澄碧校区,共有30间铺面,实用面积1 000余平方米,用于学生创业实践和市场化运作。大学生创业园坚持"优选项目、协调指导、咨询服务、安全规范"的运作理念,向学生免费提供场地,入园项目学生团队自主创业、自主经营。创业园要求每一个创业团队和项目须在入驻之后完成营业执照注册登记、税务注册登记等手续。学生依托这一高效务实的创业平台,开办自己的实体企业,从中增强专业实践能力和创新创业能力。

(2)大学生创业园的经营范围(实操教育内容)。按照"专业性明显、科技含量高、可操作性强"的基本标准，以满足学生创业需求为基本出发点，鼓励学生充分发挥专业特长和个性特点，遴选专业性明显、学科优势突出、体现教学科研协调发展、具有典型示范带动作用的创新创业项目入驻园区经营。入园项目主要有产品开发与技术类、商贸服务类、教育文化类、创意产业类等。其中，产品开发与技术类项目专业特点明显，学科优势突出，体现专业前沿，应用性广，操作性强，具有推广意义。商贸服务类项目具有专业性强，能精准、高质量地满足广大师生的学习、科研、生活的需要，具有较广阔的商业前景。教育文化类项目既专业性强，又紧密对接教育文化产业发展新趋势，具有前瞻性。创意产业类项目包含创意设计、数字服务、创意文化、创意时尚设计及咨询服务等相关新兴产业，具有显著的创新特点。

### （三）创业孵化基地孵化企业开展的实操教育

创业孵化基地是创新创业模拟教育（训练）的重要平台，是学校创新创业教育和真实市场的创新创业的紧密对接点、过渡点，是最接近市场化的创新创业教育实操训练环节。目前，百色学院拥有 5 个大学生创新创业孵化基地，即百色学院创新创业学院大学生创新创业孵化基地、南宁高新技术产业开发区百色学院大学生创新创业孵化基地、百色市工业园区百色学院大学生创新创业孵化基地、百东新区百色学院大学生创新创业孵化基地、百色市青年创客大街百色学院大学生创新创业孵化基地。目前在基地孵化的大学生创新创业项目有 51 个，团队成员接近 200 人。这 51 个在孵化项目都入驻在百色学院创新创业学院大学生创新创业孵化基地，其他四个孵化基地的平台初步搭建完成，已开展了多次的培训、座谈等活动，但暂时还没有大学生创新创业项目入驻。此外，另有三个校企合作的孵化基地正在建设当中。孵化基地项目都是半企业化项目，或已经成为初创型、成长型、成熟型企业。相对而言，这些项目开展的活动属于创新创业教育之精英实操教育。

# 第四节　创新创业学院的组织与运行

创新创业学院的前身为百色学院和中科招商集团于 2015 年 5 月共同创建的中科创业学院，2017 年 9 月更名为创新创业学院，是学校构建创新创业教育 "D-TSO" 模式和保障其运行所依托的重要实体机构，是广西首家实体型和首家 "基金植入式"创新创业学院。创新创业学院在构建 "D-TSO" 模式和培养创新创业型人才方面，探索出一条独具特色之路。

## 一、创新创业学院的组织架构

为有效推进"D-TSO"模式的运行，提高创新创业学院日常工作效率，学校结合实际，对创新创业学院的部门和岗位设置进行了合理安排。

创新创业学院组织机构主要由三个中心构成，即创新创业孵化中心、创新创业教育中心、培训及实训中心。每个中心下设若干个具体职能部门或办公室。三个中心构成了一个比较完整的创新创业教育"D-TSO"模式生态链，其基本组织架构如图2-1所示。

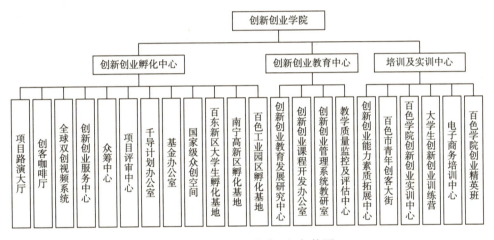

图 2-1　创新创业学院组织架构图

## 二、创新创业学院的组织运行机制

创新创业学院主要服务于"D-TSO"模式的运行，结合学校实际，在管理体制、课程体系、教学模式等方面进行了创新。

### （一）创新创业学院的创新创业教育体系

1. 整合全校资源，发挥整合带动、示范辐射和统筹协调作用

创新创业学院作为百色学院开展创新创业教育的"特区"，是整合全校创新创

业资源的重要机构，主要职责和作用有三个方面：一是依托合作企业引进校外优质资源，开展专职、专业、精英的创新创业教育，发挥引领带动和示范辐射作用。二是依托自身创新创业教育高地优势，挖掘激活、整合优化、转型升级全校原有的创新创业教育资源，促进资源增量提质。三是发挥业务统筹协调作用，构建健全的创新创业教育体系和协同育人机制，全面快速提升创新创业教育水平和人才培养质量。创新创业学院以培养具有新儒商精神的高素质创业精英为目标，在构建和保障 "D-TSO" 模式过程中发挥独特作用，探索出一条独具特色的发展道路。

2. 开展全校性的创新创业通识教育及创业培训活动

一是面向全校开设创新创业教育通识必修课程及通识选修课程。二是面向全校学生开设各类创新创业短训班、创新创业夏令营、创新创业讲座、创业沙龙等内容丰富多彩的培训活动，使全体学生在创新精神、创业意识和创新创业能力方面得到了全面提高。尤其是在培训过程中，以学校实际拥有的创业基金植入式真实创业项目为案例，真题真做，开展真实的企业运营。在此过程中，针对不同学生遇到的不同问题提供高水平的、个性化的专业指导和优质的资源支持，从而让学生的创新精神、创业意识、思维能力、知识技能、方法技巧等都得到大幅度提高，各项潜力得到充分挖掘。

3. 指导全校性创业模拟训练，组织创业大赛，选拔指导创业孵化项目

创新创业学院承担着学校创业模拟环节的课程开设任务。同时，精心组织学校 "互联网+" 创新创业大赛、百色学院创业项目遴选及孵化大赛，以及协同校团委组织开展大学生 "创青春" 创业大赛。同时将校内外各类大赛中优秀的大学生创业项目聚集起来，通过签订创业项目入孵协议等方式，让大学生创业项目在大学生创新创业孵化基地进行孵化和培育。创新创业学院秉承 "五个百分之百" 的服务理念，努力提高大学生创业项目孵化成功率。

4. 培育创新创业教学团队，培养创新创业师资队伍

为适应学校创新创业教育改革的需要，从 2015 年开始，以创新创业学院为依托，开展创新创业 "双师型" 教师的遴选、确认、培养、培训等工作。建成一支创新创业知识水平高、教学能力强、创业实践操作能力过硬的 "双师型" 教师队伍。从而不断提高创新创业教育教学质量，提高应用型人才培养水平。2015~2018 年，创新创业学院共开展了 13 次创新创业 "双师型" 师资培训，受培教师 150 人次；多次组织部分 "双师型" 教师培养对象参加校外师资培训。经过 2 年多时间，目前已经基本建成了一支具有先进创新创业教育理念、规模

适当、能力过硬、专兼结合、结构合理,基本满足全校深化创新创业教育改革需要的教师队伍。

5. 指导各二级学院进行"专业+"创新创业教育改革

在学校实行创新创业教育课程体系改革的基础上,各二级学院进行了人才培养方案的修订,配合各二级学院按照不同专业,在专业课程基础上开设一到两门与专业相关的创业课程,即"专业+创业"课程,让学生掌握基于自己所学专业进行创业的专业知识及应用技能。创新创业学院通过引进各类优质企业及知名企业家等资源,指导各二级学院开设与实施"专业+"创新创业课程。

## (二)创新创业学院的"TSO"人才培养机制

### 1. 创新创业理论教育(T)

创新创业学院既是整个学校创新创业教育实施机构体系中的更高层次,也是学校实施创新创业教学改革的核心部门。学院对全校学生开展创新创业教育,还针对本学院的本科和专科学生,百色创业青年及从全校遴选出来对创业有激情、有梦想的大学生组成的创新创业双学位班和创业精英班开展针对性更强的、更有目的性的创新创业教育。学院通过校企合作,以项目导入及基金植入式等教育模式进行培养,在引入陌生拜访、创业项目机会识别、项目融资路演等商业化课程的同时,还引入合作企业及本地企业的企业家和企业高管进行授课。从而提升了学生整体的创业意识及创业能力。学院在教务处的指导下,对人才培养方案做了比较大的改变,加入了大量的创业理论课程、创业实践课程及纯商业化课程,在授课过程中也增加了实践环节课时的比例。同时,在课程考核及课程作业安排上也做了比较大的修改,更加突出对学生的实际动手能力和实践能力的考核。并且在学生毕业环节对学生创新创业能力做出了明确要求。

### 2. 创新创业模拟(S)

创新创业学院的创新创业模拟主要是针对本学院的本科和专科学生,百色创业青年及从全校遴选出来对创业有激情、有梦想的大学生组成的创新创业双学位班和创业精英班而开展的创新创业模拟。学院在学校整体布局下,创新创业模拟体系包括模拟课程实践、科技社团、学科竞赛、项目路演、创新创业大赛、项目孵化、市场模拟创业等,模拟体系各环节之间形成了相互对接、层次递进的有机结合关系。主要环节如下:一是开设创业模拟初级和创业模拟高级选修课程,如开设、创业模拟实训岗位、制订企业战略、营销计划、经营绩效分析等课程,这些课程主要是通过软件和案例教学等方式授课,属于创新创业模拟的第一个层次；二是开设创业实训系列模拟课程，如开设大学生创新创业训练营、大学生野外素质拓展、大学生创业素能训练等课程，这些课程主要是通过实训方式进行培养，属于创新创业模拟的第二个层面；三是进行创业大赛与创业项目商业化融资路演。指导大学生不断完善创业项目，并组织参加"互联网+"创新创业大赛、校内创新创业项目遴选、基金投资孵化大赛，以及校外风险投资机构专场融资路演活动等。

### 3. 创新创业实操（O）

在学院创新创业理论教育及创新创业模拟的基础上，针对大学生创业团队及创业项目开展基金植入式的项目落地及孵化。主要做法是对于优秀的创业团队和创业项目通过各类创业大赛获得名次或者参加融资路演活动获得基金支持以后，便可以与学院签订入驻孵化协议，从而正式入驻大学生创新创业孵化基地进行项目孵化。根据企业孵化的过程及程度可以将项目划分为如下三个层次：一是初创型企业，是指进行工商注册不到 1 年（含处于研发过程中的未注册企业）的企业。学院会为这类企业重点提供企业注册、专利申报、税务申报、金融对接、团队建设、企业战略制定等服务。二是成长型企业，是指企业经营时间在 1~3 年的企业。学院会为这类企业重点提供风险融资、企业管理、企业营销计划、经营绩效分析等服务。三是成熟型企业，是指经营时间在 3 年以上的企业。学院会为这类企业重点提供企业规划、经营状况分析、项目诊断、股权融资、企业上市辅导等服务。

学院积极与企业合作共建大学生创新创业公益基金及商业基金。通过引入"千导计划"工程及在自治区内和本市范围内引进具有创业经验的企业家和其他社会精英人士组成创业导师团队，对学院大学生创业项目提供一对一的创业实践指导。同时通过大力整合校、政、企三方资源，共同构建大学生创新创业生态环境，为大学生创业实操提供必备的人、财、物、政策、教育等各项支持，从而提高大学生创业项目的存活率及孵化成功率。

## 三、创新创业学院运营保障措施

### （一）管理保障

学校把深化高校创新创业教育改革作为重要任务摆在突出位置，加强指导管理与监督评价，统筹推进创新创业教育工作。学校领导高度重视创新创业工作，落实创新创业教育主体责任，把创新创业教育纳入改革发展的重要议事日程，成立了由校长任组长、分管校领导任副组长、各职能部门齐抓共管的创新创业工作领导小组。学校领导全面支持创新创业学院的建设工作，在教学实验平台建设、科研平台建设、专业能力实践基地建设、公共服务体系建设、人才培养和创新团队建设等方面给予了相应的政策支持，以确保创新创业学院的顺利运行。

## （二）资金保障

学校每年给创新创业学院划拨办公经费约 50 万元。除此之外，学院积极争取中央支持地方高校的财政项目，2016 年获得 200 万元支持资金。另外，国家科学技术部、广西科学技术厅及百色市科学技术局针对学校众创空间的建设需要，给予约 100 万元的建设资金。在以上基础上，每年由学校多渠道、多途径筹措创新创业公益基金约 40 万元。在经费管理上，切实保障了经费及时足额到位，并由财务部门按照国家财经纪律和规范要求"单独核算、专款专用"进行管理，做到厉行节约、科学评估、全面审计，确保资金的使用规范和安全高效。

## （三）科研保障

深入开展项目研究，以研究成果引导创新创业学院良好运行。学校教育教学改革项目"应用型本科院校创新创业教育改革与实践研究——以校企共建实体型创业学院为牵引""新建本科院校应用型人才'四创能力'培养模式研究与实践"和广西教育科学重点研究基地重大课题招标课题"广西高校创业教育发展重点、难点、着力点研究"等教研教改项目已对应用型本科院校的创新创业型人才培养模式进行了前期研究与探索，为创新创业学院的运行和建设提供了良好的理论指导。

## （四）机制保障

成立学校创新创业教育领导小组负责宏观的组织领导和统筹，学院负责具体教育活动的指导牵引和整合协调，制定实施汇报、督查、考核和问责制度，保证了校内各主体协同育人机制的形成。在学校创新创业教育领导小组的宏观引导和学院的业务牵引统筹下，在管理上形成了以教务部门牵头，就业、科研、学工、团委、财务、总务等部门主体协同配合的体系，在业务上以创新创业学院为龙头、各二级学院协同育人的体系。在分工上形成了其他二级学院主要负责创新创业通识素质教育、创新创业学院主要负责精英教育，分级培养、衔接递进的全主体协同育人体系，从体制上给予创新创业学院全方位的联动保障。

（五）制度保障

创新创业学院为国家级众创空间认定的"大学生创业孵化基地"，按照根据国家级众创空间的规格制定的《百色学院大学生创业孵化基地管理办法》运行与管理。同时，学校制定了创新创业学分认定互换、学籍管理、基金管理、赛事奖励等管理制度，各二级学院制定了相应的制度体系，为开展体系性的创新创业教育提供有力的制度支撑。为使创新创业学院有效运行，学院制定了一整套规章制度，建立了导向机制和激励机制，并不断改进完善。同时学院在教育教学管理、教育科研、师资培训、班级管理、学生管理及教师考核评价等方面，结合学校创新创业教育的目标，进行相关的制度改革和调整，使管理机制与学校的创新创业教育目标和办学思路相匹配，成为保证学院创新创业教育特色办学的有效运行机制。

# 第五节　"D-TSO" 模式组织运行的保障体系构建

任何教育模式的展开和实施，都要以相适应的保障体系为支撑。百色学院的"D-TSO"模式是一种新型的创新创业教育模式，与以往的教育模式差异较大，是对过去教育模式的系统性改革创新。这就需要对学校原有的教育模式、运行机制进行深度改革，包括构建与其相适应的保障体系，如人才培养体系、师资保障体系、制度保障体系、物质保障体系、服务指导体系等多个方面。

## 一、构建创新创业教育人才培养体系

实施"D-TSO"模式，核心是人才培养，关键是以人为本，宗旨是学生发展，因此，"D-TSO"模式的组织运行保障体系的根本内容是构建一个科学合理、融合创新创业教育、多方面协调联动、多要素有机结合的创新创业人才培养体系。

（一）主动改革应用型专业人才培养方案

学校从升格本科以来，多次开展人才培养方案的修订工作。尤其从 2013 年，根据创新创业教育改革的新需要和新形势,结合学校办学定位、办学资源等实际,修订了本科专业人才培养方案和高职高专专业的教学计划。人才培养方案改革的重点有:第一,在专业人才培养目标规格中明确融入创新创业素质能力。第二,明确在通识理论课程中增加创新创业教育课程门数。第三,明确各二级学院在学科专业课程中增设一门以上的"专业+"创新创业理论课程,确定具体明确的学时和学分。第四,拓展和完善人才培养方案中的创新创业实践平台,增设更多的课程模块和实践项目。第五,提高创新创业学分在人才培养方案中的比例,其中实践教学学分文科类占总学分比例为35%、理工农类占总学分比例为45%。创新精神、创业意识和创新创业能力成为评价人才培养质量的重要指标。

### (二)积极构建创新创业教育课程体系

课程是教育实施的关键支撑载体。为了更好地实施"D-TSO"模式,百色学院近年来加强了创新创业课程资源建设,构建了较为合理的创新创业课程体系。第一,开设了一门创新创业教育通识课程,改造了两门创新创业教育传统课程,购买使用了20多门创新创业教育网络课程。第二,各二级学院根据本学院各专业特点,购买添置了一系列供学生使用的模拟操作软件,开设了模拟实践课程。第三,将原来分散的各类创新创业实践活动项目或活动课程整合起来,纳入创新创业课程体系之中,这些活动课程虽还具有传统形式但已融入现代理念,渗透了创新创业教育要素。这些课程包括见习实习、毕业论文(设计)、社会实践等。第四,深入开展课程教学的方法、方式改革,大力倡导基于"以学生为中心"和"自主、合作、探究"理念的教育教学方法、方式改革,持续开展覆盖全校教师的教学方式、方法培训,立项建设一批教育教学方法、方式改革项目,尤其是立项建设了教学方法改革专门项目,修订了学生学业考核评定制度,各二级学院深入开展了课程教学方式、方法改革。

### (三)合理构建创新创业实践教学体系

(1)做好实践教学平台建设。一是做好校内实验(训)室建设,全面提升实验(训)条件,提高实验(训)室使用效率。二是积极引企入校,搭建了共建共享校内实践教学平台,引进了10多家基金植入式、智力型企业到校内共建二级学院和行业教育机构。三是共建校外产学研联合培养人才基地,已建成160多个校外实践教学基地和大学生创新创业孵化基地。四是搭建国际合作育人平台,先后与美国、越南、泰国、马来西亚等国家的16所大学签订合作办学协议,并共同开展人才培养各项工作。

(2)搭建了大学生创新创业实践平台。成立大学生创新创业实践中心,包括大学生创新创业孵化基地、大学生创业园和大学生创新实训中心等，搭建了以创业项目孵化实战为高地的"十联动"平台体系，初步实现了创新创业教育融入人才培养全过程，专业教育与创新创业教育有机结合。

（3）成立创客工作室及建设众创空间。为师生科技发明创造搭建交流分享和实现创业的平台，创客们可以在这里讨论创新设计、转让技术、展销产品、寻求帮助等各种问题。为有创业项目的学生提供低成本的工作、网络、社交、资源共享空间及便利化服务，帮助优秀学生创业项目申请各级各类基金。建立全方位、阶梯形的大学生创业孵化服务体系，增强创业服务的针对性和实效性。

（4）做好科研和实践创新项目建设。加强大学生创新创业训练计划项目规范管理，做好创新创业训练计划项目的学分认定。引导和鼓励教师积极吸收学生参与教师的科学研究项目、技术改革项目、专利发明申请项目等。鼓励教师自主成立个人或小组研究室、设计室、工作室，并向有关专业学生开放。

（5）做好学科和专业技能竞赛平台建设。各二级学院对接上级"互联网+"创新创业大赛等国家级、自治区级各类学科和专业技能赛事，结合本学院的学科专业特点，组织开展有全体学生参与的学科和专业技能竞赛，形成"一院一赛事品牌"发展格局。通过以赛带练、以赛带学，不断提升学生创新创业的精神、意识和能力。并在此基础上，积极筹备和举办科技创新、创意设计、创业计划等专题大赛。

（6）做好学生科技社团建设。积极引导学生组建科技或创新创业的社团、协会或俱乐部。加强对学生科技社团或协会的引导和指导，邀请校外专家作为学生科技社团或协会的指导老师和专家顾问，指导学生科技社团或协会开展丰富多样、具有高科技含量的活动，以科技社团或协会活动培养学生创新创业意识和素养，形成"一院一科技社团品牌"发展格局。

（7）做好社会实践活动平台建设。学校每年精心设计体现创新创业教育理念和专业特点，契合地方经济社会文化特色的社会实践活动项目，组织学生深度参与，形成"一院一社会实践活动品牌"发展格局。

（8）推进创新创业学院各项建设。通过项目导向、全程实战模式和精英化管理，为创意培育、项目孵化、成果转化、创意市场化提供广阔空间。创新创业学院与教务处、招生就业处、学工部（处）、团委、各二级专业学院无缝对接，从大学生"互联网+"创新创业大赛项目、创新创业训练计划项目、大学生创业孵化项目、大学生学科竞赛项目、大学生自主创新设计项目中遴选出优秀且具有实体化、市场化潜质的项目进行集中培育和孵化乃至进行市场化运作。创新创业学院目前设立有两项基金，即"中科百色创新创业投资基金"和"百色学院创新创业公益基金"。进入创新创业学院的学生（团队）项目享受百分之百有项目、百分之百有团队、百分之百有导师、百分之百有基金、百分之百有基地"五个百分之百"

的服务，百色学院创新创业学院已成为区域重要的创新创业教育的专业实施平台和创新创业项目的高端孵化平台。

## 二、构建创新创业教育师资保障体系

此项工作包括以下几个方面：第一，制定合理的创新创业指导教师队伍建设规划，分步骤实施建设规划各项任务。第二，修订完善相关教师评价标准，将创新创业教育的指导能力、教学效果作为考核评价教师教学能力和教学业绩的重要内容。第三，积极聘请知名专家、创业成功者、企业家、风险投资人等行业企业优秀人才担任课程授课教师或创新创业实践活动项目的指导教师，并制定了相关规范制度，充分发挥行业企业专家资源对推进学校创新创业教育改革的积极作用。第四，加强本校自有的创新创业教育理论型教师、"双师型"教师、实验实训指导教师队伍的建设。例如，2017年初，学校联合人力资源和社会保障部的相关部门，在百色学院开展为期1周的电商导师资格业务培训，参加培训的专任教师达50余人，经过培训和严格考核，绝大部分教师获得人力资源和社会保障部颁发的职业资格证书，其中"双师型"教师数量从2015年的220人增长到2017年底的296人。第五，借助创新创业学院平台，在全校范围内遴选有创业经历或有志成为创业型导师并具有开拓创新精神的教师，进行系统性培训，进一步扩大校内创业导师队伍规模，提升校内创业导师的教育指导能力。第六，依托教师教学发展中心平台，积极培育培养创新创业教学团队，开展针对性、多样化的培训方式，引导广大教师采用启发式、讨论式、参与式等课堂教学方式、方法。积极组织教师参加校外各类创新创业师资培训活动，考取相应资格证书。有计划地组织或选送教师到行业企业调研培训和挂职锻炼，不断提升教师的实践教学水平。

## 三、构建创新创业教育制度保障体系

百色学院加强了"D-TSO"模式的制度保障体系建设。第一，根据上级部门要求和学校实际，出台了《百色学院关于深化创新创业教育改革的实施方案》，对学校创新创业教育体系做出了总体性、系统性、制度性的部署安排，从制度上保障了"D-TSO"模式的顺利实施。第二，修订了各类教学管理制度。一是修订了《百色学院学生学籍管理办法》，新修改的制度实施弹性学制，放宽学生修业年限，明确规定允许学生调整学业进程、保留学籍休学创新创业。二是制定了《百色学院学生学分互换与认定管理办法》（2015 年），2017 年对其进行了修订完善，该管理办法设置了创新创业学分，并规定了互换的办法，旨在鼓励、支持和引导学生参加各类社会实践和创新创业活动。学生参加创新创业、社会实践等活动及发表论文、获得专利授权等与专业学习、学业要求相关的经历、成果，可按《百色学院学生学分互换与认定管理办法》互换认定学分，计入学业成绩，建立创新创业档案。三是修订了《百色学院大学生学科竞赛管理办法》，对在创新创业竞赛中获奖的学生给予明确奖励，其中个体参赛提高到 6 000 元/项、团队参赛 10 000 元/项。四是完善了其他有关的创新创业教育管理制度。五是于 2017 年进一步修订完善了《百色学院学生管理规定》及其 15 个配套管理文件，对创新创业教育做出更加明确具体和科学合理的规定。六是于 2018 年出台了按照国家级众创空间规格制定的《百色学院大学生创业孵化基地管理办法》。

## 四、构建创新创业教育物质保障体系

物质保障是实施创新创业教育的第一基础保障条件。百色学院的 "D-TSO" 模式的物质保障体系包括以下几个方面。

### （一）教学空间的大幅度扩展

自 "D-TSO" 模式构建以来，学校依托亚洲开发银行资助的百色学院职业教育发展项目，开展了大规模的澄碧新校区建设。从 2014 年至今，已建成校舍面积 30 多万平方米，建成了公共教学中心、公共实验中心、工科实训中心、大学生创新创业孵化基地、大学生创业园等大型教学场地，为 "D-TSO" 模式的探索、推进和完善提供了有力的空间支撑。

### （二）场地设备的大幅度改善

依托澄碧校区建设的快速推进，学校支撑创新创业教育改革的各种教学场地和教学设备都得到大幅度改善和优化。2015~2017 年，校内实验实训面积大幅度增长，教学科研设备总值大幅度增长，购置了一大批先进的仪器设备和教学软件系统，纸质图书数量大幅度增长，纸质期刊总量也有较大幅度的增长。各种实验实训场所资源得到进一步整合优化。

## （三）教育经费的大幅度增加

学校通过各种渠道大力筹集创新创业教育经费，为"D-TSO"模式实施创造了良好的经费条件，为学生提供了良好的创新创业实践场所。其中，仅 2016 年，学校共投入经费 500 多万元，建设大学生创新创业孵化基地和大学生创业园，先后入驻 80 个大学生创业团队，参与创新创业实践活动的学生有 3 500 余人。

学校实施以基金植入的创新创业教育模式，设立了"中科百色创新创业投资基金"和"百色学院创新创业公益基金"两项基金，进入创新创业学院的学生（团队）项目百分之百有基金投入。学校安排了专项资金，用于支持创新创业教育教学和学生创新创业活动。学校充分调动企业、校友与慈善团体等力量筹措数额充足的创新创业基金，如"百色学院创新创业公益基金"，服务学校的创新创业教育。

# 五、构建创新创业教育服务指导体系

百色学院的"D-TSO"模式的服务指导体系由教育方面的服务指导、管理方面的服务指导、政策方面的服务指导等几个方面构成。

## （一）完善创新创业教育的管理体系

学校形成了以教务处牵头，招生就业处、学工部（处）、团委、科研处、创新创业学院、其他二级学院七类部门协同联动的"七协同"管理服务体制机制，各部门明确各自的职责任务并注重合作协调，协同对学生参加创新创业活动尤其是开展项目性和自主性创新创业活动给予服务与指导，共同为学生提供全方位的、系统化的、快捷性的服务和指导。

## （二）加强创新创业教育的业务指导

以建设创新创业导师队伍（或"双师型"教师队伍）为依托，加强对"D-TSO"模式理论教育课程、模拟教育课程、实操教育课程的建设与实施的指导。尤其对于入驻创新创业孵化基地和创业园的各个团队项目、学科竞赛项目、社会实践项目、大学生创新创业训练计划项目、大学生"互联网+"大赛等各类项目，学校都安排有指导教师给予全程指导，做到百分之百有导师，部分项目有企业导师和学校导师的"双导师"指导。

### （三）强化创新创业教育的专业服务

学校在大学生创业园和孵化基地都配备有专业管理服务人员，负责在场地、水电、设备等使用上提供专业服务。例如，百色学院创新创业学院孵化基地为优秀大学生及百色市青年创新创业项目团队提供孵化物理空间、培训咨询、监管指导、创业扶持等相关公益性服务。创新创业学院的创新创业教学团队为大学生参加创新创业大赛、企业孵化提供指导服务。学校创建创新创业教育专题网站，挂靠创新创业学院主页，网站开辟了创业大赛、企业运营、创业活动指导等栏目，为学生提供有关信息的服务与指导。

在各种保障体系的有力支撑下，百色学院"D-TSO"模式得以顺利实施，并取得显著的阶段性成果，因此，《百色学院创新创业教育"D-TSO"（双层"理论-模拟-实操"）模式的构建与实践》获得 2017 年广西高等教育自治区级教学成果奖二等奖。

## 六、构建创新创业教育组织领导体系

首先，自 2015 年，学校成立了创新创业教育体系建设领导小组，领导、统筹和协调学校的创新创业教育工作。组长由学校党委书记、校长担任，副组长由学校党委副书记、副校长担任，成员由党办、校办、宣传部、人事处、教务处、科研处、学工部（处）、财务处、招生就业处、团委、信息办、图书馆等部门主要负责人及各二级学院院长组成。创新创业教育体系建设领导小组下设办公室，办公室设在教务处，教务处处长兼任办公室主任。办公室下设综合协调组、设计实施组、资金管理组、质量检查组，共同协调推进创新创业教育体系建设的各项工作。

其次，各二级学院在学校创新创业教育体系建设领导小组的领导下，相应成立了创新创业教育工作领导小组。二级学院领导小组由二级学院党政领导、团总支和专业（课程）负责人、部分骨干老师组成，负责领导和组织本学院创新创业教育的各项工作。

再次，成立学校、二级学院两级创新创业教育专家指导委员会。依托已有的专业建设指导委员会，吸收地方知名创业成功校友、企业管理者和有关专家参与，成立和完善学校、二级学院两级创新创业教育专家指导委员会，充分发挥专家在深化创新创业教育改革建设中的指导和咨询作用。

最后，成立百色学院创新创业教育实体学院，即创新创业学院，通过资源整合和提升，以校企合作为基本模式，以创新创业大赛和项目孵化为抓手，既在全校范围内实施通识创新创业教育，又在创新创业学院内依托某一专业实施高端创新创业教育，以引领和带动学校创新创业教育的深度实施，服务于百色学院师生及校友的创新创业、项目孵化、成果转化等，促进学校"产学研创"一体化发展。

# 第三章  "D-TSO" 模式的亲历与感悟

## 第一节  学 生 篇

### 一、理论学习学生的体会与感悟

在"D-TSO"模式的运行中，2017 年的全校 17 000 多名同学全部参与到了理论学习这个环节中，学生收获很大，感受深刻。

（一）通识课程学习学生的体会与感悟

2017 年主要开设的创新创业理论课程有创商培育与测评、大学生职业生涯规划与就业指导、创业基础三门，全校学生都选修了这三门课程。这里选取了十位同学的学习体会与感悟。

#### §  在实践中探索，在探索中创新

创商培育与测评这门课程是一门实践性很强的课程，要求学生在传统思维的基础上运用各种技法进行创新，用创新的方法在生活中实践。创新就是在原来没有的基础上创造出一些东西和事物来，而这也是这门课程的意义所在。

在学习的过程中，老师通过实例、游戏等方式为我们阐述了创新的起源。从一个游戏开始，引领我们进入设计思维发展的历史、设计思维的三大步骤和六大流程、设计思维的十大特征等，为我们打开创新实践的大门。这门课程是创业教育理论课程之一，其目的是培养学生要有一个创新的思维。老师常说，无论学习什么，在于兴趣，兴趣是学习的动力，没有兴趣的学习，无异于一种苦役，没有兴趣的学习就没有智慧和灵感。兴趣就是我们创新的源泉、思维的动力。

在这门课程中，老师主要通过实践的方式来授课，更多的是以游戏来引领我们走进知识，在游戏中锻炼我们创新的思维及处理事务的最快方法，告诉我们，要学习，既要创新，更要实践。把创新思维和社会实践紧密结合起来，在实践中学习，在实践中不断地增强能力，增进学识；把创新思维和社会实践紧密结合起来，要做到勤于学习、善于思考、勇于探索、敏于创新，激发求知欲和好奇心，在打好知识基础的前提下，提高创新思维能力，不断认知和掌握真理。

通过学习这门课程，我明白了更多的道理，明白了没有什么是做不到的，只是我们敢不敢做，只有我们敢动手才能接近成功，善于观察，再多一点思考，我们就会找到切入点，就像我们在这门课程中学习到的头脑风暴法，无论我们要做什么，只要我们敢想，并且敢于向他人说出自己的想法，当然也要学会倾听别人的想法，采纳别人的建议，从而结合自己的想法，进行最后的决定。做任何事都要充满自信，敢于动手，放手一搏，勇于尝试，敢于在实践中挑战自我，把原本觉得不可能完成的事完成。在生活中要学会观察，去发现事物中的创造性，激发自我的创新意识，不要总把自己固定在一个框架结构上，要大胆去想，更要大胆去做。

在学习过程中，明白了团队精神的重要。在课程学习时，老师把我们分成几个学习小组，游戏项目需要小组中的每个成员都参与，是缺一不可的。这就告诉我们团队当中默契的配合是很重要的，如果没有默契就不能一起完成任务，更要相信自己的组员。在团队中讨论问题时，多使用头脑风暴法大胆地说出自己的想法。

通过学习，我更加坚定、更加勇敢，不管什么事，要从不同角度、不同层次、不同方位，大胆地展开想象，采取最有效的方案去解决问题。感谢有你——创商培育与测评课程，让我改变了原本的观念；因为有你，我的视野更加开拓，知识更加丰富。（撰稿人：创新创业学院 工商企业管理专2016级 罗艳飞）

### § 创业不只是为了赚钱，更是为了体验人生

通过学习创商培育与测评这门课程，我懂得了现在很多需要改变的东西都离不开创新。正是这门课程让我对"创新"这个词有了新的理解。创业就是创新的一种普遍形式的存在。

科技创新是创新的核心。科技创新就是运用新知识和新技术，采用新的生产方式和管理方式，开发新产品并提高产品质量的过程。作为21世纪的大学生，应该具备创新精神，创新是一个民族进步的灵魂，是一个国家兴旺发达的不竭动力。在技术突飞猛进，市场竞争激烈的时代中，不创新就会被淘汰。特别是在企业发展过程中，如果一直保留着原来的模式，在不久的将来企业定会走向灭亡。创新是企业生存的根本、发展的动力、成功的保障。在今天，创新能力已经成为国家

核心竞争力。同时，在校期间学习关于创新的知识，为以后自己在创业、就业方面的发展奠定了基础。

现如今大学生就业难，需要创新发展，实现就业。大学生创新思维的养成，需要开发思维能力，需要多个人的思想结合，自己不可能独立完成这么大的工程。

现在大学生创新创业的例子数不胜数，成功的有，失败的也不少。成功的例子，都是在原有的基础上加入自己的创新模式，符合时代步伐，得以在市场站稳脚跟。失败的原因也有很多，可能没有很好地认识到当今市场的需求。在我看来，大学生创业不等同于赚钱，应该是一种乐趣，是一种学习的过程，是一种锻炼能力、积累经验的过程。创业不一定轰轰烈烈，有时一个细节，一个想法就可以改变一个企业的命运。创业不会一帆风顺，需要进行全面的市场分析和调查，也不是靠一腔热血而是要有一定的基础，要有充分准备，做事才能事半功倍。

时代在进步，那种只要有创业激情就能成功的时代已经过去了，大学生创业白手起家居多，经不起反复和折腾。摸着石头过河，仅凭年轻气盛，显然不是我们的选择。所以创业应该从自己的实际情况出发，做能做到的事，创新创业应该是在自己行业摸索道路的过程。

如今很多大学生在创业，但缺乏经验、能力不足、意识偏差等导致创业成功的概率偏低。眼高手低、纸上谈兵的大学生很容易进入误区，因为他们长期在学校里对社会缺乏了解，而且自身能力有限，达不到应具备的能力。

所以，通过创商培育与测评这门课程的学习，我学会了如何正确地看待创业，如何去进行创业。（撰稿人：教育科学学院 小学教育专业 2016 级 1 班 王兰艳）

### § 感谢有你——创商培育与测评

当我翻开这本书的时候，一个念头闪过，它就像小时候常喜欢看的漫画书一样，深深地被它吸引了。通过一个学期的学习，我慢慢地对这门课程有了更多的了解与更深的体会。看到创商培育与测评这些字眼，当然都会联想到创新、创意、创业、商业、商机等。不管是在学习、生活上，还是在工作中，都离不开这些字眼，处处都存在着创意与创新。

这门课程是我们接受创新创业教育的通识必修课。学了这门课程，我受益匪浅。生活为什么离不开创新？创新又是什么？创新是一个民族进步的灵魂，是一个国家兴旺发达的不竭动力。其实，创新简单地说就是多积累别人的经验转化为自己的经验。我们也要敢于探索，多使用发散思维，多尝试别人不敢做的事，尽量避免惯性思维；不管是什么事，我们都要从多个角度去思考问题和看待问题，不要总是纠结在一个点上，自找烦恼；多使用发散性思维，无论是在学习，还是在工作中都很有帮助。就像课本上讲的"搬图书馆"的故事一样，想把旧图书馆的所有书搬到新的图书馆是多大的工程，是一件多不容易的事啊！可是，不用担心，只要你有恒心，没有什么事可以打败你。不管我们遇到什么困难，我们都要坚信一定会走出困境，看到彩虹的！

学习这门课程，我知道了奥斯本的头脑风暴法。我们在学习中、工作中遇到困难，都可以采用头脑风暴法，这样产生尽可能多的设想、方法，从不同角度、不同层次、不同方位，大胆地展开想象，采取最有效的方法解决。"搬图书馆"的故事，就采取了头脑风暴法，最后那位先生采纳了"去旧图书馆借书，但读者必须在还书时把书还到新的图书馆"的建议，日积月累，就把旧图书馆所有的书全搬完了，更不需要花费任何经费。这个故事说明了什么呢？想要告诉我们什么样的道理呢？它告诉我们，不管我们做任何事情，都要善于思考，善于观察，发现问题，多角度地思考问题。作为企业的管理和决策者，我们需要多角度、多方面去思考，处理好每一件事，而不是马马虎虎，那是一种不负责任的表现。

通过这门课程的学习，我获得了许多感悟，学会了很多以前都不知道的知识，也改变了我看待问题与处理事情的态度，让我的能力得到了提升，开拓了我的视野，丰富了我的知识。感谢有你——创商培育与测评。（撰稿人：创新创业学院 工商企业管理专2016级 李肇霖）

## § 创新，无处不在

通过创商培育与测评这门课程的学习，我学到了很多有趣的理论知识。这门课程都是通过很多的案例，生动形象地表现主要内容与要点，更易于理解。当我第一次听到这门课程时，心里想到的是：这会是什么样的课程呢？它会如何进行有趣的教学呢？带着喜悦与焦虑的心情等待着课程的开始，喜悦的是觉得这门课程很有趣，会有很好玩的实践活动，焦虑的是害怕这门课程不好学。当我见到这门课程的教材时，突然间有种感慨，这门课程的教材像有趣的漫画书。学习这门课程后，我深刻认识到创新的本质有哪些，而创新的本质是我们学习创商培育与测评的基础。创新的本质包括来源的多样性，内涵的丰富性，还有一定程度的差别性等，我们只有了解到创新的本质，才能很好地发展创新思维。创新思维的概念不是最终的定义，而是需要与时俱进的，随着时代发展的。无论古今，只有不断地创新发展，才能不断进步与发展。

创新的发展使我们国家的创新能力得到了历史性的发展，国家的国防力量得以不断提升和巩固。历史上的各种发展史告诉我们人类社会的发展和文明的进步，是通过不断创新来实现的。

创新与创造力对社会、企业、个人的发展都起到很重要的作用，而作为大学生的我们，在竞争如此激烈的社会中，会面临着很多的问题，目前就业就是一个很大的问题，我们如果有能力进入一个好的工作单位，然而想要在工作中表现突出，创新思维、创新能力是一个重要的方面。而现在的我们大多数人都是缺乏创新能力的，可能是因为我们的思维定式阻碍了个人的思维发展，因此，我们需要改变，用自己的实际行动来创造出属于自己的精彩人生。

在 20 世纪 70 年代福特公司面临破产时，亨利·福特总结了一句话 "不创新，就灭亡"，他告知我们创新的重要性，而我们学习的创商培育与测评课程，也是让我们一起去了解创新思维的力量，让我们有新的认识。（撰稿人：创新创业学院　工商企业管理专 2016 级　黄珍）

### § 创业不是想象中那么容易，也不是高不可攀

不知不觉中，一个学期快要过去了，而我们学习的创商培育与测评这门课程也即将结束。不知道大家最初是基于怎样的想法选择了这门课程。而对于我来说，则是被这门课程的名字吸引才选择的。创业经商，是每个人都会做的美丽的梦。有的人梦想成真，而有的人却竹篮打水一场空。其实，成功也是基于很多因素，这个梦，不是那么容易实现的。

创业，对于许多大学生来讲，是非常具有诱惑力的。苦读十多年，能够考上理想中的大学，几乎所有同学都对前途充满期盼，都希望能实现自己的人生理想和价值。但怎么去实现呢？创业无疑是其中的一条道路。同时，创业是非常具有挑战性的，伴随的往往是高付出、高风险、知识面有限和技术能力不够等，许多大学生因此望而生畏，更多人则认为自身能力不足，希望工作一段时间后等待时机再去创业。但是在我们面临困惑时，这门课程为我们解答了难题，让我们在层层迷雾中，找到了方向。学习这门课程，让我们更加了解创业的知识，也让我们认识到自己的不足和前进的动力。

在课程学习过程中，我们了解到一些专业的知识，如创业是创业者对自己拥有的资源或通过努力能够拥有的资源进行优化整合，从而创造出更大经济或社会价值的过程。简单地说，就是创业者积极地探寻机会，积极整合资源，充分利用机会，实现价值创造的过程。

创业不是想象中那么容易，但也不是高不可攀无法逾越。第一，要懂得借鉴。也许有人会不认同，但不可否认的是，不是所有伟大的创业理念都是原创的。就拿我们身边的例子来说，腾讯推出的几款手机游戏，天天爱消除、天天连萌-糖果泡泡、飞机大战等，其实这些都是以前我们玩过的游戏，但是腾讯却能推陈出新，获得大家的喜爱，甚至爱不释手。所以，不是所有的创业理念都要闻所未闻，见所未见，最关键的还是看经营方式。正确的经营方式，即使创业理念相似，也一样能成功。第二，要目标明确。阿里巴巴集团、淘宝网、支付宝创始人马云说过，"我觉得真的是不缺钱，想法也满天都是。中国缺的是有一个想法，并且能够持之以恒把这个想法不断坚持做下去的人"。最初的创业者也许脑海里有许多天马行空的创业想法，觉得这个也好，那个也好，犹豫不决，但是要知道，这样会

错失很多机会。千万不要轻易将注意力从一个目标转向另一个目标。一定要在全面考虑下，确定一个明确的目标，并咬着牙坚持走下去。有很多人的成功，都是在所有人都不理解时仍坚持不懈地做下去。记得有人说过，同样的一件事，你做一百次，一万次，那你就成功了。第三，要吃得了苦，耐得住寂寞，耐得住压力，懂得坚持。生活是公平的，哪怕吃了很多苦，只要你坚持下去，一定会有收获，即使最后失败了，你也获得了别人不具备的经历，就像之前流行的聚美优品创始人陈欧的广告词，"你只闻到我的香水，却没看到我的汗水"，不得不说，这个广告词把一个创业者的经历表现得淋漓尽致。现实中没有天上掉馅饼的好事，也没有不劳而获的成功。要知道，创业者切忌侥幸心理，要小聪明。有些困难是必须要经历的。史玉柱说过，"创业前，很多困难你都不会把它认为是困难，当它突然成为你的困难时，很多人会承受不了压力，就放弃了，这样的人一定是不能成功"。创业不是一帆风顺的，但是要坚持不放弃，要相信黎明总会到来。第四，要懂得团队合作。"全球风险投资之父"多里特说，"我更喜欢拥有二流创意的一流创业者和团队，而不是拥有一流创意的二流创业团队！"可见，创业团队是非常重要的。创业团队有较高的商业机会识别能力，团队内的信息分享机制也有利于团队成员对商机达成共同认知。并且可以提供满足企业发展的多样化人才资源，使得企业不会因为一个灵魂人物的退出而崩溃。一个完整的创业团队是获得风险投资支持的必备条件。而创建一个高成长企业和一个能够创造重要价值的企业，必须要有一个强有力的创业团队。现在的创业时代，不是个人英雄主义的时代，而是一个合作共赢的时代。懂得团队合作，会让你的创业之路平坦宽阔很多。总而言之，创业成功需要"天时、地利、人和"三因素的有效聚合。

其实，通过这门课程我学到的远远不止这些，它给我带来了很大的帮助。这些是我个人在学习创业基础课程后的一些感悟。我认为，我们大学生趁年轻，可以去试一下，去闯一下，去拼搏一下，创业经商并不是那么遥不可及，勇敢地迈出第一步，成功已经在向你招手！（撰稿人：政治与公共事务管理学院　法律文秘专业 2016 级　兰诚意）

### § 大学生创业也是一个不断探索的过程

通过学习创商培育与测评这门课程，我从中获得了很多知识，了解了创业的主要流程，让我对今后的创业有了更深刻的认识。

起初我以为学习这门课程会很简单，只要自己听了就应该能懂，结果发现并不是这样。通过学习我知道了更多解决这类事务的方法和技巧，也获得了不一样的知识，让自己的思维也不再那么抽象，懂得灵活运用的方法，实事求是。

还有一个大的收获就是团队的合作，要想取得成功，关键是要找准我们的角色和定位，并在团队中扮演我们适合的角色，分工合作，达成共同目标。明白创业是什么？对于大学生来说，创业有什么意义？我认为这是我们创业之初就面对的问题，然后根据我们所想的去付诸实践，不管成功与否，我们总会收获我们想要的。

创业是一项充满挑战的事情，一个具有创业愿望的大学生能否走上成功创业之路，与他是否相信自己可以在激烈的挑战和竞争中胜出的心态有着直接的关系。创业是大学生通过发现和识别商业机会，组织各种资源提供产品和服务，以创造价值的过程。创业活动的主体是大学生，客体是商业机会和各种为达到目的而需要和可以得到的资源。同时，大学生创业也是一个不断探索的过程，在这个过程中可能会遇到挫折和失败，所以大学生是否自信、能否在挫折和失败中重新振作，对于创业能否成功至关重要。

21 世纪是创新的世纪，是创造性人才竞争的世纪，创新能力是社会向大学生提出的时代要求，特别是对于工商管理专业的大学生而言，创新能力尤其重要，在实施大学教育过程中，加强对大学生创新能力的培养势在必行，其中，课程体系的设置是培养大学生创新能力过程中的重要一环，动态、模块化、具有相当柔性的课程体系的建立对于工商管理类大学生创新能力的培养有着重要的意义。

我认为培养大学生的创新精神和实践能力，是素质教育的重点。开展创业教育、培养创业型人才可以缓解当前大学生严峻的就业形势，提高大学生的综合素质。创商是人人向往的事情，但好多人出于自身原因而失败，所以说创商事业是留给有准备的人的。

大学生正确创业的方法有：转变择业观、树立正确的创业观；面向基层、树立正确服务意识；自我分析、合理定位、与同事多沟通。

在这门课程中我也明白了世界上没有完美的个人，只有完美的团队，要成功就不要有借口，态度决定一切，坚持等于成功，放弃者绝不会成功。创新性思维，是一种具有开创意义的思维活动，即开拓人类认识新领域，开创人类认识新成果的思维活动。

总之，大学生创业将会真正发挥我们自己的才华，是展现创新思想和个性特点以及充分认识社会的一个大好的机会。通过学习创商培育与测评这门课程，我对大学生创业有了不一样的看法。21 世纪是一个创新的世纪，未来社会迫切需要的是具有创新能力的人才。我们大学生作为高等教育的主体，作为社会向前发展的原动力，作为祖国未来的栋梁，必须与知识经济时代发展要求相适应，具有较强的创新创业能力。（撰稿人：音乐与舞蹈学院　舞蹈学本 2016 级 2 班　吴吉林）

§ 认知自我，确认目标，规划人生方向

我是一名专升本的大学生，很庆幸能有机会再次学习大学生职业生涯规划与就业指导这门课程，这能让我更深层次地认识自己，为自己的就业提供更好的方向，能更好地规划自己的未来。

一开始进入大学的时候，我就想简简单单、平平淡淡地度过这两年，但是随着时间的流逝，心慢慢沉淀下来，想想自己选择专升本时的踌躇满志，自己不是刚进入大一的十八九岁的新生，我们没有那么多的两年可以挥霍，所以我们更应该考虑就业问题，要学会找到自己的方向，规划自己的人生。

由于我是一名专升本的学生，对于以前学习过的课程或多或少会有一定的比较。在大专时老师主要让我们从网络求职视频中学习面试的技巧，通过讲述自己的优点与特长，让用人单位了解自己、录用自己。而本科的老师主要让我们学会如何更完美地制作求职信、个人简历及如何使用面试礼仪。各自有自己的侧重点，都是想让我们顺利找到工作。

首先，确定合理的就业目标和择业标准。合理的就业目标是指选择的职业要符合个人特点，符合社会需要，可以充分运用自己所学知识，发挥个人优势。如今大学生合理的就业目标主要包括两个方面：一是就业的主要目标，对于食品专业的学生，我们能选择的工作主要是食品公司、检验机构等相关的职位。二是就业的次要目标，是由社会职业结构的不断变化，相对应人才的需求随之变化来决定的。这要求我们学好专业知识的同时，根据自己的兴趣爱好，利用课余时间，通过自学途径，学习有关知识，培养能力，确定与自己兴趣爱好相一致的就业目标。

其次，要有身体素质、知识、能力和技能的准备。所谓机会总是留给有准备的人。对于准备就业的大学生来说，我们应该锻炼好身体和心理素质；对于想要选择的职位我们应该了解相应的知识、能力和技能。就业知识指从事某个专门职业或进行某种特殊活动所具备的知识，或者日常生活及一般活动所需要的普通常识。

而我认为正确的职业规划就是全面、深入、客观地分析和了解自己，要知道自己喜欢什么、对什么事情感兴趣，不能盲目喜欢，家人和朋友可以给你指导就业方向，但自己要有自己的判断，自己选择想从事的工作，自己主导着自己的就业道路。

学习这门课程之后，我学会了写介绍信、个人简历，掌握了一些面试技巧，明确知道自己今后想从事的工作。（撰稿人：农业与食品工程学院　食品科学与工程专业本142班　梁清梅）

**§ 学好大学生职业生涯规划与就业指导，为就业另辟蹊径**

进入大学校门的那一刻，带着各种幻想与憧憬，甚至有些懵懵懂懂，就连走路都有些不知所措，经过一个学年的学习、生活，我们也逐渐融入了所谓的大学生活。从当初的对专业未来的迷茫到现在的理解与努力，都是由于老师的讲释和学习了大学生职业生涯规划与就业指导这门课程，从而也对自己的人生目标逐渐清晰起来。

第一课就让我们对自己的职业有了了解，从而对自己的人生目标有规划、有自我认知的意识，明白自己应该做什么。为职业生涯规划奠定知识基础，才能掌握求职技巧和提升求职竞争力。这门课程让我明白了首先要了解自己所学专业与未来职业，对专业和职业有一定的认知。通过实践充实理论、掌握技能，了解当下的社会状况和就业形势。最重要的是要具备创新精神，让我在学习的过程中不断调整自己，对自己的人生有了正确的规划。

学好这门课程，首先要对这门课程足够重视和有足够的兴趣，再结合自身情况和专业，带着问题融入课堂，对号入座，课堂内容与专业相结合，想想自己未来的职业适不适合自己。当老师在课堂上谈到教师这个行业时，瞬间就提起了精神。就我个人而言，由于家里三代都是从事教育行业的人员，我自然而然会受到影响，所以对这方面也会比较关注。而老师也知道我们的心思，对教师行业包括特岗教师等都对我们做了讲解。我们对于老师上课讲的未来就业的相关内容也特别关心，如老师谈到职业待遇、福利等，这样也有助于我们多方面去了解除了自己的专业以外的事情。就我来说，相比所学的法律专业而言，我更倾向于教师这个职业，专业与就业不一定要对口，主要是看适不适合自己。

对于课程考核作业我也是根据自己的实际情况进行填写，这不仅仅是对这门课程负责，也是对自己负责。这也是一次对自我了解的过程，只有这样才会发现自己的不足和需要的是什么，从而去提升自己的才能。这也是这门课吸引我的一个地方，毕竟这是了解其他职业的一个窗口，老师通过以身边的人和事为例给我们介绍，我们本身也会更加明白自己适合什么样的就业方向，进一步估量内、外环境的优势和限制，在"衡外情，量己力"的情形下朝着那个方向去努力，去达到自己的目标。

"路漫漫其修远兮，吾将上下而求索"，工作、社会对于我而言都是陌生的，但又是近在咫尺的。未来的就业形势很严峻，要学会正确认识自身条件，审视自己、认识自己、了解自己，提高自身的专业素质和综合能力显得尤为重要。在我看来，作为一名大学生，可以充分利用校园环境及条件优势，认真学好专业知识，培养学习、工作和生活能力，全面提高个人综合素质，并为就业做准备。

我希望通过学习这门课程，能够认识到自身情况并制定适合自己的职业生涯规划，通过一定的实践环节培养自己的职业素质，从而来指导自己的路该怎么走，趁着在校学习的时间，尽量多学习知识来充实自己。而这门课程，正是要告诉我们需要向哪方面去努力，来摆正我的态度与道路。我能明确自己的目标，更加深入了解自己的专业和未来的职业。学到课堂上的真谛，也能增加自己对其他方面的了解。现实是多变的，制订的计划随时都有可能因为自己的一个念想而发生改变，我们要在未来的道路上保持清醒的头脑，提醒自己要振作。在失败中进取，在进取中前进，不断思考，不断前行。（撰稿人：政治与公共事务管理学院 法律文秘专业2016级 梁益梦）

### § 寻找择业与职业的契合点，促进个人生涯发展

面对当前越来越严峻的大学生就业形势，我们学习大学生职业生涯规划与就业指导这门课程很有必要，为以后我们可以在竞争日益激烈的社会中立足做好准备。

学习这门课程，老师首先让我们清晰地认识当前的大学生就业形势，给我们看了一些有关近几年大学生就业的统计表，通过老师的讲解和看统计图，我们也初步了解了就业形势的严峻，老师讲解如何了解自己的兴趣爱好，以便我们更早地认识自己喜欢的就业方向，老师结合我们的专业并联系实际，让我们了解了许多关于就业的内容。

我认为这门课程主要是针对大学生比较系统地关于择业、就业思想和技巧的教育。通过对本课程的学习，帮助我们把握目前就业市场的需求形势和国家、各省市有关大学生就业的制度和政策，确实把握好每一项政策，按照社会的需求调整好就业心理，树立正确的就业观念和就业取向，了解大学生就业程序，把握一定的就业技巧以保证毕业后能够顺利就业。

作为即将大二的我们，要有准备就业的意识，努力学习专业知识和提高各方面的能力，加强道德和思想品德修养。在学习这门课程的过程中，老师常常举例让我们学习，课堂氛围活跃，老师提出了许多关于就业方面的问题，让我们受益良多，同时我们也填写了一些调查问卷，我们了解了自己的就业观念，对自己感兴趣的工作类型有了初步的认识。通过完成老师布置的作业，我们模拟写创业方案，形势与政策作业让我们初步模拟接触真正的方案撰写，通过网上查阅资料，我们也认真地完成了老师的作业。对于就业的形势，我们也只是有了理论上的了解，踏入社会才会真正体验，我们应时刻做好准备，为今后的就业做好准备。

一个人社会贡献的大小、生活方式的选择及发展与成才，在很大程度上取决于他的职业。一个人的职业，在相当大的程度上决定了他对生活方式的选择，决定了他发展与成才及对社会贡献的大小。择业是人生关键性的问题之一，它直接影响到个人的前途和发展，如果处理不好，将在人生的道路上出现波折。因此，职业的选择，是对未来发展成才道路的选择。人的一生绝大部分精力用在工作上，如果所从事的职业与自己的兴趣相投，与自己的能力相符，就会乐此不疲，不断努力，奋发成才，在职业实践中实现自己的价值；如果对自己所从事的职业不感兴趣，工作就不可能安心，更谈不上事业的发展和个人的成就。所以这门课程，首先是教我们了解自己的兴趣，对今后的择业起了很大的作用。其次作为大学毕

业的我们，对社会涉足不深，许多方面都不了解，对国情和社会缺乏深刻的了解与认识，对自己究竟适合什么工作缺乏客观、科学的分析和判断。所以我们应该在学校多学习理论知识。

总的来说，学习这门课程受益良多，有老师的精彩讲解，还有同学提出了许多有趣的问题，相信在老师的指导下，我们在毕业时能够找到自己喜欢的工作。

（撰稿人：数学与统计学院　数学与应用数学专业本科163班　周黎彬）

### § 学习大学生职业生涯规划与就业指导，为就业排忧解惑

学习了大学生职业生涯规划与就业指导这门课程，我认为很有用，很贴近实际。老师上课讲的内容都是我们正在面临或即将面临的，在上课的过程中就可以解决一些困惑，主要有以下几个方面。

第一，更好地了解自己和认识自己所学的专业。一个真正认识自我的人，才具有掌握命运的能力。明确自己的需要，合理地评价自己才会给自我发展带来良好的机遇。这门课程学完之后，我重新地审视了一下自己：我为什么要来读大学，为什么要读小学教育这个专业。同时更加明确了自己在大学期间该做什么，以后要做什么，我该怎么做才能达到这一目标。我的专业是小学教育，它面向的就是小学，而我的目标就比较明确了，如果不出意外的话应该就是小学老师了，那我在大学期间要保证不挂科，而且把教师资格证、普通话、大学英语B级和计算机等级等考试通过，这是我这个专业最基本的要求。但我又不仅想学好自己的专业课，在保证本专业学好的情况下，我还想多学习一些其他的东西，除了老师，还可以有其他的选择。现在的就业形势是严峻的，多掌握一些技能，相比其他人就可以多一点选择和多一点优势，这样就可以在竞争同一岗位时多一点胜算。

第二，更好地规划自己的大学生活。大学生正处于人生中最重要的学习成长阶段，面临着人生的职业选择和职业发展，有一个好的计划，有利于目标的实现。例如，我需要考证书，那我要在什么时候考完，先考哪一个好。这些都需要有计划地去实现。不能随波逐流，其他人报考也急忙跟着报考，结果其他人是准备好才报考的，而自己因为没有准备好，最后只能是重新考。学完这门课程，我明白了制订一个计划的重要性，所以我根据我的实际情况制订了一个比较详细的计划，把我大学三年该做的事列出来，并且写上完成的日期。这样使得我的大学生活过得十分充实，也有利于我的目标可以更好地实现。

第三，了解了就业的准备。工欲善其事必先利其器，机会是留给有准备的人的，成功就是体现在细节上。因此，一些必要的准备还是十分有必要的，如就业准备事项、信息的收集、求职的途径等。如果你有了准备，在即将毕业的时候你就不会手忙脚乱的。比起那些没有准备的人，你又多了一些优势。

第四，就业心理调适。面对严峻的就业形势和激烈的人才市场竞争，在大学

毕业之后，我将面临的就是对未来生活与事业的重要抉择等，还要适应从学生到求职者的角色转变。就业心理的调适能力成为影响顺利就业的一个非常重要的因素。所以，有一个良好的就业心态十分重要，可以让你冷静地面对就业，做出正确的判断，从而找到适合自己的职业。这门课程介绍了很多关于这方面的知识，而且十分详细，对于我来说很有帮助。

总的来说，现在的我对于很多东西都是似懂非懂的状态，特别希望自己能够了解很多对自己有用的东西，但又不知道要去看什么或从哪个方面了解。因此十分迷茫，但是学了这门课程之后就解决了一部分困惑。其实，刚开始看到有这门课程我十分不解：为什么我们在大一就要学这门课呢？要学应该也是在大二吧，就业离我们还很远呢。学了这门课程之后我才发现，原来已经不远了，时间过得很快，一转眼就已经大二了。因为在大一制订了详细的计划，所以在大二的时候就可以按照计划进行，完成该完成的事情。还有更重要的一点是，因为在大一就学了这门课程，眼光就会变得长远，开始了解关于就业的一些信息，那么在毕业之后就可以多一些把握。这门课程很有意义，我很庆幸我学了这门课程，它让我变成一个有计划且有了明确目标的人，让我在就业的时候可以多一些优势，用良好的心态面对严峻的就业形势。（撰稿人：教育科学学院 小学教育 2016 级 翁鸿姿）

## （二）"专业+" 创新创业理论学习学生的体会与感悟

在 "D-TSO" 模式的运行中，二级学院开展 "专业+" 创新创业理论学习，这里选取其中八位同学在 "专业+" 创新创业理论学习中的体会与感悟。

### § 数学建模点燃思维火花

我原本对数学模型是没有一个具体概念的，一开始听说数学建模，我单纯地以为它仅仅是一门普通的学科，但是，当我真正去学习数学模型的时候，我才发现，原来数学建模涵盖的范围是如此的广泛，大到一个科学性的航空大型模型，小到一个简单的一次函数公式，都是数学模型。通过数学建模的学习，纠正了以往我对模型的狭隘理解。

教材中有很多相应的例子，直观模型就是指那些供展览用的实物模型，包括玩具照片等，通常是把原物按照比例缩小或者放大，主要追求外观上的逼真；再者就是物理模型，物理模型主要是指科技工作者为了一定的目的，根据相似原理构造的模型，它不仅可以显示原型的外形或者某种特征，而且可以用来进行模拟实验，间接性地研究原型的某些规律；另外教材中说的符号也是一种模型，像我们学习数学时的数字公式、字母、线条等都是按照一定形式组合起来的描述模型，还有我们常见的地图、电路图、化学结构式等都是模型。由此可见，模型确实涵盖很广。

人们通常说，计划的制订比计划本身更为重要。而数学建模就是在做事情之前的一个规划。建立模型可以解决很多简单乃至复杂的实际问题，唯有事先制订好充分得当的计划，也就是事先做好实际问题的数学模型，才能使我们在解决问题时能够达到一个事半功倍的效果，而且建立模型本身就是一个创新发现。解决生活中的问题，一切尽在掌握之中，事先都有明确的预测等，这些都是建立模型之后对实际问题的一个准确的预测，这样就让我们很直观地看到解决问题的过程，并通过模型反映出来的情况去找到解决问题的方法。

正如夏老师在讲课时说的，"有时候一个数学模型并不一定很复杂，但是它能够解决很多实际问题"。他还开玩笑说，只要你脑子足够灵活，懂得去发现，那么，就算你的专业水平不算太高，你也能够成为数学家。

其实只要认真听课都不难发现，我们都只是在学习前人建立的数学模型，而全国大学生数学建模大赛所要解决的建模问题可以说是沿用前人的模型。需要指出的是，在解决实际的问题时，我们要斟酌考虑需要用哪个模型才能解决相应的问题。例如，针对传染病蔓延之类的问题，需要预测传染病的传播速度及防范措施的时候，就需要用到微分方程模型，类似的可以扩展到利用这个模型去解决指数增长类的实际问题；利用层次分析模型可以解决宜居城市、去哪里旅游更好之类的决策问题，还可以拓展为评价一个国家的综合国力等，这些都是模型给我们带来的便利。不过，我们的生活中也有很多尚未解决的问题，这就需要我们去探寻发现，建立相关的模型去解决亟待解决的问题。

通过对数学模型这门课程的学习，我懂得了数学的神奇与强大，也意识到数学确实像老师所说的还有很大的发展潜能。希望我能够在数学这条大道上找到我的立足点，发展和完善数学这幢科学金字塔。（撰稿人：数学与统计学院　数学与应用数学专业 2015 级 1 班　苏银光）

### § 数学建模给了我很多

每年的"全国大学生数学建模竞赛"是我们数学专业的一个比较重要的比赛，更是我们学校推行的创新创业教育"D-TSO"模式的重要环节，老师和学生都非常重视。

我认为数学建模这门课程是数学与计算机技术相结合，是对人们现实生活中遇到的一些实际问题的假设，根据假设利用计算机软件来解答，从而得出解决问题的最佳答案。在我看来，开设和学习这门课程是非常有必要的，它培养了我们利用数学与计算机结合来分析解决问题的能力。

刚开始接触到这门课程时，总感觉太深奥，但随着接触时间的增加，慢慢地发现学习这门课程很有趣，而且对于我们的想象力，考虑问题的多面性，对问题的假设，都有一定的提高。九月就有"全国大学生数学建模竞赛"，我觉得机会很难得，很想参加这种比赛，不断提升自己。

学习了数学建模这门课程，我的感触很多，它所教给我的不单是一些数学方面的知识，更多的是对综合能力的培养、锻炼与提高。它培养了我们全面、多角度考虑问题的能力，使我们的逻辑推理能力和量化分析能力得到很好的锻炼和提高。更重要的是培养了我们的意志力，这学期老师给我们布置写论文的作业，在写论文过程中，需要我们有很强的意志力。因为在这个过程中，我们会遇到一些烦琐的问题，需要查资料，从而一步一步地解决这些烦琐的问题，所以学习这门课程受益良多。（撰稿人：数学与统计学院 数学与应用数学专业 2015 级 1 班 黄艳萍）

### § 数学建模打开我的思维

很快一个学期就过去了，数学建模这门课程也结束了，一开始很不熟悉，但是经过学习，慢慢地感受到了它的奥妙。数学模型不同于纯粹的数学，它可以描述为：对于现实世界的一个特定对象，为了达到一个特定目的，根据特有的内在规律，做出一些必要的简化假设，运用适当的数学工具，得到的一个数学结构。

在学习这门课程的时候，上课认真听老师讲课很有必要，但是进步最大的是需要独立完成一次作业，只有在实际操作中，才能真切体会到"纸上得来终觉浅"。一般来说，数学建模的基本方法大体上可以分为机理分析和测试分析两种，机理分析是根据对客观事物特性的认识，找出反应内部机理的数量规律，建立的模型常有明确的物理或现实意义；测试分析是将研究对象看作一个"黑箱"系统，通过对系统输入、输出数据的测量和统计分析，按照一定的准则找出与数据拟合得最好的模型。我们课程上所学习的数学建模主要指机理分析。

建模要经过的步骤并没有一定的模式，但通常与问题性质、建模目的等有关，机理分析方法建模的一般过程有以下几个方面。

模型准备。了解问题的实际背景，明确建模目的，搜集必要的信息，尽量弄清对象的主要特征，形成一个比较清晰的问题，这一步很重要，为后面问题的解决打下良好基础。

模型假设。根据对象的特征和建模目的，抓住问题的本质，忽略次要因素，做出必要的、合理的假设，这一步有点困难。如果假设做得不合理或太简单，会导致模型错误；如果假设做得过分详细，试图把复杂对象的众多因素都考虑进去，会对下一步的工作造成困难。因此，要清楚地认识问题的内在规律和对现象数据的分析，以及两者的综合，判断力、洞察力在模型建设中起着重要作用。

模型建立。根据所做的假设，用数学的语言、符号描述对象的内在规律，建立包含常量、变量等的数学模型。

模型求解。一般采用解方程、优化方法、统计分析等各种数学方法，特别是数学软件和计算机技术，因此，学会使用一两个软件是很有必要的。

模型分析。对模型结果进行数学上的分析，主要有结果的误差分析、统计分析、模型对数据的灵敏性分析等，在数学软件上基本可以完成。

模型检验。把求解和分析结果带回到实际问题，与实际现象、数据比较，检验模型的合理性和适用性。

当然，还有一些别的过程，但总体来讲，这些过程是必不可少的。因此，数学建模是一个探讨的过程，也是一种不错的学习方式。通过这种方式，可以增加学生的兴趣和提高学生的能力。另外，数学建模还培养了一种重要的精神——合作精神。在全国数学建模大赛中，团队精神是数学建模是否取得好成绩的最重要的因素，队伍里要相互支持，相互鼓励。数学好的同学建模，计算机好的同学编程，写作好的同学负责论文写作，同时也注重交流合作，很多时候，一个人的思考是不全面的，只有大家一起讨论才有可能把问题搞清楚。

数学建模在学习中很重要，它是把一个具体的实际问题转化为一个数学问题，然后用数学方法去解决它，之后再把它放回到实际当中去，用模型解释现实生活中的种种现象和规律。一般问题来源于我们的日常生活和现实当中，了解和经历解决实际问题的过程，并且根据我们已有的经验发现要提出的问题。同时，我们可以在这一过程中感受数学的实用价值和获得良好的情感体验。当然我们在这样的过程当中要学会尝试，通过查询资料等手段来获取信息，之后采取各种合作的方式解决问题，提高与人交流的能力。（撰稿人：数学与统计学院　数学与应用数学专业 2015 级 2 班　黄珍秒）

## § 成功都是留给有准备的人

VI（visual identity，视觉识别）是涵盖范围比较大的设计门类。它的设计可以分为三个部分，即基础部分、应用部分、环境部分。其中基础部分分为标志部分、标准字和吉祥物及延展图形等；应用部分分为办公系统、服装鞋帽、车体和公共媒体，公共媒体又可分为报纸、杂志、电视电影、网络广告等；环境部分分为小型、中型和大型等。

学习 VI 的过程中，我学到了很多，通过这门课程的系统学习，我知道了自己还有很多地方要不断地去学习，为了使自己能够学习得更加透彻，我不断丰富自己的 VI 知识，让自己更加了解 VI。设计要把握好自己的最佳状态，随时都能从生活当中找到灵感来源。抓住能在脑中一闪而过的任何亮点，记录下生活中不同的事物，积累和储存它们，这就是在积累和充实创作空间，储存艺术生命。

记得第一周上课的时候，老师给我们讲了许多基础知识，一开始还懵懵懂懂，不知道它真正的用途是什么，我只是一味地去模仿，并没有去动脑筋问为什么，就这样一个星期过去了，到了第二周老师让我们做一个和自己名字有关的 VI 设计。我按照自己的爱好去选择，一开始我只僵硬地去网上找资料临摹，我选择了一个离自己的生活比较近，看得见，摸得着的，所以就着手做了和自己名字有关的 VI 设计。还记得那天老师带我去综合大楼拍了许多照片，但是，到了第三周出于很多原因，没有继续下去，就转手开始做另一个方案，最后是以小组的形式开展的。我们一开始都还非常的积极，都比较用心去查资料。就这样一直做着，每天都拿方案给老师看。记得刚开始的时候，不知道是为什么一直都没有进入状态，所以想创意特别累，真的是有一种要死要活的感受，我不知道大家有没有这种感觉。其实做设计就像做人一样重要，从做设计的过程中，我体会到了很多人生感悟，只有你亲自去经历过才会知道酸甜苦辣，所以过程也很重要。我现在处在设计的边缘，不断寻觅，不断徘徊，不断去寻找设计，设计就是生活的另一半。在学习的过程中，既有快乐又有痛苦，有时候不知道该如何选择，不知道什么时候选择放弃，也不知道什么时候选择坚持，每一次决定都有可能改变一个人或者是某些事物，所以每一次我们都要慎重地做决定，也是对自己、对设计的一种责任。无论在生活中、工作中还是学习中，不管做什么，我们首先要学会做人，做人是非常重要的，虽然每次老师看自己的创意都不是很满意，但是我仍然坚持自己的梦想，不断努力向前，相信有一天我自己的创意一定会得到老师的认同。当然在学习的过程中总会有这样或那样的挫折和困难，不过在接受老师教导和自己反省之后，我学会了很多，以后不管做什么事情，不管遇到什么挫折，我都不会轻易夹杂自己的冲动情绪，不管前面给我设下什么关卡，我都会一步一步往前走，每一步都扎扎实实地走，同时我也相信自己只要每步都走稳了，成功一定离我不远，俗话说"成功都是留给有准备的人的"，相信自己越努力，越幸运。

在 VI 设计这门课程中，我最喜欢的部分是 VI 基础部分的标志部分、标准字和吉祥物及延展图形，每当我做这些的时候，时间都过得飞快。在这里我想对自己说，同时也对志同道合的朋友们说，学习 VI 的过程中我们会遇到很多困难，刚开始我们只会模仿，但是我们要在模仿的过程中多想想为什么，如果是你做，你会怎么做，模仿并吸取经验，一步一步成为自己的创意。

每当我在落笔前要先酝酿一下自己的感觉，充实灵感；要做到一气呵成，收笔时心胸开阔，就是一种发泄，强烈地把自己想象的表现出来，我管这叫"抓住灵感"。想好创意动笔时就如行云流水一般顺畅。怕丢失就要抓住它，那是灵感也是财富。我会先想一下起伏澎湃的海浪，再想想翻滚变化的云层，笔触在海浪间澎湃，灵感一跃翻涌而出在云层中隐现，这些东西要不及时表达于笔尖就会被遗忘。画时不要在乎纸在哪里，只在乎及时表达，这样才能做到心胸开阔。要保持住绘画心态，我认为这一点很重要，以自己的方式抓住灵感，充实绘画激情！

VI 设计如何开始取决于你的主题是什么，想表达什么。你可以赋予它们生命，创造一个自己的世界。每个人都有自己表达的方式，只是有时候自己没有认识到而已。不要看别人，世界属于你。在绘画创作时，你可以有风格，不是非要画得如何写实如何细腻才叫好。同样的方式也有许多方法去表达，不要把想象局限在纸上。天空和大地都属于自己，周围能感触到的一切，都是可以联想的财富，要开发的素材，不要被空间束缚。灵感需要用感觉去充实它，VI 设计灵感就来源于一种瞬间的感觉。灵感一闪而来，要不能及时抓住它，它又一闪而过。

如今，我充分利用课堂上的知识创办了自己的广告公司——百色市东创广告文化传媒有限公司，老师讲解的知识对我帮助很大，感谢老师的培养和付出，今后我会更加努力，回报老师，回报母校。（撰稿人：美术与设计学院 视觉传达本2014级 徐旭东）

### § 一步一个脚印，踏踏实实努力做好每一件事

通过学习室内设计这门课程，我深刻地体会到它的多面性，在我们掌握这门学科的专业知识的同时，还要学习很多其他方面的知识。个人认为，室内设计在宏观上是疯狂的泼墨，而在微观上则是精致的篆刻。在设计方面等同于量体裁衣，在运用专业知识的同时更要尊重客户的需求，服务客户。

学院举办"盛嘉杯"室内设计大赛，通过校企合作，把学校与企业联系起来，让我们把在校学习的专业知识与实际生活相结合，让我们提前与社会接轨，让我们毕业后可以更快地融入社会，不至于毕业后只懂得理论上的知识，生活上的一无所知。通过这个比赛让我懂得了室内设计这个专业，不是简简单单的一个人的事情，而是处处体现了团队精神，很多事情一个人是完成不了的，需要与他人的密切配合才可以完成；它是一件需要坚持不懈的事情，方案不是一遍就能做好的，而是需要在不断制订新的设计方案的同时，不断推翻改进，才能使一个方案呈现出最佳状态。这次很高兴获得第三名，比赛让我知道，我的设计还存在不足之处，也让我学习到很多东西，同时让我知道在设计这条路上还有很远的路要走。不管设计这条路有多么的艰辛，我相信我会通过努力一直坚持下去。室内设计更新特别快，需要我们多出去走走看看，学习别人的优秀成果，观赏一些自然特色地理风貌，吸收一些好的创意与想法，结合生活实际加以改造，创造出属于自己的特色，不能一味地待在学校，读万卷书不如行万里路，不出去走走看看怎么能有好的创作。

推陈出新的设计应具有强烈时代感，应当是过去没有的，划时代的，或新鲜的、新奇的东西。我们不能要求所有作品都是新奇的，这也是不可能的。但必须跟随时间的步伐，做到设计有新意、有创意。照抄照搬，标签式的创作方法，就是把过去的东西重复做一遍，不仅没有创意，而且是脱离现实生活的，因为任何

艺术形式都是直接反映现实生活的。

未来的我要一步一个脚印,踏踏实实努力做好每一件事,把自己埋在土里,努力吸收养分,静待破土开花的那天。我会再接再厉,努力学习,在未来的道路上做出更好的设计作品。(撰稿人:美术与设计学院 环境设计本2014级 陈鑫)

### § 创业是一种磨炼,一种挑战人生、成就梦想的磨炼

随着我国高校的改革扩招,大学生毕业人数逐年增加,毕业大学生面临着越来越大的就业压力,就业形势日趋严峻。因此,引导、支持大学生通过创业实现就业成为各地高校的重点关注问题,地方政府也鼓励创业,不仅给更多的劳动者更广的发展空间,为社会创造更多的就业岗位,而且有利于实现个人价值,提高个人的自信心,推动社会的进步与经济的发展。为了提高我们的创新创业能力,学院开设了农业创业理论与实践课程,结合理论与实际,注重培养学生创业的综合能力。

通过课程学习,我认识到我国政府对"三农"问题的重视,了解了我国农业的现状和农业产业所面临的重大挑战。长期以来,我国是农业大国而不是真正意义上的农业强国,其中一个主要原因就是农业技术型人才的缺失。解决这一现状的根本途径,除了依靠国家对农业基础设施和科技的投入,还要依靠高等农业院校培养农学相关专业大学生的创新意识和创业能力,为农业产业的可持续健康发展提供生力军,从而不断加快农业产业的科技发展步伐。因此高等农业院校开展农业创新创业教育有着深远而重大的意义。

在课堂上,老师先是以深入浅出的方式告诉我们什么是创业及创业的实质意义,我学习到了创业是一种精神,一种百折不挠、顽强拼搏的精神;创业是一种品质,一种团结协作、胸怀天下的品质;创业更是一种磨炼,一种挑战人生、成就梦想的磨炼。任何一个行业,包括还不能算是一个行业的创业,越往深里走,道路就越艰辛——做什么事情都不可能轻轻松松的成功。接着向我们讲述了创办企业需要考虑的诸多因素,要是没有这门课程,我真的不会考虑这么全面。此外,我还了解到创办一个企业需要承担的责任和义务,以及创办一个企业所需要经过的法律程序。创业还需要社会经验和处理人际关系的能力,以及良好的心理承受能力和风险意识。

除了创业理论知识,老师还结合实际,让我们以小组为单位,用开放的思维去思考,各个团队创立什么企业、如何进行市场分析、如何管理创业团队、如何充分发挥我们的专业优势、采取什么营销策略等。通过这次课程的学习,我认为市场的目标定位非常重要,这决定着公司未来的经营。创业是一个漫长的过程,而且需要一个创业者有经得住失败考验的强大心理和持之以恒的决心,这一点我们可以在那些创业的成功者身上看到,他们的成功从来不是一蹴而就的,他们步

步为营，坚持不懈，一步一个脚印，才取得成功！

　　作为大学生，我们创业还面临着许多的挑战，需要我们一步步地去战胜。这次的创业只是模拟公司，但我发现里面有好多不可预测的困难，同时，在实训过程中也发现了自己的不足。虽然目前自己关于创立公司的想法还不是很多，但是这次课程的学习让我受益匪浅，学习到了更多的知识，提高了自己的眼界。以后，我将更努力、认真、刻苦的学习，以这种态度来提高自己的能力、完善自己，创造一个属于自己的明天！（撰稿人：农业与食品科学学院　设施农业科学与工程本2014级　孔春雨）

### § 在创新的道路上，要有坚强的创新毅力

　　通过参加生物技术创新理论与实践课程的学习，我获益颇多。从确定项目立意点，到撰写项目申请书；从立项审查到确定研究方案与寻找创新点；从制订详细的实施计划，到项目的具体研究，一路走来，我开始了解了之前离我们遥远的科研工作，我从中学到了严谨的科研态度、坚忍不拔的钻研精神、敢于创新的实践勇气。历经了近两年时间的查阅资料、数据采集、模型构建和刻苦钻研，我学到了很多我所感兴趣的、对我学习生活很有用的东西。这是一次难得的经历，一次让我得到锻炼、得到成长的经历，作为当代朝气蓬勃的大学生，我们不仅要努力学习，而且要懂得去思考问题、解决问题。

　　在项目初期，由于知识方面的欠缺，我们进度较慢。通过询问指导老师、及时调整方案，学习相关知识，在此过程中我理解到科研最重要的是要抓住项目所要研究的主要问题，再对研究方案做出合乎实际的设计，最后才能取得预期成果。

　　通过这门课程的学习，我懂得了敢于创新的精神。既要有创新的想法，也要有创新的方法，还要具备创新的毅力。在落实创新的道路上，要有很强的创新毅力和创新信念，可以说创新的激情，大家都有，但是创新的过程是艰辛的，创新是寂寞的。在创新的过程中，我们可能会遇到很多挫折、很多困难，需要处理许多事情，涉及方方面面、大大小小的问题。面对这些，我们必须要有坚强的毅力和信念，我们要不怕烦琐，不畏艰难，一步一步地走下去，才能成功，也可以说，只要我们能耐得住寂寞，能坚持一丝不苟地做事，认认真真地做人，在创新的道路上抓住一切锻炼自己的机会，就会一步一步地走向成功。想要创新必须具备很强的创新素质和创新毅力，有不怕吃苦、不怕累的创新精神和不怕失败、勇于实践的创新信念，只有这样才能取得成功。因此，对于现在的大学生来说，勤奋和坚持是必不可少的。四年的大学生活中，我们要时刻保持对生活的期待与热情，对周围事物的好奇心，培养自己的创新意识，再从实践中获得培养自己创新能力的机会。

　　要关注国家政策，抓住机遇。有了创新想法、方法和信念的同时，我们应及

时了解党中央、国务院及各级政府出台的鼓励创新的政策，我们应该积极学好政策，积极争取上级支持，为我们创新成功争取有力的支持。作为大学生，创新这条路对我们来说不仅仅只是为了响应党的号召，也是我们锻炼自己，实现自我价值的一条充满挑战的道路，让自己的青春充满奋斗和拼搏的印迹，我们更需要把成功看成一次旅行，努力看到更多美丽的风景。（撰稿人：农业与食品科学学院生物技术专业本 2014 级 2 班　宁珊）

### § 果蔬加工工艺学：我懂得了更多

果蔬加工工艺学作为食品专业创新创业课程，是根据百色丰富的农产品资源需求而开设的。学院通过果蔬加工实验课，以提高学生的学习兴趣、提高果蔬加工综合能力为出发点，开设了多种果蔬加工工艺试验。

传统的果蔬加工方法，如干制、腌制、罐装等，已难以满足消费者需求和提高企业效益，"高效、优质、环保"的果蔬加工方式已经成为新的趋势。国内外果蔬加工趋势主要有功能型果蔬制品、鲜切果蔬、脱水果蔬、谷-菜复合食品、果蔬功能成分的提取、果蔬汁的加工、果蔬综合利用等。

功能型果蔬制品：复合保健浆果粉、营养酸橙粉、干燥李子酱、果蔬提取物补充剂、天然番茄复合物、水果低热量甜味料等为代表的功能型果蔬制品。营养酸橙粉用于木瓜、杧果、桃、油桃、浆果类、甜樱桃等各种水果加工品的风味强化和减少褐变反应。此外还可以添加在色拉调味汁、调味液、加味酒、香辣料、糕点、甜食和饮料生产中。

鲜切果蔬：鲜切果蔬又称为果蔬的最少加工，指新鲜蔬菜和水果原料经清洗、修整、鲜切等工序，最后用塑料薄膜袋或以塑料托盘盛装外覆塑料膜包装，供消费者立即食用的一种新型果蔬加工产品。不对果蔬产品进行热加工处理，只适当采用去皮、切割、修整等处理，果蔬仍为活体，能进行呼吸作用，具有新鲜、方便、可 100% 食用的特点。因为鲜切果蔬具有新鲜、营养、卫生和使用方便等特点，在国内外深受消费者的喜爱，已被广泛用于胡萝卜、生菜、圆白菜、韭菜、芹菜、马铃薯、苹果、梨、桃、草莓、菠菜等果蔬加工。与速冻果蔬产品及脱水果蔬产品相比，更能有效保持果蔬产品的新鲜质地和营养价值，食用更方便，生产成本更低。

通过传统果蔬加工与新型果蔬加工的比较，新型果蔬加工更适应现代人对健康饮食的要求。其中果干的制作，试验中采用新型的加工方式，而不是传统的晾晒，或者单纯的热风烘干，为保持果蔬的维生素营养价值，采用冻干与其他烘干方式结合，并计算能耗，达到成本低、加工时间短、产品最大限度保留营养价值的目的。

通过创新创业实践课程的学习，我懂得了如何设计实验、处理数据、综合应用物理化学知识，如何在实验失败的基础上改进实验。因此，这门课程不仅可以学习专业知识，还提高了分析问题、解决问题的能力。（撰稿人：农业与食品科学学院　食品科学与工程本 2014 级 2 班　兰梦雪）

## 二、模拟训练学生的体会与感悟

在 "D-TSO" 模式的运行中，2017 年全校 17 000 多位同学参与到理论学习环节，根据学生的兴趣和志趣，在模拟训练环节中有 11 300 多位同学参与。这些同学获得了很大的收获和进步，这里特别展示了其中 26 位同学（团队）的体会或感悟。

（一）"互联网+" 训练学生的体会与感悟

### § 师生共筑，创新 "萤火虫"

我们团队参加了第三届大学生 "互联网+" 创新创业大赛。我们团队的项目是 "萤火虫" 公益机构，主要是致力于 "防艾" 教育工作，在我们团队成员的通力合作下克服重重困难，披荆斩棘，在校赛中脱颖而出，获得了金奖，顺利地进入了区赛现场赛，并且在学校老师的帮助下，我们团队获得了区赛银奖。接下来，我就分享一下我的参赛心得体会。

学校大力宣传大学生 "互联网+" 创新创业大赛，我们团队积极响应学校的号召，团队成员在第一时间依据之前调研过的项目初步讨论出参赛项目的框架，在后续的讨论及老师的指导下，我们得出了参加校决赛的计划书及路演 PPT。在校赛的决赛时，我们的项目得到了评委老师的一致肯定，最后得到了校赛金奖。当时，团队成员很激动，但不是因为获得了校赛金奖，而是因为在场的学校领导、评委老师对我们的肯定，他们的肯定不仅是对我们团队成员能力的肯定，更是对我们项目的肯定与支持。所以我们很振奋，就像是曙光，一股很强的力量，让我们有信心，坚信我们的项目是可以实施的，并能很好地服务大众。

在校赛结束后，学校开始推选区赛项目的工作，在校赛承办学院的指导下，我们开始了区赛资料的准备阶段。团队成员根据在校决赛上评委老师的建议及指导老师的建议，进一步修改项目计划书，并上传到大赛官网。

在 2017 年 7 月中旬，令人意外的消息传来了，我们团队是学校唯一一个进入了区赛现场赛的团队。当我们得知这个消息的时候，我们的心情已经是不能用语言表达的那种喜悦，想想都觉得不可思议。在喜悦之时，我们开始忙碌地修改计划，不断地完善有关项目的所有材料。在刚得知我们团队加入区赛现场赛消息的那个晚上，我们就接到创新创业学院老师的电话，老师告诉我们一些关于大赛的信息，告诉我们关于项目的一些建议，并且在百忙之中抽出时间和我们当面讨论修改项目计划方案，学校还安排我们去参加为期两天的大学生"互联网+"创新创业大赛的培训会，这些都可以看出学校对创新创业的重视和支持，我们很感谢学校对我们项目的支持以及对我们的帮助。

在区赛开始的前三天，学校就组织我们住进酒店进行集中培训。在集中培训期间，我们和老师面对面讨论，把项目计划书、路演PPT不断完善，并训练PPT主讲人的讲解时间，对项目答辩主讲人进行答辩指导并进行现场模拟赛。在这一过程中，我们的成员都深深地被老师们的专业性折服，老师们的指导都凸显了学校在创新创业教育上的专业及重视。

在学校老师的指导下，我们获得了区赛银奖，虽然有点可惜，但是我们还是觉得很值得，因为我们团队提出了很多人没做并且不敢做的，但是形势很严峻的"防艾"教育问题，我认为在这一点上我们就赢了，而且参加这次大赛对于我们来说也是一次很宝贵的经历，希望以后还能有机会参加大学生创新创业类大赛。

（撰稿人：管理科学与工程学院　工程造价专业本2013级2班　赵明洁）

### § 汲取经验教训，磨炼创新创业技能

第三届全国"互联网+"大赛广西赛区赛事在2017年8月9日顺利闭幕，尽管只是区赛的入围奖，但回顾走过的路，可谓是收获良多。在李克强总理"大众创业、万众创新"的倡导下，入学两年的我在学校的创新创业通识课程中接触到了一个新世界，它就像是哥伦布发现新大陆一样让我着了迷，我感觉我终于找到了感兴趣的方向。一个偶然的机会，我接触到了创新创业学院，认识了很多想创业和正在创业的同学，不同思维的碰撞，让我对创新创业有了新的理解和想法，在兴趣的引领下，我不断地汲取知识。学校经常会邀请一些成功的企业家，研究创新创业的讲师、导师到学校开讲座，而我几乎没有缺席，并且学到了如何辨识商机，以及创业最基础的创业计划书该怎样写，项目如何讲解才能吸引投资人、评委的眼球，创新投资人的关注点在哪里等知识。这些活动让我知道从想法到真正实施项目是一段非常漫长又坎坷的经历。同时学校还举办各种创新创业比赛、进行项目孵化等，让我学习的知识得到了延伸，正是这些校级的比赛，奠定了我的基础，让我的基础知识得到了巩固，也认识到自己的不足。而在此次的比赛中，不管结果如何，它都使我进步，让我认识到我和别人的差距和努力的方向。在这次的比赛中，我犯的错误主要有以下几个方面：一是团队协作不够，在这次的计划书写作中，我没有征集团队意见，自己一个人完成，造成了计划书里的技术层面知识单薄，结构单一，解决方法创意不足；二是调查不充分，二手资料利用不

足，在上交了计划书后才开始查二手资料，而一手资料调查也不足，造成了真假需求分不清，不了解真正的消费者需求；三是没有从实际出发，创意来源于个人，以偏概全。面对不足就应该改进，我会认真观察周边，分析市场需求，同时也不忘汲取理论知识，奠定基础。我想我会成为自己喜欢的样子，那就是努力的理由，坚持的源泉。同时也期待学校能够提供更多的创新创业培训和实战的机会，让百色学院的创新创业普及每一个学生。在这个极速变化的世界，只有不断奔跑才不会被淘汰，我期待能与更多的同学并肩作战，一起进步。（撰稿人：工商管理学院市场营销专业本 2015 级 1 班　黄榕华）

### § 团队聚力，征途赛场

这次我们参加了"互联网+"创新创业大赛，我们很高兴也很期待成功。因为参加比赛的过程，是一件很有意义的事情。如果没有参加比赛，我们就不知道与别人竞争会收获到别人所没有收获到的东西。我们很享受这次的比赛，很开心能与同伴们共同参与，合作大于独自一人参与。在比赛之前，我们首先是查阅大量的文献资料，查找重点资料，只要是对我们项目有用的，都要记下来。我们也在网上看一些关于科技农业的新闻，搜集到一些关于我们"互联网+"创新创业项目的方法和目标。我们有不懂的问题，也会向老师提问，并且希望能及时解决问题。我们团队有分工合作，一方面为写计划书做准备，另一方面了解我们的项目内容。我们也及时与老师沟通，这样我们才能更好地为此次的活动做准备。我们团队的成员很努力，彼此合作配合得很好，大家做事积极，所以完成任务很快。

经过一段时间的努力，终于快到比赛的时候。我们很是紧张，因为大家都为此次的比赛花了很多时间，都很期待它的到来，这样我们就可以展现我们比赛的优秀成果了，也就可以证明我们的实力，我们的努力也会得到回报的。

在赛前的时候，我们做了计划书和 PPT，为了把计划书做得更美观、更详细、更周全，我们修改了很多次计划书，而且还附上了图片，让人看了觉得项目更有吸引力，更有价值，可以造福社会。因为播放 PPT 有时间限制，所以我们做 PPT 的时候精选重要的内容，为了在短时间内，更好地展现我们的计划书，为此我们还安排了一个语言组织能力强、普通话标准的人来演讲 PPT，因为这个任务也是很重要的，为了取得优异的成绩，所以排练了许多次。

比赛那天我们早早地到了现场。先是看了赛场安排，再看别的团队的比赛过程，心中难免有点期待又有点紧张，害怕我们会表现得不好，又害怕我们会失败。我是负责演讲 PPT 的，在台下的时候，真的很紧张，很想打退堂鼓，总是觉得自己不行，怕自己会拖团队的后腿。后来，还是自己的团队成员鼓励了我，给了我信心，并且大家相信我可以，觉得我一定行。后来我勇敢地走上台，把自己的个人情绪忘在脑后，一心一意地集中精力演讲 PPT。比赛结束以后，我很开心很想欢呼大叫，我觉得我自己成功了，我们团队成功了，我终于战胜了内心的恐惧。原来，人只要战胜内心的自己，什么困难在自己的面前都变得不是困难了。我也明白了，团队之间是需要互相信任、互相鼓励的，而且就算失败了也要坚信自己的团队是最棒的，成员是最优秀的，成员间要懂得互相表扬。我们期待着下一次的比赛，希望再次合作，为赢得比赛而努力。（撰稿人：信息工程学院　电子信息工程专业本 2016 级 2 班　李高科）

### § 师生共勉，助推"互联网+"医疗宝计划

偶然的机会，我参加了百色学院的第三届"互联网+"创新创业大赛，原本只是想能够得到一个锻炼的机会，却取得了令人出乎意料的成绩。虽然比赛结束了，但是回顾参加创业大赛以来经历的种种，仿佛一切还在昨天。

一开始，看到主题还是很担心的，因为是以"互联网+"为主题，想想自己对互联网并不是那么了解，缺少一定的互联网技术，那么起步就很难了。但幸运的是学习物联网工程专业的学长愿意为团队提供技术支持，并且还为团队找到了指导老师屈迟文老师，一听到这个消息，我就立即找了几位同学组建了团队。在大赛之前，我们开过几次大大小小的讨论会，首先我们讨论出参赛作品的方向，以及计划书的结构、撰写和内容，大家分工合作，认真讨论，提出自己的意见和建议，不断完善计划书和演讲 PPT。因为临近期末大家都用自己的复习时间，一起为大赛做足准备，这是值得肯定的。在完成计划书的初稿后，学长将计划书交给屈老师，屈老师为我们提供了宝贵的修改意见和建议，使计划书得到更进一步的完善。

时间过得很快，大赛很快就迎来了初赛，在紧张与忐忑中，我代表我们的团队向老师们介绍了我们的医疗宝计划，在我的演讲过程中我感觉到了老师对我们的计划有着一定的兴趣，这增加了我们的信心，对于老师提出的问题，也值得我们团队进行思考并且改进我们的计划书。首战告捷我们的自信心不断增加，动力也更大。紧接着我们迎来了创新创业大赛的决赛，决赛不同于初赛的是来了一些企业家和社会工作者，他们作为评委会成员根据我们的计划书及路演向我们提出更加有针对性的问题及建议，并且比初赛要残酷。怯场的我把心提到了嗓子眼，紧张地向各位评委和老师、同学们介绍了我们团队的计划。直到我演讲完毕，听到各位评委的点评，我才松了一口气，但评委说的话让我们意识到我们还有需要改进和进步的空间。最后我们取得了百色学院"互联网+"创新创业大赛决赛铜奖的好成绩，并且我们的团队计划代表学校入围了广西区的创新创业大赛。

我们团队并没有气馁，我们很庆幸能够一路走到最后还取得了一定的成绩，未来我们会加倍努力，不断改进并且使计划更加完善。最后非常感谢指导老师的

指导及学长的大力支持和各位团队成员的积极合作，将来我们一定会更上一层楼！
（撰稿人："互联网+"医疗宝计划项目组）

## （二）"大学生创新创业训练计划项目"成员的体会与感悟

### § 积极主动，双赢思维，投身创业实践活动

真的很荣幸参加了此次大学生创新创业训练计划项目。兴趣是最好的老师，在大学生创新创业训练计划项目中我学到了很多。在多次和指导老师交流的过程中对大学生创新创业训练计划项目有了更深入的了解。

通过这次的大学生创新创业训练计划项目比赛，我有很多收获。成功是所有努力的总和，我不断思索着这句话，开始调整自己的心态，把努力一点点叠加起来。越过了很多心理上的障碍，做了从未做过的事情。我给自己做了人生的规划，规划了自己的短期目标、长期目标和最终目标，懂得了自己需要什么并为之奋斗。我要做一个勇敢、自信、有目标的人——这就是我的定义。人生能有几个十年，机会走了就不会再来。我们都不想错过机会，但机会却悄无声息地从我们身边溜走。

在参加大学生创新创业训练计划项目比赛的过程中，我们一路走过来，有喜有悲；一路走来，我们在渐渐成长。刚开始做的时候我们毫无头绪、手忙脚乱，我不知道该做些什么，该怎么样才能做好，又该怎样做？那时候，我们拼了命地找资料。记得刚开始的时候是对大量资料的收集、阅读与分析；那时候想着怎么找个新颖的创意点来创业，但自己还是像无头的苍蝇一样，没有丝毫的想法，我们对于创业的知识没有了解。

通过参加这次大学生创新创业训练计划项目，我获益颇多。团队从确定项目方向，到一起撰写项目申请书；从立项审查的波折，到确定研究方案与寻找创新点；从制订详细的实施计划，到项目的具体研究，一路走来，我开始了解了之前离我们遥远的创业项目，我从中学到了严谨的科研态度、坚忍不拔的钻研精神、敢于创新的实践勇气。历经了几天时间的查阅资料、数据采集、模型构建和刻苦钻研，虽然时间短，但是我学到了很多我所感兴趣的、对我学习生活很有用的东西。这是一次难得的经历，一次让我得到锻炼、得到成长的经历，作为当代朝气蓬勃的大学生，我们不仅要努力学习，而且要懂得去思考问题，解决问题。

我们要养成良好的习惯：积极主动，以终为始，要做第一，双赢思维，知己解彼，做好职业生涯的规划并执行。

老师鼓励我们多参加各项活动，特别是创业和实践方面的。创业的路是艰难的，是曲折的。创业能带来很多好处，但也存在着巨大的风险。

没有做不到的事，只有想不想做的事。（撰稿人：数学与统计学院 数学与应用数学专业本 2016 级 2 班 黄菊）

### § 抓创新创业训练，展望人生创业梦

我很高兴当时的我抓住机会参加大学生创新创业比赛。过去的一年里，在老师的带领下，通过团队的齐肩并战，让我们小有成就，我们有幸能成功申报"2016年自治区级大学生创新创业训练计划立项项目"。

参加了这一次创业比赛让我有颇多的体会，它让我认识到了一个公司该如何运营，也了解到创业并非易事，创业是有挑战性的。创业其实并不容易，但仍然吸引无数的人去创业，创业承载着人的梦想。经过这次的比赛，我感受到了创业的魅力所在。去创业的人需要有勇气与决心，更需要毅力。机会只给有准备的人，要想将创业的梦想实现，就要从现在开始准备，为明天的梦奋斗。

参加比赛，我们并非空手而去，我们的团队有着强硬的专业知识，更有对创业的满腔热情。此次比赛我们运用了金融数学和会计方面的相关知识，通过专业知识和相关技能，再加上团队的合作与沟通，让我们在比赛中如虎添翼。当然，在比赛过程中，团队合作难免会因为观点的不同而产生摩擦，这时候需要我们以团队为重，以项目为主，全身心投入，并充分尊重团队中成员的意见和建议。我们团队从项目立项之初成员之间的不太了解到现在发展成为很好的队友、很好的朋友，这也说明了我们的团队合作精神。每一个人的力量都是有限的，在团队中我们能聚集每个人的能量，使团队作用发挥到最大。

这一次的创业比赛，我在自己的身上找到了不足之处，认识到了知识是多么的重要，认识到了需要加强学习的重要性，努力塑造自己，将自己培养成一个全方面的合格人才。而这一次的比赛也让我们更清楚团结的重要性，同时丰富了大学课余生活，也使我们认识到创业并非易事，要成功就要付出比别人更多的努力。

（撰稿人：数学与统计学院　数学与应用数学专业本 2014 级 2 班　梁铧丹）

### § 依托项目训练，学习创业之道

我们团队参加了 2017 年度大学生创新创业训练计划项目大赛。

因为我才大二，对于创业策划书是什么、怎么撰写，作为队长的我一头雾水。于是我开始回忆学习创新创业理论时的感悟并搜索资料，看了很多模板之后才开始有些撰写策划书的头绪。我认为做好充分的市场调查准备非常有必要，信息化时代就需要做好有关信息的采集与分析。如此大的信息量单是个人来完成是困难的，需要团队合作来共同完成。我从中认识到团队的重要性，觉得自己的团队成员应该是优势互补，各成员应充分发挥自身优势。调查研究学习之后，我们分配成员分别负责团队介绍和产品服务模块与市场和营销模块，并在指导老师指导下顺利地完成了这次百色家教服务中心创业策划书。

从这次评分标准来看，经过总结反思，我认识到我们的项目有很多问题，发

现我们策划书评分低的原因是我们缺少融入互联网这个模块。我们都知道现在是互联网时代，如何利用敏锐的眼光和极高的敏感性去捕捉信息，在互联网时代是非常重要的。互联网家教网络平台不胜枚举，给客户的体验也不尽相同。努力创造独特的适合自己的家教互联网服务是成功的关键，依托互联网的优势，打造不一样的客户体验，给顾客最好的服务是赢得市场的重要标准。

不管是什么行业，提升自身服务质量是让企业做大做强的途径，也是最有效的宣传，更是使客户认同的重要手段。因此，我们需要为客户提供最优质的服务。与此同时，我们需要与时俱进，明确发展趋势，根据百色地方实际，去发展我们的项目。

通过这次大赛，作为负责人的我，从中得到了锻炼。自己的管理能力有所提升，对创业有些憧憬，希望在下次大赛中有更好的成绩。（撰稿人：数学与统计学院　数学与应用数学专业本2016级1班　林家志）

### § 迎接挑战，品味创新创业训练内涵

对于一名即将踏入社会的大学生而言，参加全国大学生创新创业训练计划项目无疑是一次可遇不可求的锻炼机会。在这次比赛中我获得了一些新的心得体会。

大学生创业对毫无经验的我们来说原本就是一个新的挑战，而创新创业又是"更上一层楼"的新的高难度挑战。此次比赛吸引着我们团队的不是它那丰厚的奖金，而是它让我们所面临的挑战和它所蕴藏的内涵。

在我目前的观念里是这样的：首先，创新就要有自己的一个新发现，把所看到的或所发现的东西加以想象，进行合理的"加工"后再创造出更好的东西来；或者是把我们生活中还没有出现的且对人们有利的产品给创造出来。其次，创业要有一个自己的目标和一份齐全且周密的策划，如果没有计划好就实行创业我想这是行不通的，因为机会是留给有准备的人的。最后，再把两者结合起来，创造出对自己对他人都有益的双赢物体。

俗话说："万事开头难"，在准备比赛期间我们遇到过许多不同的问题。例如，要怎样写一份申报书，要怎样写一份策划案，要怎样管理一个企业或一家店，要怎样做才能让一个企业或一家店正常运行，等等，问题迎面而来，这时我们要克服自己的心理问题，端正心态，静下心来仔细翻阅材料，向指导教师请教，而不是心烦意乱最后选择放弃。

当然，端正心态的前提是要有一个确定的目标，明确提出自己想干什么，为什么这样做，目标不明确就容易造成半途而废，且这个目标最好不要耽误了自己的学业。此外我们还会遇到经验限制、知识限制、技术限制等问题，这更多的是需要我们自己去探索、去发现、去解决，因为这些东西并不是与生俱来的。

此外，团队意识也很重要。一个负责人要懂得处理好队员之间的分工合作，队员之间又应懂得相互帮助，发现问题应当及时提出来共同努力解决。一个强大的团队，要能吃苦耐劳，适应性强，凝聚力强，自信心要有，且还能一起"一战到底"！

"吃一堑，长一智。"经过这次比赛后，我发现团队的成员们都有了较为明显的改变。主要体现在：说话做事变得比以前有条理；懂得团队意识的重要性；在考虑问题上更加周全、细致；也懂得了创新创业要有一份保障，创业需要积累各方面的知识、拥有一定的社会经验、懂得处理好人际关系、有人际交往的能力及良好的心理承受能力和风险存在意识等。不是每个人都适合创业的，没有一个目标计划，没有良好的心态，没有一个团结的团队，只会"纸上谈兵"，是没有希望的。重要的是要知道，创业不是仅有兴趣和爱好就能良好运行的，而是要有一个理性的思维、一个严谨的逻辑，还需与"天时、地利、人和"相互照应。

总而言之，还是大学生的我们要把握好眼前的机会，相信"一切皆有可能"，希望我们能根据自身条件合理规划自我，并勇于尝试，敢于挑战，去创造出属于自己的一片新天地。

综上所述，我觉得归纳成一句话就是，创新是永恒的，创业是需要谨慎的，创新创业是一种对勇气的挑战。（撰稿人：数学与统计学院 数学与应用数学专业本 2016 级 2 班 王雨婷）

### § 通力协作，凸显项目创新成果

从 2016 年 5 月开始，我们四个人组成一个团队申报了百色学院大学生创新创业训练计划项目"新型汽车轮毂铝合金腐蚀行为研究"，并最终获得国家立项，指导老师是材料科学与工程学院的陈林老师。从刚开始的一无所知和一筹莫展，到现在的目标明确，方案清晰，渐入佳境，然后经过团队的共同努力和在陈林老师的悉心指导下，我们克服困难和挫折，最后在 2017 年的 6 月撰写了结题材料，并顺利通过了学校教学工作指导委员会评审。通过参加这次大学生创新创业训练计划项目，我获益颇多。从确定项目立意点到撰写项目申请书，从立项审查的波折到确定研究方案与寻找创新点，从制订详细的实施计划到项目的具体研究，我从中学到了严谨的科研态度、坚忍不拔的钻研精神、敢于创新的实践勇气。

由于我们这是一个创新训练项目，所以创新方面是必不可少的。我觉得，创新方面首先要明确一个方向和目标，方向和目标是贯穿整个项目的核心。其次我们结合了我们所学的专业确立项目的研究方向和目的，在创新的同时给社会、企业带来一定的经济效益。俗话说，万事开头难。对于项目的方向我们刚开始是处于一个迷茫阶段，团队的每个成员都查阅资料，然后开会发表自己的意见。最后将意见内容的整理汇报给指导老师，请老师给出建议。最终我们确定了这个项目的方向为新型汽车轮毂铝合金腐蚀行为研究。由于 A356 铝合金具有优异的综合性能、可成型性能好、制造成本低廉等一系列优点，因此被广泛用于制造汽车轮毂。目前，腐蚀损耗是铝合金制品失效的主要方式之一，汽车轮毂常年暴露在外面和被雨水浸泡受到严重的酸性、盐溶液的腐蚀，这些都会影响到汽车轮毂的使用寿命。因此，开展汽车轮毂铝合金的腐蚀研究尤为重要。该项目通过研究汽车轮毂铝合金的腐蚀性，有效地控制铝合金产品的耐腐蚀能力，从一定程度上提高了汽车轮毂的使用寿命，从而提高产品质量。由此可见该项目的开展有十分重要的经济价值。对于项目的立意，一方面能将我们所学的专业知识应用到实际生活的研究中，另一方面又能给企业带来一定的经济效益，提高我们的创新和各方面的综合能力。

通力协作十分重要，我们各自都分配了任务及相关的工作内容，我作为项目组的负责人主要协助老师进行管理工作，并查阅文献写出具体实施方案，进行初步的探索，还负责记录项目进行产生的费用，进行报账。其他三个成员分别负责试验样品的制备及试剂的配置工作、试验方案的实施、参与试验并负责数据记录。

经过两年时间的研究，我们的项目也取得了一定的成果，由此可以看出实验阶段是一个长期并考验人的耐力、承受力的过程，不能因为多次的失败气馁，要学会在失败中总结经验，才能走向成功。

在实验中，我们经历过失败和挫折。有些失败在预实验阶段就已经发生，我们有过沮丧，但是我们知道实验不可能一蹴而就，所以我们在正式实验时尽量避免在预实验中出现的错误，不断地总结实验经验。通过这次创新项目的实验，我们学到了很多实用的知识，我们思考问题的方式也更冷静、更全面。（撰稿人："新型汽车轮毂铝合金腐蚀行为研究"项目组成员）

### § 以科学研究方法为指导，保障项目研究成果

进入大学已经两年了，这两年来，我深刻地体会到：大学期间是一个综合发展的时期，只在课堂上学习是不够的。2016 年，我参加了学校的大学生创新创业项目，我们团队的"儿童动画片对幼儿亲社会行为的养成策略研究——以广西百色市为例"获得了区级立项，这对于我们来说既是一个挑战，也是一种收获。

真的很开心有机会参加大学生创新创业训练项目，我们的选题与专业相关，这样比较有利于我们进行研究。由于这次只是以小组成员的身份参加大学生创新创业训练项目，工作量不是很大，但需要持之以恒的精神。我们这个学期比较忙，课业繁重，还要准备班上的活动与相关课程的考试，不过我们都关注训练项目的相关动态消息。在进行研究时，我们采用了问卷调查法，原本我们对于问卷设计

的相关知识是一无所知的，但是刚好这个学期学了教育科学研究方法这门课程，所以问卷的设计也比较顺利。

在后期的创新创业训练活动中，我们需要到幼儿园进行调查，需要对所到的幼儿园进行相关的了解，做好充分的准备工作。调查结束后，我们需要整理资料，然后撰写论文，准备结题。这次的创新创业训练活动对于我们每个人来说都是一次挑战，我们会努力把它做好。

项目的开展需要团队合作交流，它不仅关系着项目开展的进度问题，而且关系到团队能否坚持到最后并取得一定成绩。现在我们处于活动的中前期，项目的开展有些不太顺利，但开心的是在过去的活动开展中每个成员都发挥了各自的长处，这也让我明白团队合作的重要性。

在这次创新创业训练活动中，我深刻明白了许多做人的道理，向他人虚心求教，与人文明友好交往等。在工作中和其他成员保持良好的关系是很重要的，两年后，我们也将步入社会，正所谓"三人行，必有我师焉"，我们应向比我们优秀的人学习，这样才能不断进步。总的来说，道路是曲折的，但前途是光明的。我想，把这个项目做好后，将是我大学期间的一段重要经历，也会是我人生中的一笔宝贵财富。（撰稿人：教育科学学院 学前教育专业本 2015 级 2 班 班兰艳）

§ 学会自主学习，态度决定成败

在李玉龙老师的带领下，我们小组开始了对民俗文化活动在大学生素质拓展课中的应用相关问题研究。在这次的活动中，我们体会到了完成一个项目的不容易，但我们也获得了收获。我从中发现做每一件自己感兴趣的事情都是非常有意义的，我也从中了解到了更多的关于我国少数民族文化的内容，更加珍惜这些传承下来的文化瑰宝。所以，作为一名大学生，能够通过自己微薄的力量保护壮族文化，我觉得是一件非常有意义而幸福的事情。项目的开展更多需要学会自主的学习，这是参加大学生创新创业训练项目与课堂学习最大的不同与收获。做事的认真程度与收获是成正比的，自己本着认真做事的态度，我相信总是会有意外的收获。项目的开展需要团队合作交流，它不仅关系着项目开展的进度，而且关系着一个团队能否坚持到最后并取得一定成绩。我们小组内的明确分工，使我们认识了项目的整理实施流程，明确了小组成员各自的责任，同时意识到组内成员之间互补互助、协同合作的必要性，充分调动了我们的积极性，很开心的是这次比赛中每个成员都发挥了各自的长处，使得项目开展顺利。我很幸运融入了这样一个团结战斗的集体，融入了这样一个温暖的集体。（撰稿人：教育科学学院 小学教育专业本 2015 级 1 班 方小慧）

### § 用严谨创新的科研态度，促进项目研究顺利开展

为了培养我们的创新能力和实践素质，2015年上学期，我们学校开展了"广西大学生创新创业训练计划项目大赛"的活动。在韩舒姝、黄翠华两位老师的带领下，我们小组开始了对百色市幼儿园的壮族儿童民间游戏的相关问题进行研究。我们的研究课题"百色市壮族儿童民间游戏研究"申报了"区级大学生创新性训练项目"，四月获得批准。

由于这次我是以项目负责人的身份参加大学生创新创业训练项目，工作量大，不仅组织组员紧密地开展项目的各个环节，而且要充分利用时间去图书馆和网上查阅资料，利用各种机会向老师学习。此外，我还在寒暑假和实习期间进行调查，对百色市幼儿园的壮族儿童民间游戏做了更深入的了解，深刻体会到幼儿园对儿童民间游戏的重视。并且在多次和指导老师交流的过程中对百色市壮族民间游戏的情况有了更深一步的了解，对民间游戏在幼儿园的运用也有了进一步了解。（撰稿人：教育科学学院　学前教育专业本2014级　黄金香）

### § 团结协作、严谨认真，不断提高创新创业实践能力

在阳光路上前进。2016年4月，教育科学学院开展了"大学生创新创业训练项目"活动，在学院的支持和鼓励下，我们参与了活动，我们的项目是关于小学教育专业技能培养路径探究。从最初的茫然，到慢慢进入状态，再到对思路逐渐清晰，整个调查过程难以用语言来表达。回想这段时间的经历和感受，我们感慨万千，在这次活动中，我们拥有了无数难忘的回忆和收获。

最初我们决定要参加创新创业训练项目的时候，并不知道如何下手。于是，我们将这一困难告诉了导师，在导师细心的指导下，我们很快就确定了选题，着手资料的收集工作。在搜集资料的过程中，我们不仅在学校图书馆搜集资料，还在网上查找各类相关资料，并将这些宝贵的资料全部记录，使我们的资料尽量做到完整、精确。

我们团队一共有四个人，人员的初步分配是两人负责收集资料，一人整合资料，还有一人撰写研究成果。首先，我们明确以广西四所高校〔广西师范大学、广西师范学院（现为南宁师范大学）、玉林师范学院、百色学院〕为调查对象，针对以上四所高校小学教育专业技能培养路径和学生学习成效，通过学校图书馆、上网等各种途径查找相关资料，初步拟定调查问卷方案；其次，负责人设计调查问卷，和组员一起修改，再找指导老师提出意见；再次，我们团队四人合作通过各种渠道进行问卷调查研究；最后，整理所有资料撰写调查报告。

在此要感谢我们的指导老师，是你们的细心指导，使我们的项目能够顺利地开展。在我们的项目研究中无不倾注着老师们辛勤的汗水和心血。所以，我们要

向指导老师致以最衷心的感谢和深深的敬意。

"千里之行，始于足下"，在这为期两年的研究过程当中，我们收获颇多、受益匪浅：团结协作、严谨认真、坚持不懈、不怕困难是我们在这次创新创业训练项目中最大的收益。这不仅是一次意志的磨炼，更是对我们实际能力的一次提升，也会对我们未来的学习和工作有很大的帮助，这次创新创业训练项目的经验教训将成为我们人生道路上的宝贵财富，提高了我们的实践能力，为将来走向社会奠定良好的基础。（撰稿人：教育科学学院 小学教育专业本 2014 级 马侥蔓）

### § 用坚持不懈的努力，换取最美成果华章

2017 年 5 月，终于完成了我们的调研报告，从当初自信满满的申报课题，找指导老师，制作问卷，实施调查到现在完成课题，我们经历了很多。这两年的时间短暂而又漫长，说它短暂，是因为我还有很多事没有做，而说它漫长，是因为我想要的迟迟不能实现。两年的时间，对别人来说，只不过是年龄的增长，于我而言，却是一种仿若"成人礼"般的重要仪式。这一路走来收获的不仅仅是对知识的探索，更多的是心灵的成长，心理的洗礼，让我们领悟到成长的真谛。

2015 年，在指导老师的悉心指导下，申报了课题，并且一级一级往上申报到国家级，当听到申报成功的消息的时候，觉得所有熬夜修改文件、查资料、"厚脸皮"地联系老师……都是值得的。我们付出了，哪怕课题没有申报成功，也在老师的指导下学会了一些简单的文件处理技巧，掌握了网站信息搜索策略，在与老师的沟通交流中，学会了如何更好地表达、总结，给别人展现自己最好的精神面貌。项目申报就这样告一段落，华丽落幕。

2015 年 10 月 28 日，我们清楚地记得这个日子，这是创新创业训练项目立项的时间，那一天，心里像吃了蜜一样，美滋滋的。当辅导员在群里说我们获得国家级立项，同学们报以热烈的鼓励时，好像时间一瞬间静止，团队的所有成员都激动得不能自己。项目已经立项，那就意味着，将要按照申报书的内容，一步步落实，但要怎样去开展成了面临的首要难题。但我知道，万事开头难，只要我努力去做，去落实，总会有不一样的收获。就这样，抱着试一试的态度，我们开始着手我们的调研活动。

起初，根据申报书制作调查问卷，在深思熟虑后，制作了自认为完美的问卷，也是调查问卷的初稿，把问卷发到老师邮箱，以为就这样通过了，可是当黄老师回复的时候，才发现问卷制作的不合格，带着一丝羞愧和自卑，在老师的指导下进行二次修改、三次修改……直到得出一份合理的问卷。这时候，我们的内心多半是沮丧的，可是我们当中有一个活宝，她总是乐观地说，"没事啊，你看，我们不是完成了嘛，未来很美好哦"。每次说完，还要给予一个大大的拥抱，好像她小

小的身体里，总有无限的力量一样。就这样，在指导老师和小伙伴的协助鼓励下，我们开始了第一次调研活动。

我们对于调研活动，没有一点经验和技巧，就像无头的苍蝇一样，没有方向，到处乱撞。只能求助指导老师，在老师的建议下，我们打印问卷，买了一些小礼物，作为给留守儿童的小小报酬，开始了我们第一次调研之旅。第一次的旅途，总是充满了希望与憧憬，然而当我们实地去调研的时候，才发现，原来每一条路都充满了困难，有时候我们会被别人当怪物一样看，觉得我们是拐卖小孩的骗子，是骗人的，很多的家长和小孩不愿意配合我们，我们只能改变策略，像个推销员那样，去解释说明我们的项目是怎么回事。就这样，靠着解释，完成了田林县的调研。回到学校召开讨论会的时候，我们像个委屈的孩子，把自己一肚子的"苦水"倒给老师，老师总是笑着说，这也是一种收获，让我们不断成长的收获。是啊！这确实是收获，如果没有这次的活动，我们也不会在和家长接触的时候那么落落大方，在与小孩聊天的时候如此激动了。于我们而言，第一次的调研，可能没有什么实质性的意义，但是在我们的心里却有了不可消磨的印记。

虽然我们根据老师的建议，不断地完善我们的计划，但其他几个地点的调研，还是遇到很多的困惑，有很多的不解。例如，去不太熟悉的地方，我们就像个白痴一样，不懂路，也不懂当地的语言，庆幸的是，我们总是能找到帮助我们的朋友，他们给我们指路，帮我们发放问卷等，从来没有说过一句怨言，让我们深深体会到有朋友的美好，心里充满感激。如果没有他们的帮助，很多地方，我们可能连路都找不到，又怎么能顺利开展调研呢？

在整个项目中值得我们回忆的，不仅是活动的困难与快乐，还有我们在活动中受到的质疑与不满。大家都知道，这是一个有经费的项目，起初，我们申报获得立项的时候，同学们都鼓励我们，让我们好好做，可后来，越来越多的流言蜚语，让我们在前进的路上，越来越压抑，越来越多的人怀疑我们只是为了钱，为了出名。在这样的流言中，我们无力辩解，只能是默默努力，心里想着，不管再怎么被质疑，我们也要拿出自己的气势，坚定的一路走下去，完成我们的项目，不能放弃，因为放弃不是我们的本色。就这样抱着必须完成任务、必须结题的目标，一步一个脚印往下行走，直到课题结项为止。

现在，项目已经结束，回首过去的时光，我们更多的是感慨。这一路的时光，我们在老师的指导下，相互扶持着走来，虽然没有很大的成果，可是对我们来说，却是十分重要的。在这些调研活动中，我们不仅了解了现在农村留守儿童的课外学习现状，也在与各种人员的接触中，了解到现在社会的现实，在千锤百炼中，培养了不放弃、不抛弃的心态，也在那些困难的磨炼中，变得强大起来。当目标确定的时候，不再害怕别人的质疑，因为心有目标，就不会被外界感染，外界的声音，千奇百怪，唯独自己的内心，才是最正确的，时刻遵循着自己的内心，坚持往下走，不会有错。

在调研的两年中，我们跑了半个百色地区，接触不同地域的风土人情和文化背景，使这次的活动变成我们成长路上的一个助推器，让我们在活动中学习到很多的道理，在心里形成坚定的信念——"跟随内心的声音，你就不会错"。

未来的路，我们一定要走得更精彩，才无愧于心！加油吧！少年！不试试你怎么知道会怎样呢？（撰稿人：教育科学学院 小学教育专业本 2014 级 瞿莹君）

### § 理论联系实际，积攒人生宝贵财富

首先，真的很高兴有机会参加大学生创新创业训练项目，并且获得了国家级立项，这个结果让我们非常惊喜，也非常感谢我们的指导老师和我们的队员。

创新创业训练项目是一个能让人有积极向上的心态的项目。在大学生创新创业训练项目中我学到了很多。在多次和指导老师交流的过程中，让我们对现在的国家教育研究工作及百色市小学教学质量保障体系调查研究有了进一步了解。

大学是一个全面发展的时期，对于小学教育专业的我们，只学习课本的知识已经不能满足社会发展的需要。为了拓展自己的专业知识，提高自己的专业水平，充实自己的大学生活，在这个学期里，我们参加了大学生创新创业训练项目，和小伙伴一起学到了很多关于我们本专业的知识。

第一，通过一个学期的收集资料与调查，我们学到了更多专业课本上学不到的知识及技能，同时，我们团队的动手操作能力和团队合作意识也得到了进一步的提高。通过一个学期的准备工作，我们对从事教育调查研究和材料分析操作有了较为深刻和清晰的认识：首先，通过查阅大量的资料，对课题有了一个比较整体的、清晰的认识，在指导老师热心指导下，我们主动参与确定具体调查方案进程，并亲自动手做一些准备工作，在实验过程中不断地思考和分析、解决调查研究中出现的各种问题，取得了一定的成效。其次，在这次实训中，我们深刻明白了许多做人的道理，向他人虚心求教，不懂就要主动问，与人文明友好交往等，都要在实际生活中认真贯彻，好的习惯也要在实际生活中不断培养。在工作中和其他成员保持良好的关系是很重要的。

第二，对于我们在校大学生来说，即将踏入社会，需要学习的东西还有很多，项目组其他成员就是最好的老师，最好的榜样，正所谓"三人行，必有我师焉"。这次所学到的经验和知识大多来自老师的教导和小组成员的帮助。我们的一些准备工作都会向老师征求意见，分析准备工作并且计划接下来的工作，所以与老师的有效配合也是我们工作中重要的一个方面。我们以后还要争取更多这样的训练来完善自己、充实自己。在教育研究工作的浓厚氛围内，在这个温暖欢快的小团队里，我们在思想和心理上不断成长。

第三，在创新创业训练项目过程中也培养了我们良好的素养。反复查找相关

资料，做到真实有效，遇到困难也会根据自己所学的理论知识寻找解决方法，而不是一味埋怨。虽然刚刚开始申报项目的时候，因为出现了一些错误，材料反复修改、完善，但最后也顺利上交了。过程中我们也不会相互埋怨，并齐心协力去完成。这也是我们作为学生该具有的基本素质，明白动手实践是解决问题最好的办法。

第四，我们深深地感受到所学知识的肤浅，以及在实际运用中专业知识的匮乏。刚开始的一段时间里，对一些工作感到无从下手，茫然不知所措，总以为自己学得不错，一旦接触到实际，才发现自己知道的太少，与实践还有一段距离。老师常说理论要和实践相结合才能发挥我们自身最大的价值。当我们真正独立去实践，去体验的时候，才突然发现，原来那也不是一件很难的事情。

"千里之行，始于足下。"在这为期一年的课题研究过程中，我们收获颇多，受益匪浅。这次创新创业训练项目，我们认为是一次成功的有用的实践。它是我们大学期间的一段重要经历，也是我们人生中一笔宝贵的财富，在此感谢学校给了我们这次锻炼的机会。做好每一件事都需要一个过程，道路也许是曲折的，但是一定要相信前途是光明的！（撰稿人：教育科学学院　小学教育专业本2015级2班　邓芝　胡娟）

### § 用智慧与勇气，创新科技创业方式

创新是时代的呼唤，是时代不断进步的体现，唯有不断创新，我们方可不断进步。

2015年5月中旬，组建了我们的创新团队。此后联系指导老师，并与老师沟通交流，确定创新课题的基本方向，在老师的指导下查阅了大量书籍和相关国内外文献，并对每篇文献做了详细总结和思考，掌握了相关专业知识。在此期间，逐渐形成本团队的创新学术，在老师指导下确定课题具体的研究方向，并自主设计项目研究方案，得到初步成果。

对于食品专业的我们，研发出新的产品，是我们的追求。我们团队研究的主要内容是对魔芋胶的开发与应用，以杧果和魔芋胶为基本原料，将魔芋胶添加到杧果酱中，制备出一种新型的果酱。立足于百色市的市场，就地取材。魔芋的主要成分是葡甘露聚糖，是低热能、低蛋白质、高膳食纤维的草本植物，是天然绿色保健食品。目前，市场中的食品添加剂大部分都对人体产生负面影响，魔芋胶是全世界公认的天然无公害食品添加剂，且尚未看到有关食品的出售。以此为创新点，开始了课题的研究。

我们知道创业就是一个团队把一个好的想法变成现实，创业就是一种极具挑战性的社会活动，创业必须具备智慧和勇气，创业是一种生活方式。同样，创业是需要苛刻条件的，不是你想你就可以，而是你能你才可以。只顾着用力投球而

没有瞄准方向，球是不会投进篮筐的；只瞄准方向而没有把握好力度，球同样进不了篮筐；只有既瞄准了方向又有合适的力度，才可以将球投进篮筐里。创新也是一样的，只有激情是不够的，只有好的想法也不够，只有既有激情又有想法和相关知识才可能创造成功。

我们前后共进行了三次预试验，两次正式试验，最后还进行了一次验证试验。同时，对于一个团队，要充分发挥团队的精神，充分发挥团队的凝聚力，以最佳的精神状态投入试验中，并且分工要明确。项目需要做很多工作，并且这些工作都需要耐心和细心。整个过程中我认识到做科研必须具有一丝不苟的严谨态度，要本着对科研负责、对科学负责的态度，认真对待课题的研究。（撰稿人：农业与食品工程学院　食品科学工程专业本 13 班　廖爱林）

### § 多方合作，理论联系实际开阔知识眼界

在导师的指导下，我们组成了五人小团队，参加了广西高校大学生创新创业计划项目，并以"向日葵对锰污染土壤的耐受性及其生理响应"为题获得了区级项目立项。该项目不仅使我们的眼界更广阔，还让我们接触了许多从未接触过的事与物，让我们在创新创业训练项目中灵活运用课本所学的知识，并且培养了我们的动手能力。在大学学到的不仅是知识，还要掌握超强的动手能力，这样理论与实际操作相结合，未来走入社会，才能更好地面对社会。

项目的进行最重要的是有导师的指导，没有导师的指导，我们就犹如"盲人摸象"，掌握的始终是一小部分，不能掌握全局，就像无头苍蝇一样到处乱转，不能很好地找到切入口去完成团队的创新创业训练项目。我们团队的指导教师曾小飚副教授是我们植物学科的授课老师，在课上讲课风趣幽默，生动有趣。这样的讲课方式让我们掌握了更多的理论知识，为创新创业训练项目上做好了一些基础铺垫。曾老师科研经验丰富，先后主持完成广西教育厅科研项目 1 项，参与完成广西自然科学基金项目 2 项，发表科研论文 30 多篇，有能力、有足够的时间指导团队完成课题研究。

项目的进行同时也离不开师兄们的带领。获得项目时，团队成员问我该项目是做什么的，当时的我也只是看了文件而已，不知如何解释，作为团队的负责人对该项目是做什么的、怎么做、什么时候做这些模糊不清，这是对团队的不负责任。在这个关键时刻，指导教师让我们跟着正在做毕业论文的师兄们一起进行训练操作，师兄们耐心地向我们讲解每一步怎样做、做这一步的目的是什么，同时学习实验器材的操作，理解掌握实验步骤。

一个团队是一个项目进行的根基，而一个良好的团队，对于一个项目的实施，更是重中之重。俗话说"人多力量大"，而我们的团队只是五个人组成的小团队，这是不是就是没有力量了？我想说的是"NO"。我们的团队由生物技术专业本科

学生组成，思维活跃，勇于创新，对科研具有浓厚的兴趣。目前已掌握扎实的植物学理论基础及植物学实验技能，具有一定的实验设计、归纳整理数据、分析问题和撰写研究报告的能力。我们团队富有合作精神，能互相协作，具备了完成项目的能力。

项目实施还缺少一个实施的方案，只有想好怎么进行项目，才能取得更好的效果。项目的方案分为五个方面：研究的目标、研究的主要内容、拟解决的途径、人员分工、预期成果。在五个方面中，每个方面又具体地规划，使方案做到细致化，这样更有利于项目的顺利展开。在用人方面也分工仔细，这样的目的是充分利用团队资源，从而凝聚团队力量，而不是在实验中有的很忙，而有的又找不到事情可做，让一个团队犹如散沙。

项目获得立项后，我的认识提高到一个新高度，不仅加深了对理论知识的掌握，还对人际关系处理的技巧、团队的掌控方法及项目的顺利展开等工作有了更深的理解。相信在老师的指导、师兄们的帮助及团队的合作下，会不负老师的期望，顺利地完成该项目的各项工作。（撰稿人：农业与食品工程学院　生物技术专业本2016级2班　杨秀德）

### § 兴趣与创新相结合，提高创业素质与能力

从一开始寻找课题到现在，已经大半年了，回想起来参加项目的过程，从一开始寻找课题到撰写项目申请书《鸭舌草提取物对芒果的保鲜》，查阅相关文献，确定试验方案，最后申请立项成功。一步步走来，其中的辛苦只有真正经历过的人才会明白。从中获得的经验和成长也只有经历过的人才拥有，这是一次难得的经历，可以让我们得到锻炼和成长。

我们是一个有团队精神的组合，每个人都为了这个项目努力着，大家都积极查找文献资料，寻找实验的可行性方案，但是一开始的效果都不太理想，一个个实验方案被推翻。好在我们的指导老师也非常重视这个创新创业训练项目，尽心尽力地帮我们提供资料渠道，让我们最终能完成项目立项，所以也非常感谢指导老师对我们的帮助。

目前为止，我们已经做好整个项目的初步实验，从鸭舌草入手，希望可以提取出杧果保鲜剂成分，我们将鸭舌草晒干后用粉碎机将其碾成粉末，方便进行提取实验。一开始我们也不会用粉碎机，最后还是找了一个做过项目的师兄教我们，师兄不仅教会了我们使用粉碎机，还告诉我们实验室一些器材的所在位置、使用方法，以及材料的提取方法。在这个过程中，我们学会了很多，知道了怎么从植物中提取出某种成分，知道了怎么检验是否是该种成分。在遇到问题时，我们都及时交流讨论，每一个人的想法都可以提出来，一起交流，这也达到了事半功倍的效果。最后，我们还在老师和师兄的帮助下，找到了提取实验的具体步骤，这

才使我们的实验可以开始操作。这个项目是一个创新创业的实业型项目，如果我们的研究做好了，就可以将研究成果用在对百色杧果的保鲜上，大大降低百色杧果在销往全国各地的途中的损耗率，增加果农的利润，提高百色杧果在更远地方的知名度。

作为一名大学生，我觉得具有创新创业的精神是很宝贵的。大学生创业有利于缓解大学生就业压力，一个创业能力强的大学生不仅不会增加社会的就业压力，还能通过自主创业来增加就业岗位，缓解就业压力。同时也可以将自己的兴趣与就业紧密结合，做愿意做、认为值得做的事情，实现自我价值。提高大学生自身素质和能力，培养出更多各行各业的创业者。

通过这半年的创新创业项目的实验研究，我深深感到指导老师和团队合作的重要性与必要性。非常感谢指导老师，感谢团队中每一个为了项目一直在努力的成员，同时我也从中得到了锻炼和成长，希望每一个成员都可以从中得到锻炼和成长。通过做这个项目，提高了我们的学习能力，拓展了我们的思维，在试验过程中也培养了我们的团队精神。这次创新创业训练项目，我所学到的知识、得到的锻炼及各个方面的收获，将使我终身受益。（撰稿人：农业与食品工程学院　生物技术专业本 2015 级 1 班　郑钦文）

### § 培养良好实验素养，养成独立解决问题的良好习惯

当今社会全面快速发展，为了满足社会发展的需要，作为当代大学生的我们要与时俱进，不仅要学习课本中的知识，而且要拓展自己的视野，提高自己的实践动手能力，要勇于创新，开拓进取。因此，在大学期间为了拓展自己的专业知识，提高自己的专业水平，提升自己的专业素养，我参加了大学生创新创业训练，以"向日葵对铝污染土壤的修复作用研究"为题申报了项目，获得区级立项。而在立项后为期一年的实验中，我学到了很多。借此机会，我谈谈这一年的心得体会。

首先，通过一年的实验，我学到了更多专业课上学不到的知识及技能。本次实验，需要我们自己动手，自己查找实验方案，配置实验试剂。对于初出茅庐，没有完善的实验思维与逻辑的我们来说，这是比较困难的。现在我们已经能独立完成实验，解决实验中遇到的难题了，这是相当大的提高。

其次，在这次实验中，我真切体会到了团队合作的重要性，只有快乐的合作，才能使枯燥的实验过程充满欢声笑语，事半功倍。我们的实验需要测试的物质很多，需要测试植物中蛋白质、丙二醛、叶绿素等非酶物质和多种酶类物质，且酶类物质反应迅速。因此，做一轮实验下来，需要将近 12 小时，所以仅靠个人是难以完成的，需要团队队员相互支持与合作。在实验过程中我们分工明确，各司其职，而遇到一些问题时，我们首先聚在一起讨论，解决不了时会向我们的导师或

者任课老师请教。每一次实验结束后，我们也会聚在一起查找某个实验为什么会失败，避免下次再出现错误，通过各抒己见的方式，避免了自己钻入牛角尖，能更有效率地完成实验。团队合作也避免了自己因实验失败产生消极的态度，这一年的合作，使我们配合更加默契，更有利于实验的顺利进行。这次的实验使我明白了团队的凝聚力是多么的重要，一个团队只有在团结一心时才能走到最后，凝聚力是一个团队的灵魂。

总而言之，在这一年的实验中，我收获颇丰，虽然实验结果现在还不是很理想，但我会一直坚持下去，完成实验。在这里也要感谢学校给我们提供的锻炼平台，感谢导师不辞辛苦的帮助，感谢团队成员的互助前行，我相信我们的项目一定会圆满结束，顺利结题。（撰稿人：农业与食品工程学院　生物技术专业本 2014级 2 班　朱明雄）

### § 突出想法创新，完善项目计划实施过程

大学生创新创业大赛已经结束，回想起这两个月走过的每一步，参与活动过程中的点点滴滴不禁令人感慨万千。当初懵懵懂懂地组队，从最初项目商议时的争议和分歧，到脑海里的想法成型，再到最后的方案实施，走过的每一步都是那么的难忘。

通过这次的挑战我们总结了很多经验，同时也意识到了自身的不足，总结如下。

创业项目市场需求面要广，应迎合大部分人的消费心理，具有切实的可行性。我们的项目因为想法的新奇及有成品展示，所以获得了复赛老师的青睐，侥幸进入决赛。但是在观摩总决赛时，我们意识到了自身方案存在的问题：仅仅面向百色学院的师生，市场需求面太小，没有足够的可运行空间。而获得金奖、银奖的团队则面向整个百色市甚至广西区，消费群体基数庞大，可操作性强。

创业计划应足够创新，最好能与"互联网+"相结合，体现新一代大学生的风采水平。目前已是大众创业、万众创新的时代，大学生创业应突出创新的重要性，发现新的消费点或改造传统行业。

应有具体的投资退出策略。大学生创业大赛是其创业构思的初步实践，虽然强调大胆实施，但为了维护风险投资人的利益，所以应对未知风险有所预判，在财务运转不畅时及时决策，清算成本来减少投资人损失。

创业策划书及演讲 PPT 应该言简意赅，突出亮点和精髓，评委没有太多时间评阅策划书。以我们的方案为例，其共分为四大部分：产品介绍、可行性分析、财务规划、风险退出策略。我们着重于介绍产品和风险部分，并在其中突出自身的亮点，里面为评委详细展示了会员制的团体互动及安全问题的解决措施。

调研数据应有理有据，切忌以偏概全现象。有很多创业企业比较有优势，有

些团队拿到了专利、产品和证书,有些把客户和使用者的 DV 反馈拿了出来,市场调研数据精准、真实。这也是我们团队所欠缺的地方,我们的调查面小,样本数量过少,所以得出来的结论并不具有普遍性,不能很好地反应大众消费心理。

团队管理的重要性。我们参加创业大赛不是空手而去的,是有准备的,项目的每一个环节都需要大家的通力协作与配合。项目确定初期,我们先分头查阅资料,再进行集体交流讨论,在较短的时间内获取了大量信息,了解了市场相关方面的知识,制订了项目的实施方案,并且我们会设想评委可能提问的问题,然后构思答案。在决赛前,上网查询大学生创业的利与弊,创业大赛中常出现的问题,要注意的细节,等等。同时,团队当中的合作需要我们不断磨合,学会倾听大家的意见、分享自己的看法,做到尊重每一个成员,成员之间应互相帮助,才能高效快速地完成工作。

通过这次的创业训练项目,我对创新创业有了更深刻的认识,也看到了自己的不足以及与队友之间的差距。在以后的学习生活过程中,我也将不断提升自己。大学三年,因参加了创业大赛而变得有意义,这段经历使我成长,使我不再胆怯。虽然这只是一次尝试,但是它使我们意识到了创业的艰难,锻炼了我们克服各种困难的勇气,使我们以后的人生路变得更加宽阔。(撰稿人:工商管理学院　国际经济贸易专业本 2015 级 2 班　朱广宇)

### §深入实地调查研究,铸就坚忍的执行力

靖西县的端午药市因其历史悠久,名声远扬,吸引了许多药商和科研工作者,一些经济价值高、市场销路较好的药用植物,如鸡血藤、岩黄连、黄花倒水莲等每年在药市上的交易量都很大,且很早就售完。我们从 2013 年 6 月开始参加大学生创新创业训练计划项目,到现在已经有四年的时间,我们这个六人小组对广西百色市靖西县端午药市进行了调查研究,总结出一份系统全面的调研报告。

指导老师和团队都非常重视这个创新创业训练项目,也都在尽心尽力地做这件事情。导师多次为我们提供各个方面的指导,团队成员一次又一次地理思路,一次又一次地修改优化自己负责模块的材料,认真执行。在遇到问题时,我们及时沟通交流,每一个人有想法都可以及时提出来与大家一起讨论交流,达到事半功倍的效果,并且在做项目的过程中大家也感到很愉快。大家在项目实施过程中,不怕苦,不怕累,不断追求卓越。

前期,通过阅读书籍,到网上查阅靖西端午药市方面的相关材料,课后多方寻找相关领域的老师进行咨询,深钻研,多思考,以最快的速度进入角色,这极大地考验了我们团队每一个成员的快速学习能力。

在调查的过程中,我们深入药市对每种药材进行拍照,采访当地商人,野外

采集标本，对每种药材都进行了深入了解，确保调查数据的真实性、有效性。在实践过程中，我们的思维得到拓展，并以此为基点，发散思维，多方位思考，提炼自身的创新点，对创新创业训练项目的成果获得也更加有信心。

通过这次创新创业训练项目的实施研究，我深深感受到指导老师和团队合作的重要性与必要性，非常感谢指导老师，也感谢团队成员不计回报的付出。同时从中也获得了锻炼和成长，学习能力的提高扩展了我们的思维能力；共同的学习目标培养了我们的团队精神；学习的毅力铸就了我们执行的坚忍性。通过这次创新创业训练项目，我在知识、能力及其他方面的收获终身受益。（撰稿人：农业与食品工程学院　生物技术专业本 2012 级 2 班　吴权法）

### § 每一次经历都是生活给予我们的宝贵经验

我有幸代表百色学院参加"2017 年广西首届大学生 BIM（building information modeling，建筑信息建模）模板工程设计大赛"，对此我倍感荣幸。经历了比赛的大风大浪之后，我获得了很多收获及宝贵经验。

在这次比赛中，经过一个月的培训与训练，加强了自己对品茗 BIM 模板工程设计软件的认识与操作，并经过一次次的练习去熟悉每一个步骤，确保能在规定的时间内完成。这次比赛虽然花费了很多的时间，也让自己忙碌了一个月，但自己心里是甜甜的，在对软件的操作过程中我学会了很多在课本上学不到的东西，最重要的是自己的识图能力与对施工现场问题的处理能力有了明显的提高。在这次比赛中培养了自己的创新能力和动手操作能力，培养了自己的创新意识，也增加了自己的知识面，让我充分认识了 BIM 软件的实用性，提高了自己的科学文化素养和团队合作能力。

我觉得每一次经历都是生活给予我们的宝贵经验，它是我们成长中的一部分。在这次比赛中虽然没有拿到第一名的成绩，但我并没有很失落，我觉得，只要我参加过、经历过、从中学习过并得到更多的认识，我就不会后悔和失落。在这次参赛过程中，我体会到了团队精神的重要性，作为一个集体，我们不能各顾各的，应该学会分工合作，学会团结。当我们遇到困难时，并不轻言放弃，我们会一起讨论和找出解决困难的办法。正是因为我们有团队精神，所以在这次比赛中，在来自全自治区 22 所土建类专业高校的 39 支队伍中我们能获得第三名的好成绩。

在这次比赛中，我也发现了自己的不足之处，我认为我的理论知识还不扎实，动手能力较差，对 BIM 软件的认识与操作不够熟悉。我觉得日后应当强化自己的理论知识，提高自己的动手能力，同时多学习一些关于本专业的软件，也要学习和借鉴他人的成功经验，提高自己的效率。

通过参加此次大赛，我深刻体会到理论和实践结合的重要性，具有扎实的专业理论知识的必要性，更深刻地了解到团结互助的精神对于一个团队能否到达胜利的彼岸起着关键性的作用。（撰稿人：管理科学与工程学院 工程管理专业本2014级4班 杨敏强）

## （三）"挑战杯"项目成员的体会与感悟

### § 以挑战赛为契机，展现团队竞争力

回想2016年，我们经历了全国高校商业精英挑战赛信息化创新创业竞赛、国际企业管理挑战赛，我们学校在比赛中的影响力也在不断扩大，站上的舞台也越来越宽广。在比赛中，我们遇到过名校的队伍、专业的团队，但是我们依然突出了重围，站在了总决赛的舞台上，和全国各地高校的团队共同竞技，凭的就是我们勇往直前的魄力和我们的自信，我们相信我们能行，我们相信我们并不比别人差。也许在比赛中，我们遇到过强劲的对手，遭到过一时失败的打击，遇到过许多不懂的问题，遇到过队友的质疑，但是我们通过我们的团结和老师们的支持，一一克服了这些困难，才有了我们今年在学科竞赛上的荣誉。

作为一个以学习管理为主的团队，我们在课堂上更多学习的是理论知识，缺少实践的机会，而竞赛恰恰弥补了这个缺陷，不仅仅是理论知识，还有理论知识在实践中的运用，全方面地锻炼了我们的能力，也让我们有了一个更好的平台去发挥，去展现自己的能力。特别是在比赛中遇到很多不懂的问题，可以及时询问老师，也可以自学，锻炼了我们各方面的能力，丰富了我们的课余生活。特别是作为一个跨专业组成的队伍，我们需要更多的时间去磨合，每个人都有每个人的想法，每个人都想尝试，但是每次的决策又不能全都采用某一个人的想法，所以这就使我们需要更多的时间和精力去讨论、去研究。成功不是一蹴而就，而是在一次次的争执中，在一次次的研究中，不断修正和磨合的。

回想我们在这一年中所经历的，心里不禁感慨万千。虽然一年不长不短，但每位同学获得荣誉的背后都是各自日夜苦战，用自己的勤奋努力和付出换来的。我不想说我们累，更不想说我们苦。因为我们是青春、潇洒的90后，风雨过后我们依然会展露笑容，今日的累是为了我们明日的辉煌，为了我们百色学院更美好的明天。我相信今天我们能有如此佳绩，明天依旧可以砥砺前行。（撰稿人：工商管理学院 市场营销专业本2014级 韦佩贝）

### § 立足项目实践研究，提升专业知识水平

这次参加"挑战杯"项目让我收获很多，也体会到了写论文的辛苦，使我对人文地理与城乡规划有了新的认识，下面是我这次参加"挑战杯"的心得。

收获与感想：得知要从我们班选人参加"挑战杯"项目的时候，我的内心充

满了兴奋，因为自己知道参加项目可以学习到新的知识，而且也可以对本专业进行深一步了解，对于喜欢挑战的我来说这是一件令人高兴的事情，但是在兴奋过后想想自己是第一次参加这一类的活动，不知道自己是否能完成这个比赛。经过选拔，我成功地成为项目组的一员，不久后项目的负责人韦老师就找我们谈话，在谈话中我们得知我们的这个项目是学院领导十分重视的一个项目，希望我们认真并且努力把这个项目完成好，不辜负学校的期望。这次谈话韦老师还同时交代了我们项目的考虑方向，这使得我们对日后的研究方向有了大体上的了解。会议结束后我们就开始各自寻找资料，经过了解以往项目的成果并结合我们学校的实际情况，我们终于把项目确定下来，即念毕屯的规划。之后，我们就开始着手了解念毕屯的历史背景，以及地理位置特征，还有念毕屯的特色文化，我们的项目得到了学院的大力支持，为了使我们对念毕屯的实际情况有更加直观、具体的了解，学院联系了当地的村支书。于是在出发前我们又开了一次会，这个会议把每个人的任务落实，我选择的板块是念毕屯重新规划后的设计，需要一个软件才能做到，这也符合我当初的想法，希望通过这个项目学到新的东西。在会议结束后韦老师还教我如何使用 PS，我也认真学习。之后我们就去了念毕屯了解当地的情况，我们详细地记录了下来，并且拍了照片作为我们项目论文的材料。当地的村民也十分热情地接待了我们，跟我们介绍了村里的情况，我们了解了跳弓节的来历、这个村子的背景、村民房屋的特色等，这可以作为我们日后写项目论文的材料，对我们写论文有很大的帮助。在这次实地调研后我们五人就开始写各自负责的板块了。为了项目，我们在课余时间认真查阅资料，大家时常沟通了解各自的进展和有没有什么好的想法等。老师给我们的帮助也很大，我们每个星期都会给韦老师汇报进展，韦老师也耐心地帮我们批改，经过了三个月的时间我们的项目论文终于完成了。

实践与提升：在这次比赛中我学会了如何使用 PS 软件，学会了如何在庞大的资料库中寻找有用的材料，这对我以后的学习有很大的帮助。通过这个比赛，我们了解了论文的结构和格式，也让我对写毕业论文有了初步了解。总的来说，这次比赛使我增加了自身的技能，也学习到了团结就是力量的意义。（撰稿人：管理科学与工程学院　工程造价专业本 2016 级　李俊俊）

### § 敢于尝试，造就梦想

梦想一定要有的，万一实现了呢！不试试怎么知道行不行。人生是一次只去不回的旅行，所以路上的风景要好好看，想做的事情要趁早做。

大学的生活丰富多彩。在校园内，除了学习还有很多的活动与比赛。在机缘巧合之下，我和几个小伙伴一起参加了 2016 年"创青春"广西大学生创业大赛。在校园筛选中我们的项目获得了广西壮族自治区的参赛资格，虽然到最后只获得了校级的三等奖，但在这个过程中，我和我的小伙伴们都收获了很多意想不到的东西。

参加比赛要写几万字的创业计划书，要做宣传视频等，这些对于我们来说，是一个很大的挑战。

从开始参赛到结束，历经了一个多月的时间。期间，我们有争吵声，有笑声，也有抱怨声，但我和我的小伙伴们从未放弃，一步一个脚印的努力做到最好。

在写创业计划书的过程中，由于我们自身的基础薄弱，开始根本就不知道创业计划书的书面格式是什么，不知道从何下笔。而身为负责人的我责任更是重大，需要自己先去查询很多资料、咨询老师，然后再跟自己的小伙伴们解释我们所要做的工作，给他们分配任务。在我和小伙伴们的整合下，完成了初稿。我自己再根据初稿进行了修改，当然修改不仅仅只是修改创业计划书的内容，还有字体、格式、目录、封面的修改，在这个工程中，我积极向师兄师姐们寻求帮助，而师兄师姐们也十分热情、耐心、细心地教我，在他们的指导下，我可以很轻松地利用学校阅览室的电脑在网上查阅资料，一些不会的文档操作，也可以在网上查到。写完计划书交到学校的那一刻，小伙伴们都松了一口气，不约而同地说"终于写完了，可以好好睡觉了"。是啊，我也这么觉得。我看了一下创业计划书的字数，四万多字，我把这个信息跟小伙伴们分享了，他们都惊呆了。接踵而来的是一股油然而生的自豪感，原来我们也可以。

接下来的时间，我们就回归到日常的学习和生活中。可能是我们不太自信，所以也把这个比赛遗忘了。但在某一天，我突然接到校团委的通知，我们的项目被选上了，需要再一次拿回来修改，然后参加广西壮族自治区的比赛。接到通知的那一刻，我还掐了自己一下，"还会痛，不是在做梦"，原来自己也是可以的。高兴之后，我们又开始忙碌，但我们乐在其中。

这次参赛还要求我们做一个两分钟的宣传视频。宣传视频又是一个很有技术含量的事情。我们拍摄了很多素材，在不认识视频方面专业人士的情况下，我们一起查询了很多资料，经过一次又一次的剪辑与修改，终于交上了我们自己满意的视频。可惜在最后的模拟答辩中我们没有进入决赛，正所谓"失败乃成功之母"，经过这次失败，我们也总结了一些答辩经验，如讲解的时候可以适当放慢速度，宣传影评色彩要形象生动，讲解时要把项目核心讲出来。

我们通过自己的努力，为这个比赛交上了一份满意答卷。在这个过程中，我们付出了很多心血和汗水，但我们也收获了很多，学到了自己以前从未接触到的东西。从其他团队那里，我们也见识到了不一样的想法，开阔了自己的眼界。比赛结束后有时候很怀念那些忙碌的日夜，很怀念和伙伴们一起奋斗的时光。参赛过程增深了我们团队间的情谊，使我学习到了更多为人处世的道理。起初参加比赛的时候根本没想到会获奖，只是抱着锻炼自己的心态去参加，没想到得到了意想不到的收获。在此，我想对未来参加"挑战杯"的学弟学妹说："不要抱着拿奖的心态参加比赛，要把比赛看成一个锻炼自己的平台，不要只依靠指导老师，而是学会自己积极主动地解决问题。"

比赛结束后，我们打算继续完善作品，开展市场调查，收集数据、做好规划，再重新调整。虽然现在要毕业了，时间不充裕，但事在人为。"挑战杯"为大学生创造了一个展现自我的平台，丰富了校园文化，引导和激励高校学生实事求是、刻苦钻研、勇于创新，培养了学生的创新精神和实践能力，促进了高校学生课外学术科技活动的蓬勃开展。感谢"挑战杯"，让我们见识到很多优秀的团队，也发现了自己的不足，让我们团队有站在讲台上的自信，还收获了一段难忘的时光。（撰稿人：教育科学学院　小学教育专 2014 级 5 班　陆美艺）

### § 创新学术科技实践活动，培养高素质创新人才

我们于 2015 年在百色学院参加了"挑战杯"，组员有韦映祥、杨红焕、周杰、叶巧玲、陈艳华。我们的参赛课题是"广西大王岭原始森林风景区野生大型真菌资源调查研究"。其目的在于对大王岭原始森林风景区野生大型真菌进行系统的调查研究，对其资源价值进行综合评价，以期为该区域大型真菌资源的合理保护与开发利用提供依据。

参加"挑战杯"活动，我觉得是相当有意义的。首先，激发我们对自己所学生物技术专业的积极性。给我们一个动力，结合自己所学的专业知识，加上老师的帮助，设计课题，并做相应的实地调查。把所调查到的数据和各种信息，进行系统分析，得出相应的结果，可以为我们开发大自然提供一定的帮助，同时也有利于我们对大自然的保护，实现生态和谐。我们采用实地调查法、资料查阅法，共调查到 149 种野生大型真菌，隶属菌物界 1 门 2 亚门 4 纲 13 目 39 科 80 属；其中食用 40 种、食用兼药用 16 种、药用 48 种、有毒菌 9 种，还有 36 种菌的经济价值有待研究。这样的结果可以提供给大王岭原始森林风景区，制作成册进行宣传，让当地人和游客懂得保护珍贵的野生大型真菌，并找出一些营养价值、药用价值高的大型真菌，加以利用去造福当地的人。其次，通过"挑战杯"活动，巩固了我们的专业知识与技能，真正实现理论与实际相结合，使我们对所学的知识有更彻底的认识，也知道其用武之地。同时还增强了我们对参与各种活动的积极性，认识到这样的活动，能帮助我们更好地学习和成长，有更多的机会与同学、老师进行探讨，让我们不断变强。最后，"挑战杯"应该继续发展和扩大，尽可能让更多的学生参与其中，让更多的人乐意开动脑筋，热爱自己所学的专业，并为之不断努力与拼搏。（撰稿人：农业与食品工程学院　生物技术专业本 2012 级 2 班　韦映祥）

# 三、实操训练学生的体会与感悟

在"D-TSO"模式的运行中，全校 17 000 多名同学参与到了理论学习环节中，根据学生的兴趣和志趣，有 11 200 多位同学参与到模拟训练环节，考虑学生在模拟训练环节的表现，结合他们的志趣，近 8 000 名同学参与到实操训练中来，他们收获很大、体会很深，这里展示了其中 12 个团队（同学）的体会与感悟。

### § 创业需要激情，但创业的道路崎岖

2015 年学校举行了大学生创业项目遴选与孵化大赛。我们组建了一支以中药植物保护营养系列产品为项目的七人创始团队开始了我们的逐梦之旅。在比赛过程中，我们一路过关斩将，经过了初赛、复赛，最终闯入了决赛，在决赛上我们展现了自己的风采与实力，并获得了创新创业学院承办的"百色学院 2015 大学生创业项目征集暨投资孵化遴选大赛总决赛"的特等奖，即百万元意向投资项目。

初次创业的我们选择了入驻创业孵化基地，在 2015 年 11 月入驻创新创业学院的创业孵化基地，办理了营业执照等各项有关证件，建立制度，设置部门，公司正式成立。

在创业孵化基地期间，我们多次参加各类创业讲座、培训和调研。参加"创客大街"活动，与社会上的创业人士交流与学习，调研了百色市百晟广告策划有限公司、百色市洛菲装饰工程有限公司等学长创办的企业，成功创业人士的创业经验、企业的管理经验与方法、企业的运营模式、创新思维等开拓我们的视野，丰富了我们的见识，进一步提高了企业管理能力。

创业是充满活力的，但创业的道路是崎岖的，总不会一帆风顺，也会遇到很多问题。努力不一定成功，放弃注定失败！成功与失败都是常事，跌倒再来，有时候成功和失败，只是一念之差，所以要谨慎，要多学习他人成功的方法。

创业是需要激情的，但短暂的激情是没有价值的，只有持久的激情才能创造价值。创业大体分三个阶段，今天、明天和后天，今天是很残酷的，明天更残酷，后天是很美好的，但是大部分的人都死在了今天、明天的路上，甚至是明天的晚上，只有很少人坚持到后天，不要惧怕困难，要学会面对困难、解决困难才能成功。（撰稿人：百色市药宝农业有限公司负责人）

### § 创业是艰辛的，理想是丰满的，现实是骨感的

2015 年 7 月我们组建了一个创业团队。从撰写创业计划书开始，一步步地开始了我们的创业之旅。创业是艰辛的，各种艰苦和挫折只有经历过才深有体会，很多东西无法言说。理想是丰满的，现实是骨感的。在讨论项目的时候每个人都

有诸多想法，说得唾沫横飞，兴奋不已。然而真正要实行的时候，却遇到了一些挫折与考验。

只为了完善创业计划书，就花费了很多时间。当时学校及创新创业学院给予我们非常大的帮助，开展创业讲座，聘请相关创业导师进行讲解与指导，这些帮助对刚开始接触创业的我们是无以言喻的。听了导师的指导，结合实际，我们一次又一次地修改创业计划书，并进行了多次市场调查。为参加 9 月的创业大赛做了相应的准备，从计划书到 PPT 的制作与修改，再到路演的试讲，我们开了一次又一次的会议，一次又一次的修改和练习使我们对这个项目充满期待。

通过创业大赛，我们学到了很多东西，成功入驻孵化基地后开始购买项目需要用到的东西。2016 年 4 月我们注册了公司，之后针对现实情况购买了毕业服进行租赁，尽管这项工作并不打算长久做，但是从中我们学会了很多，如沟通、及时调货和管理、服装租出的记录等。服装的租赁做了两年，每一步都是团队成员自己经手，虽然辛苦但乐在其中。真正做一个项目需要准备的东西太多，管理的经验方法、人才的引进和资金的投入等，对于刚起步的我们每一样都是困难的。需要不断地钻研和学习更多知识，碰壁之后要学会总结经验，吸取教训，保证下次在实施过程中能够减少一些错误。

针对体验中心，我们也考虑了非常多，怎么吸引人、怎么能够持久经营、怎么装修能使场地的利用达到最大化及人员的管理等。管理经验除了通过视频、讲座及去相关机构亲自学习，还要有自己的亲身经历，才能收获更多东西。

通过这一系列活动与实践，丰富了我们的经验。我们深知创业的不易，但从决定做这个项目一直到现在，无论经历什么挫折，从未想过放弃。我们不断交流与学习，希望我们的项目能真正实施起来。非常感激学校和创新创业学院的大力支持和帮助，还有给予我们宝贵意见的导师和朋友们。有了大家的帮助，我们的计划书才能更实际，才能更加准确无误地实施起来，也为今后增强我们的团队合作精神和默契奠定了一定的基础。在今后的创业之路中，我们会更加努力朝自己的目标前进，希望走得越来越远。（资料来源：地球村创业公司）

### § 森凡——永远在路上的创业者

大学生创业的最大好处在于能提高自己的能力、增长经验，以及对自己专业学以致用；创业最大的诱人之处是通过成功地创业可以实现自己的理想，证明自己的价值。但是创业的道路是艰难的，2013 年我只身一人来到了百色学院，踏进校门的那一刻我给自己定了一个小目标，那就是用自己的双手为家里减轻负担。在大一的时候我做过派发传单等各种兼职，但到后来我开始萌生了自己创业的想法。当时和同班的小虎及班长老王一起买了一个手推车及一些制作寿司所需要的材料，当时我们几个对寿司也仅仅是停留在字面上的认知而已，关于怎样做还真的是什么都不懂，只能自己去网上找相关视频学习，在没有课的晚上我们就从澄碧校区到东合校区校门口现做现售寿司，而我们这一做便一发不可收拾，阿狸嘎哆寿司慢慢得到了百色学院师生们的认可。2014年百色学院招生就业处举办了一个大学生创业比赛，很庆幸我和小伙伴们参加并成功得到了创业门面，一个是阿狸嘎哆寿司奶茶店，另一个是天籁村音乐工作室，我们的阿狸嘎哆寿司在大学生创业园也有了一个家。2015年9月3日我和我的小伙伴们创建并注册广西森凡文化传媒有限公司，同年9月我们参加了创新创业学院举办的大学生创新创业暨百万元投资资金项目比赛，在众多的团队之中经过层层筛选我们进入了决赛11强，从通宵达旦地写策划书到决赛，这一路上所洒下的汗水只有我们自己懂，但是我们觉得这汗水是甜的，最后我们团队得到了创新创业学院免费提供的公司办公场地及具有针对性的创业培训，使我们的创业技能得到了进一步提升。2016年5月20日森凡创业团队联手百色学院宣传部、百色市交警大队、百安驾校成功地举办了"拒绝毒驾、珍爱生命"知识校园行几千人次的大型晚会。2017年我们就毕业了，我们决定要为百色学院留下一些值得回忆的东西，2017年的毕业季，森凡创业团队自主设计百色学院系列纪念品及推广了毕业季跳蚤物品处理平台，森凡创业团队再一次得到了百色学院校领导及师生的支持与鼓励。而如今我们毕业了，但是森凡创业之路并没有因此而停止，我们在校外找到了创业办公场地，并与百色水果指南连锁店达成广告合作，以及承接了恒宁广场宏耀百汇超市的广告制作等。我们在汗水之中成长，我们在泪水之中感恩，感谢这一路帮助我们的各位导师。

广西森凡文化传媒有限公司一贯以"稳中求进，创意无限，保质保量，竭诚打造"为基本准则，我们将继续发扬"不忘初心，方得始终"的创业精神，做到质量第一，用真诚服务，尽我们最大的努力，让这一片红城沃土的客户满意；尽我们最大的能力，在这红城百色发光发热。

有情有义有担当的人才能走得更远，森凡——永远在路上的创业者！（撰稿人：潘海阳同学创业团队）

### § 国学社的发展离不开创新

从一枝独秀到山花烂漫。国学，至今都是一个社会话题，或许并不是一个热题。随着社会的发展，对传统经典文化需求下降、不够重视传承国学经典文化和对国学的热度低下，国学逐渐衰弱。然而正因为如此，我们应该为国学感到担忧，更应该为国学的发展而思考，为国学的发展而创新。

大学生国学社团，是由志趣或爱好相同的学生组织起来的一个团体。社团可以丰富校园文化生活，理论联系实际，使学生在实践中学习提高，激发自己潜在实力，能把能力融合到社团中的；同时也能和志同道合的同学交流思想，丰富知识。而作为大学生社团，作为一个继承国学、热爱国学的社团，我们身上背负着一种"为往圣继绝学，为万世开太平"的使命。然而在当下，许多人对传统国学经典文化的热爱减退，社会的不够重视，国学文化渐渐衰退。然而我们对于国学的理解没有变，我们对国学复兴的期待也没有变。我们作为国学社团，需要传承国学经典文化，需要在管理上创新，在活动中创新，需要在继承的基础上创新发展。更好地激发对国学的热情，更好地发展国学，这是国学社团的使命所在。

当前，国学社存在着一些问题，如管理制度不够健全，社团活动内容创新性和超前性不高，无法满足会员的需要。社团的形成是以会员的兴趣和爱好为纽带的，因而，积极拓展会员的兴趣和爱好便成了社团会员共同的心理需求。但是随着社团的发展和社会形势的变化，社团会员的需求也由浅入深，由单一到多层次化，在这种情况下，如果社团文化活动还仅仅停留在满足会员兴趣和爱好这种简单的初级需求上，而不注重拓展会员的知识与能力，就必然满足不了社团会员日益增长的高层次需求，导致社团活动单调无味，形式呆板，对学生吸引力不强；部分学生对社团建设的意义，认识不够全面和深入等。因此，我们需要在管理上创新，活动上创新，创新发展国学经典文化，通过活动提高认识、创新思维，通过活动丰富文化生活，主动克服困境，推动学生社团活动持续发展。

管理创新。加强管理社团事务，积极引导社团会员不断学习新思路、新知识、培养他们的好奇心、求知欲，激发创新思维，使社团保持着活力，具有旺盛的生命力，保持社团的先进性；善于调动大家的积极性，发挥个人的潜能，提高工作效率；社团的管理者应经常跟会员交流感情，一方面加强会员对社团的归属感，另一方面也有助于管理层了解会员心声。

活动创新。社团的活动应每年更新，不用拘泥于旧有的活动形式，当然一些优秀的品牌活动应当继续发扬光大。例如，积极开展创新型活动，激发潜能，激发创新思维能力；可以举办传统国学经典文化角；可以联合其他社团举办多种多样的活动增进社团之间的联系和友谊，展示协作精神；可以到希望小学或者贫困的农村小学，给那里的孩子上一堂课，让这些孩子对传统国学经典文化有更深入的了解；可以组织开展有关国学经典文化的演讲比赛、辩论赛；可以组织国学经典文化作品选读交流会等。这些都能体现国学文化的魅力，为国学文化增加光彩。

路漫漫其修远兮，吾将上下而求索。创新是一个过程，不仅仅是管理上创新，更需要活动上的创新。我们必须不断地探索，同时要有开拓创新精神，要努力寻求适合社团的好路子，创出精品活动。（资料来源：国学社）

### § 今天很残酷，明天更残酷，后天很美好

创新有很多的方式，就计算机网络协会而言，我们可以从活动入手进行创新，不再是以往单纯的维修，而是再多举办一些友谊比赛，以增进内部人员的和谐与

稳定。都说思维是行动的指南，学计算机更需要的是思维。创新思维是创新活动的灵魂，想拥有创新的思维必须拥有兴趣作为基础，所以要尽可能地激发会员的兴趣，因此从创新方面我社将展开以下工作。

（1）以往的系统重装都是直接告诉会员步骤，就像直接提供模板一样，所以接下来教下一届会员时应该注重过程，先让他们参加一次义务维修活动，让他们先自己研究，后面不懂再教他们。

（2）之前我们的义务维修都是修软件，硬件没有接触过，但接下来可以和电子信息技术科学协会合作，我们修软件，他们修硬件，彼此可以相互学习，共同进步。

（3）请指导老师开培训课，不再是针对之前教的一些软件问题，而是可以让我们接触一些网络安全方面的知识，当然右江民族医学院的兄弟协会也提供了很大帮助。

创业是一项卓有抱负的选择。马云谈创业时说：一个好的东西往往是说不清楚的，能说清楚的往往不是好东西！创业要找最合适的人，不一定要找最成功的人。免费是世界上最昂贵的东西。今天很残酷，明天更残酷，后天很美好。

我最认同的是最后一句：今天很残酷，明天更残酷，后天很美好。今天的大学生都面临这样的现状，我们都向往更美好的未来，但我们还要面对残酷的今天。

就创业而言，我有两个选择。其一，以本专业为起点，也就是计算机专业，这样能够将自己在大学期间学到的东西充分运用到社会实践中，从事自己擅长的方面，做起事来会顺利一些；其二，从事与本专业无关的专业，但要以兴趣为起点，心态很重要，看到成功的同时也要看到失败，那才是看到了真正的市场。同时创业能力是需要我们一步一步来提升的，一夜暴富基本上是不可能的，我们要给自己确定一个明确的定位，一步步提高自己的创业能力。创业者素质的培养是有一定规律的，其成长也是有过程的。而从实践中汲取经验和教训都是创业者成长的捷径，只要我们有信心，并积极行动起来，才能努力提高自己在创新、创业方面的能力。

我们就有理由相信，不远的将来，在社会创业的舞台上，会真正涌现出一批批的大学生创业英雄，会流传一个个大学生创业的传奇故事。（资料来源：计算机网络协会）

### § 看不见，看不起，看不懂，最后变成来不及

"创新创业"这个词是近几年的热门词，特别是加上了大学生几个字后的"大学生创新创业"更是热门话题。

2016年10月我刚进入百色学院读书，出于兴趣，我对身边的老师和同学做了一个小小的采访。问题大致是一样的："你觉得协会与创业挂钩这个想法有可行

性吗？"大部分老师的回答大致是这样的："可以啊，不以营利为目的，还可以服务百色学院的全体师生，另外，对协会的发展也是有一定好处的……。"在各协会或者部门创业园有一定话语权的同学回答："行啊，可以获得经费，还可以提高你们协会的知名度……就是做起来挺难的……"没有参加任何社团或者是学生会和团委的学生说："你脑子抽了？嫌自己事儿不够多？指导老师会不会同意另说，你的担子会重很多……"不同的人有不同的意见和见解，不由得想起了马云先生说的那句话，起步阶段：看不见，看不起，看不懂，最后变成来不及。其实人最怕的不是看不见和看不起，而是来不及。（撰稿人：旅游文化研究协会负责人 何家欣）

## § 舞动双手，释手工之情怀；专注用心，传艺术之魅力

手工制作协会成立于 2009 年，是一个以"舞动双手，释手工之情怀；专注用心，传艺术之魅力"为口号，以自己制作手工艺品为特色的自发组建的非营利性学生社团。

手工制作协会自成立以来，就多次开展技术交流、手工技术比拼、会员培训等特色活动，旨在将我国民族民间传统手工艺术与现代元素相融合，继承弘扬中华民族的优秀民间艺术。在 2016~2017 学年中，手工制作协会共举办了如下活动。

会员培训课共开办了 14 次。培训课内容有手工串珠、捕梦网制作、结绳编织、丝网花制作、中国结制作等。手工制作协会及学生会干部（简称会干）主要负责提供教学场地、提供教学材料、掌握手工制作方法、为会员现场教学等。每次会员培训课都会有固定的主题，会员只需在规定的时间来到教学场地进行学习。会干会在黑板上写下详细的手工作品制作过程，同时还会在教室内摆放手工成品供会员观摩、学习。会干会在现场了解会员的学习情况，及时为制作过程中出现疑问的会员解惑。

手工技术比拼类活动共举办了三次。例如，荷包现场制作大赛、书签贺卡制作大赛、爱心贺卡制作大赛。在活动过程中，我们会向社团联合会申请场地进行摆台，并通过网络、海报等宣传方式，鼓励全校学生积极报名参与比赛活动。收集全部参赛作品后，协会成员会妥善保管，举办相关的展览、投票活动，并邀请老师为参赛选手作品进行评分，选出手工精良、受同学喜爱的作品，为获奖者颁发荣誉证书及奖品。

手工制作协会还与其他社团或组织联谊合作，其中共与校外组织合作三次，与校内社团合作四次。在校内，我们手工制作协会与社团联合会、青年志愿者协会、读者协会、1+1 创业协会等社团联合合作；在校外，我们与百色右江民族医学院的手艺坊、青年志愿者协会合作，进行了魔术气球与贺卡的培训交流会和手艺坊手工制作大赛的技术切磋。这些活动增进了社团与社团之间的友谊，促进了同校与不同校的大学生之间的交流。除此之外，我们还举办了爱心义卖、泮水乡

中心小学爱心行、森林广场志愿者、与右江区图书馆合作的圆梦手工坊等爱心实践活动。通过爱心实践活动，我们不仅帮助了那些需要帮助的人们，还在这个奉献爱心的过程中形成健康的人生观、价值观和世界观，让我们友爱于心，善行于微，在爱心实践中接受心灵的洗礼，获得心灵的成长。

这些丰富的社团活动，在学生群体中反响极好，通过这个良好的交流平台，同学们不仅可以学到自己喜欢的手工艺品的制作方法，还能结交到不少志同道合的朋友，同时还提高了同学们的动手能力和创新能力、培养了同学们的兴趣爱好、丰富了课余生活。社团的会干也在实践活动中锻炼了自己的组织能力和领导管理能力。

但在部分活动的组织与管理过程中还是有许多不足之处需要改进。例如，举办荷包现场制作大赛时，前期准备不充分，即使在赛事开始前会干及时补救，让赛事顺利结束，但也导致了赛前十几分钟的时间里会场秩序混乱，让赛事留下遗憾。追根究底的原因是，会干的积极性不高，心中存在侥幸心理，认为赛前一小时内可以将材料采购齐全，却未料到在比赛当天，校园内大部分商店都处于未营业状态。还有原计划在 6 月 10 日举办"国家级非物质文化遗产——麽乜"教学活动，但由于 6 月 10 日是国际非物质文化遗产节，社团的麽乜指导老师应邀去参加节日活动，这让我们的麽乜教学活动不得不推迟到下个学期，也让许多对麽乜制作感兴趣的同学不得不败兴而归。

在手工制作协会中工作了一年，从一开始的懵懂无知到所有社团活动工作安排与流程都烂熟于心，见证了百色学院大学生手工制作协会从三星级社团晋级到四星级社团。从各种活动中发现了许多不足之处，我们应学会改进不足，吸取经验。在未来一年的社团活动中，我相信第九届手工制作协会的全体会干，会携手并肩，打造一个温暖团结又积极奋进的社团大家庭，让加入手工制作协会的成员都能体验到在大学中与同学携手奋进的温暖与感动。

相信手工制作协会在大家的支持与鼓励下会越来越辉煌！（资料来源：手工制作协会）

### § 创新，是时代进步的领导者

创新，让数学建模扬帆起航。创新是一个民族进步的灵魂，是一个国家兴旺发达的不竭动力。创新作为千百年来一个永恒不变的话题，一直被人们讨论、追随着。国无创新不强，人无创新不立，校无创新不名，团无创新则不会壮大。

一个企业不懂创新，迂腐守旧，终将成为夕阳产业，被踩在食物链底端。墨守成规固然保险，可是我们不要忘记了，这个世界瞬息万变，如果我们赶不上，那么我们将会被这个世界遗忘、淘汰。其实，一个学生社团就像是一家企业，除了需要有一群好的领导者，一个属于协会的特色，还需要不断创新，以适应时代的变迁。只有不断创新，推陈出新，才能吸引更多的学生加入，也只有如此，这个协会的队伍才能壮大，才不会面临被解散的危险。

数学建模协会是一个以大学生数学建模竞赛为背景而创建的学生社团。其实，在我上大学之前，我从未听说过这个社团。以前的我，跟很多人一样，都认为数学没有什么用处，因为就像有人说的 "我去买菜又不用函数、微积分计算，真不知道学了有什么用"。但是，自从接触了数学建模，我就知道了，数学并非无用，它关乎我们生活的每一处，包括我们的衣、食、住、行。

创新是为了更好地适应时代的发展。数学建模协会自创建以来，就一直在寻找适合协会发展的道路，而社团的相关负责人也一直在摸索。一些陈旧的、不切合实际的东西，都要大力地把它们打破，大胆地创造新的方法、新的理论来解决我们的问题。我校一直重视全国大学生数学建模竞赛，近几年来，学校耗费了大量的人力、物力，组织学生去参加全国大学生数学建模竞赛，而数学建模协会就是为了这个竞赛而成立的。为了能够让参赛的师生更好地备战数学建模竞赛，我们协会组织开展了模拟的数学建模竞赛和全国大学生数学建模竞赛经验交流会。但是由于一些场地的因素，我们无法像正规的竞赛那样展开。李政道说过 "能正确地提出问题就是迈出了创新的第一步"，我相信在未来的不断创新和探索中，我们举办的数学建模竞赛会变得更完善。

为了能够更好地吸引学生参加我们协会，我们也举办了趣味数学竞赛。通过这样一个竞赛，我相信会让更多别的专业的同学认识到其实数学并不像我们想象中的那样枯燥乏味，而是充满了乐趣与奥妙。同时，我们举办这个活动，也是想要突出协会的不断进步，让更多的学生能够关注到我们协会，积极加入数学建模协会。

一个协会的创新，不仅体现在活动方面的不断创新，也体现在团队管理上的不断创新。一个好的社团，需要有属于自己社团的精品活动，也需要有一群优秀的管理负责人。我们协会虽然不像有些协会那样有庞大的队伍，但是，"麻雀虽小，五脏俱全"。为了社团的更好发展，我们协会做出了一些方面的创新。为了能够吸引学生的眼球，协会的每一位负责人都积极思考需要怎么做。每次开展活动，都积极上网查找有关数学方面的趣味活动。为了使社团内部更加团结，我们组织开展应届社团会干交流会。为了能够让新任的会干尽快适应社团的工作，我们协会的各个部门开展本部门历届负责人传授经验交流会。为了能够更好地发展社团，我们积极与其他协会的负责人交流，参考他们的管理经验。

太阳起起落落，年年相似，却又年年不同。熟悉的城市，陌生的角落，岁月的变迁离不开创新。没有创新，我们的社团要如何吸引人才？没有创新，哪里会有现在的高铁、飞机？没有创新，中华民族又何谈实现伟大复兴？创新，是时代进步的领导者，是适应时代发展的必然趋势。

不积跬步，无以至千里；不积小流，无以成江海。创新，才能挑战不可能，才能有更耀眼的光芒。没有一蹴而就的成功，我相信，每一点进步，都是成功的一部分。（资料来源：数学建模协会）

§ **创新是一切事物发展的本质**

近些年，百色学院高度重视创新创业教育并进行了相应改革。在课程方面，设置了创商培育与测评、创业基础等课程，此外还设置了一系列关于创新创业的比赛。为保障大学生创新能力的培养，我校鼓励教师和学生积极参加各类科技创新活动，充分调动学生学习积极性，保证科技创新活动持续稳定地开展，使大学生科技创新活动科学化、规范化和制度化。而学生也是积极参加，如"挑战杯"大赛，创新创业训练计划项目等比赛中，各个专业的学生发挥着自己的特长，积极参与，在比赛过程中同学们虽遇到许多问题但是都没有放弃，最后取得非常不错的成绩。从校园内的许多学生店铺就可以看出，这是学生们创新创业的具体表现形式，我想那种不怕苦，不怕累，不怕受伤，永不放弃的精神就是我们百色精神的重要体现。

创新是一切事物发展的本质，没有创新，社会就不会进步，对个人而言，也是如此。如何培养自己的创新能力呢？我认为首要的是对所学习或研究的事物要有好奇心。相传有一年，鲁班接受了一项建筑一座巨大宫殿的任务。这座宫殿需要很多木料，他和徒弟们只好上山用斧头砍木，当时还没有锯，效率非常低。一次上山的时候，无意中抓了一把茅草，将手划破了。鲁班很奇怪，小草为什么这样锋利？他摘下了一片叶子来细心观察，发现叶子两边长着许多小细齿，他的手就是被这些小细齿划破的。鲁班便请铁匠帮助制作带有小锯齿的铁片，鲁班和徒弟各拉一端，在一棵树上拉了起来，只见他俩一来一往，不一会儿就把树锯断了，又快又省力，锯就这样发明了。

在此之前，不少人一定像鲁班这样被割伤过，只是，为什么偏偏是鲁班发明了锯而不是别人呢？答案很简单，因为鲁班有强烈的好奇心和正确的想法，善于对生活当中一些微小事件进行观察、思考和钻研，从中找到解决问题的方法和思路，以至于获得某些创造性发明。这样一个故事告诉我们一个道理，只要我们多留意生活中的小事，勤动脑，我们便会收获意想不到的成绩。我突然想起了在创新课上，老师让同学们每个人想出一个创新的点子。一周后，许多同学积极发言，每个人都有自己的点子，有些已经实施，有些尚在观察。例如，某同学说道，现在都在用滴滴打车，为什么不可以滴滴打伞呢？此想法起源于不久之前突如其来的大雨使得她和很多同学被困，如果能够滴滴打伞，既能解决下雨了没有伞的同学的困难，又能为服务业增加新的行业。

百色学院以建设具有百色精神的一流应用型大学为目标，让同学们在学习的过程中不仅掌握自己的专业技能，还具备一定的创新能力。我们要明白：创新是人类特有的认识能力和实践能力，是人类主观能动性的高级表现形式，是推动民族进步和社会发展的不竭动力。一个民族要想走在时代前列，就一刻也不能没有理论思维，一刻也不能停止理论创新。我们作为 21 世纪的大学生，应积极发挥自己的特长和运用所学知识，大胆创新，勇于创新！（资料来源：英语俱乐部）

### § 提高自身的创业能力与素质，注重创新

大家都说大学生创业的最大好处在于能提高自己的创业能力，增长创业经验；最大的诱人之处是通过成功创业，可以实现自己的理想，证明自己的价值。无可厚非我也是这样想的。

大学里要有所作为还是碌碌无为取决于自己。为了成为一个有用的人，我刚上大一的时候就参加了学生会、专业协会、创业协会等，看有没有一个机会可以大展拳脚。机会总是留给有准备的人，终于我等到了创业园店铺要招新，我们四个人想来想去觉得开一个蛋糕店很有前景，就一起写策划。结果我们的申请通过了，当时大家都很高兴，因为辛苦得到了回报。接下来的两三个月就都在忙碌中度过，记得那时店面装修，我们在百色没有熟人，只能一家一家问价钱做对比，装修材料我们跑了百色好几家建材店才确定下来，人工费是磨破嘴皮才把价钱给压下来。可以说店面装修那段时间我们很忙，不仅忙装修还要上课，我真希望能变出两个自己啊！店里的修修补补全都我们自己做，感受到了创业的艰辛，但是我们一想没有付出哪里来的回报，就咬牙坚持下去。店面装修完成之后，我们又遇到了做面包、材料进货、收银员等新问题。我们四个分工合作，出现的很多问题也是一起讨论解决。

通过这次创业，我明白了很多。创业，简简单单的两个字，其中包含着太多的挑战和困难。创业的风险、机会成本、时间成本、经济成本等都是需要认真考虑的，在我们做出决定并付诸实践之前，我们必须做好充足的准备。之前我们开蛋糕店的时候因为没有做好充足的准备所以才会出现上述的各种问题。如果不是在学校创业我觉得我们的创业一定会失败，因为我们考虑的太过简单，我们急于求成、缺乏市场意识及商业管理经验，对创业的理解还停留在仅有一个美妙想法与概念上，没有充足的心理准备。但这一次的创业提高了自己的创业能力、增长了创业经验。

作为当代大学生，尽管我们有激情、有梦想、有冲劲，但是因为我们缺乏社会实践，没有经历过市场中的风雨考验，缺乏管理团队的经历，所以我们创业比起职场过来人有着更多的风险、更盲目。这就要求我们必须努力学习以前成功创业者的经验，努力提高自身的创业能力与素质，更要注重创新。只有不断完善自己，我们才能在创新创业的路上走得更远，给社会带来更多的财富。这次的创业

我并不认为我已经成功，而只是有了一个好的环境。（撰稿人：蛋糕店创业负责人吴润泽）

### § "互联网+"与校易购平台

校易购作为一个新开发的APP，凭借其成本低、易推广的优点为广大在校大学生创业提供了新的平台。校易购从字面上理解为主要针对大学生的网上购物和交易平台，现在有很多专门针对大学生的购物网站，但是很多都是打着校园易购的旗号，却没有真正实施起来。而我们团队在这样的背景下，看到了百色学院的师生在澄碧校区购物不便，想到了这个创意。

我们的校易购承诺：免费送货上门，货到付款；所选商品不满意可以要求换货或退货，所售商品均从厂家直接进货，保证货真价实，售后服务有保证。这也使得我们增加了客源，并且开拓了市场。

校易购是以百色学院为主要市场，以百色本地生产厂家和商家为主，对其进行质量验证和签署质量保证协议，形成产销信息平台。学生通过校易购订购物品之后，可自行选定个性化的配送时间，网站对各大主要院校的即时购买信息进行统计，由网站在大学城设立的主要分发点在90分钟内送到学生宿舍，每位购买的学生在网站支付平台进行网上支付，也可在物品送达时进行现金支付或刷卡消费。学生在收到物品之后，发现物品存在质量问题或真伪问题，可以通过设立在各大主要院校的分发点或通过网站进行投诉，网站将有专门部门对其进行退换货处理，公司方面也会与相关厂家、商家方面进行交涉，对网站销售货物统一进行退换和相应赔偿，网站也将对厂家、商家的信用和质量评级进行降级或终止合作。另外，校易购也对大学生生活、学习、娱乐等方面的服务提供团购服务，筛选信用质量优良的商家，考虑消费价位和性价比等方面，为大学生在网购时节约了大量的搜索、对比等时间，为大学生的网购安全、质量和售后提供保证和维权保障。

当此项目得以投入使用，受益最大的是学生。感谢团队成员在当前"双创"的大政方针下，能够为百色学院的学子们多做一些事。在我们团队中，我们强烈的创业激情与奋斗精神，更容易打动我们的市场消费者，可以更好地赢得他们的支持。（撰稿人：校易购创业负责人 苑志富）

### § 创新创业教育助力个人和企业共同成长

百色风云广告设计有限公司成立于2016年12月，由怀着共同信念的设计专业大学生和市场精英组成。公司自成立以来一直追求艺术设计与现代社会、经济、教育的微妙融合。公司树立了"以职业需求为导向、以职业发展为核心"的理念，通过开展校企合作、教产融合、协同培养、合作共赢的有力举措，探索人才培养模式转型的有效路径。为此，我们团队诚邀了百色学院美术与设计学院的专业教师作为我们公司的技术指导。

在信息化时代，创新创业是我们当代大学生大展宏图，树立远大抱负的时刻。大学期间，有属于自己的空间和时间，有更广的知识交流圈，还有社会实践机会和很好的科技创新机会。通过参加创新创业学习，增强了个人及团队的动手能力、思维能力、团队协作能力和探索精神，拓展了视野。在大学阶段，学习的同时可以利用丰富的业余时间参加学术论坛、科技竞赛、创业实践等探究型活动，培养求实、探索精神，掌握与人沟通、团队协作等方面的技能，在锻炼抗挫折能力的同时也开阔了视野。风云广告设计有限公司充分利用大学生创新创业教育的大好时机，不断提升成员自身的理论水平和实践能力，为企业的运营提供保障。（撰稿人：风云广告设计有限公司负责人　王建鹏）

# 第二节　教　师　篇

## 一、理论课程教学教师的体会与感悟

这部分选取 11 位教师在理论教学中的感悟予以展示。

### § 创新型人才培养体系构建与完善

应用型本科是目前我国部分高等院校教育发展的一个重要方向，如何适应时代科技化、高等教育大众化与普及化趋势，与经济、生产第一线和地方大众生活紧密联系并为其直接服务，侧重于科技应用方面的知识、技术和素质的培养、训练和科研，是转型发展背景下地方高校人才培养亟待解决的问题。为培养高素质应用型人才，发展创新人才培养模式，百色学院优化课程体系，针对 2016 级及以后的各专业学生增开了创商培育与测评课程，旨在全面提升学生的创新创业意识和能力。

在创商培育与测评课程的教学过程中，任课教师改变了传统的讲授式教学方法，广泛采用情景教学法、案例教学法、项目式教学法、启发式教学法，同时通过课堂中智力趣味活动的开展，增强学生的团队合作能力和师生之间的互动，既培养了学生观察、阅读、分析、讨论、判断、推理、创新能力，又使学生潜移默化地接受了科学研究方式方法的教育，提高了学生的实践创新能力。同时，结合学生专业实际情况，开展创新创业教育，加强学生对所学专业的全新认识，提高其学习积极性。

目前，新形势的人才培养要求教师不再是教科书的执行者，不再是课程教学的主导者。教师的教学过程是师生互动的过程，教师已成为创设学习环境、提供学习工具、组织学习活动、参与学习过程、了解学生需求与发展及发展方向和可能性，并提供帮助的指导者。因此，教师不仅需要具有扎实的专业技术能力，更需要具有良好的教育素养。百色学院积极推动教师队伍建设转型，采用"请进来、走出去、自身培养"相结合的师资队伍建设思路，实施教学督导制，通过"听课"的形式加强对青年教师的培养，同时加大对应用性、技术性专业方向教师的培养力度，积极落实"双师型"教师培养。通过采取加强师资力量的措施，创新实践教学能力得到了进一步的提高。

目前，创新实践教学取得了初步成效，百色学院参加"挑战杯"、"互联网+"和"大学生创新创业实训"等项目的学生人数逐年增加。但在实践教学过程中仍然存在一些不足，如学生的创新意识低，基于专业知识的创新能力不足；部分教师从校园走向校园，缺乏参与工程、企业实践的经历，不了解企业的用人需求，加之教学任务繁重，缺乏教学乐趣和培养学生实践技能的能力，传统的应试化教育模式依然存在；实践教学平台有限，学生参与度低；等等。

鉴于此，在后期的创新创业实践教育中，仍需进一步优化人才培养方案，加强实践教学力度。安排1~2周的时间，组织学生进入企业或其他工作单位参与实际工作，积累实践经验；鼓励学生以社会调查、见习、实习等方式认识社会、服务社会；鼓励学生自主开发创新项目，独立或合作完成创新实践，积极参与老师的科研项目。积极支持教师以各种形式到校外企业、工程技术研究中心、实验室、实训室等参与实践锻炼，了解所教专业目前的生产、技术等现状及发展趋势，提高实践教学能力，成为理论与实践相结合的"双师型"教师。（撰稿人：化学与环境科学学院　游歌云）

### § 创新创业课程的授课技巧

创商培育与测评课程是百色学院2016年开设的一门课程，授课对象是全体2016级学生，也是新修订《人才培养方案》的专业所有学生的必修课程。我所授课的班级是农业科学与设施专业161班，只有27名学生，属于小班教学，每周4节课，共40个课时。这门课程的开设，应该说是非常具有现实性和前瞻性的，是顺应了国家培养创新型人才的又一重要举措。创新是一个民族进步的灵魂，是一个国家兴旺发达的不竭动力。通过该门课程的学习，可以更好地培养学生的创造力和创新思维，培养国家和社会需要的人才。

　　该门课程和其他课程相比，有很多不同之处。一是采用发散式、开放式的教学模式。创新意识和创新能力是大学生获取知识的关键。在知识经济时代，知识的更替速度加快，知识的新旧周期不断缩短，知识转化的速度猛增。在这种情形下，知识的掌握变得并不重要，重要的是知识的选择、整合、转换和操作。这些知识并非是靠言语所能"传授"的，它只能通过主动地"构建"和"再创造"而获得，这就需要大学生的创新意识和创新能力在其中主动地发挥作用。学生已不满足以往死记硬背式的教学模式，采用发散式、开放式的教学模式能更好地培养学生的创新精神和创新能力。二是课程结合时代发展，与时俱进。教师在授课过程中结合了很多新时代的创新案例，包括手机发展史，各大汽车、电器品牌的发展历程，课件和视频让学生更加生动地了解到了创新带来的伟大成果。三是注重培养学生的实践创新能力。例如，短时间内通过利用有创意的想法赚钱，让学生更好地认识到创新思维的重要性。创新技能是根据一定的目的和任务，开展能动的思维活动，产生新知识、创造新事物的能力。动手实践，是把构想变为现实必不可少的途径之一。因此在实践教学中，通过引导学生最大限度地参与实践操作过程，让学生充分展示动手能力，发表独特见解，展现创新的才能，享受创新的乐趣。

　　为了让教师能讲授好课程，学校做了充分的准备，如在教师中选拔一些具有"双师型"资格，又愿意讲授该门课程的教师来授课。专门邀请经验丰富的专家进行课前培训，这为教师能更好地理解和讲授课程打下了重要的基础。此外，教研室通过定期的课程交流活动和丰富的课程、案例资源的共享，让教师能更加得心应手地讲授课程。

　　通过教学模式和教学方法的改革，学生上课的积极性大大提高了，创新思维和创新能力得到提升，学会了主动思考，能够积极寻求解决问题的方法，还锻炼了学生的口才、胆量和实践动手能力。不足之处在于实践活动的广度和深度还不够，有少部分学生参与小组活动的积极性还不高。今后要进一步完善考察评价的体制机制，让学生能更主动地参与学习。同时创商培育与测评课程给学生提供了更多的实践锻炼的机会，鼓励学生多走出课堂，将知识转化为成果，这更好地体现了这门课程的价值。（撰稿人：农业与食品工程学院　刘丽华）

### § 创新创业与专业教育的融合

　　培养大学生创新创业素质是创业教育的重要使命，这也意味着创业教育实质上单靠理论是走不通的，需要理论与实践相结合。我作为百色学院"双师型"教师，承担着教育学生不仅要有理论知识而且要重技巧这一教育任务。2016~2017学年第一学期的第9~18周的创商培育与测评课程由我授课，授课对象是2016级舞蹈学专业的学生，学生人数48人。这门课程我也是第一次接触，刚开始有些害怕自己上不好，当我拿到教材的时候，又有些惊喜，因为内容与我专业中的创新性思维比较符合。上课学校有统一的课件，内容上比较全面，这让我们教师省了很多的时间，只要花时间去消化和熟悉课件内容，当然，根据授课的学生会有些不同的调整。这门课程是高校培养学生创新能力的改革课程之一，但最终的成效不是特别的理想，原因主要有以下几方面。

理念更新——创业教育不等于创业培训。在上课过程中，很多同学反馈说："老师，你教我们如何赚钱吧，老师你教我们如何创业吧……"看似没有错，但是同学们有点着急，以为赚钱就是靠课堂上教的技法这么简单。实际上，这门课程内容更多的是为了更新学生的理念，实现创业教育实效过程，需要先把创业的思维大门打开，了解更多的创业实例。世界在变，人们的思想不能不变。我们不能把创业教育简单视为创业培训，而要深刻理解"教育"的内涵，才能在关键的时候发挥好创新创业教育的作用。

课程内容——创业教育需要与专业教育相结合。这门课程整个内容是比较完整的，但是同学们只是被一些故事或是一些知识点的游戏玩法吸引，再者就是对课件里面的一些动画感兴趣，而缺乏对知识的研究，当然这很大程度上是因为学生是舞蹈学专业的，他们更喜欢和擅长肢体语言上的表现。在创业教育过程中，由于认知程度不一样，我们需要把课程内容与专业教育紧密结合起来，这样学生的兴趣会更大，与专业教育有机契合，创新精神需要贯穿到专业教育的全过程，这就需要教师熟悉学生的心理动态，以及学生今后的就业方向。

在专业教育过程中，指导教师要引领学生将这门课的思维法、新理念运用于专业的领域，运用思维法进行深入的研究，而不单单是卖东西，成为零售业的一个老板，探索更多的专业领域的创新之处，这样才能提升专业研究深度。

实践形式上应与专业相结合。创业实践的培养应该放到实践的层面上，课堂上的理论教育固然重要，学生的实践形式也应该多种多样，运用所学的理论进行头脑风暴，选择自己的爱好，根据自己的专业进行拓展，形成具有特色的实践形式。通过这门课程的最后核查，大部分同学选择的都是卖水果、卖时尚用品等的实践形式，十分单一，可以说很少结合自己的专业来进行选择，根据专业来选择实践形式，这才是区别于其他创业者的优势所在。大学生必须充分发挥这种优势，才能够取得更为显著的成效。

授课形式较为单一。作为创业课既要上好理论教育又要重视实践，实践层面不是通过自己的经历就可以体现的。我认为可以通过课程讲座的形式来授课，或者是用交流的形式来授课。可以邀请成功的企业家给学生和老师做报告，或者进行交流，增加一些互动环节，这样能使课程丰富多彩，效果更加好。学校应该鼓励学生多看、多想、多练，通过多种途径让学生愿意接受创业教育知识，让学生通过自己的努力取得进步，从而积极地进行创业实践锻炼。（撰稿人：美术与设计学院 余招文）

### § 创新创业课程授课形式服务于课程内容

在 2016~2017 学年第一学期，我承担了 2016 级财务管理专业的创新思维训练与创造力开发的教学工作。这门课程是学校第一次开设，也是学校响应教育部要求 2016 年起所有高校都要设置创新创业教育课程的措施。学校对第一次开设创新课程尤为重视。这学期对 2016 级学生开设的创新创业教育选修课程，被正式纳入课程学分管理系统，旨在提升学生的创新创业能力，顺应"互联网+"时代的变化。

回顾这个学期的教学工作，《创新思维训练与创造力开发》这本教材与之前任何一门课程的教材都不同，它图文结合，应该说是一本比较精美的书；这也是一门关于创新创业的培养课程，能够培养学生的创新思维和创造潜能。

该课程包括了为什么要创新、为什么不会创新、创新技法、创新大未来四大模块。首先是使学生认识到创新意识的重要性——不创新意味着退步；其次通过让学生认识到阻碍创新的因素来避免思维的限制；再次刻意通过"同理心地图"、"情景故事法"、"头脑风暴法"、"六顶思考帽"和"奥斯本创意激发的五种技法"来说明后天的学习也可以提高创造力；最后为同学们提出未来的三大创新方向，即"文化创新"、"互联网+创新"和"工业 4.0"。

该课程采取案例、互动、演练、拓展四种手段，引入案例后提出主要问题并进行互动讨论，并对相关创新技能集中进行课堂演练和课外实践；最后通过拓展阅读加深学生对知识点的理解。该课程能使学生将正确认识创新理论和创新技法训练的实训进行结合，让学生在掌握创新的基本技法之后，持续在生活和工作中训练并修正创新，形成创新思维，逐渐形成习惯。

在教学过程中，每个班 48 人，每个团队由 6 人组成，各自都有团队名称和口号，每个团队都有固定的位置，每次的演练每个团队都有不同的主角，这样有利于加强学生团队的凝聚力和团队的合作。团队里面的每一个人都能得到锻炼，特别是头脑风暴法，学生积极发言，有各种创新的答案，这样也开拓了学生的视野，激发了学生的创新潜能。整个课堂气氛轻松欢快，让我真正体验了寓教于乐的教学方式。在以后的教学工作中，我将继续研究这种教学方式，紧紧围绕进一步提高课堂教学效果，提高学生的创新素质这一中心，加强教学研究，常抓不懈。重点研究如何调动学生积极性、启发学生思维、巩固学习效果等现实问题，提出有效的解决方法，让学生的学习轻松快乐且有成效。（撰稿人：工商管理学院董云）

### § 创新创业教育体制机制的探索与优化

随着中国社会经济的快速发展，产业结构优化升级，未来企业需要更多的应用型、技能型、创新型人才。百色学院积极响应国家创新驱动发展战略，贯彻落实国家关于大学生创新工作的精神和要求，加强创新创业教育科学化、制度化、规范化建设。作为一名青年教师，我有幸见证了学校在创新创业教育改革方面取得的巨大进步，具体体现在以下方面。

（1）宏观层面的改革措施与成果：①建立了创新创业教育的体制机制，制订了详细的创新创业教育改革实施方案，并建立了创新创业教育组织管理体系。②探索创新型人才培养模式。百色学院以《人才培养方案》的修订为契机，将创商培育与测评作为大一新生的基础必修课程，强化创新创业教育，把创新创业教育融入人才培养全过程，建立通识教育、专业教育与创新创业教育有机融合的多层次、立体化的创新创业教育课程体系。③以赛促学、以赛促创，建立创新创业教育实践平台。百色学院旅游管理学院以"国家大学生创新创业训练计划项目"为指导，以"导游模拟大赛"、"中餐主题宴会设计"、"服务礼仪训练"和"餐饮创业"四大品牌赛事为带动，构建了一个覆盖面广、参与人数众多的创新创业实践平台。在该项目实施过程中，学校推行"项目申报、审批立项、启动动员、中期检查、结项审核、成果汇报、总结创新"七个步骤的全过程管理，对关键质量节点实行重点监控，确保了项目的稳步推进和高质量运行。2017年旅游管理学院组织学生参加广西壮族自治区教育厅组织的职业技能大赛，获得英语口语比赛个人赛三等奖一项，中餐主题宴会设计大赛团体赛三等奖一项。组织50余名学生参加"互联网+""创青春"等大学生创业大赛。④树立典型，奖励优秀，营造创新创业教育良好氛围。2016年，百色学院提高学生在学科竞赛、实践活动和学术研究领域取得成果的奖励标准，并给予指导教师较丰厚的奖金。定期举办创新创业教育成果展览，展示创新创业教育改革成效，营造创新创业氛围。

（2）微观层面的改革措施与成果。

2017年百色学院进一步提高认识、增强动力、强化落实、凝聚合力，深入推进学校创新创业教育改革：①完善创新教育学分认定和互换制度。将学生开展创新实验、自主创业等情况增算为创新教育学分，将学生参与课题研究、项目实验等活动认定为课堂学习。实施弹性学分制，支持大学生保留学籍进行创新创业实践。②突出实践环节，加强创新创业教育平台建设力度。在现有的创新创业实训中心的基础上，力争2018年建成配套设施更加完备的创新创业实训新中心，为大学生创新创业项目提供训练场地、投融资、创业咨询、成果孵化等服务，促进项目成果转化。③加快校外实践教育基地建设。力争新建5~10个辐射面广、规模稳定的大学生校外实践教育基地。④进一步完善国家级、区级、校级"三级联动"的大学生创新创业训练计划项目体系。加大项目资助力度，争取在"互联网+""挑战杯""创青春"等创新创业大赛国家级奖项上取得突破性成就。（撰稿人：旅游管理学院 袁东超）

## § 创新创业课程授课之我见

2016 年百色学院首次开设创商培育与测评课程，我担任 2016 级旅游管理专业任课教师，取得了很好的效果，感悟如下。

（1）学校主导，创新引领。百色学院为贯彻应用型人才培养理念，借助创商培育与测评课程的开设积极探索创新创业教学模式，同时，积极营造课堂创新氛围，让教师、学生都在该氛围中感受到创新思维带来的好处，能实现学生从被动学习到主动学习的灵活转换。在该门课程的教学中，教师借助个性化的学习案例，对不同类型、不同专业、不同学科的学生进行个性化的培养，教师的角色转换为导师，成为学习情境的设计者和学习效果的总结者，鼓励和支持学生主动学习，培养学生的学习兴趣以有利于其创造力的提升和激发。学校从管理层面强调创新的价值，鼓励学生敢于冒险并提出创意，一定程度上能够激发不寻常的有用创意。

（2）翻转课堂，积极营造创新氛围。教师在教学过程中紧张的气氛和高度批判性的评估会影响和降低学生的创造力，而支持和信息评估会促进内在动机，有利于其创造力的发挥。该课程的教学方式、方法，以及课堂的活跃度和考试的方式都有别于其他课程，任课教师不能拘于"一言堂"，要通过启发、训练来让学生受益，教师变成了导演或教练，通过课堂游戏、小组讨论、PPT 展示等形式使学生充分发挥想象力和创造力，从而使学生形成创新思维。由于上课的学生均为大一新生，新颖的授课方式让他们感受到与高中授课方式有很大的不同，在最后提交的创新作品中，他们都能充分发挥自己的想象力，设计出很多非常有创意的作品，收获颇丰。

（3）统一培训，定期交流。任课教师都是第一次讲授此类型的课程，难免觉得无从下手，该课程由创新创业学院统一订购教材，统一进行师资培训，让大家在尚未上课之前便有了更多的了解，而且还不定期地举办研讨会，让任课教师能进一步充分交流，把教学中所遇到的情况一一进行分享，取得了很好的效果。

（4）总结。应用技术型大学一切活动的内在逻辑是人才培养，所有活动最终目标都必须与人才培养结合起来，服从并服务于人才培养。研究型大学倡导科学研究，最根本的原因在于研究型大学需要为国家培养具有科研素养、科研能力进而引领国家前进的研究型人才。应用技术型大学之所以区别于研究型大学，从学校自身来讲，最核心的原因就在于要培养的是有别于研究型大学人才培养目标的应用创新型人才。因此，培养应用创新型人才需要两个条件：一是应用能力强的教师，教师自身的应用能力已成为影响应用技术型大学人才培养最关键的因素之一；二是要让学生在现实的实践中培养应用能力，即将培养应用型人才与实践应用结合起来。这两个条件的改善，都离不开创新。通过创商培育与测评课程的成功开设，既能让教师从事创新活动以培养其创新能力，又能让学生参与实践以培养其应用能力。这样，教学（人才培养）、科研（以创新为核心）与创新就建立起了内在的联系，并能在相互配合中共同前进，为学生的专业课程学习打下坚实的基础。（撰稿人：旅游管理学院　覃庆华）

§　学以致用

教育部规定，从2016年起所有高校都要设置创新创业教育课程，对全体学生开设创新创业教育必修课和选修课，纳入学分管理。根据教育部的要求，高校要对有创业意愿的学生，开设创业指导及实训类课程。对已经进行创业实践的学生，开展企业经营管理类培训。百色学院作为广西应用型试点本科院校之一，面向全校2016级新生开设创商培育与测评课程，主要目的是培养学生的创新创业意识、创新创业精神、创业技能等各种创业综合素质。作为百色学院一名"双师型"教师，我也很荣幸承担政治与公共事务管理学院2016级小学教育专业和法律文秘专业创商培育与测评这门课程的讲授工作。

课程的教材为2016年经济管理出版社出版，陈工孟主编的《创商培育与测评》。教材设置了七个任务模块，在内容编排上，注重系统性、全面性和实用性。七个任务模块具体包括我们为什么要创新、我们为什么不会创新、创新技法之观察分析、创新技法之创意激发、创新技法之跨界整合、创新技法之组织执行、创新大未来。每个模块既有理论概括又有案例分析、思维扩展，融理论、知识、趣味和思维创新于一体，体现了引导学生自主学习的教学思想，把提高创新意识和创业能力的目标贯穿于整个学习过程。

2016级小学教育专业和法律文秘专业共有78名学生，分成10组，上课形式主要是基础理论知识的讲授、案例分析、视频分享、扩展阅读、布置任务分组讨论等，通过多种形式让学生掌握一些创新技法。学生学习这门课程的积极性很高，参与度也很高。

例如，关于同理心地图这一节的知识，先运用同理心地图重新设计令小朋友害怕的核磁共振仪，让学生接触什么是同理心地图，然后引出同理心地图的概念，分析同理心地图的使用流程，再结合同理心地图课堂模拟"提高会议效率的四个方法"，利用同理心地图来发掘听众的问题与期待。通过课堂模拟让学生真正掌握什么是同理心地图。再结合澄碧校区学生坐校车时的一些经历，利用同理心地图解决坐校车难题。我在黑板上画下同理心地图的六个区块，让整个班级的同学分组参与。接下来第一、二组同学将坐校车的感觉写在同理心地图对应的区域，第三、四组同学将坐校车时看到的一些行为写在同理心地图对应的区域，第五、六组同学写坐校车时看到的一些行为，第七、八组同学写坐校车时说的话和行为，第九、十组同学将同类想法进行简单归类，分析哪些想法出现的频率较高，它们有可能就是学生坐校车时最关心的问题。根据学生的同理心地图得出，学生坐校车遇到的问题是：校车数量少、座位不够、男生基本上坐不上校车、低峰期校车无人坐等。结合学生的想法得出解决措施：适当在高峰期增加校车数量、让公交车开进校园、提高服务水平等。通过课堂实践训练，学生也彻底懂得如何运用同理心地图。课程内容讲授完了，再给学生扩展一些同理心知识，如利用同理心沟通和同理心思维进行同理心倾听的技能：使用眼神交流、展现赞许性的点头和恰当的面部表情、避免分心的举动或手势、提问、复述、避免中间打断说话者、不要多说。这些技能不仅适用于平时人际交往，也适合用于以后的工作中。

在世界咖啡汇谈这一节内容的讲授中，也采取分组课堂演练，每一组围成一桌坐好，采用课堂上学过的头脑风暴法，按照流程，第一回合计时 10 分钟。世界咖啡汇谈的讨论题目：你认为当今世界的创新趋势是什么。第二回合计时 10 分钟。世界咖啡汇谈的讨论题目：你认为中国未来的创新趋势是什么（讨论前请组长简要说明第一回合的讨论结果）。第三回合计时 10 分钟。世界咖啡汇谈的讨论题目：你认为"互联网+"未来会有怎样的发展趋势（讨论前请组长简要说明第一、二回合的讨论结果）。最后每组选定一个学生代表，汇报组员的讨论结果。学生在课堂上的讨论非常激烈，能够畅所欲言。

学生通过 32 个学时的学习，不仅积累了创业知识，培养了创新思维，能够运用创新思维解决学习生活中的各类问题，还积极参与学校组织的一些创业大赛项目，能够运用创业技能完成创业项目的选择，具备了创业者的基本素质与能力。
（撰稿人：工商管理学院　白兰琼）

### § 提高自我，适应需要

随着学校创新创业教育改革的推进，2016 年秋季学期，百色学院面向全体 2016 级学生开设了创商培育与测评这门课程。为了深入了解创新创业教育，我申请为一个教学班主讲，并如愿以偿。一个学期的教学任务完成后，我对这门课程有如下感受。一方面，这门课程使我进取。在备课与教学的过程中，我不得不就"如何教"广泛搜集素材、积极与同事探讨交流，这让我开阔了视野、加深了对创新创业的认识。另一方面，我深深地感受到要讲好这门课程，真的不容易。

个人认为，该门课程内容具有新颖、多学科知识交叉、深奥等特点。尽管我了解课程的主要目标是激发学生的创新思维、培养学生的创新能力，但在教学过程中，如何紧扣目标把握教学内容确实成了一大难题。一是课程内容新颖。课程结构和具体的案例在平时的教学中都很少见。第一节课我向学生介绍该课程时，就与学生对该课程的第一印象进行了互动。学生以教材封面为例，认为该教材像一本漫画书，有吸引力。二是课程内容来源于多学科的知识交叉。以创新思维的激发为例，它至少涵盖了教育学、心理学、经济学、管理学等学科的知识。

三是课程内容深奥。一方面是多学科背景，另一方面是创新发展趋势让人跟不上节奏。

课程内容的与众不同决定了教学方法需要创新。传统的讲授法肯定不合时宜，如何运用好讨论法、小组合作学习法成为我在具体组织教学过程时常需要面对的难题。一是学生往往三分热度，刚开始时兴致很高，还没讨论几分钟就冷场了。二是讨论过程中，往往就是几个人积极发言，大多数同学都是在听。三是小组考核约束力不强，小组组长对组内各成员的贡献度不愿进行客观评价。

上述问题让我认识到：想要胜任该门课程的教学，专业知识与技能不仅要达标，更需要教师自身具有发展理念、创新意识。俗话说：要给学生一杯水，自己要有一桶水。从知识的角度来说，教师应至少掌握教育学、心理学、管理学、经济学等方面的知识。从技能的角度来说，教师除了应具备普通话、现代教育技术、备课、授课等教学基本能力外，还应具有课程研发能力。从理念的角度来说，教师应紧盯社会经济发展趋势，不断进行自我更新。（撰稿人：教育科学学院　王芳）

## § 聚焦目标的创新创业教育

加强创新创业教育，不仅是针对当前高校人才培养中普遍存在的创新精神和能力不足问题提出的重要举措，更是对高等教育事业本身所具有的创新特质的进一步凸显。因此，以创新为内核、以育人为导向加强创新创业教育，就不能将其狭隘地理解为只是针对少数有志于创业学生的单独"处方"，而应作为面向全体学生的根本任务。对于教师而言，不能简单地把创新创业教育看成一项为了促进就业的应景之举、一种局限于科技创新的教育活动、一种针对少数有创办企业志趣的学生的技能引导，而是要面向学生，为学生终身发展打好基础，使其在不同领域、不同行业、不同岗位都能善于思考、勇于开拓、乐于尝试，培养和造就规模宏大、类型齐全、层次各异的创新型人才队伍。

（1）面向人才培养全过程。创新是高等教育的基本特质，是人才培养的重要底色，也是创新创业教育的内核。但创新并不是一门独立的学科，也不是独立于教学体系和学业规划之外的独立环节。个人扎实的知识储备和深厚的综合素养是创新能力孕育和产生的重要基础。从某种程度上讲，整个教育过程就是一个不断创新、不断推动创新的过程。加强创新创业教育，需要将创新创业实践环节的强化、教师自身创新创业教学能力的提升、课堂创新创业氛围的营造等纳入人才培养全过程。不仅如此，创新创业教育也不应局限于校园，而应以开放的姿态着力推进高校与政府、社会、企业协同育人，构建多方合作、交叉培养的育人机制。

（2）面向育人。以育人为根本，促进人的全面发展，是创新创业教育最根本的价值体现。首先，创新创业教育应注重激励和引导学生走上自我发展之路。通过各种类型和形式的创新创业活动，使学生养成包括逻辑理性思维、批判性思维、创造性思维在内的思维习惯；在知识体系构建中以问题和需求引导学生将他人传授的知识转化为自身内在的知识，培养运用、研究和创新知识的能力。其次，创新创业教育应注重帮助和引导学生认识自我、发展自我。通过给学生提供多种多样的尝试机会和平台，磨炼其不甘平庸、不怕失败、追求卓越的人生态度和进取向上、锲而不舍、精益求精的精神品质。最后，创新创业教育应注重引导学生认识社会、体悟责任。应在创新创业教育活动中使学生深刻体悟个人对国家、社会、民族的责任。

（3）面向未来。"十年树木，百年树人"，创新创业教育不可能一蹴而就。应面向未来开展创新创业教育。首先，绝不能短视。要摒弃急功近利的思想，切实将服务国家创新驱动发展战略的当前需求与培育国家创新体系的未来生力军相结合，将学生的大学学习与终身学习相结合，把创新创业融入专业教育，而不能将其等同于岗位职业培训和企业家速成训练。其次，绝不能搞短期行为。要把握创新创业教育的精髓，充分发挥高校文化传承与创新功能，既解决当下人才培养中创新精神和能力不足的问题，又在学生心中播撒创新创业的种子，激发创新创业灵感。（撰稿人：马克思主义学院　李文轩）

## § 创新创业教育的感悟

在国家大力提倡创新创业的新形势下，国家相关部门期待对当代大学生，特别是在校大学生的创新精神、创业意识和创新创业能力的培养，结合我校实际情况，在 2016 级新生中普遍开设了创商培育与测评这门课程。2016~2017 年下学期，本人担任工程造价工业本科 2016 级 2 班该门课程授课任务。本人采用的教学模式是分组讨论和任务驱动式教学法。在课堂上实行集中授课、任务模拟、角色扮演、实时操作等多种方式，积极引导学生参与到创新创业中去。比较典型的授课方式是，首先进行简单的理论讲解，其次进行模拟训练，把全班分成 8 组，每组 8~9人，每组选一个组长，上课前分发白纸、便利贴、水性笔等必备的工具。每次上课教师根据内容安排几个问题让学生进行讨论，学生根据问题扮演不同角色，利用头脑风暴法、六顶思考帽法等方法讨论解决实际问题，每个学生将想法写在便利贴上再贴到白纸上，每组小组长根据所贴的内容进行总结和陈述。此外，还组织学生进行创业方案写作等。考核的方式一方面由学校统一机试，另一方面各小组长给自己小组同学打分，老师再根据各小组的表现进行综合评定，确定平时分。

主要收获：

（1）巩固了学生的理论知识，为实际创业能力提升提供了理论基础。

上课前 5~10 分钟由老师进行理论上的讲解，对理论知识用 PPT 进行展示，同时要求学生联系现实进行互动，使学生获得相关的理论知识，包括头脑风暴法、六顶思考帽法、创新的七个来源、同理心地图、盈利模式等相关的理论知识，使学生从理论上了解了创新的必要性、创新的方法、创新的技巧等。

（2）课堂组织形式灵活，学生参与度高，提高了学生模拟训练的机会，为实际创业能力提升打下了基础。

在课堂上，老师给各小组出题，这些题目都是针对创新创业的一种模拟训练。例如，要求学生用头脑风暴法更好地解决城市垃圾处理问题；思考某企业一些新的盈利模式。学生在讨论中进行了角色换位，让自己以主人翁的角色参与讨论，老师在课堂上的点评也激发了学生参与模拟训练的兴趣。此外，课堂上要求学生撰写创业计划、创业设想等也是一种模拟训练。

（3）分组教学提高了学生的团队合作意识。

所谓团队精神，就是团队成员共同认可的一种集体意识，能够显现团队所有成员的工作心理状态和士气，是团队成员共同价值观和理想信念的体现，是凝聚团队、推动团队发展的精神力量。在团队精神的作用下，团队成员产生了互相关心、互相帮助的交互行为，显示出关心团队的主人翁责任感，并努力自觉地维护团队的集体荣誉，自觉地以团队的整体声誉为重来约束自己的行为，从而使团队精神成为公司自由而全面发展的动力。在课堂上，同学们相互交流，积极献策，为了解决"实际问题"，不断想点子、出主意，为小组完成任务出力，这就培养了学生的团队精神。

不足之处：缺乏专业的教室。每次都要挪动座椅。学生每次讨论或者参与解决的问题还有待进一步的斟酌和筛选。（撰稿人：政治与公共事业管理学院张泽丰）

### § 创新理念引导创新创业教育

党的十八届五中全会正式提出"创新"的发展理念，此后"大众创业、万众创新"被提升到了国家发展战略的高度。在国家大力提倡创新创业的新形势下，国家相关部门期待通过对当代大学生，特别是在校大学生的创新精神、创业意识和创新创业能力的培养，实现我国经济社会的再次腾飞，特开设了创商培育与测评这门课程。

通过一个学期与学生共同学习创商培育与测评这门课程，收获颇丰。创新是一个国家在发展新形势下的动力源泉，我国经济社会发展经历了一个增长速度相对较快的时期，按照原来的发展模式，很难再有较快的发展速度。因此，我国从国家发展的战略高度，提出加快培养当代大学生创新精神。

一是认真领会国家相关文件，学习创商培育与测评课程知识。作为一名创商培育与测评课程的教师，自己首先要了解当前国家创新创业的新形势，领会国家相关文件精神，从国家的高度认识创新创业教育的紧迫性和必要性。从国务院到教育部、从国家层面到自治区层面、从集体到个人，都在形成新的创新创业教育的格局。高校是培养国家发展建设主力军的重要阵地，对于学校各级领导及学校教师，尤其是负责创商培育与测评课程教学的老师而言，认真学习、深刻领悟创新创业精神显得尤为重要。

二是要积极培育自己的创新精神、创新意识。在认真学习国家和各部门有关创新创业教育的文件精神后，把相关文件精神落到实处是关键，也是最重要的一环。作为国家发展新时期的一名创商培育与测评任课教师，自己首先要具有良好的创新精神、创业意识和创新创业能力。只有这样才能身临其境地教育、教导和帮助当代大学生培养自身创新精神、创业意识和创新创业能力，才能把国家关于创新创业教育的精神贯彻下去，真正有利于学生的成长和发展。

三是要积极指导学生参加各种创新创业活动。学生积极参加各种创新创业活动对其健康成长和全面发展有重大意义。目前，我国教育部门在当代大学生的成长过程中，积极举办各种创新创业活动，通过这些活动的开展，大学生可以理解创新、进行创新，把创新创业活动融入日常的学习生活当中，这是对大学生创新精神、创业意识和创新创业能力培养最好的指导和帮助。本人就是通过为大学生日常的各种创新创业活动和创新创业项目提供指导和帮助，完成对大学生的创新创业教育。

当然，创新创业教育是一个系统工程，需要国家、社会、集体和个人的共同参与，积极探索有效的途径和方法，才能把创新创业教育做得更好。（撰稿人：政治与公共事务管理学院　易忠君）

## 二、模拟训练指导教师的体会与感悟

在"D-TSO"模式的运行中，有近100位教师深度参与到理论、模拟、实操三个环节中，教师的理念明显发生了变化，有很多的收获，这里选取了其中17位教师在模拟训练指导教学中的感悟予以展示。

### （一）大学生创新创业训练计划项目指导教师的体会与感悟

#### § 应用引导创新创业

很荣幸能被我的学生刘春发邀请作为他们大学生创业团队的指导老师，指导他们完成"舒雅速递吧"这个项目,并成功获得校级立项和区级立项。在接受这个邀请之前,我思考了很久,因为我并不是这方面的专业老师,不能给他们的项目提供更专业的指导和建议,是我的学生给了我一个与他们共同学习的机会。

《关于做好2015年自治区级和国家级大学生创新创业训练计划项目申报工作的通知》(桂教高教〔2015〕13号)指出,大创项目的总体目标是通过实施大学生创新创业训练计划,促进高等学校转变教学观念和教学方法,改革人才培养模式,鼓励大学生尽早参与科学研究、技术开发、工艺创新和社会实践等创新创业活动,增强大学生的创新能力、实践能力和创业能力,提高人才培养质量,培养更多适应创新型国家建设需要、适应我区经济社会发展需要的高水平创新型、应用型人才。

对此,我认为大学生创业最重要的还是在于锻炼。通过大学生创新创业训练计划项目这样一个平台来锻炼大学生的创新能力、实践能力和创业能力。大学是一个学习的好地方,但系统性的学习并不能起到对一个应用型人才的培养作用。当前社会科技快速发展,人才市场的竞争也日趋激烈,现代企业对员工综合素质的要求也越来越高,这同样是大学毕业生就业难的一个不容忽视的因素。以数学(师范)专业来说,对于以后的教师工作,学生不仅要有相当丰富的数学知识,还要有相应的教育能力。这就要求学生掌握数学知识的同时,学会应用教育知识能力去解决教学过程中可能出现的任何问题,包括提高学生成绩、关心学生成长等。如果学生不能提高自己的综合能力和创新能力,那么教育的发展前景将会变得黯淡。

在这次大学生创新创业训练计划项目的指导中,我和学生强调的第一个问题就是考虑实际需要。既然是一个创新创业项目,那就是要做一些本来没有却被大家需要的东西。只有有需求,才会有市场,这样做出来的东西才是大家需要的。另外,作为一个团队,需要一个领导者,领导者要拥有相当强的决策能力,这就要求领导者具有一定的胆识和魄力,当然,决策的胆识和魄力一定要建立在深思熟虑的基础之上,既要选择风险小的项目又要兼顾利益最大化。

作为大学生创新创业训练计划项目的指导老师,在指导的过程中我也有不少收获。大学生创业的目的在于培养大学生的创新实践能力,学生通过分析市场结构、供给和需求等问题,真真正正地接触社会。创业者经常与孤独和挫折为伴,绝大多数的创业过程不是一帆风顺的。创业者如何保持乐观而稳定的心态,需要在长时间的历练中找到方法。而我面对的创业者是一群大学生,他们有着强烈的自尊心,但当他们面对创业中遇到的困难时,我唯一能给予他们的便是心理上的安慰,让他们在遇到问题时能及时调整好心态,同样,在他们得意时告诫他们克服骄傲的情绪,以更好的姿态面对未来的重重挑战。

学生的创新创业训练计划项目获得校级和区级立项,对于我来说是一种工作上的肯定，虽然我在其中的作用并不如专业指导老师，但我还是很开心他们能实现最初的梦想，做一些对学校真正有意义的事情，来提高同学们在学校里的生活质量，给予他们更多的方便。希望我指导的团队能在接下来的项目实施阶段取得更好的成绩。（撰稿人：数学与统计学院　樊红兰）

### § 创新创业教育中的问题剖析

当前，随着高校毕业生逐年增多，就业压力也越来越大。为此，高校师生需要转变思想：学生不仅是求职者，同时也可以成为创造就业机会的群体；老师不能局限于教书，更需要以育人为目标，让学生适应当前的社会潮流，使之学有所成、业有所创。这就需要学生有足够的创新意识和创业能力，若学生离开校园时就可自主创业，那么就业问题和就业压力将得到缓解。因此，教育部明确指出了改革方向，在 1 200 所普通高等院校中，有 600 多所转向职业教育。作为职业教育的特色毕业生需要具有较强的实践能力和良好的工程意识。

大学生创新创业训练计划是旨在探索以问题和课题为核心的教学模式改革，培育大学生的创新思维、创业意识和创业技能，推进大学生创新创业教育，全面提高教学质量。百色学院作为转型发展高校之一，学校领导根据学校的实际情况，形成了为地方经济社会发展服务的办学理念特色，即面向地方产业、行业，为市场服务的应用型人才培养特色；以校企合作、产教融合为核心、以"双元制"+"双园制"并行协同育人的人才培养模式。大学生创新创业训练计划符合百色学院办学特点，是百色学院主要的大学生活动之一。

然而，在这场遍及全国、轰轰烈烈的创业浪潮中遇到的困难和问题亟待我们去思考、探索。就百色学院的现状来说，目前有以下问题亟待解决。

一是大学生创新创业意识不强。受到传统应试教育的影响，历经中小学教育的各种考试，大多数学生在高校里的潜意识仍然是各种课程的考试分数。在他们看来，一年一度的大学生创新创业训练计划项目就像小孩子玩游戏，只要学业考试成绩好，其他无所谓。对创新创业意义的理解不透彻，参与活动的意识不强烈。

二是大学生创新创业的层次不高、科技含量偏低、视野不广。当前大学生"创新创业行业类型"以机会型创业为主，主要集中在低技术行业，以劳务型为主，如互联网电子商务、金融保险类、连锁加盟和教育咨询类等领域。大部分学生创新创业焦点锁定在校内学生的学习与生活需求上。例如，开个小卖部或者家教中心等，部分创业尚谈不上创新，大学生创新创业视域不广。大学生创新创业多从个人角度出发，缺乏对创新创业的社会价值的认同，存在被迫创业的现象。这种现象的出现，与市场经济趋利化影响及高校创新创业价值观引导不足有关。这造成大学生创新创业原始动机个体化、创新创业视域不广、创新创业层次较低、创新创业精神境界不高等问题。

三是各二级学院创新创业指导老师教导方法有待提高。当前我校二级学院缺乏专业的指导老师，大部分学生项目的指导老师主要是班主任或者任课老师。这些老师没有经过专业的培训，大部分缺乏实践经验，他们没有提供真正意义上的技术指导。他们所能指导的也就是自己对项目题目的个人理解和对计划书格式标准等基本要求的指导，没有达到实质性的指导效果。

众所周知，大学生创新创业训练计划的最终目标就是探索以问题和课题为核心的教学模式改革，培育大学生的创新思维、创业意识和创业技能，推进大学生创新创业教育，全面提高教学质量。显然，以上问题的存在将是实现目标路上的绊脚石。因此，我们希望通过大力宣传来提高学生的创新创业意识；通过社会调查、开设创新创业课程等方法来提高创新创业层次和拓宽视野；通过创新创业的培训，到企业学习、研究来提高指导老师的指导能力。（撰稿人：数学与统计学院黄必昌）

## § 思维创新是创新创业教育的关键

到现在，已经过去了两年多，通过指导学生的创新创业训练项目，我自己也收获了很多。回想过去指导学生研究项目的过程，从开始的寻找课题到申请立项撰写项目申请书，到查阅相关参考文献，确定研究目的和寻找创新点；制订详细的实施方案和步骤；对项目进行相关调查和研究；最后确定项目的可行性、创业计划书的编制等。一步步走来，学生获得了成长，我也获得了成长。这是一次难得的经历，让我对大学生的创新创业教育有了进一步的认识。

通过指导学生项目申报、项目立项、中期检查，学生的项目顺利结题，心得体会分享如下。

首先，在创新创业训练项目的研究方面，我最深的体会就是要善于且勤于思考，主动动手动脑。创新创业训练项目不是让学生在基础课上所做的实验，只要按着老师讲的步骤做就行了。教育培训行业是一个竞争十分激烈的行业，需要学生通过市场调查，寻找新的创新点，按照这个方向一点点努力，所以每一步都需要独立思考。在这个过程中学生遇到了很多困难。这时我告诉学生，不要做意见或是现成答案的乞讨者，所有问题都应该自己寻找答案，所有的解答都在问题里，拿着别人的图，怎能找到自己的路，最重要的还是要自己思考。

最开始的时候，学生一心急于求成，所以一开始就凭着自己的想象闷着头在宿舍看文献，分析整理资料，各干各的，结果前面两个星期一事无成。后来我给学生提出建议，不要着急，一步一步地来，先查阅文献资料，弄明白其中的原理，再勤于思考，在文献资料中获得有用的信息，得到启发，然后再运用到自己研究的项目中，学会借鉴。

其次，在创新方面，学生的项目是一个创新创业项目，所以创新是必不可少的。我认为，创新首先要明确一个方向和目标，方向和目标是贯穿整个项目的核心，只有明确方向，围绕这个方向努力下去，才可能有结果。创新点可以从很多方面着手，不一定是很高深很前沿的东西，只要不是照搬别人的东西，在自己力所能及的范围内就好。有时候，思维可能会出现"停滞不前"的现象，这时候不要着急，也不要想着放弃，要试着换一个角度思考，发散思维，多方位思考，做出大胆猜想，这时候你也许会有一种"柳暗花明又一村"的感觉。

在该创新创业训练项目的指导过程中，我深深感受到总结对于学生团队合作的重要性和必要性，这在一定程度上提高了自己的学习和创新能力。通过这个项目，我也认识到自己在学生创新创业能力培养方面经验的欠缺，希望自己在这方面加强学习，提高自己的创新创业的教育能力。（撰稿人：数学与统计学院　江建明）

### § 创新创业教育体系构建思路

大学生创新创业训练计划自提出后，得到了广泛认可。通过实施国家级大学生创新创业训练计划，促进高等学校转变教育思想观念，改革人才培养模式，强化创新创业能力训练，增强高校学生的创新意识和基于创新基础上的创业能力，培养适应创新型国家建设需要的高水平创新人才。创新创业训练计划的目的是提高本科生实践能力与动手能力，培养学生创新创业精神，激发学生的学习主动性和创新性，培养学生开拓创新能力。创新能力的提高需要一定的理论知识和实践经验，大学生往往不能把握市场的方向、计划的难度和可行性，而教师对其往往有自己独到的观点。所以大学生在教师的指导下设计创新创业训练计划项目，教师与学生一起完成，可以把学科优势转化为人才培养优势，提升本学科专业水平。本人在指导大学生创新创业训练计划项目的过程中收获很多，也对该项目有了更深刻的认识。

建立新型的项目选择体系。结合学生的知识背景，选题难度要适中。创新创业训练项目的选择应注重引导学生了解本学科专业、市场发展的新动态，结合老师、学生的知识背景，使学生成为项目实施的主体，充分发挥参与者的主观能动性。创新能力的培养不能简单重复，更不能违背科学发展的规律，应该以相应学科的发展规律为基础循序渐进。

团队建设。学生往往自愿组成团队，但要结合学生的特长，注意适当挑选、互补结合。申报学生应为全日制在校本科生，团队成员数量为3~4人。队员之间要注重合作交流，它不仅关系着项目开展的进度快慢，而且关系到团队能否坚持到最后并取得一定成绩，在该项目中每位成员都应发挥各自的长处，使得项目顺利开展，使队员明白团队合作的重要性。

推行新型的指导方式。项目组成员要自主完成项目的设计、管理。在项目实施的过程中注重分工和合作，合理的实验计划和时间安排，是保证实验开展的前提。项目开展后在适当时间给予学生一定的指导与建议，尤其要注重激发和挖掘学生的创新思维潜能，培养学生敢于质疑、克服困难的思想，培养学生敢于面对困难的勇气。学生遇到难以解决的问题时，要鼓励并引导学生自己去寻找解决难题的方法，不要直接告诉学生解决问题的方法。将培养学生的自我学习能力、独立思考能力和创新实践能力融入实验，建立以问题为引导、以学生为主体的创新模式。注重学生的个性化培养，实现项目协调性和整体性的统一。

形成并完善评价激励体制。从我国现行的体制来看，单一的考评制度对学生创新能力的培养与提高效用甚微，传统的教育及评价体系难以适应创新式教育需要。在大学生创新创业培训项目的评价体系中，我们应逐步建立大学生创新实验项目监控与管理体系，并形成大学生科研创新激励机制，将创新实验的设计与完成作为重要的评价指标。同时，对项目的考核不完全取决于实验成绩，教师应重点把教学目标转到培养学生的创新能力上。因此，我国高等教育评价体系应逐步更多地融入创新指标，这样我国高等教育评价激励体制将起到如同催化剂的作用，只有这样才能为大学生创新创业训练项目提供坚实的保障与支持。

总之，高校要不断地营造创新创业文化氛围。搭建项目学生交流平台，定期开展交流活动。鼓励、支持表现优秀的学生参加校内外学术会议，为学生创新创业提供交流经验、展示成果、资源共享的机会。学校还要定期组织项目指导教师开展交流。高校不能单纯地把大学生创新创业训练计划项目作为学校、老师或学生之间的比赛项目或教学任务，而应该把实施项目计划的过程作为我国高等教育的一次重大革新措施。老师也应充分发挥大学生创新创业训练计划项目对于教学中创新教育改革的引领作用，反思教学方法，从高校的课程体系设置、教育方法及方式等方面着手，从而形成创新人才培养的新模式，推进教育进一步创新。（撰稿人：数学与统计学院　田秀芹）

### § 创新创业教育目标实现

在大学生创新创业训练计划项目实施的过程中，有痛苦也有快乐，有付出也有收获。这段时间，我学会了承担，我从一个对市场一无所知的新人，通过一步步摸索、分析与调研，带领学生探知未来制造行业的巨大发展前景。这一年，我学会了坚持，知道了面对困难除了克服别无出路；这一年，我体会了什么叫团队，一起工作，相互慰藉，相互鼓励，我感受到了一个团队真正的战斗力；这一年，我知道了什么叫创新，创新不是天马行空的想象，创新是创造、是改变，是为了满足社会需求获得一定有益效果而不断探索的精神。下面我将简要介绍我的指导心得。

大学生创新创业训练计划项目可以提高学生分析问题、解决问题的能力。项目确定之后，一系列的问题就出现在学生面前，如学生对市场营销、再制造核心技术、商业计划书、工程经济等内容都了解较少，学生必须通过自学相关知识，集体讨论分享资源、交流信息，寻求解决问题的方法。在项目实施过程中，学生由被动学习转为积极主动地自主求学，心态发生了变化，学习效率也明显提高，掌握新知识的速度明显加快。随着项目的逐步推进，学生查找文献、获取重要信息的能力，以及分析、归纳、解决问题的能力逐步提高，得到所需信息的时间明显缩短。

大学生创新创业训练计划项目可以使学生的知识系统性增强。参与这个项目之前，学生学到的都只是一些理论知识，与企业实际的需求匹配度不高，所学知识离散、不系统。在项目实施过程中，学生以实际需求为导向，综合学习创业方面的课程知识，活学活用，以解决具体问题，专业与非专业知识有机结合，所学知识更系统，学习效果明显增强。

大学生创新创业训练计划项目可以增强学生的协作精神、团队意识。项目的每一个环节都需要学生的通力协作与配合。项目确定初期，学生先分头查阅资料，再进行集体交流讨论，在较短的时间内获取了大量信息，了解了再制造相关方面的知识，制订了项目的实施方案，完成了项目申报书，顺利通过了申报评审环节。完成项目需要投入大量的时间与精力，这不是一个人单枪匹马就可以做到的，需要大家相互配合。每个人都要努力贡献自己的力量，尽可能多承担一些工作。同时，团队当中的合作需要学生不断地磨合，学会倾听大家的意见和分享自己的看法，做到尊重每一个成员，成员之间应互相帮助，高效快速地完成本项工作，以便尽快进行下一项工作。参与此次项目让学生学会了合理安排时间，更加理解协作精神与团队意识的真谛，这为我的团结意识、协作意识、个人能力的培养提供了一个宝贵的平台。

大学生创新创业训练计划项目使学生对自主创业有了系统的认识。我认为大学生创业就是要改变传统的思想、观念，利用自己的知识、能力和技术创造新的就业岗位。创业需要投入，需要知识，更需要能力。对于想要自主创业的大学生来说，在大学期间就应该培养自己正确的创业意识、创业精神，为未来的创业打基础。创业的路很艰难，对于刚刚步入社会的大学生来说，更多的只是具备创业的热情和创业的意识，对于创业途中可能遇到的困难及风险，缺乏思想准备，尤其缺乏创业的资金、经验及基本思路。其实，创业意识是一种个性倾向，包括创业需要、创业动机、创业爱好、创业理想、创业信念和创业世界观等心理成分。目前就业问题是全球性的，在就业的压力下，大学生因生存、尊严需要及个性特点产生创业意识的现象很普遍。当今是科学技术突飞猛进的时代，人们生活方式也发生着翻天覆地的变化，机会与挑战共存，风险与利益同在，大学生在选择自主创业的同时，也要审时度势。一方面，要客观地对自己的能力进行评价，看自己是否具备创业者的基本素质。这些素质不仅包括创业意识、创业心理品质，还包括能力及创业知识等。另一方面，也要了解社会，了解市场，了解投资环境等，同时要敢于面对创业过程中存在的风险与挑战。对于面临毕业的大学生来说，创业必须提前做好预备，不仅是思想预备，还包括：自己的资金预备；自己想要从事的行业，行业的现状、远景评估；近期及远期经营计划、可能存在的风险、自己对国家政策法规的了解；未来企业生存的资本、条件、根基；自己抗挫折的能力、思辨能力、组织协调能力；未来创业的理念、经营方针、经营策略；自己的合作精神、专业能力、自身的综合素质等诸多要素。创业不是儿戏，创业需要思想，还需要奋斗的精神，坚韧的信念，最重要的是自己的行动、坚实的脚步。

通过这次的大学生创新创业训练计划项目，让我对创新创业有了更深刻的认识，也让我看到了自己的不足。在以后的学习生活中，我也将不断修正提升自己。衷心希望学校能够多举办创新创业一类的赛事，培养更多具有创新创业素质的人才，提高大家的创业水平，鼓励大家"创新，创业，创未来"。（撰稿人：数学与统计学院 张宇）

### § 创新创业教育实现之路径

创新是人类社会发展的动力，培养学生的创新精神和创新能力是高等教育的重要目标之一。结合近两年指导大学生创新创业训练计划项目的实践，现就培养学生创新精神和创新能力谈一谈自己的看法。

树立创新意识，培养创新动力。创新意识是创新能力的前提，没有创新意识就不可能有创新能力。因此，指导教师帮助学生树立创新意识显得尤为重要。在这里指导教师要创建一个轻松、和谐、自由、融洽的科研氛围，以激发学生的创新意识；通过项目的意义或通过细微的创新点点燃学生的求知欲。

加强科学方法训练，培养创新精神。科学方法训练的核心是思维方法的训练。指导教师要通过成功的创新项目实例来训练学生的逻辑思维方法，教会学生运用比较、分析、综合、归纳、演绎等方法，用辩证的观点分析问题、研究问题、解决问题，培养学生的创新精神。

开放教师研究室，为实验创新提供条件保障。实行开放教师研究室制度，为学生提供实验研究便利；完善大型精密仪器管理制度，确保精密仪器正常运行，有效服务科学研究。

鼓励学生独立设计项目实验方案，培养学生的创新思维。在指导教师的引导下，充分发挥学生的自觉性、独立性和创造性，独立思考、设计项目实验方案，与指导教师共同探讨设计方案，不断完善设计方案，培养学生的创新思维。

发挥团队精神，克服项目实验难点。项目组成员要有团结协作精神，有良好的沟通技巧和宽广的胸怀，对棘手难点，要求所有项目组成员坐在一起畅所欲言、各抒己见，大胆提出解决方案，共同解决问题，不断提高团队战斗力。

坚持实事求是，敢于克难攻坚，树立科学精神和科学态度。科学精神就是创新精神，就是敢于克难攻坚，坚持真理，有为科学献身的精神；在科学研究过程中，要坚持实事求是的科学态度，有踏实严谨的工作作风，注意观察实验现象并准确记录实验现象与结果，不能凑数据，更不能修改数据。要敢于面对失败，承认失败，学会分析失败的原因，提高实验成功率。

以上是本人的一些认识，若有不足之处欢迎批评指正！（撰稿人：化学与环境工程学院　凌绍明）

### § 创新创业项目实施之我见

2015 年，我开始指导学生的创新创业项目。2015~2016 学年共指导了三个项目，包括两个区级项目，一个校级项目。在与同学们探讨项目的过程中，自己也受益匪浅，我将从几个方面谈谈自己的指导心得。

关于题目的拟定。俗话说"不打无准备之战"，要做项目，必须扎扎实实做好充分准备和知识的不断积累。做创新创业项目，非常重要的一点就是选题。有些学生会选择自己比较感兴趣的课题，也有些学生不知道该如何选题，但非常想组建团队，参与课题，可以建议他们选取和专业相关的课题，也可以借鉴别人做过的课题，但有一点必须注意，不是按部就班，而是必须突出自己课题的创新之处，从新的切入点来拟定题目。课题在定下来之后，要求负责的学生组建有效率的团队，大家共同找资料，合理分工，撰写创新创业立项申请书。

关于数据的来源。项目真正做起来并不那么容易，学生刚开始可能都是凭着自己的一腔热情。实际上，需要做很多的工作，并且这些工作都需要很大的耐心和毅力，如早期的文献查阅、数据收集、数据计算及分析。需要让学生认真地去搜集数据，树立对科研的严谨态度，要本着对科研负责，对科学负责的态度，进行自己的研究。

关于流程的推进。有些时候，立项一旦申请下来，学生可能会停滞。为防止这些情况发生，可以要求学生组建 QQ 或者微信群，定期讨论项目的进展。要培养学生的责任意识，制订研究计划的时候，负责人要紧跟流程。负责人在落实集体分工时最好提前规划好，合理分配。避免最后出现手忙脚乱的情况，尤其是需要进行实践的同学，要好好利用暑期时间。团队成员之间学会相互协调，共同讨论，在项目的进行中，难免会遇到一些问题，学会在挫折失败中成长，要有"见了南墙挖洞也要过去"的决心。充分的准备和不断地学习尝试，能够在很大程度上降低这种风险。若项目不能按时推进，要提醒负责人与成员沟通协调，若成员实在有困难，可考虑更换成员，继续推进课题。

创新，是一种能力的培养。每个人都对发明有所了解，发明是在无前人引导的情况下为了生活的需求而做出一些东西，而创新却不是这样，它不需要学生整天空想去做出一些连科学家都难以做出的东西，而是要求学生站在前人的肩膀上，将一些已有的东西进行一些改动，来满足我们的需求。创业，是就业的最高形式，是创业者通过发现和识别商业机会，成立活动组织，利用各种资源，以创造价值的过程。但并不是所有人都适合创业，创业的路上需要学生能够承担更多的责任和风险。追逐梦想是幸福人生的起点，因此，鼓励学生为了理想去奋斗，去认识创业，提升创业需要的素质，提前进行创业的演练。（撰稿人：教育科学学院 韩舒姝）

§ 大创项目实施的困境与突破

2014 级陆丽贤、许爱梭分别负责的"地域特色校本课程开发的研究与实践探索——以百色地区小学为例""'好父母教育机构'的创建与实践探索"在 2015 年 7 月获得立项以来，我一直是项目的指导老师，对于这两年来的指导感受梳理如下。

指导学生学会选题，这是获得立项的关键。由于学生还在大二，对于作研究了解并不是很多，对研究的背景、意义、可行性条件、目的、主要内容、思路等，没有很深入的了解，只对教育的一些现象有足够的专业好奇和热情。团队成员都是小学教育专业的在校师范生，对教育现象有着专业本能的敏感和热爱，平时学习的课程有小学教育学基础、教育学原理、小学教育心理学、简明中外教育史、大学英语、乐理、绘画、舞蹈，注重理论和实践知识的结合，善于思考和实践。团队成员除学习学校的专业知识之外，还广泛阅览各个领域图书，有宽广的眼界和丰富的知识。基于学生这样的情况，我引导他们从平时的基地见习、课外辅导来选题，尽量使他们能够结合现实深入思考。结果一个组说对一些学校的独特教材比较感兴趣，另一个组的学生对好父母教育机构比较感兴趣，经过反复推敲，我们初步将选题题目定为"地域特色校本课程开发的研究与实践探索——以百色地区小学为例""'好父母教育机构'的创建与实践探索"。这两个选题符合专业培养目标，具有实践意义。"地域特色校本课程开发的研究与实践探索——以百色地区小学为例"通过地域特色校本课程开发的研究和实践，获得课程开发的实践经验，发现地域特色校本课程开发的基本途径和规律；探讨地域特色校本课程实施对小学生成长的影响；提升小学教师参与课程建设的意识，培养提升小学教师课程开发的能力。"'好父母教育机构'的创建与实践探索"是对一个教育机构的创建进行设想规划，但教育的对象不是小孩而是家长，从父母方面入手达到教育孩子的目标。这也许不是新颖的目标，但我们做的就是构建这样一个机构，然后探索它的可行性。

目前已经完成的工作：成立研究小组，分工明确、合理；研究方案已经写好。

2015 年暑假以来，学生利用社会实践的机会，开始查找资料，实地走访、调查，收集了很多一手材料。

不足之处如下：自选题至今，组内成员一直在积极查找文献，在理论、概念方面力求了解研究的方向和内容，但是由于大三功课繁忙，学生还不能到百色地区各小学进行调查研究，难以有持续的、稳定的研究条件和状态。接下来的一年，结合教育实习实践思考，项目的进展会顺利一些。（撰稿人：教育科学学院何桂叶）

### § 成不骄，败不馁

2015 年，食品工程专业本科 2014 级的廖爱林、陈发宪、杨林、黄丽群同学申报了大学生创新创业训练计划项目"魔芋植物胶作为食品添加剂在农产品深加工中的应用研究"并获得了区级立项项目，获得资助经费 6 000 元。从项目的立项申报到项目的结题，我作为指导老师感触颇多。

当代大学生在学校里学到了很多理论性的知识。他们具有"初生牛犊不怕虎"的创新创业精神，有挑战传统观念和传统行业的信心和欲望。这些素质往往造就了大学生创新创业的动力源泉，成为成功创新创业的精神支柱。大学生创新创业的最大好处在于能提高自己的能力、增长经验和学以致用；最大的诱人之处是通过成功创新创业，可以实现自己的理想，证明自己的价值。但是在创新创业道路上，大学生往往急于求成，缺乏应变能力，专业知识不牢固，常常盲目乐观，对创新创业的理解还停留在仅有一个美妙的想法与概念上，没有充分的心理准备。对于创新创业过程中的挫折和失败，许多学生感到十分痛苦和茫然，甚至沮丧消沉。他们往往只看到成功的例子，心态自然是理想主义的。其实，成功的背后还有更多的失败，看到成功的同时也必须学会接受失败。只有这样，才能使他们变得更加理智。

大学是追逐自己的理想、兴趣的人生关键阶段。因此，在培养个人的兴趣爱好的时候无形地就创新了个人独特的实现方式。兴趣是最好的老师，兴趣是感情的体现，是学生学习的内在因素。事实上，只有感兴趣才能自觉地、主动地、竭尽全力去观察它、思考它、探究它，才能更好地发挥学生的主观能动性，更容易在学习中产生新的联想，或进行知识的移植，做出新的比较，产生新的成果。

学习就像老鹰练习飞翔，只有把翅膀练硬了才能飞得更高。比尔·盖茨苦熬了 17 年才有今天的成就。创新创业的大学生中不乏成功者，但都经受了种种挫折与困难的考验。在经历了最初的冲动和付出之后，越来越多的大学生走向成熟和冷静，对创新创业有了更深入的理解。（撰稿人：农业与食品工程学院 班燕冬）

## § 创新创业项目实施的过程把控

作为大学生创新创业训练计划项目的指导教师，我就近几年指导本科生从事大学生创新创业训练计划项目，谈谈个人的一些体会。

为了调动学生和教师参与创新创业项目研究的积极性，学校和学院对创新创业项目进行了大量宣传和鼓励工作，阐明其目的，调动学生的主动性、积极性和创造性，激发学生的创新思维和创新意识，使其掌握思考问题、解决问题的方法，提高其创新实践的能力。通过项目的开展实施，带动广大大学生在本科阶段得到科学研究与发明创造的训练，加强本科生实践教学环节，提高学生动手能力。我们利用发达的网络，将每年的项目和上一年的申报情况及获得批准情况通报给学生和老师，包括项目申请的院系、人员、名称、金额、等级等，这些信息使学生对创新创业项目有了立体的理解，知道了创新创业项目是针对具有一定专业知识基础的二、三年级本科生，创新创业项目的内容可以是他们感兴趣的相关问题，这提高了他们的申报积极性。有意尝试的学生会主动联系教师，与教师探讨他们的想法、研究方向，在与教师讨论过程中确定思路新颖、目标明确、具有创新性和探索性的申报内容和题目，并确保内容难易适度，具有可行性。

学校给出了项目的申请书格式和要求。对于大多数本科生来说，这是他们第一次接触项目的申报，第一次亲自撰写申请书，第一次以严谨的科研态度来查阅、总结和确定项目的研究背景、实际意义，设计项目的研究内容，制订研究计划并确定研究目标，分析项目可行性，估算经费。申请书的撰写过程提高了学生的语言组织能力、分析和归纳问题能力及团队合作能力，使学生掌握了查阅国内外与课题相关资料的方法，学生学会了使用 CNKI 等专业数据库，运用已有资料丰富自己的专业知识并为研究服务。这些可以从学生提交给指导教师的申请书中发现，从最开始的杂乱无章、表述不清、不能提出明确可行的研究内容和研究方案，到后面清楚有序地表述出项目的背景、研究意义，制订基本可行的研究方案，确定研究中需要实施的实验方案和研究方法，清晰地规划出了研究进度和成员分工。通过反复的修改、成员讨论及问题归纳，最终，项目组成员共同确定了研究思路，写出了合格的项目申请书。

项目实施阶段，同学们各自发挥自己的特长，合理分工协作，在大家协同努力下，完成创新性实验。项目实施的主体是学生，根据项目的研究内容和研究计划，学生应在规定时间内完成项目研究目标。在这个过程中，需要学生具有计划执行能力、团队合作能力、对具体研究内容所涉及的技术问题的解决能力等。二、三年级的本科生需要学习的课程很多，很多专业课程甚至公共课程正在开设或者还没有开设，相关知识还没有建立起比较完整的体系，因此需要学生具有很强的独立学习、接受新事物的能力，在完成所学课程的同时，能够适当涉猎课外知识，充实自己，另外一个重要方面是协调好时间，合理安排学习、休闲和科研时间。

在这个过程中，学生亲身体验了科学研究的严谨。通过亲自参与实验设计、实施及问题处理环节，掌握了理论知识在实际问题中的应用方法，在具体实践中对自己理解问题的能力、动手操作能力、知识灵活运用能力和同学间沟通能力有了更清晰的认识；针对具体研究课题分析自身知识结构的优点和不足，这有利于他们在以后的学习过程中确定学习目标，理解各学科、各门具体课程的不足之处，巩固、扩展理论知识，并学以致用。此外，学生应对挫折时的抗打击能力得到了提高，团结协作精神、面对困难知难而进的坚持精神及注重细节、勤思勤想的科研态度也得到了培养。对学生来讲，本科阶段的模拟训练、实操实践，可以让他们重新审视自己的个人兴趣和能力，寻找更适合自己发展的道路，甚至可以提前进行就业规划，提前进行心理准备和学习准备，为将来步入社会更好地发挥个人才智奠定基础。项目执行过程中教师的职责是组织、协调、督促、指导学生。进行创新实验的主要目的不在于尽快得到某些技术成果，而是使学生有一个进行科学研究的完整经历，并通过这个经历提升相应的素质。教师要引导学生尽可能从不同角度进行思考，鼓励学生动脑动手动口。强调对科研过程的培训，引导学生树立严谨、求实的科学精神，端正态度、戒骄戒躁，为其成才打下良好的基础。

总之，大学生创新创业训练计划项目的实施，为教师和学生提供了一个难得的学习机会。就学生而言，满足了他们渴求进步、渴求验证所学知识、亲身参与科研、认识科研的愿望，充实了自己的生活，证实了自己的能力。对指导教师而言，指导本科生开展创新性研究活动比指导研究生的研究活动更加困难，它需要指导教师付出更多的劳动，同时也使教师增加了与本科生的交流，掌握了学生在本科学习阶段的学习状态、学习效果、知识结构及思想动态，让教师可以肯定并改进教学方法，有针对性地引导学生，使学生在提高自身科研素质、学习能力、认知能力等的同时，较好地完成项目内容。（撰稿人：农业与食品工程学院 曾小飚）

## § 创新创业项目实施的过程分解

大学生创新创业训练计划项目是国家教育部门提出的针对高校大学生开展创新创业的教育改革项目，是指本科生个人或团队，在指导老师的协助下，自主完成创新性研究项目设计、实施、研究报告撰写、成果（学术）交流等方面的科学训练工作。地方应用型高等院校作为人才培养和储备的重要基地，肩负深入开展创新创业教育改革的神圣历史责任，应积极开创有利于大学生创新创业素质提高的模式，为培养国家优秀的创新创业人才打下坚实的基础。

大学生创新创业训练计划项目一般包括项目立项、项目实施和项目结题等环节。每个环节都应强调学生的主体地位，最大限度地发挥学生的主观能动性和激发学生的创新思维。

每年 3 月学院会开展一次大学生创新创业项目申报工作，这为有一定专业基础、对科学研究感兴趣的学生提供了自主参与科学研究的机会。学院一般会让学生根据自身所学的专业和感兴趣的研究方向选择指导老师，而指导老师也会择优选择报名参加创新创业项目的学生，通过双向选择来保证项目的顺利开展。通常在选题之初，特别是大二的学生，都会一头雾水、毫无头绪，此时指导老师不应把主题、思路和想法全盘托出，而是应该让学生了解指导老师的科研方向和成果，了解最新的研究动态，给足时间让学生自己收集资料，消化理解。在阅读文献、查阅相关领域的热点或者寻找生产实践中的技术瓶颈等过程中，提出问题、发现问题，然后逐步确定选题。之后学生在指导教师的指导下撰写项目申请书，然后由学校进行项目遴选，最终才能获得不同级别的项目立项。

在项目实施过程中，从实验设计、时间安排、具体实施操作到实验总结，都需要学生自主完成，实验小组要开会进行讨论，指导老师可以旁听学生的讨论会，对实验设计、方法、步骤等给予必要的补充、修改和完善。这样既能突出学生的主体地位，又能为项目的顺利开展提供知识保障。在整个创新创业项目实施过程中，项目需要学生利用课余时间自主完成，特别是农学类的创新研究，受植物生长周期的限制，实验季节性强、周期长，所以实验必须提前安排和准备好，如实验材料的提前栽种、管理、植物样本的采集等，这样才能确保实验按时、有效、顺利地进行。项目实施所需要的各种事前准备，都需要项目团队成员相互协调、分工合作、自主完成，指导老师只是提供实验需要的各种必需品，因此项目组成员间必须要具备很好的团队合作精神。定期进行阶段性总结，与指导老师沟通、交流，是及时发现问题、分析问题、提出解决方案和促进项目顺利实施的有效途径。同时定期总结自查也能提高项目组成员间相互协作、相互沟通的能力。

项目结题阶段。大学生创新创业训练计划项目的结题要求一般是撰写研究报告或学术论文。因此，要求学生在做完课题研究后学会项目结题研究报告或结题论文的撰写。研究报告或结题论文的撰写是大学生创新创业训练计划项目的重要组成部分，也是培养学生数据分析能力、逻辑思维能力和科技论文写作能力的重要手段，它要求实验数据准确、分析合理和书写规范。由于大多数学生并没有写过研究报告和论文，指导老师需要对研究报告和论文的撰写给予充分指导，既不能让学生随意发挥、自由书写，也不能越俎代庖，代替学生撰写。在指导过程中，教师可以先给学生讲解研究报告和结题论文的撰写方法、格式及要求，然后让学生针对自己的研究内容和数据分析撰写初稿，初稿完成后再与指导老师一起交流、修改与完善，最终提交终稿。大学生创新创业训练计划项目研究报告或结题论文的撰写，有助于学生掌握学术论文的规范表达方式，为后续毕业课题的顺利开展和毕业论文书写打下坚实的基础。

通过鼓励学生申报、参与大学生创新创业训练计划项目，可以使学生将课内知识和课外知识相结合，锻炼学生分析和解决实际问题的能力，还能提高团队之间的交流合作能力与团队成员实践动手的能力。大学生创新创业训练计划项目在很大程度上激励和启发了学生的创新思维，能够培养出真正的创新型人才。（撰稿人：农业与食品工程学院　欧阳秋飞）

### § 创新创业项目实施的策略

人才培养是高校的主要任务，而培养质量的高低关系到高校的生存与发展，更关系到国家综合竞争力的提升。各高校都很重视人才培养，不断探索完善人才培养模式，提高学生综合竞争能力，特别是创新能力。大学生创新创业训练计划项目正好搭建了一个平台，能够激发学生的兴趣，为学生创新创业实践提供了经费保障。创新创业项目是本科生个人或团队，在指导教师的协助下，自主完成创新性研究项目设计、实施、撰写研究报告、成果（学术）交流等方面的科学训练工作。创新创业训练项目是指本科生团队在指导教师的指导下，团队中每个学生在项目实施过程中扮演一个或多个角色，通过编制商业计划书、开展可行性研究、模拟企业运行，进而参加企业实践、撰写创业报告等。各高校从上到下，都很重视这项工作的开展，不仅为学生的创新创业提供经费支持还出台了相关的政策，保障各项工作的顺利开展。以下是本人多次指导学生的体会。

一是做好申报前的准备工作。学校每年都会启动创新创业项目的申报工作。这是学生参与科学研究的好机会，也是展示各学院人才培养质量的机会。因此，学院领导很重视这项工作，要求发动学生申报，教师做好指导工作。根据学生的初步意向和所学专业，引导学生寻找合适的指导教师，以便项目的顺利开展。教师将根据学生所选题目及自己的研究，来决定是否承担指导责任。通过和学生沟通，指导学生结合所学专业，选择合适的有特色的项目，做好项目成员的分工。学生在指导教师的协助下完成项目选题、撰写申报书，经学院推荐才可能获得不同级别的项目立项。

二是做好项目实施指导。首先，做好项目的选题工作。选题是项目获得立项的关键。因此，选题应先考虑学生所学的专业知识与选题之间的关联度，这样才能便于项目的开展，也为学生创新能力的发挥提供基本的平台。项目偏离专业范围，学生难以提高专业素养，也会导致项目难以落实；研究内容过深，可能会加重学生的负担；研究项目没有新意，则起不到培养学生创新能力的作用，也可能不会获得经费支持，打击学生的积极性。

其次，项目坚持以学生为主，教师指导为辅。项目设立的初衷就是训练和提高学生的创新创业能力，如果教师指导过多，对学生的自主创新能力培养不利。

教师应多和学生沟通，鼓励学生发挥创造性思维，学会发现问题、分析问题和解决问题，不断提高学生的创新能力。教师要指导学生学会团队合作和分工协调。一个项目的实施涉及几个内容，项目负责人很难全部承担，这就需要团队成员根据自己的特长和分工，做好各自的工作，在实施过程中共同面对困难，解决问题，这也有利于培养学生的团队合作精神。

最后，指导学生做好项目的结题。根据训练项目的要求，学生要做好项目的结题。项目结题一般采取撰写项目结题报告和结题答辩相结合的方式进行，这就要求学生学会撰写结题报告和项目答辩。结题报告是培养大学生数据分析能力、逻辑思维能力和论文写作能力的重要手段，要求基于调查实验数据，分析准确，用词规范，基于调查分析提出新的建议或观点。教师在指导过程中要指导学生学会利用调查数据，准确分析数据，恰当地表述观点。这些有助于学生形成良好的学术规范，为今后的学习奠定基础。

三是指导项目反思。首先，要认真阅读和理解项目设置的目的，有针对性地提高自己的能力。通过对项目的指导，本人也加深了对项目设置目的的理解，逐渐学会了如何指导学生，训练学生；也发现了本人的不足，对于调查报告的撰写没有掌握其基本的要领，在指导学生时深感吃力。这就需要本人不断加强学习，提高能力，更好地为学生服务。

其次，加强课堂教学内容的针对性。我在指导学生时发现，学生的写作能力、分析问题的能力有待加强，这就需要教师在平时的课堂教学中，有针对性地训练学生，提升学生发现问题、分析问题、解决问题的能力，提高学生的表达能力。

最后，建立健全保障机制，加强教师培训，提高项目质量。项目的顺利实施离不开教师的指导，而教师的指导水平也会影响项目的质量。这就需要学校出台相应的制度，加强教师培训，提高教师指导水平。此外，根据项目经费的管理规定，经费只能用于学生的项目。指导教师多是利用自己的业余时间来指导。培育一个好的项目，教师需要花费大量的时间和精力与学生沟通协调并进行指导，而教师还有教学、科研等工作要做。这就需要学校出台政策，为师生的共同发展保驾护航，鼓励教师做好项目的指导工作。（撰稿人：政治与公共事务管理学院　孟立永）

### § 大创项目实施的心得体会

2015 年 7 月，我指导的"当前民族地区农村耕地荒废问题研究——以广西凤山县凤城镇为例"获得百色学院大学生创新创业训练计划项目立项。在全体成员的共同努力下，项目于 2017 年 6 月顺利结题。回顾两年来的努力和收获，我有深刻体会。

一是大学生创新创业训练计划项目有助于提高学生的自主能力、学习能力、实践能力、创新能力和交际能力。在项目研究期间，学生查阅了较多相关文献资料，在一定程度上掌握了从网络上、专著报刊上、学术期刊上收集资料的方法；通过研读梳理，学生更多地了解了学术论文的写作规范，增长了学科知识，开拓了思路，提高了理解、分析、整合、使用材料的能力；通过编制调查问卷和访谈提纲及实地调研，学生得以深入基层，掌握第一手资料，培养了独立思考及人际交往能力，促使其养成脚踏实地、科学严谨的工作作风；通过撰写学术论文和调查报告，学生的写作能力得到锻炼，接触并逐步掌握学术论文及调查报告的写作规范，提高了开展科学研究的能力，有利于大四本科毕业论文的顺利完成。因此，应高度重视该项工作的开展，鼓励更多的学生申报项目，鼓励更多责任心强的教师参与指导。

二是合适的选题是大学生创新创业训练计划项目成功的起点，也是最为关键的一点。大二、大三本科学生是申报项目的主力，但他们的学科专业基础不够深厚，相关理论、概念掌握不够到位，难以认识课题的研究意义和研究重难点，理解能力和总体把握能力有限，调查研究经验少。因此，选题应注意难度适中、切实可行且行之有效，能体现出理论分析、实际操作和总体协调能力的综合培养。选题要有一定的理论意义，使学生能尽早接触相关课题研究的前沿知识，促进学术意识和能力的培养，有助于引起学生对科研的兴趣。但选题应尽量避免纯理论研究，主要考虑以下几方面：①立足于学生的兴趣和现有知识及能力，便于收集文献资料和开展调研的选题，有利于项目如期完成；②注重现实价值，以社会需求为导向，贴近现实，贴近生活，多些深入实践的自主性、调研性、对策性、应用性研究，这将有利于学生加深对社会现实的认识，培养发现问题的意识和解决问题的能力，增强社会责任感；③应紧密结合学科专业知识，综合运用多种研究方法，以科学研究和社会调研为主要方式，这有利于取得一些创新成果。确定"当前民族地区农村耕地荒废问题研究——以广西凤山县凤城镇为例"这一选题，正是考虑到项目组成员多来自民族地区农村，对耕地荒废这一急需解决的现实问题并不陌生，有假期进行调研，与所学专业知识（人文教育专业）相关等因素。

三是合理分工、团结协作是大学生创新创业训练计划项目顺利完成的重要保证。初次接触项目申报的学生，材料撰写和调查研究多为零基础，必须依靠团队的力量才能完成。统筹安排、合理分工显得尤为重要，如在校期间，全体成员分工收集相关的学术论文，再进行资源共享，共同拟定写作提纲；分头查阅与农村土地、耕地问题相关的调查问卷题目，再结合项目的研究目标、研究内容来编制调查问卷和访谈提纲。在项目论文和调查报告的修改中，学生根据指导老师提出的问题和建议，由主笔同学负责文章结构调整、观点提炼、文字修改；另有成员重新梳理实地调研资料，整合相关数据，力争调研信息使用更到位，更能支撑文章的观点；还有成员负责查缺补漏。如此，每位成员都拥有机会参与研究，承担实际工作，得到一定的锻炼，极大地提高研究的效率。

四是存在的不足及改进措施：①思想上重视不够，申报材料准备时间较短；②学生的观点提炼、文字组织、材料运用等能力仍显不足，研究思路不够清晰；③调研还不够深入，解决问题的对策针对性不够强。今后应加强项目申报意识，准备充分，力争成功申报更高级别的项目；加强对学生学术论文及相关应用文写作能力的培养；加强调研方法等方面的指导，提高学生透过现象看本质、善于发现问题并解决实际问题的能力。（撰稿人：政治与公共事务管理学院 赵连跃）

## （二）大学生"挑战杯"竞赛创新创业训练指导教师的体会与感悟

### § "挑战杯"竞赛之我见

2015年，本人指导学生参加由共青团中央、中国科学技术协会、教育部和中华全国学生联合会共同主办的全国性大学生课外学术实践竞赛，所指导的学生中，工程造价专业本科2013级苑志富等同学的参赛项目——"校易购"，获得国家级立项。在这次指导工作中，我有以下几点体会。

一是在具体的指导过程中，注重培养学生的动手能力和创新能力，通过组织参加竞赛活动，达到提高学生综合素质的目的。

二是科学选拔参赛选手。通过教师推荐、学生自荐、同学互荐等方式，选拔基础好、有竞争潜力的同学组成参赛小组，给予具体指导，重点培养。

三是注重团队协作能力的培养。学科竞赛不是一个人在战斗，是靠团队整体的力量取得竞赛的成功，因而团队协作能力非常重要。在平常的训练过程中，我们注重此方面的能力培养，密切配合，发挥每个学生的优点和长处，注重性格的磨合、情绪的引导，做到按时保质完成任务。

总之，在具体的指导过程中，要注意做到培养与选拔相结合，学习和竞赛相促进，在学习中培养竞赛人才，通过竞赛促进学习提高，全面培养学生的综合素质，提高学生的创新能力。（撰稿人：管理科学与工程学院 农春光）

### § "挑战杯"竞赛中指导教师的作用解读

作为一名指导教师，我深刻地认识到要想团队在"挑战杯"竞赛中获得良好的名次，指导教师发挥着重要的作用。指导教师负责团队的方向确定，指导教师的知识储备、综合能力、沟通协调能力、判断能力对团队的成功至关重要。下面谈谈这两年我的心得体会。

一是指导教师的综合能力要强。"挑战杯"竞赛作为全国性的一次创新创业大赛，重点突出创新。因此，作为一名指导教师，对创新要有比较深刻的认识；同时指导教师学识深厚才能指导学生进行研究性学习，自主进行试验方法的设计、组织设备和材料、实施实验、分析处理数据、撰写总结报告。指导教师应注重培养学生的综合能力，观察力，分析问题和解决问题的能力，独立思考、获取知识和运用知识的能力，在信息爆炸的时代，培养学生信息加工的能力和一定的科学研究能力非常重要。

二是指导教师要根据学生的个性特点和学生的理论功底进行合理的分工。一场"挑战杯"竞赛，就是一个团队作战，讲究的是合作精神。因此，指导教师要了解团队中每个成员的个性、特长，根据每个学生的具体情况循序渐进地安排他们的学习和工作，在创新项目的实践中，按照项目的进度安排，在不同阶段实现与项目有关的各项技能的提升。例如，团队的主要负责人必须有较强的责任心，在整个团队中有一定的号召力，这样才能让团队的其他成员更好地服从安排。

三是指导教师要有良好的沟通技巧。学生的很多想法不管成熟与否都不能打击他的自信心，适当的肯定并给出充足的意见，让学生有兴趣与老师进行沟通和交流，整个项目团队才能有新的思想和新的突破。

四是团队管理要规范。团队管理要有组织和纪律性。一个项目的良好开展，需要团队成员的讨论、分析、调研、实验等。而团队成员有可能不是一个班级或者一个年级的学生，因此，严密的组织性和纪律性才能让团队积极向上。

通过这两年的指导来看，辅导员作为指导老师，优缺点都有。优点是辅导员与学生接触得多，几乎了解团队里面每个学生的个性特点，能够正确地安排学生着手开展活动。缺点是大部分辅导员都是文科专业老师，而学院学生的专业是理科性质的，老师对一些专业性知识没有办法给予很好地解答，在对团队进行指导时，效果不太明显。当然，指导教师最重要的是要启发、开导学生，培养学生的独立人格和团队合作精神。如果在指导过程中技术不够成熟，要多与专业教师合作，增加沟通和交流。两年来，从指导的团队看，还有以下问题：团队的工作开展时间安排不够合理，团队成员的积极性不高。指导教师与学生之间的互动不够多，个别团队出现指导教师催一催，学生实验进展动一动的现象，同时，团队的进展情况不能及时报告给指导教师，指导教师不能及时地给予建议和发现团队的问题。

通过这次总结，在以后指导过程中，我将认真做好指导教师应该履行的职责和义务，除了培养学生科学的研究态度外，争取让学生获得更优异的成绩。（撰稿人：管理科学与工程学院　陈柳）

### § "挑战杯"竞赛的策略

高校在建设国家创新体系中有着举足轻重的地位，故高校肩负着造就一代符合未来挑战要求的高素质人才的重任。"挑战杯"竞赛给广大学生提供了参与科学研究的机会，在促进青年创新人才成长、深化高校素质教育、推动经济社会发展等方面发挥了积极作用。通过科学研究和实践操作,理论与实际结合,发现问题和解决问题,接受科学研究的训练,达到培养创新能力的目的,因而"挑战杯"竞赛是高校培养创新型人才的有效载体。以下是指导学生参加"挑战杯"竞赛的一些心得体会。

选题结合专业方向及民族特色。历年来"挑战杯"项目众多,如何确定选题方向尤其重要。确定选题时,经过不断讨论、研究,结合人文地理与城乡规划专业方向,结合百色市少数民族特色,在查阅相关文献的基础上,确定选题为"那坡县念毕屯彝族特色民族村寨旅游规划调查报告",并拟定相应大纲,根据大纲开展下一步工作。

实地调研。在确定选题的基础上,不断查阅相关资料,查找民族特色村寨规划的案例,基于念毕屯的情况,组织小组成员到实地考察。规划方案的制订,必须基于念毕屯的实际情况,在实地调研过程中,深入了解念毕屯的地理位置、交通情况、民族文化、民族风俗、经济发展等,获取最新最真实的数据。

分工协作。参加"挑战杯"竞赛的成员有五人,均为大一学生,对电脑操作,以及科研和专业实践都还比较陌生。在确定选题前,均要求所有成员参与具体工作,查阅相关资料,对选题形成一定的认识,同时也增加了团队合作的默契。调研回来后,分工协作整理资料,各自完成相应的内容,不断地修改完善,一直到后期的定稿都有明确的分工,这增强了学生的责任感,同时需要学生不断地交流,得出更好的方案。在科技高度发展的今天,分工合作越来越重要,是否具有团队合作精神已成为用人单位选拔人才的一个重要标准。大学教育要着眼于社会和时代的要求,培养大学生不仅要注重扎实的专业知识和专业技能,而且要加强大学生综合素质的培养,特别要注重学生团队精神的培养。大学生创新活动项目不是一个人能够完成的,这使学生意识到只有相互协调、取长补短才能使团队的能力得到提高,往往会产生意想不到的效果和激发出更多的灵感。

培养创新能力。调研报告实施的重点在于规划方案,规划方案没有唯一性,每一次讨论都将促进方案的不断完善,这个过程培养了学生的耐心,促使学生不断思考,是对学生科技创新能力的培养,把理论与实践相结合,培养学生主动学习、不断探索的精神,养成善于独立思考问题的习惯,提高勇于实践、勇于创新的能力。

"挑战杯"竞赛以学生为主,教师指导,团结合作的氛围能够提高师生的参与率。第一次指导"挑战杯"竞赛,在指导过程中,也存在一些不足之处,后期有待改善。根据"挑战杯"竞赛时间,需要制订好进度计划,按照进度执行,此次"挑战杯"竞赛的选题确定时间过长,导致后期实地调研、写作、修改、定稿的时间缩短,规划方案过于简单。同时,学生的主体作用应该得到更好的发挥!

（撰稿人：管理科学与工程学院　韦小婵）

### § 大创项目实施的关键因素解读

目前，国内各大高校掀起了大学生创业、创新实践大潮，涉及的学科领域涵盖各行各业，规模超前。但也存在一些不足。我指导大学生创新创业活动多年，就目前创新创业活动中的一些现象与各位分享。

正确看待创新创业活动。创新是以新思维、新发明和新描述为特征的一种实践过程。在创新活动中，大学生是目前创新实践大军的主体，他们利用课余时间在规定的时间内完成申请书中既定的创新实践任务。最终，大多数学生都能顺利过关，完成创新任务，当然，完成质量参差不齐。这里面有很多因素或者困难制约了学生的创新活动。例如，时间不足、经费有限、精力不够等，这些都是大学生除了开发产品技术外在创新过程中需要协调解决的，更重要的是创新主体的素质和能力。

创新经验不足，步履蹒跚但热情十足，创新效果远未达到创新初衷。当然，德才兼备者有，他们在指导老师的带领下倾情投入创新实践，经过一番努力、探索实践取得了不错的成果，但是，这样的学生毕竟是少数。照猫画虎、照葫芦画瓢都显得有些四不像，离我们热盼的原创相距甚远。那大学生创新还要不要继续下去呢？显然我们要正确看待这个问题，不积跬步无以至千里。我们要正确地引导和创造环境让大学生去创造、去创新，毕竟他们很年轻，是未来，是希望，也是我们的一种寄托。

以下是我认为大学生创新创业成功的几个关键因素。

首先，创新主体要有兴趣。做任何一件事情都需要有兴趣，有了兴趣做事情就有了积极性和主动性，在创新中遇到各种困难也能积极乐观地去面对，因为他们有兴趣，有创新的驱动力，创新中遇到各种困难也不易放弃，往往会取得不错的成绩。

其次，注重团队协作。随着时代的快速发展，基于产品开发的创新工作变得越来越有挑战性，单单凭一己之力很难完成创新实践任务，这就需要团队的力量，需要团队的相互配合、相互激励而迸发出的无穷的力量。这股力量可以帮助他们一直走下去，完成任务，有所收获。

最后，创新团队要有创新素质及能力。只有具有优良品质的学生才能克服创新路上遇到的层层困难，拨云见日，取得创新实践的成功。但就我国目前大学生状况而言，他们在创新方面的能力和素质略显薄弱。因此，大学生创新素质及能力的培养显得十分必要。

能力和素质的提升将大大提高大学生实践创新能力。还有一些条件也是必备的，如时间要充分。单单利用课余时间是难以完成创新任务的，即使完成部分创新任务，工作也远没有结束。创新活动要有环境，开发一个产品绝不能仅靠想象，而是来源于现实。如果学生了解行业、企业、产品，了解目前什么样的产品存在哪些问题，那么创新的目的就会明确很多，会少走弯路，缩短创新实践周期。

除了上述一些因素外，还有其他因素，如可用的实验室资源、指导教师力量与投入、测试分析保障机制等。高校实验室集实验教学、科学研究、技术开发等所用的各种仪器设备资源于一处，是学生创新实践的主战场，指导老师则是大学生创新实践活动的高级顾问、参谋，老师谈笑间指导学生攻坚克难，更可以把其多年从事创新、创业的经验传授给德才兼备的弟子，让弟子把老师的经验传承下去。

以上是大学生创新创业成功的一些主要因素，万事俱备只离成功一步之遥。
（撰稿人：管理科学与工程学院　王娜）

## 三、实践训练指导教师的体会与感悟

这部分选取了其中 6 位深度参与 "D-TSO" 模式运行的教师在实操孵化指导教学中的感悟。

### § 创业项目实施中的困境与突破

2016 年底，学校大学生创业园招项目入驻，我指导的一个项目最终成功入驻大学生创业园，一年来，学生项目已经渐入正轨，总结心得如下。

创业主动性不足。在被问到是否想要创业时，大部分大学生都回答说有想过，但是不知道怎么做，自己也没有资源和新的创意。

创业团队成员结构不合理。创业团队成员结构合理与否对创业能否成功有重大影响。很多投资家在选择投资项目时，都会有宁选择一流的创业团队有一个二流的创业点子而不愿选择一个二流的创业团队有一流创业点子的想法。由此可见，创业团队成员构成是多么的重要。入驻创业园的项目团队，其创业团队成员也大都是本班的同学或者是熟悉的老乡和朋友，创业团队成员拥有的资源几乎是相似的，这限制了创业团队的资源，对创业项目的可持续发展不利。

团队创业素质有待提高。创业难，大学生创业更加难。入驻创业园的项目大多是依靠学校好的政策和自己的一纸创业计划书就投入了运营，但是真正具有良好创业素质的团队却并不多，在项目运营过程中，创业团队成员创业素质低的问题也显现出来。主要表现在以下几个方面：①创业早期缺乏调研。许多创业团队的计划书是从网上借鉴的，对于市场和创业实践调研做得不够，导致在创业过程中，如对项目选择、经营管理、业务创新等问题考虑过于简单和理想化，使得运营出现困境。②创业中期，缺乏项目经营管理知识和实践。创业团队成员大多是同班同学和朋友，团队成员知识结构单一，对于项目经营管理的知识和经验不足，导致经营过程问题百出。③创业团队成员缺乏法律意识。在法制化的现代，不懂法律的经营是无力的。创业的过程就是沟通的过程，沟通避免不了与形形色色的人打交道，在这个过程中必然会有各种各样的纠纷出现，而我们的大部分创业团队都缺少法律专业的同学和老师的指导，对于涉及法律的问题没有合理合法有效地解决，最终导致利益受损甚至更严重的法律问题。（撰稿人：管理科学与工程学院　王娜）

### § "挑战杯" 竞赛指导感悟

心中的梦想，你眼里能看到。我相信教育是慢的艺术，期待它的静默花开；相信学校是滋养真善美的地方，期待它的青春满园；相信讲台是师生共舞的舞台，期待它的飘逸潇洒。

我很幸运，学习和工作中都能与良师益友相伴相随。学校的 "挑战杯" 竞赛的开展给了师生除课堂之外的发展平台。也因工作的需要，和班级学习委员有了更近的接触与交流。我对 "潜力培训机构有限公司" 企划案的指导，多是源于懂了彼此共同的心愿。在查阅每周的教学日志的过程中，和项目负责人陆美艺同学认识并展开了交流。

那天，她拿着班里的教学日志来办公室，我检查签字后，她说："老师，再问一个问题，假如我们参加学校的'挑战杯'竞赛，您愿意做我们的指导老师吗？" "呵呵，当然可以了，只要你们愿意做！有初步的构想和打算吗？" "有啊，有啊，我们想做个培训班。" 她一脸兴奋地说道。"想法很好，我自己读书时也曾有过这样的想法，而且学校也很支持大学生读书期间的创业实践。结合你们的专业实际和团队自身条件优势，可以好好考虑的，而且这对你们的综合素质锻炼与提高及后期的就业都有意义。我看好你们的！" "好的，谢谢老师！我们会好好准备的！" "对了，关于那个企划案的编写，你们可以先上网查阅相关资料，具体细节与疑惑我们可以沟通交流。"

就这样，大概一个寒假过去了，再一次交送教学日志的时候，小姑娘带来了他们团队的企划案文稿。当时还是很欣慰的，终究是孩子们愿意做啊！说实话，看完那 51 页的文稿，包括一些数据表格，还是需要时间和精力的，但我很欣喜并期待学生的想法，晚上下班回家都愿意阅读与欣赏。接下来的日子，我们就是删减与添加，彼此融入各自的想法，享受着构想的快乐。之前我们大家都约定好了，各自尽其所能，尽力做好，少留或不留遗憾，至于结果如何，我们无法预料，但我们相信，只要大家尽力去做，过程中绝对会有收获，否则就主动退出，避免浪费彼此的时间。

最值得一提的是，文稿基本定型后，后面是微视频录制环节。此环节还真是考验了学生感受生活与实际操作的能力。生活中那么多的点点滴滴，要找到和企划案主题相符的场面，是需要思考和剪辑的，还有具体的录制环节，对新科技的运用，若没有基本的操作经验，那是寸步难行的，更重要的是团队合作精神要有，而且要认真践行。难怪结束后，学生兴奋与自信地说："这个微视频是伤了我们很多脑细胞的，但过程确实好玩儿有意思呢。即使后面结果不能如愿，我们也是无怨无悔的！"

　　活动结束了，尽管只是三等奖，但我们大家彼此充实着、追求着、快乐着。与其说是指导与被指导，不如说是共同体验与探讨。当我们师生一起话说努力后的感受时，彼此的凝眸是那样明澈清亮。心中的梦想，你眼里能看到。不是吗？（撰稿人：教育科学学院　和静）

### § 创新创业项目指导的措施

　　"莫问前程凶吉，但求落幕无悔。"这是指导项目申报时的初衷。也是兑现我经常跟学生说的："先不用去想结果，每一个比赛或活动的过程，便是学习，有学习就有进步。敢于尝试，勇于挑战，超越自我，这是我对你们最真心的期待，也是我对自己最基本的要求。"从项目的申报到活动的开展本人都精心组织、认真指导。不是为了完成任务、不是为了结果评比，只为实现最初的设想，只为从学生的成长中看到我最初的期待，更为提高学生的社会实践能力，也使我能与学生一起学习，共同成长。

　　掌握理论，指导实践。课堂上所学的知识，如何运用于实际的生活中、工作上，这是我们老师同时也是学生都应该思考的问题。从是什么、怎么做，到怎样做得更好，每一个环节都需要思考和学习。此项目为学生提供了一个理论指导实践的机会，主要体现在项目的申报、项目的策划、活动的开展中。

　　学会合作，善于沟通。从2015年5月项目的申报开始，到项目的策划、活动的开展，团队的队员之间、学生与老师之间、学生与开展当地活动的小学生和家长之间，都需要合作与沟通。在活动策划时，团队成员如何进行分工合作，在活动开展中如何与当地小学生和家长沟通、合作，如何宣传自己才能获得家长的信任，怎样在培训机构中提高教学效果，从而获得更好的声誉，等等，都需要学习，都要学会合作，更需要沟通。因此，善于沟通，对于学生、对于我而言，都至关重要。人生处处需合作，生活处处要沟通。

　　发现问题，分析问题，最终是为了解决问题。我们生活的世界就是一个充满矛盾的世界，就是一个存在问题的世界。因此，大学生创新创业训练计划项目的实施，是先把问题丢给了学生，也丢给了指导老师，如何通过发现问题、分析问题，最终达到解决问题的目的，然后又发现新的问题……用这样依次循环的方式，去认识世界，这也是项目要达到的另一个目的。指导老师通过推进项目的实施，通过项目的指导，培养学生解决问题的能力，让学生正确认识我们生活的世界，让作为指导老师的我认清我的职业与责任，让大家一起认真思考人生的意义。

用心指导，助力学生成长，这是我作为指导老师最大的任务，也是我对自己最基本的要求，更是我的初衷。（撰稿人：教育科学学院　李焕玲）

### § 创新创业项目实施中的精神与信念

2016 年 5 月，由陈发宪等同学组成的创业团队经过激烈的角逐，最终成功入驻了创新创业学院。作为指导老师的我浅谈一下心得体会。

首先，学校创办创新创业学院给学生提供了一个展现自己能力的平台，为学生以后创业走向社会奠定了基础。入驻创新创业学院后，学生在这一过程中熟悉了创业程序、储备了创业知识、积累了创业经验。利用这样的机会可以充分发挥学校产、学、研紧密结合的研究开发凝聚功能，从而拉动高校科研和市场的结合，使大学科研活动与企业需求、技术与社会经济发展互相促进，逐渐形成高校教学、科研与社会经济发展的良性循环。

其次，注重培养学生创业过程中吃苦耐劳的精神。当代大学生接受新生事物比较多，他们追求个性、强调自主、思维独立，不愿意接受别人强加的观念和想法，这也成为他们在创业过程中的障碍。他们往往只看到创业成功的例子，而忽略了创业过程中遭受到的种种困难和挫折。他们一旦遇到不顺，就想打退堂鼓。这时作为指导老师应该注重培养学生迎难而上、吃苦耐劳的精神。创业是一个艰辛的过程，不是随随便便就能成功。要善于总结每一次的失败，从中找出原因，避免下次再犯同样的错误。只有迎难而上、吃苦耐劳、坚持不懈，才有可能成功。

最后，增强学生创业的信念。创业必须要贡献出时间、付出努力，承担相应的财务的、精神的和社会的风险，并获得金钱的回报、个人的满足。当代大学生，由于自身知识的匮乏、社会经验不足、对市场了解不够、社交范围窄等，创业过程必定是困难重重。这时，学生往往就放弃创业之初的熊心壮志，而否定自身的能力和潜质。我们作为指导老师，要善于洞察他们的心理变化，增强他们创业的信念。信念是一种需要，它是激励学生按照自己认为正确的观点、原则去行动、去实现目标的一种强大的内在力量。因此，信念是创业必不可少的条件之一。只有具有强烈的创业信念，创业才有可能取得成功。

总之，对于当代大学生而言，创新创业是一种机遇也是一种挑战。创新创业最怕创意、最怕民主、最怕情怀、最怕兄弟……同时，大学生创新创业往往会陷入创业的误区，认为创意等于创业、创业等于赢得风投、创业等于上市……其实不然，创业注定要经历困难、挫折、失败……作为指导老师的我们能给学生提供的是尽所能帮助学生了解创业是什么、要具备哪些条件、如何选择创业的方向。最终，创业的成功与否取决于学生自身的综合素质和能力。（撰稿人：农业与食品工程学院　班燕冬）

### § "一草一天堂"创业项目指导心得体会

在和罗秀俐同学与她的团队交流沟通下，我对他们的项目计划书做出了一些纠正及指导。

多肉植物以其呆萌的姿态而被爱好者亲切地称为"肉肉"。作为风靡全国已久的植物，它在深受买家喜爱的同时，也缔造了花卉行业销售的新热点。2015 年，全国仅多肉植物自身产值就达到了 20 亿元，相关产业链更是产生了 50 亿元的价值。不过，在这一产业野蛮生长的同时，真正对这一行业比较了解的行家，也看到了国内多肉植物市场上供应过剩及无序发展的现状。外形呆萌的多肉植物，被冠以"桃之卵""玉露"等清新、文艺的名字，再搭配上创意花盆，得到了不少年轻人的青睐。根据多肉植物互联平台在市场方面的调查，在性别层面，消费人群中女性占到了六成，在年龄层面，72%的消费群体在 18 岁至 30 岁。

"实际上，多肉植物很早就进入了中国市场，一直是不温不火。2012 年下半年开始，网络上造型可爱的多肉植物图片得到迅速传播，瞬间就火了起来。"对于这个项目我觉得还是有很大的把握的。在学校答辩比赛中，也争取到了这个多肉植物的项目。

在店铺实际运营中，我按需求指导经营模式和经营管理，勤走动，与团队积极交流，前期的经营效益可观，中期看的人多，买的人少，于是便转变经营策略，增加一些促销活动，引进一些组合品种，在 5 月 20 日那天，获得了很不错的收益。

在创业这条路上，我们指导老师能做的就是帮助学生把握创业方向，了解市场需求，按需求指导经营模式和经营管理，经常到店铺观察销售量，及时给予指导意见，让学生少走一些弯路，使他们越来越成熟。（撰稿人："一草一天堂"创业项目指导教师）

### § "甜缘时光蛋糕坊"创业项目实施中的问题与对策

从自我角度分析，大学生创业能力不足，缺乏从职业角度整合资源、实施管理的能力。首先是专业技术能力不足，很多大学生在校期间学习和基本掌握了本专业全面而系统的专业知识，并通过毕业设计对某些技术开展了细致的研究，但当其走向市场进行创业时，还需要一个将知识转化为技能的过程。学历不等于能力，知识不等于技能，专业技术能力直接影响到大学生创业的成败得失。其次是管理及商业运作能力不强，这是影响大学生创业成功的重要因素。大学生由于缺乏必要的实践能力和经营管理经验，很难一下子胜任企业经理人的角色。创业者根本没有对市场进行调研、分析，盲目跟风，最终都导致了创业的失败。最后是市场经验不足，在设计产品开发项目时并不了解市场上的需求，或者主观臆断市场需求，或者闷起头来一味地搞技术。

解决方案：既然已经选择进行自主创业，就要做好充分的心理准备，遇到困难和挫折要冷静对待，找出解决问题的方法。不了解市场概况和经验管理不足时，可以请教指导老师，指导老师丰富的知识理论及其对市场的了解，以及资深的经验可以快速地帮助学生解决这些问题，至于其他问题需要在实践中不断积累经验，这需要大学生自己琢磨，提升自己的能力。（撰稿人："甜缘时光蛋糕坊"创业项目指导教师）

# 第三节　管理干部篇

## 一、教务部门管理干部的体会与感悟

### （一）百色学院创新创业教育新思路

百色学院致力于学生的创新创业教育，取得了一系列成绩。首先是学校领导和全体教师意识到创新创业教育的重要性，思想上高度重视，行动中坚决落实。学校从整体发展的格局出发，制定了一系列规划，如《百色学院十二五发展规划》《百色学院十三五发展规划》等纲领性文件，并在以培养经济社会发展新形势下的应用型人才为目标的教学过程中逐渐落实规划。其中，以学校转型发展为契机的创新创业教育采取了适当有效的措施，成效明显。

1. 学校创新创业教育取得的成绩

百色学院通过以"应用型人才培养"为抓手，大力开展创新创业教育，最终凝练成创新创业教育"D-TSO"模式，成效明显。

一是成立了创新创业学院，这是广西壮族自治区内少有的几个最新成立创新创业学院的本科学校。以创新创业学院为龙头，带动全校创新创业教育的发展。

二是狠抓创新创业教育落实工作。开展的主要工作有：组建了创业导师团队，在全校所有学生中普及开设创商培育与测评等专门的创新创业课程，以全国大学生创新创业和"互联网+"竞赛活动为契机举办全校创新创业竞赛活动。

三是把创新创业教育融入专业教育，真正实现"学以致用"。近年来，我校学生参加各类创新创业大赛活动，获得多项省部级以上奖项，社会反响强烈，并得到自治区主要领导的高度赞扬，许多国内外兄弟院校慕名前来参观学习。

### 2. 目前创新创业教育中存在的不足

百色学院开展创新创业教育较早，效果显著。但通过近些年来与其他兄弟院校在创新创业教育发展中的比较，学校在创新创业教育中仍有需要继续努力改进和提高的方面。一是部分教师对于创新创业教育的认识还不到位，造成部分教师在创新创业教育中流于形式，培养学生的效果欠佳。高校创新创业教育的主力军是教师，教师意识不到创新创业教育的紧迫性，就会使创新创业教育效果大打折扣。二是部分师生对创新创业教育的定位不准。一些师生认为创新创业教育的普及在一定程度上占用了学生学习专业知识和专业技能的时间，影响学生学习专业知识和专业技能的效果，并逐步形成抵触情绪。三是创新创业教育普及率较高，但突出的成果较少，特别是缺乏一些高质量、高水平的成果，这种情况也影响了师生开展创新创业教育的主动性和积极性。四是创新创业教育的制度有待补充和完善。有关创新创业导师待遇、创新创业大赛的奖励机制，以及开展创新创业教育的保障机制目前还存在一些不足，这也影响和制约了创新创业教育活动的开展。

### 3. 开创百色学院创新创业教育新格局的思路

创新创业教育是未来国家经济社会发展的助力器，开展创新创业教育，特别是高校创新创业教育有助于我国经济社会在新形势下取得更好的成就。

（1）认真学习国家、地方和学校相关文件，领悟创新创业教育精神。在新形势下，高校教师自己要认清当前国家创新创业的新形势，学习国家相关文件精神，从国家的高度认识创新创业教育的紧迫性和必要性。从领导到普通职工、从集体到个人、从教师到学生，都要有积极参与、积极开创创新创业教育的意识。认识到创新创业教育的重要性是学校每一位师生的职责所在，也是我们努力的目标和方向。

（2）师生要积极培育自己的创新精神、创新意识。在认真学习国家和各部门关于创新创业教育的文件精神后，把相关文件精神落到实处是关键，也是最重要的一环。学校大力开展创新创业教育，不能把自己置于事外。因此，每位教职员工自己要培养良好的创新精神、创业意识和创新创业能力。只有这样教职员工才能身临其境地教育、教导和帮助学生完成创新精神、创业意识和创新创业能力的培养，才能把国家冠以创新创业教育的精神贯彻下去，才能真正有利于学生的成长和发展，助力国家未来的发展。

（3）倡导学生积极参加各种创新创业活动，有针对性地开展高质量、高水平项目的指导和培育。积极指导学生参加各种创新创业活动对大学生的健康成长和全面发展有重大意义。目前，相关部门积极举办各种创新创业大赛活动，通过这些活动的开展，大学生可以理解创新、进行创新，把创新创业融入日常的生活，这是对大学生创新精神、创业意识和创新创业能力培养最好的指导和帮助。针对一些有特色、有创意、有发展前景的项目，要积极培育，加大指导力度，成立专门的指导团队，争取在高级别的大赛中取得好的成绩，打造百色学院创新创业教育品牌。

（4）定位准确，将创新创业教育与专业教育结合起来。学校部分教师对创新创业教育与专业教育两个方面的认识存在一定的误区，以为二者不可兼容，这恰恰表明部分教师没有认识到创新创业教育与专业教育是相辅相成、相互补充的。创新创业教育可以更好地贯穿于专业教育，是原来专业教育模式的转型和升级，使专业教育在原来的基础上更上一个台阶。同样，以培养专业知识和专业技能为目标的专业教育，结合创新创业教育，可以更好地实现大学生创新精神、创业意识和创新创业能力的培养，实现新形势下的应用型人才培养目标。

（5）积极探索、努力完善创新创业教育机制。目前，学校创新创业导师待遇、创新创业大赛的奖励机制，以及开展创新创业教育的保障机制还存在一些不足，这也影响和制约了创新创业教育活动的开展。通过座谈会、外出考察学习的形式不断完善创新创业教育的保障机制、激励机制和运行机制，为创新创业教育的开展提供良好的平台。

创新创业教育是一个复杂的系统工程，需要国家、社会、集体和个人的共同参与，积极探索有效的途径和方法，这样才能使创新创业教育做得更好。学校创新创业教育新格局的开创，同样需要每一位教职员工、每一位在校学生的共同参与、共同努力。（撰稿人：教务处　易忠君）

## （二）关于创新创业训练体系建设现状的思考

百色学院构建了创新创业教育"D-TSO"模式。针对"模拟"层次，笔者经参考相关文献，结合多年实践教学管理经验，总结出百色学院创新创业训练体系主要由专业实践训练环节、课外模拟训练实践和支持保障服务组成。

专业实践训练环节作为学生必修环节贯穿于课内外、校内外，主要包括校内基础或综合实验实训课程、专项技能实训、校外实习实践和毕业综合设计等内容，能为学生创新创业意识的唤起、创新创业精神的培育和能力培养打下坚实基础。课外模拟训练实践是创新创业训练体系中最重要的部分，主要在第二课堂开展，是能使学生从"潜在"成为"真正"的创新创业实践者的过渡阶段，主要包括参加各级各类创新创业大赛、创新创业计划训练项目、教师课题、各类考证实践、社会调查及学生社团活动等内容，其归宿是提高人才培养质量。支持保障服务主要包括师资力量、资金保障及实践平台等内容，其建设的完善程度会影响创新创业实践育人的进展和质量。

### 1. 创新创业训练体系建设成效

近几年来，百色学院根据国家创新创业文件精神和政策导向，采取了相应措施，一定程度上促进了学校创新创业教育的发展。

（1）改革人才培养方案，创新创业训练模块设计更加合理。自2009年开始，学校人才培养方案构建了"平台+模块"的课程体系，其中实践创新平台由必修模块（公共实践和专业实践）与选修模块（创新模块）组成。学校初步制定了创新实践项目选修要求与学分互认互换文件。2013年《人才培养方案指导意见》主张学校培养与企业实训相结合、专业实践教学与创新训练相结合、课内综合性实践与课外自主研学相结合。2015年人才培养方案更加细化，再次修订完善了各类创新创业实践活动的选修与学分要求。创新创业训练模块设计日趋完善。

（2）完善制度建设，创新创业训练活动得到有效执行。近几年来，学校逐步完善、修订了有关创新创业训练活动方面的管理文件，如实习见习、实验实训、毕业论文（设计）等专业实践方面的教学管理文件，大学生创新创业训练计划项目、大学生学科竞赛、大学生社会实践、创新实践学分认定等创新实践系列管理办法。在制度的指引下，各类活动积极开展，各类指导教师工作量及师生获奖奖励得到及时承兑。

（3）深化校企合作，创新创业训练平台更加广阔。学校一直重抓校企合作、产教融合的教学基本建设。近年来，校外实践教学基地数量每年稳中有升，"校中厂""厂中校"模式已形成发展格局；与东南亚周边国家的对外合作办学、合作育人机制日益成熟；基金植入式实体创新创业学院为创意培育、项目孵化、成果转化、创意市场化提供广阔空间；此外大学生创业园、大学生创新创业孵化基地等为大学生提供了创业平台，实现了产教融合。

（4）加强师资队伍建设，创新创业训练教师队伍结构得到优化。学校着力建设结构合理的师资队伍。一是采取"内培外引"的方式充实创新创业指导教师队伍力量，如每年培养认定"双师型"教师、组织教师参加校内外相关创新创业研讨交流会和培训会；外聘企业家、创业者及专家学者到学校承担具体的创新创业教学任务。二是落实创新创业训练指导教师的津贴或课酬。校内"双师型"教师津贴按月发放，各类创新创业训练项目的指导课时统一纳入学校绩效分配；而外聘教师课酬一般采取专项经费支付。

### 2. 创新创业训练体系建设存在不足

（1）专业实践训练与课外模拟训练相脱节。一是关系把握不清，直接反映为学校对两者的重视程度有差异。近年来，在政府及全社会营造的良好创新创业氛围下，学校对课外模拟训练，如学科竞赛、大学生创新创业训练计划项目、"互联网+" 大赛、"挑战杯" 竞赛等活动愈加重视，对经费（含奖励）、精力、时间成本投入明显增多，而对常规的已纳入人才培养方案且作为必修性质的专业实践环节相对不够重视。二是过程指导欠融合。在指导专业实训环节过程中，专职教师较少融入相关创新创业内容，导致专业实训与课外模拟训练脱节；而课外模拟训练项目由于存在时间短、任务重、专业对口教师不足等因素，学生普遍感觉专业知识储备和专业训练不足。

（2）质量监控不力。专业实践训练与课外模拟训练不同于传统的课堂教学，教师指导具有分散性、复杂性、动态性特点，导致实践教学质量监控力不从心，如指导学生实习时，由于实习地点分布广而散，指导教师一般以现场、电话或网络等多种方式来动态跟踪指导；在指导各类竞赛和项目时，由于面对的是一个学生或一个团队，指导教师在提供个性化指导的同时，还要根据发展进度随时调整指导方式。基于以上情况，指导教师的责任心和专业素养对指导质量起到了关键作用。而这种责任心和专业素养却难以量化到质量监控标准中。此外，二级学院层面领导班子重视程度，以及制度的规范与否也影响到质量监控力度。

（3）经费投入效用不高。资金的投入和有效管理决定着创新创业教育的实效。目前学校仍采取经费由归口职能部门管理、二级学院使用的制度。实习见习经费按学生数包干，学科竞赛及其他社会实践活动在预算范围内按需支出，二级学院须严格履行校内报批程序方可用款。在这种制度下，行政手续烦琐、责权不分明、二级学院办学积极性不高等问题凸显。此外，学校经费投入来源单一，经费不足，一定程度上影响了学生参与创新创业实训的广度与效度。

（4）信息化平台建设滞后。相比东、中部省（自治区、直辖市），西部欠发达地区实践教学信息化平台建设滞后。部分原因在于学校开发平台的力量不足，而购买平台的资金成本高；面对市场上的各类平台，高校需要时间反复比较权衡。信息化平台建设滞后不利于学校创新创业训练体系运行。存在诸如管理人员手工操作，管理效率低下；实践教学基地、优质网络实践课程、大数据分析等资源难以共享；过程指导中不便动态监控等弊端。

3. 对今后工作的思考

（1）树立科学的教育理念。一是要厘清专业实践训练和大学生课外模拟训练的关系。专业实践训练属于专业教育范畴，为创新创业教育提供专业思维和专业技能，对提升创新创业能力起基础作用；而大学生课外模拟训练属于创新创业教育范畴，是专业教育的深化和拓展，使专业教育的效用进一步扩大化。二是要确立 "一体化" 的训练理念。"一体化" 训练的实质是一系列实践要素的集成训练；

其要点是将实践这一基础要素贯穿训练全过程，强调训练过程中对各种综合知识和能力要求的持续实践。"一体化"训练可通过创新创业项目进行牵引，利用项目作为训练载体，使专业实践训练与大学生课外模拟训练有机融合，实现学生综合能力的提升。

（2）完善考核评价机制。学校在设定科学合理的评价指标的同时，还需采取如下措施。一是强化实践育人过程监控和阶段性督查评估。各二级学院成立专门的创新创业训练体系建设质量检查组，采取线上信息化手段及线下座谈、走访的形式加强对本学院实践育人过程的质量监控。学校层面采取专项督查和随机检查相结合的方式，以此全面评估各部门工作的进展情况和工作成效。二是特别加强对创新创业实训指导教师的考核评价。借助"互联网+"信息平台建立多方参与的评教与反馈机制，其参与主体可以是教师本人、二级学院（含同行及专家）、督导员、学生、合作单位等。最后形成的反馈结果可作为年度绩效考核、职称评定、项目申报等指标的硬性条件之一，以此激励指导教师不断提高自身专业和技能素养及指导水平。

（3）建设"互联网+创新创业训练"共享协同信息化管理平台。学校可通过考察、借鉴发达地区同类高校信息化管理平台的成熟经验，引进或定制能将实习、毕业论文（设计）、实验实训等专业实践训练环节和各类竞赛、创新创业训练计划项目、创业活动等课外模拟训练实践统一集成的信息化管理平台。通过这个平台，一是向更大范围的群体提供创新创业训练服务，以全面普及学生参与率；二是便于校外基地、创业孵化园、科技园等创新创业教育实践平台共享共建；三是能有效解决教学质量监控不到位、数据分析不全面、不及时等问题。（撰稿人：教务处彭佑兰）

## （三）"D-TSO"模式创新创业教育课程体系的构建与实施

课程是创新创业教育活动实施的载体，创新创业教育目标需要通过创新创业教育课程来实现。构建完善的课程体系及保障课程的有效实施是实现创新创业教育目标的必然要求。

### 1. 创新创业教育"D-TSO"模式的课程体系构建

百色学院是一所地方本科院校，立足地方、服务地方是其使命，为地方培养高层次应用型人才是其人才培养的基本目标定位。创新创业教育是百色学院人才培养的一项重要内容，百色学院在实施创新创业教育的实践中，根据创新创业教育的需求，不断开发和设计创新创业教育课程，形成了与创新创业教育"D-TSO"模式基本相适应的理论课程体系和实践教学课程体系相融合、线上与线下课程相配套，以及课内与课外课程体系相结合的课程体系。

（1）创新创业教育"D-TSO"模式理论课程体系的构建。人人都有创新和创业的潜能，创新和创业能力应该成为大学生普遍具备的一种素质，但是，每个个体具有的创新和创业的发展潜能大小不一样，发展速度也不一样，因此，创新创业教育既要面向全体学生开展普及性的创新创业教育，又要对创新创业有发展需求的学生开展个性化的培养。创新创业教育要培养学生未来基于岗位创业及自主创业的精神和能力，要与职业教育相融合，要将其纳入学生职业生涯发展规划教育。为社会培养创新型高素质人才是时代对高等教育提出的要求，在专业教育中融入创新创业教育的内容是培养创新型高素质人才的重要途径，创新创业教育要与专业教育相结合。基于上述认识，创新创业教育"D-TSO"模式构建了由创新创业教育通识课程、"专业+创新创业"系列课程及创业教育专业课程三种类型的课程组成的理论课程体系。创新创业教育通识课程开设是为了培养学生的创新精神与创业意识，激发学生的创新创业热情，指导学生进行职业生涯规划，主要由创商培育与测评、大学生职业生涯规划与就业指导、创业基础等通识必修课程和创新创业教育系列讲座构成。"专业+创新创业"系列课程主要是为了培养学生在所学专业领域的创新精神、创业意识，使其掌握专业领域的创新和创业的知识与技能，获得创新和创业的能力，目前各二级学院面向本学院的学生至少开设了一门具有专业特色的创新创业教育课程。创新创业课程主要是针对有强烈的创新创业意愿的学生个体及创业团队进行专业化的创新创业教育，通过开设创新创业双学位班，培育和选拔优秀创新创业团队进行创业项目孵化的形式，面向这类学生开设市场调研与预测、创业融资与财务管理、商务谈判与公关、客户管理、企业战略管理等创业类专业课程，其目的是使创业的学生掌握企业创办与经营管理中应具备的知识与技能。

（2）创新创业教育"D-TSO"模式实践教学课程体系的构建。创新创业教育是一种实践导向很强的教育，创新创业能力需要在创新创业实践活动中才能获得。为了培养学生的创新创业能力，"D-TSO"模式搭建了形式多样的创新创业实践教学平台，构建了由课内、课外系列创新创业实践教学活动课程组成的实践教学课程体系。课内创新创业实践教学课程包括创新实验、毕业论文、毕业设计、创业模拟、创业实训等活动课程，这类课程开设的主要目的在于激发学生的创新思维和创业意识，培养学生的创新能力和创业技能。课外创新创业实践教学课程体系则由三大类活动课程组成：一是学科竞赛类活动课程，如数学建模竞赛、电子设计竞赛、化工设计大赛等，由各二级学院结合专业特点进行开设。二是创新创业大赛类及项目类活动课程，如"挑战杯"全国大学生课外学术科技作品竞赛和创业计划竞赛、"互联网+"大学生创新创业大赛、大学生创新创业训练计划项目等。这两类课外创新创业教育活动课程的主要目的是通过竞赛活动来深化创新创业教育,学生在参与竞赛活动的过程中增强对理论知识的理解和应用,提升创新能力和创业能力。三是创业项目孵化。从各类创新创业大赛中遴选出的优秀创业团队可以获得基金支持,并可以申请入驻学校大学生创新创业孵化基地,且创业项目在孵化过程中有创业导师全程参与指导,创业团队在真实的创业运营过程中接受创新创业教育。

(3)创新创业教育"D-TSO"模式网络课程体系的构建。自 2012 年以来,教育技术进步日新月异,并引发了高等教育领域新一轮的改革浪潮。学校顺应数字化大数据时代潮流,通过"引进""自建"分步骤实施包括创新创业教育在内的网络课程体系建设,进一步完善课程结构,实现了校际优质教学师资资源共享。制度设计方面,于 2013 年起修订并实施了学校通识选修课管理办法,明确规定了课程结构分为校内和校外网络课程两大类,保障了网络课程与线下课程的同等地位。

2. 创新创业教育"D-TSO"模式课程的实施及其成效

(1)建立了创新创业教育管理领导机制,形成了推动创新创业教育课程改革的组织领导合力。为加强百色学院创新创业教育管理,2015 年 7 月,学校成立了百色学院创新创业教育体系建设领导小组,成员为党办、校办、宣传部、人事处、教务处、科研处、学工部(处)、财务处、招生就业处、团委、信息办、图书馆等部门主要负责人,以及各二级学院院长。负责领导、统筹和协调学校创新创业教育的各项工作。完善的管理机制保证了创新创业教育的顺利实施。例如,在课程建设方面,自 2013 年起,学校连续 7 个学期先后购买了 79 门网络通识选修课,共有 56 403 人选修并通过网上选课、学习、考试获得相应学分并计入学籍档案。其中,创业基础、就业创业指导方面的选修课共计 7 门,共有 2 378 人获得学分认证。学校的慕课建设也在按规划推进。

(2)起草相关管理制度,狠抓创新创业相关课程的教学成效。课堂教学活动是学生开展创新创业活动的主要载体。为规范创新创业实践学分管理,2016 年,学校制定了《百色学院关于深化创新创业教育改革的实施方案(试行)》,对各类创新创业学分管理制度的制定进行分工,其中,教务处负责做好深化创新创业教育改革的总体设计,修订和完善相关教学和学籍管理制度,制定具体的创新创业学分认定、积累与转换制度。二级学院负责制定本学院各专业具体的创新创业学分认定和转换制度。学工部(处)、团委制定具体的学分认定标准并实施。招生就业处负责"创业基础""职业发展与就业指导"两门必修课程的建设、开课和成绩考核,负责制定创业孵化学分认定标准并实施。科研处负责制定学生科研成果学分认定标准并实施。创新创业学院负责制定学生参与双学位的创新创业课程群学习、创新创业实践培训、创新创业精英班的成绩考核和学分认定的具体标准并实施等。学校还制定了《百色学院学生学分互换与认定管理办法》，合理界定了学分认定范围，规范了申请学分与认定程序，明确了学分管理。2017年，学校对《百色学院学生学分互换与认定管理办法》进行了修订，增加了项目，调整了分值。《百色学院学生学分互换与认定管理办法》不仅使创新创业实践学分认定管理有了权威依据，也成为一项激励政策。目前，已有不少多才多艺、积极投身创新创业实践的应届毕业生和在校生从该项制度中受益。学生投身课内外创新创业活动的热情空前高涨。

3. 创新创业教育"D-TSO"模式课程体系构建与实施中存在的问题

在构建创新创业教育"D-TSO"模式课程体系时，百色学院基本遵循了国家所提出的"创新创业教育要面向全体学生、结合专业、融入人才培养全过程"这一理念。综观课程设置的现状，创新创业教育"D-TSO"模式课程体系初步具有理论与实践相结合、课内与课外相促进、普及教育与精英教育兼顾、创业教育与专业教育相融、职业教育与创业教育并举的特点。尽管如此，现有创新创业教育课程体系也存在一些不足，主要体现在以下几个方面。

（1）创新创业教育课程体系不完善。完善的创新创业教育课程体系应该是一个有机的整体，体系内部课程数量充足、内容丰富完整、知识衔接紧密、安排科学合理，能够为不同层次的学生提供发展所需的课程，满足其发展需求。

百色学院在探索创新创业教育"D-TSO"模式的过程中，一直在通过不同的途径不断开发课程资源，如自主开发创商培育与测评、创业模拟等课程，从超星尔雅课程平台引入创新创业类课程等，但与满足学生创新创业发展需求相比，仍有一定的差距。一是课程结构不合理，现有课程体系中创新教育类课程、创新创业类选修课程、"专业+创新创业"类课程偏少。二是各类课程尚未形成一个有机的整体。目前开设的课程仅仅是简单地堆积在一起，部分课程之间存在内容重复或关联性不强、理论与实践结合不紧密等问题。三是缺乏优质适用的创新创业教育教材。

（2）创新创业教育与专业教育融合不紧密。将创新创业教育与专业教育有机融合培养创造性高素质复合型人才是高等教育未来的发展趋势，也是专业教育走向更高水平的必然要求。创新创业教育与专业教育深度融合的途径有三条：一是在专业课程教学内容中渗透创新创业教育内容，培养学生基于专业知识的创新创业素养；二是在专业教育平台中增加创新创业类课程模块，设计和开发基于专业知识的创新创业新课程；三是在专业实践教学（实验、实训、实习、毕业论文、毕业设计、学科竞赛等）中融入创新创业教育的内容。在专业教育平台中开设的与创新创业教育有关的课程及实践活动越多，创新创业教育与专业教育融合越紧密。从现有情况来看，百色学院创新创业教育与专业教育融合并不紧密。一是在人才培养方案中设置的反映本学科专业领域的前沿知识、相关交叉学科专业的前沿信息、相关行业与产业发展的前沿成果的专业少。二是在专业课程中融入创新创业内容的课程少。三是结合专业特点开设的专业类创新创业课程不多。四是大学生创新创业训练计划项目中结合专业进行创业训练、创业实践的项目不多。

4. 创新创业教育 "D-TSO" 模式课程体系构建与实施的改进策略

学校创新创业教育要得到进一步的发展,必须要完善创新创业教育课程体系,可从树立正确的创新创业教育观念,加强创新创业教育课程研究,推进创新创业师资队伍建设等方面来改进。

(1)树立正确的创新创业教育观念。观念是行动的先导,它对人的行为动机有强烈的导向作用,直接影响和决定人的行动目标与追求方向。创新创业教育观念直接影响和决定学校创新创业教育的发展方向。树立正确的创新创业教育观是学校创新创业教育向好的方向发展的首要条件。正确的创新创业教育观必须反映时代特征,适应经济需求,体现社会发展趋势,遵循教育发展规律。树立正确的创新创业教育观念,首先,应端正对实施创新创业教育的态度,深入认识和理解创新创业教育对国家、社会、学校和学生的重要作用,增强使命感和责任意识,真正把创新创业教育作为学校自我发展的主动追求,而不是对上级行政命令的被动应答。其次,要重新认识创新创业教育的本质。创业不仅是创办公司或企业,还包括开拓事业、岗位创业。创新创业教育不仅是开展创新创业大赛、创业项目孵化等活动,更重要的是扎根于课堂,结合专业进行普及性创新创业教育。创新创业教育是在第一课堂播下创新创业的种子,在第二课堂开花结果。创新创业教育的目标不是培养企业家,而是培养具有"企业家精神"的人。创新创业教育的本质是创新型人才的培养,其核心是创造性思维的训练、企业家精神的培养、创新创业相关知识的传授、创新创业实践能力的培养。"面向全体、分类施教、结合专业、融入人才培养全过程"是创新创业教育应遵循的基本原则。

(2)加强创新创业教育课程研究。要建立多层次、立体化的创新创业教育课程体系,学校还需要加强创新创业课程研究,解决现有课程体系中存在的问题,从课程定位、课程目标、课程内容、教材编写、课程实施、课程评价等维度系统设计创新创业教育课程体系。课程研究可以分为以下专题:创新创业教育课程目标的研究、基于专业的创新创业教育课程开发研究、理论课程与实践课程的有效衔接研究、创新创业教育教材开发研究、创业模拟课程开发研究、创业实践活动课程体系的设计研究、创新创业教育教学方法研究、创新创业教育课程评价研究等。创新创业教育培养的人是要直接参与和引导经济社会发展的人才,这样的教育必须时刻瞄准经济社会发展需求,不能仅就创业教育而谈创业教育，而是要与实业教育相结合，使学生在参与社会生产实践过程中提升创新创业素质。这就要求创新创业教育的目标确定、课程建设等不能只局限于教育系统内部来完成，必须放在国家和地方经济社会发展需要的大背景下来研究和设计。这就需要在进行课程研究时，吸纳校外企业的人员参与，共同设计和开发创新创业教育课程体系。

（3）推进创新创业教育师资队伍建设。高素质师资队伍是决定创新创业教育成功与否的要素。创新创业教育课程的设计、资源的开发、课程的实施与评价以及课程的持续改进都需要教师来执行。根据目前国内外创新创业教育的成功实践，创新创业教育教师队伍应由理论性教师和实践性教师、专职教师和兼职教师构成。推进创新创业教育师资队伍建设：一是要培养教师的创新创业意识，聘请创新创业研究专家到学校面向全体教师进行创新创业教育讲座，强化全体教师创新创业教育意识，提高教师对创新创业教育的认同度；二是要加强对教师的专业培训，选派教师参加国家或高校组织的创新创业教育教师培训班，掌握创新创业教学的知识；三是要创造条件让专业教师到相关行业的企业挂职锻炼，使其了解本专业领域内的创新创业情况、发展趋势和社会需求变化，体验企业管理和创业过程，获得企业管理、运作的第一手资料，丰富其管理实践经验，提高其创新创业教育能力；四是聘请一些成功人士或投资家、企业家与专职教师配合作为兼职教师，弥补实践性教师不足的缺陷。（撰稿人：教务处　廖丽英　王惠珍）

## （四）以学科竞赛为抓手，提升大学生创新创业能力

提升大学生创新创业能力已经成为建设创新型国家的必要条件，创新创业教育也是当前高校的重要使命。百色学院以学科竞赛为抓手，积极开展各级各类学科竞赛活动，不断提升大学生的创新创业能力，稳步推进学校创新创业教育 "D-TSO" 模式的顺利实施。

### 1. 开展学科竞赛对提升大学生创新创业能力的意义

学科竞赛是面向大学生的群众性科技活动，是在紧密结合课堂教学又高于课堂教学水平的基础上，以竞赛的方式考查学生某学科的基本理论知识和解决实际问题的能力的活动。学科竞赛主要侧重于考察参赛者实际分析、解决问题的能力，强调创新意识和思维亮点，是一条培养高素质和创新能力人才的重要途径。学科竞赛不仅有助于培养学生的创造性思维，激发创新，而且有助于提高学生的创业意识，可以说学科竞赛有利于培养大学生创新能力已成为不争的事实 。

**2. 学校学科竞赛工作的主要举措**

升为本科院校以来，学校在学生学科竞赛各个方面取得了长足的进步，荣获的学科竞赛奖项逐年增加，采取的主要措施如下。

（1）学校领导高度重视，为学科竞赛提供保障。升为本科院校以来，学校领导高度重视学校应用型人才培养，重视学生学科竞赛活动，大力推进培养学生专业技能和综合素质的学科竞赛活动的开展。学校抓住地方高校转型发展的新契机，结合学校地域和学科优势，在学校层面形成积极参与学科竞赛的良好氛围。学校组建各类学科竞赛工作小组，分管校领导亲自担任组长，在全校范围内大力宣传，积极组织校级层面的学科竞赛。同时，学校在学科竞赛指导教师培养、经费投入、场地安排、学生评奖评优、创新创业学分认定等各方面给予优先考虑，极大地促进了学校学科竞赛的快速发展。

（2）"以赛促赛"，夯实学科竞赛基础。通过积极组织开展各类学科竞赛活动，为冲击更高层次学科竞赛打下坚实的基础。学校积极开展的校级层面的学科竞赛主要有："互联网+"大学生创新创业大赛、"挑战杯"中国大学生创业计划竞赛、全国物联网应用创新大赛、全国大学生电子设计竞赛、全国大学生数学建模竞赛、全国大学生英语竞赛、全国信息技术应用水平大赛、师范生教学技能大赛、师范生演讲比赛等，夯实了学科竞赛基础，大大提高了学校在各类高级别学科竞赛中的获奖比例。

（3）"以赛促学"，营造浓厚学习氛围。首先，学科竞赛夯实了学生学科的专业基础知识，并且有机会尝试在专业实践方面得到提升和飞跃；其次，学科竞赛针对性较强，竞赛的主题大多数既是实际问题，同时也是社会热点问题，竞赛活动在开阔学生视野的同时也激发了学生的学习兴趣，学习由被动转为主动，学习效果明显提高；再次，备赛和比赛的过程，也是考验学生意志与能力的战场，经历了参赛的磨砺，学生自信心提高，团队合作意识增强，其竞赛精神鼓励着他们继续前行的同时也感染身边更多的同学；最后，竞赛学习激发了学生的潜能，培养了学生的创新精神、创新创业意识和创新创业能力，不断提高学校应用型人才培养质量。

（4）用机制推动竞赛，用竞赛带动创新。学科竞赛作为展示学业的平台，只有构建有学科专业特色的竞赛机制，才能将学科竞赛的精神和意义传递给更多的学生，从而带动学校的科研创新和应用型人才培养。为此，学校构建了学校、二级学院两级联动的学科竞赛组织体系，学校负责竞赛制度的制定与协调，二级学院负责竞赛的具体组织与管理，全校上下合力，形成了课上课下相融合，赛前赛后相关联的学科竞赛机制。另外，学校出台了《百色学院大学生学科竞赛管理办法（修订）》《百色学院大学生学分互换管理办法》等相关规章制度，学科竞赛管理工作更加科学化、规范化和制度化。

另外，为了进一步推进学科竞赛创新，学校结合专业建设、学科发展和人才培养，采取了多种切实有效的措施。一是积极开展服务地方经济社会发展的学生学科竞赛，如化学与环境工程学院、农业与食品工程学院、政治与公共事务管理学院、美术与设计学院、文学与传媒学院等二级学院结合服务地方经济社会发展的目标，从杧果深加工、杧果电商、靖西绣球、百色壮锦和百色名贵中草药种植加工等方面指导学生积极申报各类学科竞赛，获得较高级别奖项；二是从专业建设方面，切实推进创新创业教育学分认定，督促学生积极参与学科竞赛；三是学校成立各类创业园、创业工作室和专业实训室，为提高学生专业技能和综合素质提供支持；四是支持学生科技创新团队、学习兴趣小组建设，配备专门的指导教师，指导学生针对学科竞赛及专业知识，深入开展学习研究。

3. 学校学科竞赛工作取得的成绩

升为本科院校以来，学校组织学生积极参加各级各类学科竞赛，取得了较好的成绩，主要表现在以下三个方面。

（1）学生获奖人数不断增加，获奖学生专业覆盖率逐年提升。2006 年至 2007 年中，学校获得广西区级奖项 11 项，获奖学生 21 人次，获奖学生专业仅限于数学与应用数学专业、化学教育专科专业。2008 年以来，学校逐渐转入应用型人才培养轨道，学生学科竞赛获奖数量急剧增加。其中，2008 年学校获得自治区级奖项 24 项，获奖学生 67 人次，成绩斐然。获奖学生专业也涵盖了计算机科学与技术、电子信息工程、通信工程、化学、化学工程与工艺等专业，获奖学生专业覆盖率逐年提高。2016 年，学校获得自治区级以上各类学科竞赛奖项 141 项，获奖学生 409 人次，获奖学生专业涵盖了学校大部分专业。

（2）学生获奖面不断扩大，获奖层次不断提高。学校 2006~2007 年获得 11 项自治区级奖项，2016 年获得 141 项自治区级以上学科竞赛奖项，学生获奖数量逐年增长。升为本科院校以来，学校共获得各类学科竞赛自治区级以上奖项 1 533 项，获奖学生 3 163 人次。2011 年，学校学生参加学科竞赛，实现国家级奖项零的突破。截至 2016 年底，学校学生参加各类学科竞赛获国家级奖项 172 项，自治区级奖项 1 361 项，各项获奖创历史新高。

（3）学生参与竞赛类别不断增加，学校应用型人才培养水平不断提高。2006 年，学校仅组织学生参加了全国大学生数学建模竞赛、化学化工类论文及设计竞赛等种类较少的学科竞赛，到 2016 年，学校学生参加的学科竞赛包括数学建模大赛、全国师范院校师范生教学技能竞赛、全国大学生化工设计竞赛、全国大学生英语竞赛、中国"互联网+"大学生创新创业大赛、国际企业管理挑战赛、全国大学生电子设计竞赛、全国大学生广告艺术大赛、师范生演讲比赛等近 40 种学科竞赛，获得的奖项逐年增加，学生各种专业技能、综合素质明显提高。

### 4. 学科竞赛工作存在的主要问题

学校学科竞赛工作虽然取得了喜人的成绩，但仍然存在一些不足，主要有以下四个方面：一是各学院对学科竞赛工作的重视程度不同，各学院学科竞赛取得的成果差异较大。有的学院每个专业都有对应的学科竞赛并且获奖项目很多，有的学院学科竞赛参赛项目较少，获奖项目也少。二是多数学科竞赛项目出现参赛学生精英化，学生的参赛覆盖面还有待进一步扩大。三是指导教师的参与积极性不高，指导工作相对被动。四是学科竞赛成果的转化还需要进一步加强。

### 5. 学科竞赛工作改进思路

针对学校学科竞赛工作存在的主要问题，可从以下几个方面着手改进。

（1）以创新创业教育改革为牵引，形成各专业百花齐放的学科竞赛新局面。组织全校师生认真学习《国务院办公厅关于深化高等学校创新创业教育改革的实施意见》《广西壮族自治区人民政府关于深化高等教育综合改革的意见》（桂政发〔2015〕6号）和《百色学院深化创新创业教育改革实施方案（试行）》文件精神，积极推进学校创新创业教育改革实施方案，开创以创新创业教育为引领、以学科竞赛为抓手，从"要我组织学科竞赛"到"我要组织学科竞赛"的思想转变，从"等学科竞赛来找我"到"我要去找学科竞赛"的行动转变，全校师生思想统一、积极推动学科竞赛，各专业百花齐放的学科竞赛新局面。

（2）实施学校"一院一品牌"工程，构建人人参与的广谱式学科竞赛新体系。一是各二级学院结合本学院的学科专业特点，组织开展全体学生参与的学科和专业技能竞赛，形成"一院一赛事品牌"发展格局。二是各二级学院重点建设一个"校中企""企中校"模式的品牌实践教学基地，形成"一院一基地品牌"发展格局。三是积极引导学生组建科技或创新创业社团、协会或俱乐部，加强指导，以科技社团平台培养学生创新创业意识和素养，形成"一院一科技社团品牌"发展格局。四是做好社会实践活动平台建设，设计体现创新创业教育理念的社会实践活动项目，组织学生深度参与，形成"一院一社会实践活动品牌"发展格局。

通过"一院一基地品牌"工程，构建学生参与率100%的广谱式学科竞赛新体系。

（3）加强指导教师队伍建设，由"要我为学科竞赛服务"向"我要为学科竞赛服务"转变。目前，学校教师的职称评定的重要指标是教师的科研能力、科研项目及论文的数量、质量，这种评价方式导致教师对学科竞赛的指导动力不足，积极性不高，指导的效果也不明显。而高质量、高水平的学科竞赛项目少不了教师的指引。因此，学校要进一步加强学科竞赛的指导教师队伍建设：首先，教师职称评审的指挥棒要调整，切实考虑教师的学科竞赛指导功劳，给予一定的权重并落到实处，不让教师在职称评审及学生指导中间徘徊，做到二者双赢；其次，各个二级学院在绩效分配及评奖评优时，设置学科竞赛指导指标，鼓励教师参与学科竞赛的指导；三是要进一步提高获奖项目指导教师的奖励，这既是对指导教师辛勤付出的认可，同时也可以带动其他教师积极参与学科竞赛的指导工作；四是有计划地分批选派指导教师外出学习、培训，开拓指导教师眼界，提高指导教师自身的水平。通过以上四个方面的改革，实现全校学科竞赛指导工作由"要我为学科竞赛服务"向"我要为学科竞赛服务"转变。

（4）再送学生"最后一公里"，将学科竞赛"作品"转化为"产品"。在以往的各级各类学科竞赛获奖作品中，大多止于竞赛结束，走出校门，走上市场的极少。学校组织学生参加学科竞赛，前期取得了丰硕的成果，应再送学生最后一程，鼓励学生把创意进行转化，把"作品"转化为"产品"，让"产品"走出校门，走上市场。要做好这个环节的工作，首先，学校要加强学科竞赛的后期管理，从政策及资金上给予成果转化的保障；其次，要引导学生"作品"的价值转换意识，充分发挥学生的主观能动性，进一步优化作品并创造价值；最后，二级学院要发挥自己的主体作用，进一步加强与企业的纵向合作，引导企业深度参与学科竞赛并建立学科竞赛实践基地，将符合企业要求的"作品"投入生产，进一步深化学校同社会的双向合作、转化与服务。（撰稿人：教务处　王美云）

## 二、就业部门管理干部的体会与感悟

### （一）创建示范园区，培养创业人才，构建大学生创业教育实践平台

百色学院坚持"以创新促创业，以创业带就业"的工作理念，建立和完善创新创业的工作体制和运行机制，以大学生创业园为平台，采取"引导式、融入式、实训式"三大模式规划学校创新创业指导，激发学生树立创业意识、学习创业知识、提升创业技能，不断深化学校人才培养模式改革，培养高素质、应用型、创新型人才。

1. 大学生创业园基本情况

2014年9月，在澄碧校区三栋学生公寓一楼架空层投入40多万元建设了"一

街式"的"百色学院大学生创业园",共设置 30 间铺面,面积达 1 020 余平方米,配备了基本的办公设备和设施,用于学生创业实践和市场化运作。创业园以促进全校大学生创业带动就业、促进学校服务地方产业振兴、促进创新人才成长为指导思想,坚持大学生创业与招商引资相结合、与促进现代服务业发展相结合、与科技成果转化相结合、与人才引进相结合,整合校内校外的政策、人才、信息、技术等资源,配备了必要的创业公共设施设备,成为具有一定规模、形式多样、特色鲜明,集"学习、实践、创新、创业"为一体的功能齐全、环境优越、服务一流的"大学生创业园"。经过遴选入驻的学生团队可从事产品开发类、技术服务类、商业服务类、创意产业类等形式的创业活动。例如,开办计算机工作室或从事网络平台开发;开办平面设计、室内设计、产品设计工作室或公司;开办中小型超市和餐饮服务中心;开办家电维修与服务部;开办康复理疗室;开办电子商务工作室;开办文化艺术工作室;开办教育培训中心;开办物流服务中心;等等。

目前,共有三批创业团队经过遴选先后入驻创业园孵化:2014 年,28 个学生创业团队(项目)入驻大学生创业园并已全部注册成微型企业或个体工商户,其中有 5 个团队入驻孵化两年后,成功经营了校外实体店;2015 年,7 个学生创业团队(项目)递补遴选入驻大学生创业园,也全部注册成微型企业或个体工商户,于 2017 年 12 月底完成孵化;2016 年,21 个学生创业团队(项目)入驻大学生创业园,也全部注册成微型企业或个体工商户,目前仍在创业园孵化。

2. 经验体会

学校创建大学生创业园,学生创业团队(项目)通过遴选方式入园孵化,对提升大学生创业意识和创业能力有着重要推动作用。百色学院大学生创业园作为广西高校首批大学生创业示范基地,运营孵化过程中充分发挥了示范引领作用。2014~2017 年,先后组织开展三次创业园项目选拔大赛,共有 358 个创业团队参与选拔大赛,56 个创业项目在创业园孵化,参与学生人数达 1 791 人(次)、指导教师达 428 人(次)。所有参与项目的学生团队在指导教师指导下,通过参与自主思考选题、自主设计方案、自主组织实施、自主动手训练、自主开展实践、自主总结调整、自主撰写汇报材料等整个过程的各项环节,培养了创新创业思维,训练了创新创业技能,增强了创新创业意识。

3. 存在问题

一是缺乏特色,孵化效果不够明显。学校从一年一度的创业园选拔大赛中挑选出优秀项目入驻创业园,使得有意愿从事创新创业的个人或团队"入驻即开业"。创业园是优秀创业项目的"集合点",但平台孵化、产学研对接、成果发明与转化等诸多功能却未能得到有效发挥。孵化期截止后成功在校外创办实体企业的团队较少，毕业后仍然继续坚持创业的毕业生也很少，孵化的效果不够明显。

二是学生创业的热情和层次不够高。百色学院在读大学生绝大多数均为广西生源，且大部分来自农村，受地域经济发展、传统就业观念、创业实践等因素的影响，参与创业实践的学生比重不高，大学生创新创业项目转化为实际创业实践的比率非常低；学生的创业实践层次较低，创意与科技含量、个人素质和意志力还有待改善和提高。同时，尝试创业的部分学生在创业过程中遇到资金、场地、设施缺乏等现实困难时，学校和指导教师能够提供的帮助有限，导致部分学生不得不放弃创业，受挫力差。

三是创业指导教师师资队伍薄弱。从事创新创业教育的教师中，具有国家二级创业咨询师资格的有 12 人，具有 SYB 创业培训师资格的有 2 人，参加过高校创业咨询师培训的有 22 人。从教师队伍质量来看，从事创新创业教育的多为年轻教师，他们多是掌握了创新创业的理论知识，但他们中大部分都是毕业后直接从事大学教育工作，没有太多的社会阅历，缺乏创业和企业工作经历，当创业的学生面临一些困难时，他们能够提供的帮助非常有限，学校的创新创业师资队伍还不能满足创业园入驻创业团队（项目）的指导服务需要。

### 4. 改进思路

一是完善《百色学院大学生创业园管理办法》。加强对大学生创新创业工作的领导、管理、协调、指导、服务等工作，进一步落实和完善大学生自主创业的政策体系、创新创业基地管理办法与工作机制，建立具有行业特征、学校特色、专业特点的创业咨询、扶持与指导服务体系和一支稳定、高效、精干的园区管理人员队伍。

二是加强对入驻团队的创业指导。必须要保证一定数量的、具有一定的创业背景及创新创业实践的导师为学生的创新创业进行有效的指导，这样才能充分发挥创业园资金、技术、场地、专业指导等资源的支撑服务作用，为大学生创新研究和自主创办企业提供支撑。

三是注重培育专业性、技术性的项目。引导学生创业要与专业结合，提高技术含量，要追赶最新的技术、形势，在选拔过程中注重引入专业性、技术性的项目。

四是加强大学生创业文化建设。通过开展以提升创新创业能力为重点内容的校园文化活动，培养学生良好的职业道德和职业精神，加强学生的实践操作和动手能力，提高学生的专业技能和职业素质，提升学生的就业创业能力和社会竞争力，如大力开展创业政策宣传活动，举办职业教育讲座、创业报告会、创业交流座谈会、校企文体活动联谊、工作推介会等形式多样的活动，让学生感受优秀企业家的成功创业经验、企业文化精神，帮助学生了解创业的基本知识和创业政策，培养创业意识、创业思维与创业能力，提高他们的创业水平。

五是加强对大学生就业创业社团的指导与管理工作。依托学生就业创业社团举办大学生创业规划竞赛、创业设计竞赛、科技作品竞赛，举办创业论坛、经验交流、事迹报告等活动，促进学生创业群体的沟通和交流，激发学生的创业热情，引导学生在创业活动中经受锻炼、增知识、长才干、作贡献。（撰稿人：招生就业处 克琴）

（二）以理论教学为指导，以创业实践为抓手，以项目建设为平台，全面推进大学生创新创业教育

百色学院基于"立足百色，服务广西，面向全国，对接东盟，以百色起义精神办学育人，把学校建设成特色鲜明的多科性、应用型区域高水平大学"的学校发展定位，把创新创业教育作为全面实施素质教育、深化教育改革、提高人才培养质量、促进大学生全面发展的重要途径，作为落实以创业带动就业、促进毕业生充分就业的重要措施，摆在突出重点位置，创业教育和大学生自主创业工作取得了显著成效。

1. 主要做法与体会

（1）建立健全了创新创业教育指导服务机制和体系。成立了由学校领导牵头，教学、科研、人事、招生就业、学工、团委、总务、财务等多部门（单位）参加的学校创新创业教育工作领导小组，形成了学校、二级学院两级创新创业教育工作机制。学校出台了《百色学院大学生创业园管理办法》《百色学院大学生创新创业训练计划项目管理办法》等一系列大学生自主创业的政策。

（2）将创新创业教育贯穿于教学全过程，构建大学生创业教育教学体系。

一是将创业基础、职业发展与就业指导作为公共必修课，分别设置32个课时、2个学分，以及38个课时、2个学分，同时覆盖大一、大二、大三学生；任课教师40人，其中副教授2人、中级职称教师17人、其他21人；课程引入新锦成教育平台，实施线上线下的"翻转课堂"模式教学，教育教学素材丰富，效果凸显。二是积极为在校大学生举办SYB、SIYB、KAB等创业模块课程培训。三是设立大学生创业导师制，选派教师参加创新创业导师培训，加大了创业指导师资队伍建设力度。

（3）加快创业基地建设，构建大学生创业教育实践体系。以创建微型企业为抓手，建立大学生创业基地（中心），给有创业意愿的学生提供免费的场所、设备、政策咨询等专项服务，加强对微型企业项目的选拔、培训、组织、考核等管理，形成优秀创业团队，进行全真创业演练和实战。2013年1月，学校投入100多万元在志远楼三楼建立了第一个大学生创业基地，基地面积约为930平方米，截至2017年，已有20支创业团队进驻孵化。在澄碧校区建立大学生创业园。2014年9月，学校在澄碧校区建设了30间铺面，用于学生创业实践，市场化运作。2013

年起学校设立 20 万元大学生创业专项基金，并每年增加 10 万元创业专项基金，对进入基地创业的学生给予资金方面的支持与帮助。2013 年百色学院被评为首批"广西高校大学生创业示范基地"。2010~2014 年及 2016~2017 年百色学院连续获得"全区普通高校毕业生就业创业工作先进集体"荣誉称号。

（4）积极推进大学生创新创业训练计划项目建设，营造良好的创新创业文化氛围。学校以深入组织实施"本科教学工程"国家级大学生创新创业训练计划为突破口，将学生创业与教师科研成果转化、学生社团建设相结合，通过课堂教学、学术讲座、科技文化活动、创业咨询辅导、创业技能培养、创业竞赛等环节，打造了"创业金点子""创业策划季""创业营销实战""创业加油训练营""创业大赛"等系列优秀品牌活动；建立了学校、教学院系、学生社团"三级"创业教育组织体系，建立了"1+1"创业协会，编写《创业之路》《职场起跑线》等大学生自主创业典型案例手册，开展大学生就业创业大讲堂、大篷车实践基地营销 PK 大赛、大学生就业创业团队竞聘大赛等一系列活动。

（5）积极营造创新创业实践氛围，培育和扶持创业典型。通过组织科技、文化等创新创业社会实践活动，并以项目为依托，挖掘培植一批大学生自主创业典范，形成良好的创新创业氛围。

2. 存在问题

（1）创新创业教育合力尚未形成。大学生创新创业项目计划、大学生创业园建设与管理、学科创新竞赛活动分别由教务处、招生就业处、学工部（处）、团委组织管理，还没有形成合力。

（2）学生创业的热情和层次不够高。参与创业实践的学生比重不高，创业实践的层次较低，项目转化、经费投入、创意与科技含量、个人素质和意志力有待提高。

（3）创业教育师资尚较薄弱。目前，从事就业创业指导及课程教学活动的教师中，具有高校创业指导师资格的仅有 22 人，具有 SYB 创业培训师资格的有 2 人，参加过国家二级创业咨询师资格鉴定培训的仅有 12 人，满足不了创新创业教育教学和指导服务的需要。

（4）创业基金短缺。虽然已建立创业基金，但尚不能满足学生的需要。同时，学生融资能力有限，制约了项目和团队的发展。

（5）创业课程单一，结合专业背景开设的创新创业课程体系还没有形成。

3. 改进思路与建议

依托创新创业学院，全面推进大学生创新创业教育。一是设立"创新创业投资基金"，主要用于百色学院师生创新创业、项目孵化、成果转化等方面，按市场化原则参与风险可控的多元化投资。二是建立超级孵化加速器，以创新创业学院为核心，围绕团队和项目、产业和资本，以项目小组形式开展相关的组织教学、模拟大赛、实验课堂、创业实践等活动，大力营造创新创业微环境，搭建创新创业全过程的支持平台，目标是打造百色学院创新创业产业集群，成为区域经济发展的核心驱动引擎。

（1）利用亚洲开发银行贷款——百色职业教育发展项目资金，为创新创业工作打造更好的平台。一是开发就业信息管理系统，运用大数据技术指导学生就业创业；二是设立学生创业基金，资助和扶持大学生开展创业活动。

（2）建议在全区范围内加大创业师资队伍建设，加大投入和培训力度并加快步伐。

（3）建议推行结合专业背景开设的创新创业课程体系，在专业课程体系中要求设置3~5门结合本专业的创新创业课程。

（4）以大学生创业园为平台，促进教育融合发展。逐步建成微型企业孵化器、校企合作示范园、人才培养实验田、办学特色展示窗等，发展以"职业能力+创业能力"为培养目标的专业教育与创业教育融合、教学活动与商务活动融合的人才培养模式，形成"课堂训练+集中实训+职业见习+企业实践+顶岗实习"的"教、学、做一体化"的实践教学模式，构建教学部门与园区企业对接、人才培养与企业经营对接、教学资源与企业资源对接、校园文化与企业文化对接的人才培养框架。（撰稿人：招生就业处　雷国慧）

## 三、学校团委管理干部的体会与感悟

百色学院团委高度重视创新创业工作，依托学生社团、社会实践、校园文化活动和"挑战杯"竞赛等载体，引导大学生开展创新创业活动。

### 1. 完善学生社团建设，夯实大学生创新创业教育的基础

大学生社团在塑造大学生道德品质、团队精神，提升大学生创新创业能力方面具有重要的作用。百色学院积极引导大学生以专业为基础，组建科技型（学习研究型）社团，引导校级学生社团，在校园内初步形成了学生广泛参与的创新创业教育氛围。

（1）建立科技型（学习研究型）学生社团，引导学生开展专业知识学习和创新创业活动。为扩展育人途径和服务学生成长成才，2014年4月，百色学院团委下发了《关于在各本科专业建立科技型（学习研究型）学生社团的通知》，要求各

本科专业至少成立一个系级科技型（学习研究型）社团，挂靠对应的教研室指导和管理日常活动，由各系分团委负责考评。截至 2016 年，百色学院在各二级学院成立了 58 个科技型（学习研究型）社团。

为充分调动各院系科技型（学习研究型）学生社团的积极性、主动性和创造性，鼓励广大大学生自觉参与第二课堂活动，提高学生的综合能力，从 2014 年开始，百色学院团委每年评选 30 个科技型（学习研究型）学生社团活动项目，每个项目资助经费 2 000 元。

（2）引导校级学生社团广泛开展各种创新创业活动。2017 年百色学院有校级学生社团 42 个，其中科技类社团 3 个，人文社会类社团 16 个，体育类社团 11 个，文艺类社团 12 个。为加强大学生社团建设，规范学生社团管理，2017 年百色学院修订了社团管理办法，出台了《百色学院大学生社团管理暂行办法》。百色学院积极引导各社团结合自身实际开展丰富多样的活动。大学生社团联合会每年举办社团文化月活动，各学生社团也以学生喜闻乐见的形式，开展市场营销、模拟法庭、演讲、国学知识等比赛，这些活动构思新颖，内容丰富，满足了不同学生的需求，得到了学生的好评，学生参与积极性高，提高了学生的综合素质。

2. 深入开展社会实践和校园文化活动，提升大学生创新创业能力

百色学院积极开展各类主题鲜明、内容丰富、形式多样的社会实践和校园文化活动，充分发挥它们的育人导向和娱乐功能，不断满足青年学生多方面的兴趣爱好和精神文化需求，提升大学生创新创业能力。

（1）深入开展社会实践活动，促进学生在社会实践中成长成才。百色学院充分利用百色红色资源和民族文化资源，结合学校专业特色和人才优势，组织、引导大学生深入基层开展理论普及宣讲、国情社情观察、依法治国调研、科技支农帮扶等社会实践活动。百色学院强调社会实践要结合专业发展特点，发挥学生特长，要把社会实践活动与提高学生知识技能和创新创业能力结合起来开展。在社会实践活动内容设计上，百色学院强调学生社会实践的主体地位，始终坚持受教育、长才干、作贡献的宗旨，结合学生的专业知识和技能特点，开展群众急需、学生可为的实践活动。在社会实践过程中，百色学院强调要充分发挥学生专业特长，注重培植学生创新创业经验，提高学生就业创业能力。

通过努力，百色学院社会实践工作有了一定的成效。百色学院承办了 2014 年广西高校优秀大学生"重走小平路"红色社会实践活动，2015 年广西优秀大学生纪念中国人民抗日战争暨反法西斯战争胜利 70 周年专题社会实践活动和广西青年学生纪念长征胜利 80 周年主题教育实践活动暨 2016 年全区高校学生会主席培训班，"沿着小平足迹"红色社会实践活动获得区高校工委 2016 年大学生社会

实践示范项目，"弘扬百色精神，传承红色基因"宣讲团荣获 2016 年全国大中专学生志愿者暑期"三下乡"社会实践活动优秀团队。

（2）搭建活动平台，举办"科技文化艺术节"等活动，开展大学生创新创业活动，不断提升学生综合素质。百色学院每年都举办"科技文化艺术节"活动，"科技文化艺术节"分三大部分，一是文化艺术比赛，由校团委、各二级学院团委和校学生会承办，比赛面向全校学生，设有思想引领、素质拓展、就业模拟等竞赛项目；二是一院一精品专业技能比赛，由各二级学院承办，主要面向本二级学院学生，比赛项目围绕各二级学院学科专业特点设计，旨在培养学生专业精神，引导学生积极参与创新活动，提高学生创新创业素质；三是学术科技讲座，由各二级学院负责承办，目的是通过广泛的学术讲座，在学校营造浓厚学术科技氛围，引导学生崇尚科学，热爱专业知识技能学习。

"科技文化艺术节"已经成为百色学院校园文化活动的品牌，每年参与活动的学生人数占学校总人数的 70% 以上，学生通过这一平台积极参与创新创业活动，展示他们的才华，提升他们的综合素质。百色学院每年还举办毕业生文艺晚会、新生合唱比赛和周末广场晚会等活动。

3. 以"挑战杯"竞赛为龙头，提升大学生创新创业教育的水平

百色学院团委以"挑战杯"竞赛为龙头，不断丰富创新创业活动内容，加强与学校教务、科研等部门和二级学院的沟通联系，使"挑战杯"竞赛逐渐成为百色学院大学生参与各类创新创业活动的重要平台。

（1）充分调动学生参加"挑战杯"竞赛的积极性。"挑战杯"竞赛分为 2 个竞赛，一个是"挑战杯"中国大学生创业计划竞赛，另一个是"挑战杯"全国大学生课外学术科技作品竞赛，2 个项目竞赛交叉轮流开展，每个项目每 2 年举办一届。百色学院高度重视"挑战杯"竞赛工作，成立了"挑战杯"竞赛工作领导小组，召开专题会议布置工作。百色学院团委作为赛事的组织单位，每年很早就制订"挑战杯"竞赛工作方案，发动各二级学院团委组织学生参与赛事。百色学院"挑战杯"竞赛活动，与专业结合越来越紧密，学生的参与度越来越高，科技创新越来越多，学生越来越满意，成绩越来越好。2012~2017 年，百色学院参加"挑战杯"竞赛，获得国家三等奖 3 项；获得广西赛区特等奖 1 项，一等奖 6 项，二等奖 22 项，三等奖 50 项，优秀奖 14 项。

（2）注重"挑战杯"竞赛成果的转化工作。随着"挑战杯"竞赛成绩的提高，百色学院 2015 年召开了"挑战杯"课外学术科技作品专利转化动员会，会上强调要重视"挑战杯"作品转化为专利的工作，要固化学校学生创新工作的成果。2016年至今，百色学院教师和学生申报专利的积极性越来越高，越来越多的"挑战杯"竞赛作品申报专利。2015 年，百色学院与中科招商集团合作，成立了中科创业学

院，校团委积极推动"挑战杯"竞赛作品入驻百色学院大学生创新创业孵化基地，开展创业活动。

4. 不足之处及改进建议

（1）科技型（学习研究型）学生社团虽已建立，但是在推动学生参与创新创业活动方面仍显乏力。百色学院在全校绝大部分本科专业均已成立科技型（学习研究型）学生社团，并且学校每年也资助学生社团开展创新创业活动，但是参与科技型（学习研究型）学生社团的人数相对较少，活动缺乏指导教师指导，活动质量不高且对学生的吸引力较差，因此未能形成一些品牌活动项目，在促进学生参与创新创业活动方面仍有差距。建议各二级学院加强对科技型（学习研究型）学生社团的引导，配足指导教师，优化设置活动项目，增强活动的吸引力和亲和力，提升学生参与社团和社团活动的积极性。

（2）社会实践和校园文化活动在与学生专业结合度、提升学生专业技能等方面仍需提高。建议社会实践和校园文化活动在活动设置上要突显专业性，要让学生以专业的态度来服务地方经济社会发展，使学生在志愿服务、校园文化活动中提升专业技能。

（3）"挑战杯"竞赛作品创新性有待提高，作品成果转化率也较低。百色学院参加"挑战杯"课外学术科技作品竞赛，获奖作品大都集中在科技发明制作类，社会科学、自然科学和社会调查报告类获奖作品较少且获奖层次不高。建议校团委加强与教务处、科研处和二级学院的沟通，采取项目管理的形式，来提升社会科学、自然科学和社会调查报告类作品的获奖层次。"挑战杯"作品创新性直接影响到作品的转化率，只有提升了作品的创新性，才能谈作品的转化率。但是在作品的创新性提升后，建议校团委加强与创新创业学院的沟通，做好作品的转化工作。（材料提供者：校团委）

# 四、创新创业学院管理干部的体会与感悟

培养创新创业型人才，是百色学院确定的人才培养特色之一。为加强创新创业型人才的培养，构建多层次、立体化的创新创业教育体系，组织落实创新创业教育实施方案，把创新创业教育贯穿于人才培养的全过程。为深入推进百色学院产学研相结合，深化教学改革，培育学生的创新创业能力，积极探索毕业生就业、创业新途径，鼓励和扶持学生自主创业，为学生搭建良好的创业平台，促进大学生创业实践活动开展，打造出百色学院的创新创业特色。创新创业学院自创办运

营以来，主要取得以下几个方面的成绩。

1. 以新颖的创新创业模式为特色，获得各级领导关怀，备受各大高校关注

学院作为广西第一所实体型创业学院，实施"基金植入式"的创新创业培养模式，受到了各级领导、全国及区内高校的关注，华南理工大学、鲁东大学、江西师范大学等各大高校均到学院参观交流。广西壮族自治区人民政府副主席及广西壮族自治区教育厅厅长等各级领导莅临学院考察指导工作，并对学院工作给予高度评价。同时人民网、光明日报、UC 头条等各大主流媒体分别在头版头条报道了学院的大赛、教学等各项活动，获得良好的社会关注。

2. 成功培育第一批创新创业"双师型"师资队伍

2015 年，学院成功申报第一个区级项目，即百色学院中科创业学院创新创业教学团队，2016 年获得专项建设资金 15 万元，同时，2016 年学院开展了两期校内创新创业师资培训。

2016 年，学院不定期举办创新创业大讲坛 20 次、创新创业核心团队专题培训等系列活动 30 次、全校性创新创业讲座 10 次、全校性创新创业师资培训 10 次、全校性创新创业大赛 5 次，总受培师生达到近 4 000 人。学院组织外出交流学习 6 次，参观创新创业教育典型高校 15 所，参与校外创新创业师资培训 5 次。目前，我校已经拥有一支比较成熟的创新创业类"双师型"教师队伍。

3. 扎实开展各类学科竞赛的组织培训活动，取得优异成绩

2016~2017 年共组织 1 425 支团队参加"互联网+"竞赛，累计参赛学生人数达 11 175 人，其中 74 支团队共 300 多名学生入围自治区决赛，最终获得国家级三等奖 2 项，区赛金奖 2 项、银奖 4 项、铜奖 5 项，以及优秀奖 36 项。

百色学院自 2015 年以后，每年均举办全校性的大学生创新创业项目遴选与基金投资孵化大赛。2017 年初共成功遴选出 91 个创新创业项目，入驻创业基地并成功孵化创业项目 40 个，共投放基金 40 多万元。

4. 以协同育人为根本，加强政校企合作，加速孵化基地建设

百色学院大学生孵化基地为百色学院大学生创业项目提供免费孵化场地，提供相关配套设施，以培养大学生创业意识和提高大学生创业能力为宗旨，为学校创业教育、大学生素质拓展提供实践环境；同时，为大学生创业提供指导与帮助并搭建好项目与资金的对接平台。

孵化基地建成后拥有孵化办公室 44 间，公共创业办公室工位 40 个，建有全球双创资源集成系统、数字化路演大厅、数字化项目评审系统等现代化的"互联

网""大数据"系统。通过这些系统可以及时跟外界一流企业合作，进行项目点评、在线路演、投融资对接、在线讲座等服务，大大加强了孵化基地的孵化能力。

目前为止，孵化基地共有在孵化企业或创业项目 51 个，高成长性企业 6 家，高科技企业 2 家，已孵化企业 7 家。同时，各类企业或企业家、优秀校友在孵化基地共设立公益基金 7 支、商业基金 2 支。

5. 以服务地方为出发点，积极搭建青年创新创业平台

2016 年 1 月 25 日，百色学院与共青团百色市委员会共同签订《百色市青年创客大街》合作协议，"创客大街"项目由共青团百色市委员会牵头，以百色学院创新创业学院为载体建立。学院将以创客为主体，以项目为中心，面向大学生创客团队、百色青年创业企业、草根创客三大类创客队伍搭建创业孵化与实训一体化平台，重点扶持科研创新、特色农业、旅游服务、文化传媒、电子商务等领域，为青年创客提供办公场所、创业扶持政策和行政审批事项咨询、创业培训、项目开发与融资对接、产品包装和营销设计等服务。"创客大街"项目通过政府引导、市场运作、政策支持等措施，整合国内及百色市创新创业资源，协同创新链与产业链，打造线上、线下结合，多样互动的新型创业服务集聚区，引导广大青年创业者走合法、优质、高效的创业道路，储备一批成长型中小企业，培育一批规模创新企业，为百色市经济发展提供后续动力。（材料提供者：创新创业学院）

# 第四节　社会参与篇

## 一、学生家长的体会与感悟

百色学院 "D-TSO" 模式获得了学生家长的充分肯定和好评。学生张美德、张仁初的家长等 10 位家长纷纷发表看法和感悟，同时也深刻地感受到了自己的孩子在百色学院明显的变化，综合素质、实践能力有了很大的提升，创新创业精神、创新创业意识有了很大变化。

### § 创业过程即成长过程

随着我国市场经济的建立和完善，经济全球化不断深入，科技进步日新月异，

综合国力日益增强，高校毕业生就业制度改革的不断深进，毕业生在国家方针政策的指导下，在一定范围内通过双向选择的方式自主择业的办法或者自主创业。因此，在高校开设就业指导课，开展创业比赛等一系列活动，帮助毕业生释疑解惑，调整好心理状态，使其顺利走上工作岗位，有着重要的意义。

作为家长，得知子女在学校参加了大学生创业比赛，还能拿到自治区级的项目，我深感自豪。我一直鼓励孩子多参加活动，抓住机会多锻炼自己，为将来步入社会做准备。学校正好提供这样的机会，我认为学校鼓励学生创业的工作做得很好。能让学生们提前感受社会，为进入社会做好充足的准备。当今社会，竞争越来越激烈，想要找到一份好的工作并不容易，创业更是不易，在学校能感受一下创业的艰辛能让孩子们更快地成长，更清楚地了解到步入社会需要准备些什么。

如今的孩子大多数是独生子女，一直生活在比较舒适的环境中，很少吃苦，家长每天为孩子担心，担心孩子进入社会无法照顾自己，通过这一次的创业大赛，我明显感受到孩子成熟了。通过比赛，孩子明白创业的艰辛与不易，明白事情的复杂与烦琐，明白只有通过实践与锻炼，才能迫使自己发现问题、思考问题和解决问题。

对于大学生创业，我认为最根本的是在创业策划阶段充分认准和把握本创业领域的市场饱和度、市场动向和社会环境，充分考虑到社会环境、市场环境和自身的情况，尽可能地使创业风险降到最小，打好创业基础。在此基础上，大学生创业要讲究效用，要一步一步地来，不能够急于求成。

创业讲究策略与计划，要对创业过程与发展有一个长远的规划，要针对每一个细节做出全方位的分析和预测。同时，要充分考虑到同行业竞争所带来的压力和危机，要预测当前行业状况的走向和可能导致的危机，创业者只有时刻具有危机意识，并对潜在的危机做出相应的预警才能够真正独立于竞争的大环境中。我认为大学生必须同时具备以上综合能力才能够真正开始自己的创业实践，这是创业对于一个创业者内在和外在的要求，是创业过程中所必须经历的考验。

创业是一个很长的过程，是一个完善自己的过程，更是一个融入和认知社会、把握行业动脉的过程。我希望学校能多开展创业的相关活动，丰富学生的创业知识，培养学生创业能力。

### § 搭建平台、实施项目，促进学生素质提升

我是百色学院数学与统计学院数学本 2012 级 1 班学生张美德的母亲，首先非常感谢学校对孩子的教育和培养，也很荣幸能够在此谈谈关于大学生在校参与创新创业的体会。

当他考上大学之后，我们也非常欣慰，他是我们家第一位大学生，也是我们村少有的大学生，所以我们都很自豪。但是一年一年过去，我们也慢慢担心起来，

因为我们在空闲之余也偶尔会通过电视新闻了解一些关于大学生毕业就业的信息。我们都知道，近年来，国内大部分的大学都在大规模招生，导致大学毕业生的人数也逐年增加。很多大学生毕业以后在一段时间内找不到称心的工作，对很多大学生而言，毕业相当于失业，学生就业难的问题，引起了我们的关注。

不过，现在他已经毕业一年有余，我们的担心已经不存在。他现在在一家刚起步的小型公司上班，从公司建立不久就进入公司，与公司的合伙人一起建设公司，也是和公司的合伙人一起创新创业，也相当于借助公司平台实现创业实战体验。他虽然不在国企、大型企业、事业单位上班，但是他现在的选择符合当初的梦想，这得益于他在大学期间的创新创业实践。

我清楚地记得，2013 年 6 月，也就是入学的第一个年头，他就萌发了创业的念头。我们在电话中聊到，"现在广西有个创业计划的比赛，我想参加"。当时我们对创业的概念还比较模糊，但我们还是比较支持他的选择，同意并且支持他参加了比赛。由于是师范教育方向的专业，最后他和两位同学合作写了一份《阳光亲子公司》创业计划书，在樊红兰老师的指导下参加 2014 年广西创业计划大赛，并且获得了铜奖。

后来他回忆道，在参加比赛的过程中，不断查阅书籍、浏览相关就业网页，不断了解了行业的需求和发展方向，不断与三个合作伙伴的思想、性格磨合，掌握了一定的沟通技巧、思维能力、组织能力、合作要领，进一步提高了自身素养、创新创业理念等，为毕业后的就业创业奠定了基础。

大学生在学校得到创新创业的体验训练和培养，首先，有利于大学生实现自我价值。大学毕业生通过自主创新创业，可以把自己的兴趣与就业创业紧密结合，做自己最感兴趣、最愿意做和自己认为最值得做的事情，才能最大化实现自我人生价值。其次，有利于缓解大学生的就业压力。大学生在创新创业训练和培养中不断提升自身的创业能力，有利于解决大学生就业难的问题。一个创业能力强的大学毕业生不但不会感受到社会的就业压力，相反还能通过自主创业活动来增加就业岗位，以缓解社会的就业压力。再次，有利于大学生自身素质的提高。通过创新创业实践，大学生可以充分调动自己的主观能动性，改变自身就业心态，自主学习，独立思考，并学会自我调节与控制。最后，有利于培养大学生的创新精神。通过创业活动，有利于培养大学生勇于开拓创新的精神，把就业压力转化为创业动力，进而培养出越来越多的各行各业的创业者。

最后还是非常感谢学校能够提供那么好的创新创业的体验平台，能够助力于提高大学生的恒力、毅力、能力、智力。祝愿所有的教师工作顺利，学校越办越好！（供稿人：学生张美德的母亲）

### §　基于家长角度的创新创业理解

听闻孩子获得了"挑战杯"中国大学生创业计划竞赛的优胜奖，甚是欣慰，写下这篇感悟来表达我的欣喜之情。

2015年全国掀起了创业热潮，各大高校积极响应，如火如荼地进行着各类创业创新大赛。作为家长，我十分支持此类活动的开展，这些比赛的举办一方面丰富了学生的课余生活，另一方面锻炼了学生的能力，为孩子将来进入社会后找到更加明确的自我定位提供多种途径的帮助，在这个就业难的大时代里帮助他们走向成功。

孩子有创新创业的热情，但是社会经验相对不足，难免会出现一些磕磕绊绊，一路陪同他们走来，一边担忧着他们走不下去，一边又欣喜着他们的成长，虽然优胜奖相比于金奖还有些距离，但是也是对他们的付出的一份肯定。对于大学生参加创业大赛，我非常支持，也对参赛进行了一些总结。

（1）如今国家鼓励大学生创业，并提供了许多的政策支持，相对于进入社会后再创业，在学校内创业承担的风险较低，即使失败了也不会有太大的损失，同时也会使学生们增长社会经验，加强明辨是非的能力。

（2）学校创新创业老师给予同学们一定的帮助。老师会对孩子们的方案提供耐心的指导，并且会提供技术上的帮助，为大学生创新创业提供便利。

（3）涉世未深的孩子们可以选择先就业再创业。就业可以获得丰富的社会经验，积攒一点财力和人脉。大学生的创业大多建立在自己的想法之上，殊不知开办公司可不是一件容易的事情，投资大，管理复杂，那些成功的企业家，他们无疑都是从一些微不足道的小生意做起的。任何事情都有一个循序渐进的过程，这是商业发展的一般规律。未得到市场的认证，一旦盲目投身创业，风险实在太大。

（4）接下来就是在精神上给予鼓励，创业并不是件容易的事情，会面临诸多难以预料的困难。做家长的应该抱着积极的态度去支持，尤其是在他们遇到挫折的时候。

总而言之，孩子长大了，很多事情也应该由他们拿主意了，作为家长，在不影响正常生活的前提下，应该尽可能给予他们支持。人生在于经历，何况90后的大学生们还很年轻，哪怕他们最终遭遇了挫折，也是他们人生中一笔宝贵的财富。

（供稿人：学生朱宽宏的家长）

### §　不积跬步，无以至千里

长久以来，学生在接受高等教育后能找一份较好的工作，是大多数家长的期望。而创业则需要足够的经济实力和足够的社会经验，以及一定的商业头脑，并未成为学生毕业后的主流选择。而如今，每年数百万名毕业生的就业逐渐成为社会问题，有更多的学生选择在学校中或者毕业后自主创业。而作为学生家长，却有不同的看法。

对于家长来说，学生选择创新创业，家长当然是报以支持的态度。大学生创新创业是一个时代的产物，面临巨大的就业压力，中国经济腾飞创造的大量机遇，海内外许多创业英雄的故事，激起了许多学生的创业梦想。国家、地方政府、各大高校的政策鼓励，让这些梦想有了一个很好的发挥平台。成为创业英雄，成了很多年轻人及青年学子的选择。

大学生创新创业并不能只是一时的头脑发热，有众多现实的问题需要面对，如资金、场地及行业选择。首先是资金问题，对于这个问题，作为学生家长来说我会给予一定的支持。毕竟这是我们所能提供的最实际也是最现实、最基本的条件。而对于孩子来说，我也会鼓舞他去做一些兼职来进行资金的积累，毕竟自己经历过挣钱的不易后才会对创业投资比较谨慎。而在初次创业时选择一个启动资金少、风险低的项目是一个不错的选择。其次，在兼职的过程中也能够从市场中发现问题，发现商机；能够了解市场，这样对于创业也有极大的帮助。

场地对创业青年是个难题，家长也很难提供帮助。而令人欣慰的是，百色学院为促进大学生创新创业，形成了创新创业教育 "D-TSO" 模式，开设创业教育理论课程，开展创业模拟训练，进行创业项目孵化，取得了很好的效果。而我认为，在互联网时代，互联网创业是一个较为合适的方式。学生作为一个较为庞大的互联网使用群体，对于互联网时代大家的需求更为了解。

将创新与创业结合是一个不错的选择，在大多数高校中，每年都会举办一些科技比赛，以此来鼓舞学生提升创新和动手能力。将创新转化为市场，将科技转化为产品，在成熟的市场中开辟出新的创业之路。

学生创新创业重在体验而不是结果，而目前学生创业的低成功率是一个不争的事实。许多人创业初期就想做大项目，好高骛远。当然有能力的有识之士可以做大项目，可这毕竟是少数。我相信更多的人，尤其是没有更多条件的大学生要创业成功，都需要从小事做起，有平和的心态，一步一步慢慢积累，最终迈向成功。（供稿人：学生张仁初的家长）

## § 创新创业教育是一个系统工程

随着孩子的成长，孩子自己的主观意识也越来越强，他希望自己在学校能够独立，不再成为家长的负担。于是通过他的努力，积极参与学校的创新创业教育，他的成长让我感到欣喜。对于他在学校的创新创业我有以下几点体会。

大学生通过创业可以培养创新意识、创造精神和创业能力，使学生毕业后大胆走向社会、自主创业。从这点来看，大学生创业一方面提高了自身的能力，将从学校学到的理论知识与实践相结合，能够使自己成长。另一方面，学生通过创业可以获得一定的资金来源,从某种程度上减轻家庭的生活负担,学生通过自己动手挣钱能够理解家长的不容易,能够养成独立生活的习惯,不再依赖父母。

但是,大学生创业可能会影响学生的学习,初次创业,学生没有经验,可能要花费更多的精力和时间在创业上,这在一定程度上会影响到专业学习。作为家长,当然希望学生能够在学业上有所成就,又希望他能够独立,这两点让我有点矛盾。

不过,通过他在学校的努力,我看到他能够将学习与创新创业协调好,让我感到很高兴、很自豪。由此看来,大学生创新创业还是有很多好处的,只要能够与学业调节好,学生创业是值得鼓励的,家长也要能够理解和支持学生,让学生能够安心尽全力做自己想要做的事。(供稿人:学生王亚娇的家长)

### § 创新创业的言传身教

众所周知,百色杧果是非常出名的,是国家农产品地理标志登记产品。每到杧果成熟之际,百色地区随处可见品种繁多的杧果。百色杧果每年大量往外地销售,均获好评,一天一家企业平均的销售量可以达到四千箱以上。然而这并不容易,其中包含了太多人的努力付出。艰苦只有果农懂,为此付出的汗水最终得到了回报。

化工学院化工专业 2016 级的梁灿是我的女儿,我种植及销售杧果有 18 年之久,女儿笑称从出生到现在家里就一直在卖杧果。

谈到种植杧果的契机,梁爸爸说当地地形、气候、土壤等自然地理条件非常适合种植杧果,百色属南亚热带季风气候区,日照时间长,空气湿润,降水充足,具有得天独厚的杧果种植条件。而且当时政府非常鼓励、支持种植杧果,所以就开始了杧果的种植及销售之路。

梁爸爸介绍了一些杧果种植及管理的技术,如水分管理、施肥管理、杧果催花、花果管理和病虫害综合防治等。我们知道不同的地区根据当地的地理环境,在果树的种植方法上会有所不同,这些方法都是经过多年亲身实践积累归纳总结出来的,非常具有针对性。他有空时都会看一些关于果树种植的视频及书籍,科学种果也是非常重要的。不是只靠盲目的乱种,找对方法事半功倍。他笑着说创业初期压力大,因为精力都放在杧果上了,整天脑海里都是杧果,甚至连做梦梦到的都是杧果,每天就想着需要注意什么问题,抱着防患于未然的心理,思考一些应对措施。今天施肥了没有,明天需要给杧果套上袋子希望杧果好好成长。杧果的品相其实非常影响销量,尤其是合作的老板非常注重。好比我们穿衣服,能穿好看的自然不会选丑的。梁爸爸平时也会经常与其他果农沟通交流一些经验方法,大家相互借鉴。有时有专家来视察介绍一些方法,梁爸爸都会听得非常认真,适当做些笔记。

谈到女儿创新创业期间遇到的困难，梁爸爸说管理技术当时也是令人头痛的一方面，因为了解甚少，而且当初不像现在科技网络等如此发达，没有那么容易获取资料。还有气象灾害对杧果的产量产生了非常大的影响，如受到台风、冰雹的影响，产量锐减。种了一座山的果树，从种植一直到最后销售可想而知要付出的人力、财力有多少，每天都是拖着疲惫的身体回家。遇到冰雹、台风都担心得吃不好、睡不好，雨一停马上跑去看杧果怎么样。梁爸爸说创业不辛苦不可能，尤其是初期，但有收获就值得。当被问到有没有后悔做这个决定，梁爸爸非常坚定地说选择这条路从没后悔过。

提到最初的销售方法，梁爸爸说十几年前并不像现在这么发达，主要方法还是自己装好杧果，拿到杧果农贸市场进行交易。还要自己主动寻找收购杧果的老板交流沟通，双方达成一致就进行合作，发展起来后每年都会有固定的老板合作。杧果销售渐渐发展起来后，每年都会有代购的人来视察。如果有合作的意愿会直接跟果农订购，进行长期合作。除了直接跟老板合作，现在网络、交通等都非常发达，很多果农都会通过网络平台（如微信、淘宝、QQ 等）来宣传与推销杧果，还会适当招聘代理和发动亲朋好友宣传。这对杧果的销售产生了重大的影响。

通过与梁爸爸的交流，我们体会到了平常在超市和水果摊可以随意看到的杧果，原来需要经历这么多的步骤，需要经过很多加工和包装工序，才出现在市场上。梁爸爸说，创业需要很大的耐心，必须有坚持不懈、吃苦耐劳的精神，否则一点挫折都能轻易击倒一个人。从实践中汲取教训，归纳总结经验方法是每个创业者的必经之路和成长途径。还要懂得寻找一些方法，而不是盲目地毫无方向地乱碰乱撞，每一次尝试要带着目标去完成，有所收获才是目的，而不是一次次的碌碌无为。脚踏实地一步步走，走好每一步都是关键，不要急于求成，一点点积累最终会有意想不到的收获。（供稿人：根据化学与环境工程学院梁灿爸爸的口述整理）

## § 不忘初心，方得始终

创业，也就是创立属于自己的业务，不要看现在拥有自己公司的人很多，其实创业的路并不是平坦的，而是坎坷的。很多人创业都是非常困难的，没有一个人能随随便便的成功。

每当我想起我的创业经历的时候这段话总在我脑海中旋绕：人的生活方式有两种，一种是像草一样活着，你尽管活着，每年还在成长。人们可以踩过你，因为你生得太卑微了。所以我们每一个人，都应选择另一种，都应该像树一样成长，即使我们现在什么都不是，但是只要你有树的种子，即使你被踩到泥土中间，你也能破土而出，撑出一片绿荫。

我出生在一个普通而又贫困的家庭，家庭的贫困让我比同龄孩子显得懂事了许多。都说穷人家的孩子早当家，但我认为穷人家的孩子不是早当家，而是早面对现实。初中读完之后，由于家里的贫困，我放弃了读高中，放弃了上大学必经之路。为了早些脱离贫困，为家里减轻负担，我去职业高中学校读幼师专业，去学门手艺，这样可以早早上班，早些赚钱。职业高中毕业后我去幼儿园当了一名普通的幼儿教师，做了半年之后我厌倦了，这种每天面对孩子的生活，不是我的人生和理想，我不能安于现状，我要走出去，去外面的世界看看。带着这颗不安分的心，我离开幼儿园。因为没有高学历，没有什么一技之长，我只能到酒店当一名普通的服务员。在酒店当服务员期间，我努力工作，积极表现，可是不管怎么努力也改变不了，我是一个无学历、无特长、无特点的普通农村孩子。有一天后厨的大师傅一句话点醒了我，大师傅跟我说，"孩子，别在这里浪费时间了，不管你在这儿干多好，你永远是个服务员，你还年轻，技不压人，出去好好学门技术，将来的路会宽些"。一个偶然的机会我进入了美容和理发这个行业，我觉得这是我喜欢做的。去了美容美发学校学习，我取得高级美容师资格证书，并到了一家大型美容理发会馆工作。打工的日子，我没有把自己当成一个美容师，而是把自己当成这家美容院的老板，每当美容院出现问题的时候，我都会问自己："对于这个问题，如果我是老板，我该怎么解决？"就这样，我慢慢成长起来，就像一棵树的种子得到了阳光和雨露之后要破土而出的感觉。

2008年我回家里过年，我发现这里没有一个像样的专业美容院，而且市场还没有得到开发。在家乡创业的想法逐渐地在我脑中形成，为不安分的心、为自尊的生存、为自我的证明，我创办了一家美容会馆。开业初期，因为我在外地打工期间积累了很多先进的技术和手法，很快有了一批客源。随着店里的客户增加，我开始招聘美容师和增加店里的特色项目，但是问题一个一个出现了，最严峻的问题是"店务管理"方面，因为美容师的增加，大家在一起时间长了就会出现不同的问题，管理起来很不容易。店总是发展不起来，而且大部分客户都是我在做，我没有任何时间和精力考虑店铺的发展方向，忘了自己是一个店里的领航人。就这样，店总是在不好也不坏中生存着。2012年，我意识到这样下去肯定是不行的，当时我坚定地做了一个决定，就是放弃美容院，去外地多学习。我就这样放弃了我的会馆，但是我没有放弃我的理想、我的事业。在这一年多中，我多次去大城市的美容院学习总结。辗转一年多，我再次创办了一家美容院，这次创业我在管理上实施以制度做管理，无规矩不成方圆的策略。我不再去做顾客服务，而是做店里的掌舵手。在产品上，我打出"以养生和美容相结合为特色发展路线，不单纯考虑表面的美，而要从内到外得到健康和美丽的理念"去占领市场。

每次我培训店里的新学员时，都会从她们的身上看到我从前的影子，她们都是些想走出来、想发展、有着理想和抱负的女孩儿，但是没有学历、没有经济基础，而且很无奈地面对着社会。看着她们在我的店里逐渐地成长，从一粒小树种子，变成一棵小树。我感觉很高兴，想到自己能够给她们阳光，我总会觉得自己很欣慰。现在的我一直在用心地去问自己"为什么创业、想得到什么"。这样我的方向就更加清晰了！

这么多年的创业和经营经验告诉我，创业的路并不是平坦的，而是历经坎坷的，每失败一次，就等于向成功走近了一步。很多人创业都是非常困难的，没有一个人能随随便便地成功。要善于总结经验，从不断的失败当中去寻找新的出路！

创业，有成功，也有失败。如果你想要成功，那就请你专心走这条路，用你的坚持、恒心、勇气去探求。（供稿人：化学与环境工程学院  根据家长提供的材料整理）

### § 创新创业教育，我儿子学会了很多

2015 年，我儿子陈发宪所在的班级、燕冬老师指导的创业团队参加了学校组织的创新创业大赛，并在大赛中获奖。在整个过程中，我觉得我儿子从中学到了许多相关的创业知识。

在当今社会，大学生择业面临很大的压力。创业成了很多毕业生的选择。鼓励创业，不但有利于拓宽劳动者的就业门路，为社会创造更多的就业岗位，而且有利于实现劳动者的个人价值，在全社会形成创新、创业的氛围，推动社会经济持续、快速、健康发展。百色学院重视学生创新创业教育，有一套完整的创新创业教育 "D-TSO" 模式，成立的创新创业学院，重视培养学生创新创业能力。我儿子从中学习到了很多东西，也面临着很大的挑战。在社会上，他的经验不足，辨别能力缺乏，交际圈窄，这都将成为创业过程中的绊脚石。学校能给我儿子这样的一次机会，还邀请了创业指导老师对他进行培训，让他受益匪浅。

第一，他学会了确立好目标。在创业过程中，在不影响学业的情况下，他不断地磨炼自己，拓宽视野。大学是培养人才的摇篮，是传承文化的地方，也是自我谋生的聚集地。只有定好目标以后，梦想才有可能实现。

第二，他学会了调整好心态。调整好心态是做好一件事情的重要基础，在创业的道路上拥有良好的心态，尤其是对创业风险具有清醒的认识，并充分拥有应对风险的心理准备，是创业成功的必要条件。不管在创业过程中遇到什么样的困难和挫折，都要学会调整好自己的心态。

第三，认清自己的不足。通过创业，我儿子更清楚地认识到自己的不足，尤其是创新创业知识储备的不足。大学生很难拥有关于创业的直接经验与间接经验，创业知识一般也仅限于"纸上谈兵"。在这种情况下，大学生创业肯定会遇到各种不可预见的问题，以致创业失败。通过本次的创新创业大赛，他学会了许多关于企业管理的基本知识及经验，更清楚地认识到自己的不足。

第四，他更理解技术是产品质量的保证，融资是产品商业化的前提。此次创

业的产品是杧果深加工产品。技术不过硬，产品质量就没有办法保障。没有资金，产品就无法实现商品化。只有两者都具备，才可能实现创业的梦想。在这个过程中，就要学会很多食品科学与工程专业的相关知识，同时还要学会如何找融资渠道、怎样融资、如何管理资金等问题。

通过这样的创业，他学会了很多知识，为毕业进入社会做了一次预演。相信我儿子不管以后是否走创业这条路，这次经历将是他人生当中重要的不可或缺的人生财富。（撰稿人：学生陈发宪的家长）

§ 过程也是一种学习和成长

选择自主创业一直是我儿子（侯曾华）的梦想。我记得他刚上大学的时候，就经营了一个微店和一个网站，销售的东西也还算丰富，听他电话里和我们说也赚钱了，当时我和她妈妈是有点反对的，毕竟上大学的主要目的是学知识。梦想这个东西真的很难被改变。他还是偷偷在经营，结果就是基本没有向我们要生活费和学费，四年的时间，他好像只是第一个学期向家里要过 5 000 多元，这让我们确实很惶恐，整天担惊受怕，总认为他在学校做了一些非法的勾当。后来证实是我们想多了。听他的同学说，他在学校做各种生意，利润很小的也会去做，最让我们感到骄傲的是，他的创业项目通过遴选，获得了奖励，这确实令我开心了很久。

他是一个想到什么就会去做的人。2016 年的暑假，他回到家说要种点香菇，做几个实验，在家一顿折腾，我们还批评了他，觉得这是一时兴起而已。结果又是我们错了，他每天都在家固定时间去测温度和湿度。不知不觉中，一个个树桩上长满了香菇，当时他说，等毕业了，赚到钱了，要回家多弄点这个树桩，让我们在家里面自己种点儿来卖。有想法了，去做了，可能就会有收获。

我记得他说过，在创业探索的这条路上，最难忘的是在创新研发食品的日子。一个项目、一个免费的楼层、几个导师、12 个学生，很简单的一个结构，却让人终身受益。2015 年 11 月他们几个小伙伴自己在学校的帮助下办了这个公司，主要从事杧果酒、肉类等副食品的销售和研发，着实是令人兴奋和激动的一个事情。为了实现大家的这个梦想，他们每天都学习关于公司运营、制定规章制度、管理培训等一系列的创业内容，思想变得更加成熟，虽然这个公司一直没有盈利，但他参与其中并思考奋斗进步，对此，我们一家人是支持他的，对他更放心了。

在国家就业形式并不是很乐观的情况下，大学生自主创业确实是一个不错的选择。人生也就几十年，机会走了就不会再来，当遇上一个能让自己心动项目的时候，我们不要让机会悄无声息地从我们身边溜走，就算不成功，也会养成一个属于自己的好习惯，制定自己的人生规划，实现人生新价值。（供稿人：学生侯曾华的家长）

### § 坚持不懈，方能成功

当代大学生都有着自己创业做老板的梦想，当创业之心蠢蠢欲动的时候，我们家长也希望做些力所能及的事来帮助他们。对于学校孵化创业园基地，我们是非常支持的，大学本身就是一个半社会的圈子，对于涉世未深、社会经验不足的大学生有着很好的指导作用。

创业是一项充满挑战的事业，一个具有创业愿望的大学生最终能否走向成功创业之路，与他们是否相信自己可以在激烈的挑战和竞争中胜出有着直接的关系，实践创业是学生通过发现和识别商业机会，组织各种资源提供产品和服务来达到创造价值的过程。

今年一月，通过种种比赛答辩，我的女儿（罗秀俐）争取到了百色学院创业园的一家店铺，首先我十分感激学校能给孩子这个创业机会。作为父亲，我十分支持她创业，在经营管理中，我们一起发现问题、解决问题，不断完善自我。我经营了十多年的饭馆，深刻明白在经营管理过程中肯定会遇到挫折和失败，所以在遇到挫折时我一直都鼓励她，让她重新振作，在迷失方向的时候，我指引她找到前进的方向。在就业竞争如此激烈的时代，她应该树立赚第一分钱，而不是创业就必须挖到第一桶金的观念。

创业园这样的平台，面向基层创业、就业是大有可为的，特别是在学校给他们提供优惠的政策的情况下，客观上给创业学生提供了良好土壤，让他们在市场经济的大潮里畅游一番，可以将课堂上学到的理论知识运用到实际中去，提高创业实践能力，在不影响学习的情况下，我觉得创业园是个非常好的平台。在她创业的这三个月里，接触到的人和事，学到的东西，是在书本和老师那里学不到的经验。

在创业过程中，她跟我分享了创业的挫折和失败。例如，刚开业的时候，有很多客人进店看商品很新颖，有购买的欲望，可是到最后交易并没有成功，这就说明她的服务态度可能出了问题，又或者是价格的问题。每遇到一个问题，我就让她做好自我调节，并且能做到下次不再出现同样的问题。

让我欣慰的是，刚开始的时候面对创业的种种艰辛和无数不可预计的失败，她带着"初生牛犊不怕虎"的精神，还是坚持了下来，并且给家里减轻了一些负担。所以，即使她创业失败了，我也义无反顾地支持到底。（供稿：学生罗秀俐家长）

## 二、合作企业的体会与感悟

百色学院 "D-TSO" 模式获得了合作企业的充分肯定，得到了好评。例如，广西浙商投资有限公司、广西俊宇原生本草生物科技有限公司等企业在与我校合作办学后，发现了百色学院的学生有了明显的不同，综合素质、实践能力有了很大提升。

### § 创新型人才培养成效显著

百色学院农业与食品工程学院紧密结合地方产业、资源特色和区域经济发展，构建的教学模式有效、有特色，能够紧密联系社会实际来培养新型农业人才，为公司培养了一批基础扎实、技术过硬、综合素质高的毕业生，使之能够一毕业就上岗进行实际工作。（供稿：广西浙商投资有限公司）

### §复合型人才培养对接企业需求

百色学院农业与食品工程学院培养的学生到我公司工作，大多勤勤恳恳，任劳任怨，认真负责，热情高，人品端正，德行优良，自身修养较高，创新意识强，对待工作严谨，踏实肯干，服从领导安排，这与百色学院的培养与教育密不可分，这种方式值得推广。（供稿：广西俊宇原生本草生物科技有限公司）

### § 人才培养重基础、重品质

百色学院农业与食品工程学院培养的学生具备百折不挠、吃苦耐劳、敬业进取、诚实守信、勇于创新的精神，能够较快地适应公司的运作和发展，专业知识扎实，能够很好地解决工作上遇到的问题。（供稿：广西田阳嘉佳食品有限公司）

### § 产学研一体化，合作培养人才

人才是生产力诸要素中最活跃的因素，借外脑、引外智，广西田阳嘉佳食品有限公司与百色学院农学院开展深层次的产学研合作，搭建产学研平台，立足解决企业自主研发能力，解决学生就业难问题，实现互利双赢。我公司通过和百色学院农学院的合作，实现资源共享，优势互补，共同发展，合作模式灵活多样，促进了双方共同发展，达到学校、企业和学生三赢，主要体现在以下三点：

首先是提供参观、教学见习、工学交替等方面的合作。百色学院教师和学生在我公司参观学习，校企共同规划与实施认知性职业教育，同时也达到宣传我公司企业文化的目的。

其次是顶岗实习合作。百色学院学生前三年在校完成教学计划规定的全部课程后，采用学校推荐与学生自荐的形式，到我公司进行为期半年的顶岗实习，公司与学校共同参与管理，合作教育培养，使学生成为我公司所需要的合格职业人。

最后是产学研合作及技术交流、师资培训。发挥学校专业师资优势，加强校企合作研发，树立"利用专业优势办专业，办好产业促专业"的新思路，使专业建设与产业发展紧密结合，帮助我公司走健康发展之路。

为学生毕业后尽快适应工作岗位，实现学生在校企之间的"零过渡"。今后，校企合作主要工作思路是加强深层次的合作：

（1）接受教师参观、调研，"双师型"教师的培养方面的合作。

（2）实现资源共享，互派专业人员讲学，实现企业培训、职业技能培训等方面的合作。

（3）共同参与人才的培养，双方专业技术人员共同开发精品课程和教材。

（4）企业进校园，营造教学工厂，共建办学实体，成立股份公司，共建实验实训室和生产车间。（供稿：广西田阳嘉佳食品有限公司）

# 第四章 "D-TSO" 模式的交流与评论

## 第一节 同行高校篇

百色学院 "D-TSO" 模式获得了兄弟院校的充分肯定，很多高校到百色学院就创新创业教育 "D-TSO" 模式进行交流学习，好评如潮。鲁东大学、攀枝花学院、曲靖师范学院、黑龙江职业学院、武汉软件工程职业学院、周口师范学院、郑州航空工业管理学院、广西师范学院、玉林师范学院、河池学院、梧州学院、贺州学院经济与管理学院等 60 多所高校在参观考察后，不仅对百色学院创新创业教育 "D-TSO" 模式给予充分肯定和高度评价，而且表示借鉴其经验，推进本校的创新创业教育发展。以下报道均摘自中国高校之窗、人民网及兄弟院校网站等。

### 一、区外高校前往考察交流的相关情况

§ 江西师范大学来我校就创新创业教育开展交流

近日，校党委副书记聂剑率我校人大代表、政协委员和统战团体负责人一行 15 人赴广西百色等地学习考察，参观创新创业基地，瞻仰革命遗址，接受爱国主义教育。

考察团一行考察了由百色学院和中科招商集团共同创建

的广西首家实体型创业学院——中科创业学院，听取了百色学院副校长罗志发和中科创业学院院长等对百色学院办学发展和校企携手开展创业教育等情况的介绍。在百色和东兰红色教育基地，考察团先后参观了红七军军部旧址——粤东会馆、百色起义纪念馆、红七军前委指挥所、"广西农民运动讲习所旧址"革命摇篮——列宁岩、瞻仰革命烈士陵园、韦拔群陵墓。

通过考察，我校人大代表、政协委员和统战团体负责人学习了兄弟高校大力推进创新创业教育的成功经验，感受了老一辈无产阶级革命家在艰苦条件下的奋斗精神和中国共产党人的爱国情怀，接受了爱国主义教育。（摘自江西师范大学网站 2015 年 12 月 3 日报道）

### § 周口师范学院到百色学院就创新创业教育进行考察交流

2016 年 3 月 7 日上午，周口师范学院考察组一行由该院招生就业处处长孙体楠带领，到百色学院进行考察交流。百色学院科研处处长吕嵩崧等接待了考察组，双方在办公楼二楼会议室举行了座谈会。

在座谈会上，宾主双方就学校转型发展与应用技术型大学定位思考、创业学院建设运行、大学创新创业教育指导、科技成果转化等相关内容进行充分、深入的交流，并结合各自学校的办学经验就两校之间的合作与交流深入交换了意见。

座谈会结束后，在吕嵩崧处长陪同下，考察组一行来到百色学院澄碧新校区了解新校区建设发展情况，并实地考察了大学生创新创业教育与大学生创新创业孵化基地建设情况。孙体楠处长等对百色学院在大学生创新创业教育工作中的经验和成效表示赞赏，认为其中许多做法值得借鉴和学习。

校办、招生就业处、中科创业学院负责人参加了座谈交流。（摘自中国高校之窗）

### § 武汉软件工程职业学院到百色学院创新创业学院考察交流

2016 年 3 月 21 日，为借鉴学习全国首家实体创业学院的先进经验，进一步做好我校大学生创新创业工作，由我校学工部（处）组织带队，商学院、汽车学院和机械学院一行七人赴广西百色中科创业学院学习交流大学生创新创业工作。此次学习交流分为教师座谈交流和学生创业街、大学生孵化基地参观学习两个部分。

百色学院校长、党委副书记金长义，副校长罗志发和校办公室、教务处、招生就业处、中科创业学院负责人以及创新创业工作相关工作人员，与我校教师主要就创业基地建设和管理模式、学生创业项目运作管理、学生创业素质培养、创新创业课程设置等议题进行了交流座谈，罗校长还介绍了百色学院正在积极筹备与国外创业本科专业合作办学和与地方政府联建创业大街的相关工作。

座谈会结束后，中科创业学院院长唐金湘及学院工作人员陪同我校教师参观了百色学院学生创业街和大学生孵化基地，唐院长对创业街和孵化基地的各个项目进行了详细介绍。我校教师参观了各个创业项目的办公环境及孵化产品，与项目负责教师及学生进行深入交流，了解大学生创业团队的建设、发展情况等。通过本次学习交流，不但增进了两校的相互了解和友谊，也让我校教师学习到百色中科创业学院在大学生创新创业工作中很多值得借鉴和学习的宝贵经验。（摘自武汉软件工程职业学院网站）

### § 鲁东大学、攀枝花学院到百色学院考察交流创新创业教育工作

2016年4月21日，鲁东大学副校长丁瑞忠一行三人，攀枝花学院党委书记肖立军一行三人及中科招商集团广西片区负责人张艺驰、山东片区负责人毕群到百色学院考察大学生创新创业教育工作。百色学院党委书记唐拥军、副校长罗志发热情接待了来访客人，并在中科创业学院会议室举行了交流座谈会。

唐书记在座谈会上首先介绍了学校的基本情况，指出百色学院是应用型本科院校，在创新创业教育方面实行"双元制"培养模式，通

过校企合作办学等方式培养学生具备创新创业的精神与技能。

罗副校长具体介绍了学校与中科招商集团合作办学创建中科创业学院的理念、思路及历程，从创新创业教育体系、师资、项目孵化、硬件构建平台等方面做了详细阐述。

鲁东大学及攀枝花学院参会领导在现场也分享了他们创办创业学院的经验和做法，对百色学院在创新创业教育方面取得的成绩表示赞赏。

校办、教务处、学工部（处）、招生就业处、中科创业学院负责人参加了座谈，并就大学生就业创业工作、大学生管理服务工作等方面进行了深入交流。（摘自中国高校之窗）

### § 黑龙江职业学院与百色学院交流创新创业教育工作

2016年5月31日上午，黑龙江职业学院纪委书记周莲香率队到百色学院交流大学生创新创业教育等工作的做法及经验。百色学院校长金长义、副校长罗志发会见了周莲香书记一行，双方在中科创业学院会议室召开了交流座谈会。

罗志发副校长向周莲香书记介绍了百色学院应用型人才培养、创业学院建设、大学生创业大赛、"双师型"创业教师队伍建设等方面的情况和取得的成效。

周莲香书记表示此行主要是与百色学院探讨如何突破发展创新创业教育。该校创业教育中心主任张凤英详细介绍了该校在创业教育课程体系建设、专业设置、学校创业教师队伍培养方面的具体情况。

双方在座谈会上就大学生创新创业教育工作充分交换了意见，并对共同关心的议题达成了共识。（摘自中国高校之窗）

### § 广东培正学院程玮副校长一行到广西百色学院交流创新创业教育工作

2016年11月30日下午，程玮副校长、创新创业教育学院宋宇翔副院长、文化产业管理专业向诚主任、财务处李英旭主管一行四人到广西百色学院交流创新创业教育工作，受到了百色学院领导的热情接待，百色学院副校长罗志发、教务处处长兰翠玲、中科创业学院院长唐金湘参加了交流会。

会上，罗副校长介绍了百色学院与中科招商集团合作办学、校企共建创业学院的特色和运作模式等。程玮副校长针对学校在开展校企合作过程中遇到的主要问题展开经验交流。此外，双方就校企合作办学关键因素及创新创业教学体系等工作进行深入探讨。会后，程玮副校长一行实地考察了中科创

业学院孵化基地建设及运行管理情况。通过交流学习，较深入地了解了百色学院校企合作办学的具体运作模式和实际运行情况，为我校积极推进创新创业教育工作提供了可借鉴的宝贵经验。(摘自广东培正学院网站)

### §文山学院到百色学院考察交流

2017年4月10日下午，文山学院党委副书记张晓憬率队到百色学院考察交

流。副校长徐魁峰热情接待了张晓憬副书记一行，双方在澄碧校区公共实验中心会议室举行座谈会。百色学院学生工作部（处）、总务处两部门负责人和各相关科室人员参加了座谈会。

座谈会上，徐魁峰副校长对张晓憬副书记一行的到来表示热烈欢迎。徐副校长向客人详细介绍了学校办学基本情况、

校园文化建设、教师队伍建设、辅导员队伍建设与学生管理工作、总务后勤管理、校园基础设施建设和校园安全管理等方面的情况和经验做法。张晓憬副书记对文山学院办学发展规划、社会合作、后勤管理工作、学生管理工作、校园安全保卫工作等方面的情况进行了介绍。会后两校学生工作、总务后勤两部门的各科室负

责人还进行了深入的对口交流。（摘自人民网）

### § 井冈山大学来百色学院考察创新创业教育工作

2017年7月5日上午，彭涉晗一行与百色学院党委书记唐拥军、副校长徐魁峰、党办、宣传部、中科创业学院等部门负责人进行了友好座谈，双方就党建与思想政治工作，特别是利用红色资源融入党建与思政工作进行了深入探讨。期间，考察组一行在唐拥军书记的陪同下实地参观了百色学院中科创业学院、校史馆等，详细了解了百色学院中科创业学院的运作模式、大学生创新创业孵化基地、众创空间等情况。

7月6日上午，彭涉晗一行与广西医科大学党委副书记韦安光，副校长何并文，宣传部、组织部、党办、校办、新闻中心等部门负责人进行了友好座谈，双方就党建、思想政治工作、校庆组织策划、校园建设和校园人文景观建设等方面开展了深入交流

参观百色学院中科创业学院、校史馆、非物质文化遗产博物馆

和探讨。座谈会后，考察组一行在何并文副校长的陪同下参观了广西医科大学校史馆等场所。期间，彭涉晗与广西医科大学党委书记仇小强进行了会谈。

在三所高校考察学习期间，彭涉晗简单介绍了学校的发展情况，以及党建和思想政治工作的一些做法，对广西医科大学发挥互联网优势，打造了雨无声网站、易班学生工作站、红树林网络文化工作室、团学新媒体中心等网络思政教育平台；百色学院立足区域资源优势，围绕"革命性、民族性、边疆性"，以"红微课"形式开展思政理论课教学；广西医科大学通过建立辅导员、班主任、班级导师、导航学长"四位一体"的思政工作队伍，将马克思主义基本原理融入医学专业教学，打造德医交融的思政特色等成功经验和做法给予了肯定，指出要结合学校实际，进一步创新方式方法，以学生喜闻乐见的方式，深入开展互联网思想政治工作。

要加强思政理论课教学改革,发挥主渠道、主阵地的正面教育作用。要明确思政工作队伍的职责任务与职业规划,逐步配齐配强思政工作队伍。要尽快启动 60 周年校庆有关工作,以校庆为契机进一步改善校园环境,推动美丽井冈山大学建设。通过对三所高校的考察学习和参观交流,开阔了视野,为学校做好下一步工作明确了努力方向。(摘自井冈山大学网站)

### § 甘肃民族师范学院到百色学院考察创新创业教育工作

2017 年 9 月 18 日至 20 日,副校长牟吉信带领学校创新创业中心相关人员一行赴华中师范大学、百色学院进行考察,中科创大地区负责人全程陪同。

9 月 20 日,牟吉信一行到百色学院考察交流双创教育工作。百色学院教务处、创新创业学院负责人出席了交流会。双方就各自的办学历史、办学规模、办学特色和创新创业学院的创建等情况进行了交流。考察组一行还参观了百色学院中科创业学院创业园区。

本次考察学习圆满结束,两校的创新创业教育模式值得我校借鉴学习。后续我校将在双创教育方面继续保持与华中师范大学以及百色学院深入交流与学习,进一步加强我校双创教育工作,加强与中科创大的合作。(摘自甘肃民族师范学院网站)

## 二、区内高校前往考察交流的相关情况

### § 河池学院到百色学院开展创新创业教育调研

为学习借鉴兄弟高校在大学生创新创业教育与实践建设方面的成功做法和经验,加快推进我校大学生创新创业建设工作,2016 年 6 月 24 日,学校党委副书记、创新创业学院院长韦仕珍带领创新创业学院人员一行三人到百

色学院进行考察调研。

百色学院副校长罗志发带领相关部门负责人热情接待了我校考察团一行。座谈会上，罗志发详细介绍了百色学院与中科招商集团合作办学、共同创办中科创业学院、学校的创新创业课程体系建设、"双师型"创业教师队伍建设等方面的情况和经验。期间，双方还就创新创业学院的规划和发展、工作中遇到的实际问题等方面进行了深入的交流。

韦仕珍一行对百色学院中科创业学院的建设和运行管理情况进行了实地考察，认真听取了相关情况介绍并和相关人员进行详细交流，了解创新创业的具体情况。（摘自河池学院网站）

### § 玉林师范学院到百色学院进行学生工作与就业创业工作调研

2014 年 12 月 26 日下午，玉林师范学院党委副书记王志明一行到百色学院考察交流学生工作。百色学院党委委员、副校长徐魁峰热情接待了到访的客人，并在办公楼二楼会议室举行座谈交流会。招生就业处处长赵世安、学工部（处）副处长杜晓玲及学工部（处）各科室负责人参加了座谈交流。

交流会上，百色学院徐魁峰副校长对王志明副书记一行的来访表示欢迎。

王志明副书记对百色学院的热情接待表示感谢，希望今后两校在各方面能进一步加强交流合作。

百色学院学工部（处）杜晓玲副处长就学生资助工作所开展的创新模式进行了详细汇报；招生就业处赵世安处长详细讲解了大学生创新创业工作和百色学院与中科招商集团共建中科创业学院的具体做法。双方与会人员还就新形势下学生教育管理中的亮点和特色工作、学风建设、辅导员队伍建设、学生管理信息化建设、拓展第二课堂，以及培养学生的创新创业能力等方面进行了广泛、深入的交流探讨。（摘自玉林师范学院网站）

## 三、同行高校的成果推广应用证明材料

梧州学院、黑龙江职业学院、攀枝花学院、武汉软件工程职业学院、河池学院、玉林师范学院等高校与百色学院交流后，表示将借鉴百色学院创新创业教育模式并应用到自己学校的创新创业人才培养中。以下为部分高校的推广应用证明扫描件。

### 教学成果推广应用证明

百色学院创新创业教育"理论-模拟-实操"（D-TSO）模式的构建与实践教学成果，以与中科招商集团合作共建创业学院为突破口，在创新创业教育改革组织机构建设、机制体制建设、创新创业教育体系构建、创新创业教育模式改革等方面进行了探索和实践。在实践中，充分发挥中科创业学院优质资源（包括创业基金）的引入和转化、业务上的牵引带动和示范辐射等作用，一方面激活和全面提升了学校创新创业教育资源，另一方面构建了健全的创新创业教育体系和协同运行机制，形成了"'学院'牵引、差异通道、校企合作、项目带动、基金植入、立体协同、六全育人"的创新创业教育模式。有效解决了普通本科院校创新创业教育资源相对匮乏而难并展开、形式化、表面化、低端化以及创新创业教育体系分散零碎和协同梗阻等问题，有力推动了学校应用型专业、课程、课堂教学、双师型教师、实践教学基地、创新创业项目、应用型科研等方面的系列改革，为提高学校的创新创业教育质量和应用型人才培养质量提供了有力支撑。

我们柳州学院2016年12月来百色学院参观访问，学习百色学院与中科招商集团合作办学创设中科创业学院进行创新创业教育改革的经验，我们学校借鉴百色学院的办学经验筹建创业学院，取得了较好的效果，该项研究成果值得进一步推广应用。

2016年12月18日

### 教学成果推广应用证明

百色学院创新创业教育"理论-模拟-实操"（D-TSO）模式的构建与实践教学成果，以与中科招商集团合作共建创业学院为突破口，在创新创业教育改革组织机构建设、机制体制建设、创新创业教育体系构建、创新创业教育模式改革等方面进行了探索和实践。在实践中，充分发挥中科创业学院优质资源（包括创业基金）的引入和转化、业务上的牵引带动和示范辐射等作用，一方面激活和全面提升了学校创新创业教育资源，另一方面构建了健全的创新创业教育体系和协同运行机制，形成了"'学院'牵引、差异通道、校企合作、项目带动、基金植入、立体协同、六全育人"的创新创业教育模式。有效解决了普通本科院校创新创业教育资源相对匮乏而难并展开、形式化、表面化、低端化以及创新创业教育体系分散零碎和协同梗阻等问题，有力推动了学校应用型专业、课程、课堂教学、双师型教师、实践教学基地、创新创业项目、应用型科研等方面的系列改革，为提高学校的创新创业教育质量和应用型人才培养质量提供了有力支撑。

我们黑龙江职业学院2016年5月来百色学院参观访问，学习百色学院与中科招商集团合作办学创设中科创业学院进行创新创业教育改革的经验，我们学院借鉴百色学院的办学经验筹建创业学院，取得了较好的效果，该项研究成果值得进一步推广应用。

2016年11月18日

### 教学成果推广应用证明

百色学院创新创业教育"理论-模拟-实操"（D-TSO）模式的构建与实践教学成果，以与中科招商集团合作共建创业学院为突破口，在创新创业教育改革组织机构建设、机制体制建设、创新创业教育体系构建、创新创业教育模式改革等方面进行了探索和实践。在实践中，充分发挥中科创业学院优质资源（包括创业基金）的引入和转化、业务上的牵引带动和示范辐射等作用，一方面激活和全面提升了学校创新创业教育资源，另一方面构建了健全的创新创业教育体系和协同运行机制，形成了"'学院'牵引、差异通道、校企合作、项目带动、基金植入、立体协同、六全育人"的创新创业教育模式。有效解决了普通本科院校创新创业教育资源相对匮乏而难并展开、形式化、表面化、低端化以及创新创业教育体系分散零碎和协同梗阻等问题，有力推动了学校应用型专业、课程、课堂教学、双师型教师、实践教学基地、创新创业项目、应用型科研等方面的系列改革，为提高学校的创新创业教育质量和应用型人才培养质量提供了有力支撑。

我们曲靖师范学院2016年11月来百色学院参观访问，学习百色学院与中科招商集团合作办学创设中科创业学院进行创新创业教育改革的经验，我们学校借鉴百色学院的办学经验筹建创业学院，取得了较好的效果，该项研究成果值得进一步推广应用。

2016年12月18日

### 教学成果推广应用证明

百色学院创新创业教育"理论-模拟-实操"（D-TSO）模式的构建与实践教学成果，以与中科招商集团合作共建创业学院为突破口，在创新创业教育改革组织机构建设、机制体制建设、创新创业教育体系构建、创新创业教育模式改革等方面进行了探索和实践。在实践中，充分发挥中科创业学院优质资源（包括创业基金）的引入和转化、业务上的牵引带动和示范辐射等作用，一方面激活和全面提升了学校创新创业教育资源，另一方面构建了健全的创新创业教育体系和协同运行机制，形成了"'学院'牵引、差异通道、校企合作、项目带动、基金植入、立体协同、六全育人"的创新创业教育模式。有效解决了普通本科院校创新创业教育资源相对匮乏而难并展开、形式化、表面化、低端化以及创新创业教育体系分散零碎和协同梗阻等问题，有力推动了学校应用型专业、课程、课堂教学、双师型教师、实践教学基地、创新创业项目、应用型科研等方面的系列改革，为提高学校的创新创业教育质量和应用型人才培养质量提供了有力支撑。

我们武汉软件工程职业学院2016年3月来百色学院参观访问，学习百色学院与中科招商集团合作办学创设中科创业学院进行创新创业教育改革的经验，我们学校借鉴百色学院的办学经验筹建创业学院，取得了较好的效果，该项研究成果值得进一步推广应用。

2016年12月18日

百色学院数学与统计学院在深化高校创新创业教育改革和培养具备创新精神、勇于投身实践的创新创业人才队伍方面取得较好的效果。

该院在创新创业教育方面比较注重培养学生第二专业课堂学习与训练实战的能力，学院以"挑战杯"及创业设计竞赛费大赛为依托，以大学生就业指导课为依托，以大学生创业基地为平台，以专门以立题机机构大力推动创新创业教育的开展。数学也注重将产业和行业的新理论、新技术、新工具，新应用融入到课堂内容中，注重培养学生的创新思维、创业意识，把创新创业教育融入到人才培养全过程。让所有的学生受益。

广西师范学院数学与统计学院
二〇一七年四月二十八日

百色学院数学与统计学院主动适应"大众创业、万众创新"的新常态，将创新创业工作作为提高人才培养质量的有效抓手，建立健全了学校为先导、学院为主体、学生为主体的工作组织体系，打造了学校培养、系部培养、社会扶持三位一体工作体系。学院充分利用学校的优势学科和科研平台，围绕构建自主研学实践体系所广泛开展创新创业教育实践活动，已建立与学内容紧密相结合的实践课程，同时构建了学科优势明显的实践教学平台对校内外、国内外、产学研深度融合的创新创业实践。其教育可以正确的创新创业教育理念，在创新人才的培养方面取得较好的成果。

玉林师范学院数学与信息科学学院
二〇一七年四月二十八日

# 第二节　共建企业篇

　　培养创新创业型人才是企业、高校的共同目标和战略协同的契合点，也是高校深化教育改革的突破口和提高服务区域产业转型和创新驱动能力的重要途径。企业因具备创新创业教育相关资源而在高校创新创业教育中显得至关重要。只有充分发挥企业的重要作用，才能从实质上推进高校创新创业教育的深入有效开展。在符合国家有关政策的前提下，建立一套政府支持、高校主导、企业认可的长效共赢机制，是吸引企业积极参与高校创新创业教育的基本前提。在企业与高校合作开展创新创业教育的过程中，应注意做到理论性与实践性相结合、物质回报与精神满足相结合、短期效果与长期效果相结合。

　　百色学院创新创业教育"D-TSO"模式离不开企业支持，企业也同样希望高校为其培养提供高素质的创新创业人才。为了推进校企合作，共建产教融合、协同育人的联合培养新模式，本着平等、合作、共赢的原则，百色学院与周边企业积极探索"双元制+双园制"的办学模式，积极推进创新创业教育发展。该模式促进了百色学院创新创业教育"D-TSO"模式的进一步成熟，也获得了企业的充分肯定。以下为部分合作企业的评价与感悟。

## 一、共建企业与学校交流互动的相关情况

### § 鼎盛"四点半学堂"

　　鼎盛"四点半学堂"是由百色学院和鼎盛房地产开发有限公司双方共同建设的大学生社会服务项目。该项目以完善百色鼎盛房地产开发有限公司物业公司职能，丰富百色鼎盛房地产开发有限公司小区业主生活，锻炼百色学院管理科学与工程学院大学生创业能力，提升百色学院管理科学与工程学院大学生创业能力为宗旨。项目由百色鼎盛房地产开发有限公司提供场地及开展活动所需的物资；百色学院管理科学与工程学院提供人员和管理服务。为确保"四点半学堂"的办学质量，甲乙双方共同派人组建督察组，监督"四点半学堂"的日常工作。"四点半学堂"运营过程中所产生的费用和利益分配问题，由双方另行签订协议。随着"四点半学堂"发展成熟，双方将组建百色学院—鼎盛大学生创新创业基地。创新创业基地以培养大学生勤工助学能力和锻炼大学生创新创业实战能力为根本任务。基地的勤工助学能力培训和创新创业能力培训由百色学院管理科学与工程学院创

业指导教师和鼎盛集团相关负责人共同承担。通过考核认定的学生可由鼎盛集团根据自身需要聘为兼职工作人员。鼎盛集团的部分业务亦可以通过外包方式分包给通过考核认证的百色鼎盛房地产开发有限公司大学生创业团队。(资料来源:鼎盛房地产开发有限公司)

## § 杭州锦江集团参与高校创新创业教育

杭州锦江集团整合矿业、电力、氧化铝、铝镁合金、铝材深加工等优势资源,打造极具竞争力的资源性产业链——有色金属产业。化工产业是杭州锦江集团三大主业之一,也是新兴发展板块,下辖广西田东锦江产业园、新疆奎屯锦疆化工和浙江兰溪光学薄膜产业园三大产业基地,上海、杭州两大研发平台。广西田东锦江产业园目前主要有盐化工、铝深加工产业等,需要大批化学化工创新型人才,因此杭州锦江集团旗下的广西田东锦江产业园与百色学院化学与环境工程学院签订校企合作协议,校企合作共同培养具有创新创业能力的应用型化工人才。

创新是企业实现可持续发展的不竭动力,更是企业实现科学发展的内在要求。创新的关键是培养具有创新精神的高素质人才,这恰恰是高校创新创业教育的目的所在。企业积极参与高校创新创业教育可以在创新型人才的选拔使用方面获得未参与企业难以获得的优势。同时,企业积极参与高校的创新创业教育可以进一步加强与高校的联系,在科技攻关、人才培养等方面获得高校的更大支持,为企业的可持续发展、科学发展提供技术支持和人才储备。

我们参与高校创新创业教育主要有下列途径:一是政府大力支持,进一步提供税收、融资等政策支持,设立协调企业参与高校创新创业教育的公共组织。二是企业积极参与,企业走进校园,积极为高校创新创业教育提供实战平台,接收化学化工相关专业的专业实习和顶岗实习学生,这样可以提高毕业生的专业实践能力和创新创业能力,为中国高等教育的发展做出积极贡献。此外,还可以在大学生中间树立良好的口碑,为未来创新型人才储备打下坚实基础,且有利于与高校建立紧密联系,为企业自身的发展提供智力支持。

企业参与高校创新创业教育需注意理论性与实践性相结合、物质回报与精神满足相结合。企业参与高校创新创业教育不应只停留在做报告、提供实战平台的层面,还应通过多种途径开展理论教育。这里的理论教育不是指高校需要传授的纯理论知识,而是指企业对自身经营历史的系统理论总结。通过对自身成败经验的理论概括,让学生对创业的历程既有直观的感受,又能得到理论的升华。在市场经济条件下,利益是企业发展的重要驱动力,能够获得物质回报是吸引企业积极参与高校创新创业教育的必要前提。一方面,政府可以在税收、工商等多方面对参与高校创新创业教育的企业给予一定的政策优惠;另一方面,高校应与那些愿意参与创新创业教育的企业开展深度合作,在技术开发、成果转让等方面提供优先支持。

积极引进企业力量参与高校创新创业教育是大势所趋，也是解决高校创新创业教育实际问题的有效途径，同时也是企业实现持续发展、科学发展的内在要求，我们将积极参与高校创新创业教育，为高校创新创业教育提供必要的教学资源。（资料来源：杭州锦江集团）

### § 广西华东建设集团与百色学院建立 "校中企" 与 "企中校" 培养创新型人才

创新型人才的培养离不开良好的实践条件和创新的教育模式。广西华东建设集团与百色学院双方本着互相合作、优势互补、互利共赢、共同发展的原则建立长期的校企合作关系，培养创新人才。合作的平台主要是打造 "校中企" 与 "企中校"，合作方式是教学见习模式、顶岗实习模式（"3+1" 模式）、成立专业教学指导委员会等。（资料来源：广西华东建设集团）

### § 百色华润希望小镇与百色学院加强技术转化和共同开发创新创业课程

广西百色华润希望小镇是华润集团投资建设的第一个希望小镇，于 2008 年 11 月 28 日开工建设，2009 年 9 月 20 日落成。除了对小镇实施公共服务设施建设、民居及环境改造之外，最重要的是进行了有效、可持续的产业扶持，使村民的人均年收入由 2007 年的 2 362 元，提升到了 2013 年的 12 096 元，并且会继续提升。

2017 年 4 月，第一批百色学院农学院设施农业专业的学生前来百色基地实习。此次实习取得了良好的效果，引起了公司和学院高层的重视，双方决定进行更深入的合作。2017 年 7 月 17 日，农学院院长苏仕林教授一行与本公司高层在华润集团深圳总部进行了深入的交流，取得了以下共识。

一是公司为学院提供学生课程实践和专业实习基地，加强学生的实践能力；双方对重大课题进行联合申报，深入加强产学研合作；

二是加强技术转化，让学校的理论技术充分转化并融入企业的生产实践中，为企业提供强有力的技术支持；

三是学院联合本公司共同开设创新创业课程，由公司相关专业人员与学院教师联合授课，将企业在实际管理中的经验传授给学生，甚至定向培养企业所需的人才，使得学生进入企业即可上手工作，重点提高学生的实践能力和市场竞争力。

华润百色基地与百色学院均是百色地区各自领域的权威，双方的合作是必然的，相信通过良好的合作，双方均会有长足的发展，并成为校企合作的标杆模范。（资料来源：华润集团百色基地）

§ 广西蓝星大华化工有限责任公司重视校企合作，助力百色学院创新型人才培养

广西蓝星大华化工有限责任公司的主营产品为化工产品，需要大量化学化工创新型人才，因此，2015年百色学院化学与环境工程学院和广西蓝星化工有限责任公司签订校企合作协议，实行校企合作，共同培养具有创新创业能力的应用型化工人才。根据校企合作协议内容，学院为企业输送了大量合格人才，同时企业也为毕业生提供了一个较好的实习就业平台。毋庸置疑，高等教育离不开企业在创新创业师资、设备、技术等方面的支持及就业岗位的提供。企业开展高等职业教育，具有实习基地资源优势和人才资源优势。但是，只有企业向学校开放，企业专业技术管理人员和生产技术操作人员参与职业教育教学工作和实践工作，这些优势才能真正发挥出来。（资料来源：广西蓝星大华化工有限责任公司）

## 二、相关企业对"D-TSO"模式的积极评价

§ 田州古城旅游开发有限公司和百色英姿舞艺培育有限公司的高度评价

田州古城旅游开发有限公司和百色英姿舞艺培育有限公司作为我校"实践教学基地"和校外合作企业，对我校创新创业教育"D-TSO"模式给予了高度的评价和认可。

一是顺应创新创业时代潮流。上述两个企业均认为：百色学院创新创业教育"D-TSO"模式，顺应了创新创业的时代潮流，展现了地方高校敏锐的社会洞察力和良好的社会适应能力。只有顺应社会发展潮流，才能更好地进行地方高校的人才培养工作。

二是提高大学生的社会服务能力。上述两个企业均认为：百色学院创新创业教育"D-TSO"模式，在理论学习的基础上，加强实践与创新能力的培养，有利于提高大学生的社会服务能力，符合地方高校人才培养目标和地方社会发展需求。

三是推动大学生校外实践与创新。上述两个企业均认为：百色学院创新创业教育"D-TSO"模式，鼓励大学生开展形式多样的校外实践活动，从而进一步提高大学生的实践与创新能力，推动学生由知识型、理论型人才向技能型、创新型人才转变。

四是促进毕业生就业与创业。上述两个企业均认为：百色学院创新创业教育"D-TSO"模式，为大学生在读书期间的创新、创业活动提供多渠道的支持，有利于培养大学生的创新创业能力和社会适应能力，为毕业后的就业与创业打下了

良好的前期基础。

综上所述，百色学院创新创业教育 "D-TSO" 模式，顺应创新创业时代潮流，提高了大学生的社会服务能力和校外实践创新能力，有效地促进了毕业生就业与创业工作的开展，是积极的、有效的、创新的人才培养模式。（资料来源：百色学院旅游学院）

**§ 北京中科创大创业教育投资管理有限公司的高度评价**

百色学院的创新创业教育取得了很大成就，成效特别突出。特别是2014年7月中科创业学院成立以来，逐步形成了独具特色的创新创业教育 "D-TSO" 模式。

百色学院中科创业学院的发展及取得的成就让人惊叹，影响力进一步扩大，学生的创业能力得到较大的提升。希望百色学院进一步发扬 "石磨精神"，加大校企合作力度，产教融合，培养高素质的创新创业人才。（图片来源：中科创大）

# 第三节　社会声誉篇

## 一、阐释应用型创新型人才培养的相关文章

创新创业教育是百色学院应用型人才培养的重要组成部分，为了更好地推进百色学院应用型人才培养，加大创新创业人才培养力度，促进百色学院创新创业教育校企合作发展，学院各相关专家围绕创新创业教育模式，从应用型大学的发展机遇及崛起、应用型高校的抢跑战略等方面进行了深入的研究和探讨，相关成果先后在《光明日报》《中国教育报》等媒体上发表。

（一）创业教育：应用技术大学的跨越发展机遇

中国高校创业教育启蒙于20世纪90年代初，目前各个高校创业教育的形式主要包括以下四类，发展水平较为初级：一是组织参加全国大学生创新创业训练计划项目、"挑战杯"中国大学生创业计划竞赛等大学生创业竞赛；二是开设大学生创业教育课程；三是建设、运行大学生创业孵化基地；四是一些大学陆续设立集中开设创业课程的创业学院。我国各地区各高校的创业教育总体处于同一起跑线上。尽管全国各地经济发展水平高低各异，各个高校发展历史长短不同，但由

于创业教育启动较晚，因此，各地区各高校创业教育均处于初级发展阶段，发展水平还没有表现出特别大的差异，总体上处于同一起跑线上。客观地说，一些后起的新建本科院校或民办院校没有历史束缚，能紧跟国际创业教育最新潮流，迅速走到全国创业教育的前列。

创业教育国际格局的特征表明，正在转型发展的地方应用技术型大学将迎来一个千载难逢的跨越式发展机遇。就像20世纪70年代，美国因成功开展创业教育、建设大学科技园，为硅谷兴起做出了巨大贡献，短短十几年时间迅速跃升为美国一流创业型大学的斯坦福大学那样。一方面是机会均等、水平相当、起点相同；另一方面是机制优势。以上归纳提出了"我国高校创业教育目前还处于初级发展阶段"的特征，其核心依据是目前我国高校创业教育还极少有创业投资基金的植入。严格地说，没有创业企业孵化的创业教育不能称为真正的创业教育，而没有创业投资基金的植入，绝大多数创业企业无法进入孵化环节，因此可以说，没有创业投资基金植入的创业教育不能称为真正的创业教育。

而出于众所周知的原因，历史悠久的名牌高校通常可以畅通无阻地实施重大战略，但对于必须有外部创业投资基金植入才能真正运行的校企合作创业教育模式，其实施起来则阻碍重重。这已为多起名校与创业投资基金合作开展创业教育项目迟迟无法落地的案例所证明。与此形成的鲜明对照是，应用技术大学的人才培养基本模式本就是校企合作、教产融合，开放的、充分满足企业利益和相关需求的体制机制，不仅不会使吸纳创业投资基金植入、共同开展创业教育有任何阻力，而且促进了体制机制的完善。这样的背景下，抓住国家大力发展创业教育的战略机遇，借鉴国外发达国家高校创业教育的先进经验，结合所在区域产业特色优势，应用技术大学完全可能在老牌名校尚处于应对调整期时就迅速构建形成自己"国际先进、国内一流、区域特色"的创业教育体系。

中国部分应用技术大学已经开始实施这个战略，如百色学院的创业教育目前除具有其他大学类似项目外，重点还有与中国知名创业投资基金"中科创大"合作，创立和运行的集创业课程学习、创业发明专利库、创业投资基金、创业导师"四位一体"，实行"项目驱动的团队培养"模式的实体型"创业学院"——中科创业学院，以此为平台面向全校所有专业开展与专业教育并行的创业理论、创业模拟与创业实操等课程教学教育。（摘自《光明日报》2015年12月8日第14版 百色学院党委书记唐拥军）

（二）应用技术大学崛起之道：大学科技园——百色学院的探索与展望

应用技术大学以培养高层次技术技能人才为主要目标，其显著特点是：一方面，以职业需求为导向，即专业设置以社会经济发展需求和学生实际需求为导向，学习内容围绕学生未来就业岗位需求设计；另一方面，以职业发展为核心，即根据技术技能人才的成长线路设计学习课程和学习方式，注重学生技术技能训练和创业能力培养。

模式是围绕某种工作任务，确定应该从事哪些活动和如何从事这些活动的方式。大学的人才培育模式，就是为了培养所需要的人才，确定应该"教什么"和"如何教"的方式。应用技术本科培养的是高层次技术技能人才，要体现职业需求导向和职业发展核心，因此，"教什么"和"如何教"就不能由高校自己确定，而应该是由大学与未来使用大学毕业生的企业共同确定，因而应用技术大学人才培养的基本模式应该是校企合作、教产融合，联合培养。然而，在我国现存社会经济环境下，这一模式的实施还有诸多障碍。其一，企业缺乏积极性。在我国各级政府还没有制定实施企业配合大学联合培养人才的强制制度时，企业对校企合作缺乏利益驱动，没有积极性。其二，教产融合时空冲突。企业与大学的物理距离较远，导致教产融合的实现存在空间和时间矛盾，难以妥善安排课程。其三，大学对校企合作掌控力低。难以控制校企合作的稳定性，难以保证教产融合的质量。

斯坦福大学是美国首家在校园内成立科技园的大学，斯坦福大学科技园是大学科技园的鼻祖。1959 年，斯坦福大学时任工学院院长，后来成为副校长的特曼教授提出，将占地 32 平方千米的校园的一部分以象征性的低廉地租，长期租赁给校外或校友的科技型企业，但这些企业必须向学校提供各种研究项目或学生实习机会。自此，斯坦福大学科技园内企业一家接一家地开张，不久就超出了它能提供的土地范围，随后迅速向外扩张，形成今天名冠全球的硅谷；斯坦福大学本身被科技企业重重包围，短短十几年时间里就从 20 世纪 60 年代的默默无闻迅速崛起，成为今天世人眼中的"美国西岸的哈佛大学"。

大学科技园是指在大学校园及其附近区域建立的、同大学建立了联系或合作关系、能促进大学与企业间技术转移和产品商业化的各类机构的总和。组成大学科技园的主体通常包括三大类：一是具有人才、技术、信息、实验设备、创业精神等资源的大学；二是与大学建立了合作关系的各类科技型企业；三是与大学建立了合作关系的风险投资、天使投资和律师事务所等服务支撑机构。

大学科技园具有消除校企合作、教产融合中的三大障碍，帮助应用技术大学迅速崛起的巨大能量。一方面，由大学、科技型企业、服务支撑机构有机构成的大学科技园，形成了自我生存、自我发展的良性机制，使大学校园及其周边与大学建立了合作关系的企业不断积聚，保证了校企合作所需的企业数量和教产融合所需的制度安排；另一方面，大学科技园由大学成立的园区管理机构统一管理，入驻企业享受租金及其他政策优惠，但必须与大学签订合作培养人才协议，入驻科技型企业均在大学校园及其周边，与大学教室距离很近，甚至许多本来就设在教学大楼里，从而，极为便利地解决了前述企业缺乏积极性、教产融合时空冲突、大学对校企合作掌控力不足三大障碍。

百色学院是广西确定的整体转型发展应用技术大学的四个试点高校之一。目前，学校占地面积 124.93 万平方米，分东合和澄碧两个校区，另有百色市政府部门在百东新区预留用地 120 多万平方米，现有 37 个本科专业，拥有相关专业教师 550 多人，实验（实训）室 190 多个。近年来，在加快内涵建设与转型发展的同时，学院以"建设大学科技园，再造多个百色学院"的信念，扎实推进建设大学科技园以拉动百色学院振兴的战略。

其一，加快建设新校区，为以免费或廉租的建筑物吸引科技型企业入驻打好基础。斯坦福大学校园有大片土地，百色学院校园土地有限，只好向空中发展，加快建设新校区，建成后再以免费或廉租方式吸引承诺接收学生实习、向相关专业师生提供研究项目的智力型、科技型企业入驻。2014 年，百色学院澄碧校区东区的一期已建成使用，正在建设二期，2015 年启动三期建设，2017 年三期建成使用。届时，建成面积将是现有老校区建筑面积的五倍，这可为学院大量引进智力型、科技型企业打下良好的基础。

其二，引企入校。本着边建设、边引进，边谈判、边建设的原则，澄碧校区东区一期建成，四个院系 5 500 多人搬入使用，这使全校各教学单位教学科研用房有所缓解，开始引企入校。2017 年澄碧校区东区三期建成使用，可吸引 200~300 家智力型、科技型企业入驻。可按同样模式开发百色市委市政府预留的 120 多万平方米百东校区，并吸引大量智力型、科技型企业入驻。

其三，完善政策制度，创建服务支撑机构。大学科技园形成自我良性发展机制的重要依托在于实施具有激励专利成果转化的政策制度且具有支持创业孵化的服务支撑机构。为此，一方面，学院全面制定实施了鼓励专利发明研究与转化的《百色学院专利管理办法（试行）》，加大对专利发明研究与申报的支持力度，保证和增加师生在专利发明转化之时与之后的利益。另一方面，积极创建大学生创业基金和筹备律师事务所、会计事务所等机构。学院将增加对 2013 年建立的大学生创业基金的注资，并实现对创业公司的实际投资；积极探索以自建或联合方式建设支持大学生创业的律师事务所和会计事务所；积极与国内大型创业基金、风险投资基金、天使基金联系洽谈，探索联合创建创业学院、营造创业文化，争取实现对创业公司的投资孵化。

当然，建设大学科技园绝不是大学自己所能完成的。它需要政府在土地、资金、政策等各个方面的大力支持。例如，百色学院现在已有近 1 900 亩①的校园，

---

① 1 亩 ≈ 666.67 平方米。

市政府部门又在城市新区预留了 1 800 亩校园用地，否则无法实现上述梦想；由于政府的鼎力支持，百色学院通过了国家发改委、财政部门的审查，获得了亚洲开发银行的 5 000 万美元、共 25 年期的低息贷款，搭建了被各类金融机构认可的融资平台，通过各种间接和直接融资方式组合，获得新校区建设所需的庞大资金；今后，新校区建设、引企入校、企业创业过程中，还需要政府的建设、工商、税务等相关部门的大力支持。

大学科技园的发展是学生、地方、大学三方共赢的事业。它不仅使校企合作、教产融合的人才培养模式运用便利、质量可控，学生可以在大学科技园这个平台上学习书本以外的知识，参加企业活动或创业实践，直接感受现实市场运行的规则规律，培养出具有创新创业精神、实践能力强的专门人才。它吸引了大量与大学建立了紧密联系的智力型、科技型企业集聚在大学校园及其周边，直接创造地区生产总值和就业岗位，它不仅为地方经济社会发展做出贡献，还使符合企业发展需要的相关应用技术人才配套不断完善，从而成为当地政府未来招商引资、引入世界和中国大企业的亮丽名片。它使大学培养的人才真正为社会经济发展所需，奠定了大学未来生存与发展的根本。它扶持和孵化了大量智力型、科技型企业，未来这些企业不断发展壮大，必将给予大学越来越高的经济以及其他各种形式的回报。它为地方经济社会发展做出了直接的巨大贡献，大学在社会、政府心目中的地位得以不断提升，形成越来越融洽、相互依存的政校关系，更加容易获得政府的支持。

基于大学科技园这个平台，百色地区将可以真正实现 "一个大学可以重塑一个城市" 的名言。用百色学院来重塑百色城，在百色、在我们这一代百色学院人身上就可以实现！（摘自《中国教育报》2014 年 11 月 17 日第 8 版 百色学院校长唐拥军）

## （三）百色学院：探索应用型高校的 "抢跑" 战略，应用型高校选择抢跑战略的依据

发达国家高等教育发展历程表明，应用型高等教育是一股不可阻挡的历史潮流，已发展形成成熟经验，规模超过后者成为一国高等教育的主体部分；中国新建本科高校面对应用型人才需求持续旺盛、学术型高等教育产能过剩的现实，拼命在学术型高等教育市场竞争的成功率微乎其微，主动换轨挺进新兴的应用型高等教育市场抢跑发展，则有可能迅速成长为应用型高等教育的国内一流。

### 1. 发达国家应用型高等教育的兴盛历程与成熟经验

现代化进程有先后，应用型高等教育首先在发达国家兴起和繁荣。以伦敦大学成立为标志，英国掀起了多轮旨在实施科学教育、培养高层次应用型人才的 "新

大学运动"，这些"新大学"或称为"城市大学""地方大学"的蓬勃发展，既改变了英国高等教育的版图，也刺激了传统学术型大学的变革。在德国，第二次世界大战前就已建设完善了职业教育体系，由于长期受到洪堡"纯科学，无功利科研和教学"理念的深刻影响，一直未被纳入高等教育范畴；第二次世界大战后，国家重建凸显了高层次应用型人才的严重短缺，迫使联邦政府采取相应行动，在原工程师学院基础上合并其他学校，建立起应用技术大学，并自诞生起就显示出蓬勃生机，到 2007 年，德国共有各类高校 368 所，其中综合大学 127 所，应用科技大学 186 所，艺术、音乐院校 55 所，应用技术大学的数量不仅超过半数，并且在德国高校中的地位也非常高。在美国，自 19 世纪后半叶赠地学院的兴起，应用型高等教育就蓬勃发展持续至今，并以"威斯康星思想"提出为标志，出现了大学的第三职能，即服务社会；美国拥有世界上发达和多样化的高等教育系统，每一个州一般都建有几十所高校，除了几所属于学术型大学外，其余的都是应用型大学。

发达国家举办应用型高等教育已积累了较成熟的经验。其机构虽名称不尽相同，但有着共同的特点：其一，诞生时由于受到传统大学排斥，不得已通过"新建"或从低层次职业教育机构升格而来。其二，自诞生就以培养经济社会发展和市场急需的应用型人才为人才培养目标定位。其三，采用"校企合作、产教融合"人才培养基本模式办学。例如，德国应用技术大学采用"双元制"教学，即大学与校园外企业合作办学，形成学习地点既在学校又在企业、学生身份既是学生又是学徒、教师既有理论教师又有实训教师、教材既有理论教材又有实训教材、考试既有专业知识考试又有实训技能考试、经费来源既有国家又有企业等"双元"特点。美国以斯坦福大学为代表则注重大学和"园内"企业合作办学，即通过吸引大量智力型企业入驻大学校园及周边的大学科技园，形成大学校园、大学科技园"双园制"联合培养人才。其四，自诞生就呈现出旺盛生命力，社会地位快速提升，后来都得到法律确认和社会高度尊重。据统计，德国此类大学培养了几乎所有的社会工作者、约三分之二的工程师和一半的企业家及计算机信息员，他们支撑着"德国制造"的世界声誉。美国此类大学也因为其独特的办学模式成为世界上极具活力的高等教育系统。英国政府也因此于 1992 年通过法律赋予"新大学"和传统大学同等的权利和地位。

2. 中国学术型主导的高等教育格局与应用型高等教育的发展机遇

毫无疑问，中国的现代化建设迫切需要大量高层次的应用型人才，迫切需要建立一个高质量的应用型高等教育体系。但是，中国原有的普通高等教育格局总体上属于学术型教育。其原因有三：第一，在计划经济和精英教育阶段，人才供求矛盾通过强制性手段被扭曲性化解。第二，在我国产业技术水平总体低下时期，客观需要一个规模庞大的低端劳动力市场，高层次应用型人才短缺问题还不是很突出。第三，中国存在重"学"轻"术"、重"道"轻"器"的文化传统，高等教育崇尚学理研究和理论构建，高校运行主要甚至唯一遵循知识的传播和发展逻辑，封闭办学倾向明显，回应社会需求缓慢。近年来，各老牌高校虽然也在努力推进转型，但受体制和文化的羁绊而步伐缓慢，中国学术型高等教育的基本面还没有发生根本性改变。

于是，发达国家应用型高等教育的成熟经验与中国应用型高等教育的空白及其起步晚且目前尚无成熟样板的时空环境，为中国立志发展应用型高等教育的新建本科院校带来了千载难逢的机遇，其以后发优势抢先快跑者，将极可能迅速成为国内应用型高等教育的一流。

3. 百色学院的探索

正是基于上述分析，百色学院近年来果断实施了"国际视野、补足基础、换轨抢跑、同线抢跑"的抢跑战略，立志建成一流应用型大学。

国际视野。既然发达国家应用型高等教育已形成成熟经验，而国内应用型高等教育还不成熟，因此就应该主动学习借鉴发达国家经验。百色学院在学习和探索中，逐渐确定了以主要学习融合德国应用技术大学的"双元制"和美国斯坦福大学的"双园制"为标杆的人才培养模式目标。

补足基础。应用型人才培养与学术型人才培养所需的软硬件条件不同，特别是满足"双元制"与"双园制"要求的软硬件条件的投入更为巨大。因此，第一，补足基础设施。学校仅在 2013~2016 年就新增校舍面积 15 万平方米，新建实验室 176 个，新增教学仪器设备总值 9 667 万元，相当于再建了一个百色学院。第二，补足师资队伍。创新引才方式，仅 2015 年就引进 30 名高层次人才，而且所引进人才更具双能型。第三，补足专业内涵。根据地方经济社会和产业发展需要，调整专业结构和课程建设，初步实现了专业建设与地方经济社会和产业发展需求、课程建设与职业需求、教学过程与生产过程"三对接"。

换轨抢跑。即围绕"双元制"与"双园制"目标，迅速转换到应用型人才培养轨道抢跑。首先，以"双元制"为目标，一方面，已建成校外实践教学基地共93 个、订单班 8 个、"双元制"专业 4 个，并按"双元制"模式，对以上校企合作育人项目不断提升完善；另一方面，已与几个企业达成合作创建"行业学院"的意向，正在稳步推进中。其次，以"双园制"为目标，一方面，引进智力型企业在校园中建立联合育人的校中企 9 个；另一方面，与中科招商集团合作成立了国内较早的基金植入式的创业学院，已成为学校与所在的百色市共用的创业教育与孵化平台，正在孵化和学习的大学生创业企业达 72 个、学生 300 多人，未来将从引企入校和创业孵化两个方面向大学科技园稳步推进。

同线抢跑。即瞄准世界高等教育处于同一起跑线上的领域（如教育国际化、网络教育）抢跑。例如，学校不仅成为国内最早开办基金植入式创业学院的高校之一，还与都学网络科技公司合作成立了"百色学院东盟网络学院"，开展面向东盟各国的汉语和其他专业网络教育；与泰国甲米府政府合作，由后者提供校园校舍创立了"百色学院甲米学院"，开展汉语培训教育，并正在向泰国教育部门申报有关学历教育办学资质。目前，还有多个谋划中的同线抢跑项目正在积极筹备中。（摘自《中国教育报》2016年3月24日第5版 百色学院党委书记唐拥军；教学质量评估中心主任黄建雄）

## 二、各种媒体报道"D-TSO"模式的基本情况

随着百色学院创新创业教育"D-TSO"模式的深入推进，"D-TSO"模式产生了良好的社会反响，也引起了众多媒体的关注，《光明日报》《中国教育报》《广西日报》《右江日报》《百色早报》和人民网、教育网、百色电视台等媒体纷纷进行了报道。

（一）报刊报道

1. 校企合作与创新创业基地孵化相关报道

（1）以大学科技园消除校企合作障碍。

对于应用技术大学如何崛起，广西百色学院校长唐拥军日前接受本报记者采访时表示："大学科技园可以消除校企合作、教产融合的障碍，是应用型技术大学崛起的钥匙。"

唐拥军认为，应用技术大学主要培养高层次技术技能人才，人才培养模式应该是校企合作、教产融合、联合培养。但现阶段，这一模式在我国面临企业缺乏积极性、教产融合时空冲突、大学对校企合作掌控力低这三大障碍。而由大学、科技型企业和服务支撑机构有机构成的大学科技园，可以保证校企合作所需的企业数量和教产融合所需的制度安排，便利地解决上述问题。

唐拥军以斯坦福大学为例，斯坦福大学是美国第一所在校园内成立科技园的大学。1959年，斯坦福大学将校园的一部分以象征性的低廉地租，长期低价租给校外或校友的科技型企业，这些企业必须向学校提供各种研究项目或学生实习机会。自此，斯坦福大学科技园内的企业一家接一家开张，最终形成了名冠全球的"硅谷"，而被科技企业重重包围的斯坦福大学，在短短十几年内就从默默无闻崛

起为"美国西岸的哈佛大学"。

"大学科技园可以培养学生创新创业精神和实践能力，还能聚集大量科技型企业在大学周边，为地方发展做出贡献，其发展是学生、地方、大学三方共赢的事业。"唐拥军说。（摘自《光明日报》2014 年 11 月 5 日第 2 版）

（2）百色学院：校企共建创业学院。

5 月 27 日，百色学院与中科招商集团合作共建的百色学院中科创业学院挂牌成立，它将面向百色地区有创新精神和创业潜力的大学生及创业青年开展创业教育，为创业团队提供从科技成果专利保护、成果转化、创业咨询到创业资金支持的"一条龙"服务。

中科招商集团在百色学院设立总规模为五亿元的"中科百色创新创业投资基金"和创新创业教育公益基金，优先用于该院师生及校友创新创业、项目孵化、成果转化等。同时以创业学院为核心，围绕产业和资本，建立高校"硅谷"，加强产学研创一体的人才培养模式，使之成为连接学校和产业的开放式平台。据悉，中科创业学院除了有"真金白银"做支撑外，还将借助中国创新创业发明中心（百色学院分中心）、千导计划办公室创业学院等平台，并借鉴、消化、吸收国外"创业型大学"发展的先进经验，实施学历和非学历教育，办学初期以本科双学位、国际合作办学、非学历高端培训为起点，逐步扩大教育范围和规模，致力于培养具有综合素质技能的创新创业型人才。（摘自《广西日报》2015 年 5 月 29 日第 11 版）

（3）校企合作共建孵化基地，大学生创业不再是"纸上谈兵"。

课余时间替人跑跑腿、送送外卖、收收快递；开学时在校门口摆个小摊，为新生提供被褥、脸盆等用品；平时挨个宿舍跑，兜售手机壳、化妆品……如果你以为现在的大学生创业还停留在如此低门槛、低质量的阶段，那你就 OUT 了！

在百色学院，有这样一群激情洋溢的青年学生，他们来自不同的年级、专业，却因为共同的创业理想走到一起，他们不仅组建了自己的创业团队，做出了详细的创业项目策划书，甚至已经成功注册了自己的公司。目前，百色学院中科创业学院孵化基地已有 36 个大学生创新创业团队入驻。其中，百色市威山福金电子商务有限公司、百色市创发食品有限责任公司、百色市药宝农业有限公司、百色市铁斛济世科技有限公司 4 个项目各获得了 100 万元投资意向款，另有 20 个项目各获得万元以上投资基金。

项目符合百色经济发展实际，有望获资金注入。"我们主要开展产品深加工研究，提高杜果的附加值。"陈发宪是百色学院食品科学与工程专业大三的学生，也是百色市创发食品有限责任公司的主要负责人，双重身份让他的大学生活更加忙碌和充实。陈发宪告诉记者，百色杜果资源丰富，但目前大部分商家的目光仍停留在鲜果市场上，而杜果深加工的研发仍比较缺乏。一些品相较差的杜果价格上不去，果农因此遭受损失。如何让这些"颜值"不够高的杧果也能充分展现自己的价值，这是陈发宪和他的伙伴们致力研究的方向。

2014年，几个生物技术专业和食品科学与工程专业的同学组成了一个团队，开始对杧果深加工进行研发。经过大半年的努力，他们研发了杧果干、杧果酱、杧果酒等一系列产品。2015年中秋节，陈发宪团队还制作了一批杧果月饼，不少老师和同学品尝后都竖起了大拇指。2015年下半年，陈发宪的创业团队在百色学院大学生创业项目征集暨投资孵化遴选大赛中脱颖而出，最终获得百万元投资意向款和免费孵化场地。

为长足发展，努力投身创新创业。关于公司的未来发展，陈发宪团队也有比较清晰的规划。现阶段，最紧迫的是将公司研发的杧果酒、杧果干等产品送去质检，顺利通过后，在学校学生群体中进行小范围售卖，看看市场反应如何。再根据消费者的建议、意见，进行改进。接下来，他们准备参加全国"挑战杯"竞赛，趁机宣传公司产品，提升公司品牌影响力。

陈发宪告诉记者，目前团队共有12个人，分别来自食品科学与工程和生物技术两个专业。大家的强项在于产品研发，而在产品推广、企业管理等方面的经验则比较缺乏。为了取得长足发展，团队成员积极学习，其中有8个人主动报名参加了百色学院的双学位创业班。大家学到了很多，如公司运营、产品推广、企业管理等。

资金不足是软肋，望投资款尽快下拨。除了百色市创发食品有限责任公司，记者还对百色市铁斛济世科技有限公司（铁皮石斛深加工）、广西森凡文化传媒有限公司（创意节日软件开发）等就大学生创业创新项目进行了采访。这几个公司均表示，大学生创业最大的拦路虎就是资金问题。由于缺乏资金，他们没有生产基地，产品研发仍停留在实验室阶段，想要真正面世仍比较困难。据了解，入驻孵化基地的36个大学生创业项目中，真正实现产品面世，有订单、有营业额的，只有百色市威山福金电子商务有限公司。"他们从事鲜杧果网络销售，不涉及产品研发和生产，在投资上会更少一些，操作起来也更简单一些。"陈发宪认为，这也许是百色市威山福金电子商务有限公司能够率先发展起来的原因。

"我们单单一条杧果酒的生产工艺，就需要上百万元的投资。"陈发宪称，他们研发的杧果酒，如果要真正投入生产，一条完整的生产工艺就需要上百万元的投资。尽管2015年在创业大赛上获得百色学院中科创业学院的百万元投资意向款，但双方还没真正签约，投资意向款也不知何时才能拿到，所以资金仍是大学生创业最大的软肋。

校方：创新创业教育不是让每个学生都成企业家。随着中科创业学院的创建，创新创业在百色学院逐渐火热起来。"我们的目的不在于把所有的学生都培养成老板、企业家，这样不实际，也不可能。"百色学院副校长罗志发告诉记者，学校推进创新创业教育的目的在于提升人才质量，学生在浓厚的创新创业氛围下，慢慢具备创新、争先的精神，毕业后无论是就业还是创业，都更具竞争力。已经入驻孵化基地的这些创新创业项目，一旦成功孵化，未来对百色学院由普通本科高校向应用型高校转型和百色当地的经济社会发展，将会产生积极的影响。（摘自《百色早报》2016 年 3 月 24 日第 4 版）

（4）百色中燃城市燃气发展有限公司（简称百色中燃）与百色学院化学与环境工程学院共建创新创业实训中心。

为进一步推动学生创新创业实践工作，培养创业型人才，4 月 22 日上午，百色学院化学与环境工程学院携手百色中燃在该院化生楼举行学生创新创业实训中心挂牌仪式。化学与环境工程学院院长凌绍明、百色中燃总经理梁耀龙及学校师生代表共同出席了活动。

凌绍明在致辞中表示，作为百色学院的二级院校，化学与环境工程学院一直重视对学生创业的培养，成立创新实训中心旨在为学生提供创新创业教育及实用化人才培养，提升学生创新创业能力。

谈到百色中燃与化学与环境工程学院的合作，梁耀龙表示，百色中燃历来注重人才培养及团队建设，大力实施"广纳人才、培养人才、善用人才、善待人才"的人才战略，正式入驻化学与环境工程学院后，将尽可能为在校大学生提供实习、实训、就业平台，同时公司也将依托该院的人才优势资源，全面推进中燃团队建设，为市民创造美好的生活。

据悉，中国燃气自进驻百色以来，大力发展城市管道燃气，得到了社会各界的高度认可和支持，管道天然气已逐渐成为广大市民首选能源之一。为了给市民提供更便捷的服务，2016 年 1 月 24 日，百色中燃成立中燃慧生活电子商务有限公司，提供全方位城市公共服务。百色中燃负责人介绍，中燃慧生活 APP 自推出至 2016 年 4 月，已有近 300 万名用户下载及注册，用户可通过该服务平台购买中燃宝燃气具、粮油生鲜及 3C①数码等各类商品，深受广大市民好评。（摘自《右江日报》2016 年 4 月 25 日第 2 版）

2. 创新创业大赛相关报道

（1）百万元资金助飞创业梦想。

2015 年 10 月 11 日上午，百色学院 2015 大学生创业项目征集暨投资孵化遴选大赛总决赛隆重举行。经过激烈角逐，广西福金农特优电子商务、杧果深加工技术与产品研发、铁皮石斛深加工、中药植物保护营养系列产品四个大学生创业项目各获得中科招商集团 100 万元的创业投资基金。

---

① 3C，计算机（computer）、通信（communication）、消费电子产品（consumer electronics）。

本次大赛于 2015 年 9 月初开始，持续将近 1 个月，初赛共收到 68 份创业项目计划书。400 余名师生为实现创业梦想积极投入，竞逐百万元创业基金。经大赛评委会严格评审，39 个项目进入复赛阶段，最终有 11 个项目闯入 10 月 11 日的总决赛。除了获得百万元投资的 4 个项目外，还有 20 个项目获得中科招商集团万元以上投资基金。该校中科创业学院还为以上以及另外 39 个大学生创业项目提供免费创业孵化场地，中科招商集团将派出创业导师对各创业团队进行创业指导。

大赛为该校大学生创业提供了广阔平台，通过培训选手撰写创业项目策划书，让大学生参与创业实战来增强创新意识与创意思维，培养创业精神，提高创业能力，提升创业素质，激发大学生的创业潜能和热情，引导师生积极参与自主创新，投身创业实践，搭建好项目与资金的对接平台，全面推进大学生创新创业工作。

据悉，中科招商集团在百色学院设立"中科百色创新创业投资基金"，基金总规模 5 亿元。中科招商集团每年投入 5 000 万元，连续 10 年支持百色学院师生创新创业。资金主要用于师生创新创业、项目孵化、成果转化等方面，此外基金在满足支持创业学院师生、校友创业种子期资金需求的前提下，可按市场化原则参与风险可控的多元化投资，包括风险投资、私募股权投资、Pre-IPO、并购等方面的资本运作，实现基金的增值。（摘自《广西日报》2015 年 10 月 16 日第 14 版）

（2）百色学院：孵化大赛激发创业热情。

2017 年 6 月 25 日，为期一个月的百色学院第三届"互联网+"大学生创新创业大赛校内选拔赛暨百色学院 2017 大学生创新创业项目遴选与孵化大赛总决赛启动，23 个大学生创业团队逐一展示了各自的创业项目。

大赛共收到 463 个创新创业项目计划书，包括留学生在内的 1 800 多名师生报名参赛。参赛作品涉及智能电子、电子商务、国际贸易、公益基金等多个领域。各创业团队分别从企业概述、项目展望、风险因素、投资回报、组织管理、财务预测等方面对自己的创业设想做了介绍，注重突出项目的创新亮点与创业理念。经评审，"萤火虫公益机构"和"3+"（直播+电商+有机农业）两个创业项目获得大赛一等奖，并获得两万元创业基金。（摘自《广西日报》2017 年 6 月 28 日第 13 版）

（3）百色学院基金投资孵化大赛收官。

2016 年 12 月 30 日上午，百色学院 2016 大学生创新创业项目遴选与基金投资孵化大赛总决赛在百色学院澄碧校区隆重举行。担任本次大赛评委的有广西中意达电器工程有限责任公司、广西环球集团等区内外企业代表，现场共 17 个项目进行角逐，最终互联网+智慧家居公司（简称智慧家居）摘得本次大赛桂冠，获得 2 万元的项目启动资金。

用智能改变生活。"心情特别激动，到现在脑子还是懵的。"智慧家居的参赛成员陈朝福在比赛结束后说。智慧家居团队成立于 2015 年，制造以智能家居控制系统为核心的家居电子产品及合作企业的电子产品，包括智能窗帘、报警遥控、养花控制等智能家居系统。这个主要由该校大二、大三学生组成的团队，从开始创办的几人发展到现在近 20 人的规模，其中不少是来自电气工程及其自动化专业的学生，团队核心的技术人员在各类比赛中都有获奖纪录，并且拿到了多项专利。陈朝福说："我觉得评委之所以会选择我们，可能是看中了我们拥有多项自主专利、校企结合以及面向中低端人群这样的优势。"

该团队本次参赛负责人张海雄说："在未来，生活将是快节奏的，我们把目光重点放在了家庭方面。今后，所有的家具电器通过一部手机就可以联系起来，晚上到了门外，灯就会自动打开，热水也放好了……生活变得简单便捷，这就是我们构想的未来生活。"智能家居目前在国外已经普及，而我国北京、上海、广州等一线城市的智能家居也占非常大的比例，他认为智能家居产品在广西很有发展前景。张海雄告诉记者，目前团队已经和公司合作，等到具体销售的时候会根据客户要求设计具体的包装。

以服饰传承文化。大赛参赛项目种类多样，有 3D 打印、外卖配送、DIY 制作、香菇种植销售等，各参赛选手在文稿演示环节激情洋溢地阐述了团队产品及模式的创新亮点和创业理念，其中既有与时俱进，也有文化传承。比赛进行到一半，几位身着汉服的女生登台，她们的出现顿时令人眼前一亮。她们是来自汉韵国风有限公司（简称汉韵国风）的大一学生。"我们公司将致力于汉民族服饰的制作和推广工作，以'华夏复兴、衣冠先行、与子同袍、岂曰无衣'为宗旨，普及民族服饰文化，研究制作多种性质的汉服在网上出售，并支持客户定制，满足客户的个性化需求。此外，还制作手工饰品，形成产业链，刺激消费。"汉韵国风的负责人、中科创业学院大一学生农艳冰说。

农艳冰告诉记者，自己从初中就有推广汉民族文化服饰的设想，步入大学以后，认识了许多志同道合的同学，所以有了将设想付诸行动的想法。"我高中时开始自己做汉服和古风发饰，平时也经常穿汉服。走在路上的时候会有人问起我穿的是什么，我也会耐心解释。现在许多人还不知道汉服，推广有一定的困难，但我们会努力尝试去做。"汉韵国风目前已吸纳了近 40 名汉服爱好者，并有一定量的服装和饰品产出，成员们计划下一学年要在学校组织汉服社，吸引更多的人加入了解汉文化、推广汉文化的队伍中。

活动当天，多家企业在百色学院成立了百色学院大学生创新创业公益基金，基金规模达到 150 万元，主要用于学校师生开展创新创业活动及大赛项目孵化。"我们改变了以前的大赛模式，企业在我们学校成立了自己的公益基金，同时又来评审自己看中的项目，最后去指导项目，达到整个环节全部贯通。"百色学院中科创业学院院长唐金湘说。（摘自《百色早报》2016 年 12 月 31 日第 3 版）

（4）百色学院学子 逐鹿创业大赛。

2017 年 6 月 25 日上午，第三届"互联网+"大学生创新创业大赛校内选拔赛暨百色学院 2017 大学生创新创业项目遴选与孵化大赛总决赛在该校澄碧校区举行。23 个大学生创业团队逐一展示各自的创业项目，期待获得企业的青睐。

此次大赛为期一个月，各创业团队的创业策划或创业设计涉及智能电子、电子商务、国际贸易、公益基金等多个领域，注重展示项目的创新亮点与创业理念。最终，"萤火虫公益机构"和"3+"（直播+电商+有机农业）两个创业项目获得大赛一等奖，并得到由百色学院大学生创新创业公益基金提供的 2 万元创业基金支持。其余创业团队也分别获得 2 000 元至 10 000 元的创业基金支持。

据悉，此次大赛共收到 463 个创新创业项目计划书，包括留学生在内的 1 800 余名师生报名参赛。与往届比赛相比，此次大赛各创业团队创业设计的市场针对性更加明确，创业策划也更具有操作性，也充分表明了近年来百色学院在大学生创新创业教育工作上取得的实效。（摘自《右江日报》2017 年 6 月 30 日第 4 版）

3. 创新创业纪实报道

（1）百色学院 激发红色基因 走应用型创新创业之路。

核心提示：创新，是高等教育不可或缺的职能；创业，是高等院校人才培养的重要目标。站在"大众创业、万众创新"时代潮头，百色学院始终坚持科学发展观，牢牢把握学校建设与发展的主题，坚持把学校建设成为具有百色精神的高水平应用型大学发展战略，在创新人才培养、打造学科优势、提升科研水平、拓展国际合作等方面，均取得了显著成绩。

紧扣地方建设，创新服务新兴产业。百色市凌云县有一片规模 200 亩的铁皮石斛种植基地，其中既有先进的组培车间生产线，又有生物科技研究室。作为百色学院铁皮石斛生产教学科研实践基地，这里已成为一个集科研、高科技农业、医药和保健食品、销售贸易为一体的产学研基地。学校还组织师生与乐业县共同开发种植了几百亩的中草药，通过基地的带动，帮助周边群众脱贫致富，促进贫困户精准脱贫。

近年来，百色学院始终瞄准地方经济建设发展需要，不断加强创新创业教育，对提高人才培养质量、促进学生全面发展、推动毕业生创业就业、服务百色老区现代化建设发挥了重要作用。在这个过程中，学校不断更新创新创业教育理念，强化专业教育与生产实践紧密对接，同时加大对教师创新创业教育能力的培养提升，从教学、科研两方面双管齐下，在以高新科技推动地方新兴产业建设的同时，也为地方培养了一大批的合格人才。

紧抓创新主题，打造人才培养基地。依托产业是基础，苦练内功是根本，培育创新是出路。在百色学院，创新创业教育不是表面功夫，而是真抓实干硬功夫。

学校不断加强内涵建设，各学科、专业找准发力点，下大力气提高教学质量，极大地促进了人才培养质量的稳步提升。

例如，空中乘务专业是百色学院开展校企合作、实施订单式人才培养的新专业，采用"X+1"的教学模式，即学生先在百色学院完成基本课程的学习，最后一年进入企业实训基地进行专业培训、考证学习和实习，毕业后获得百色学院文凭及中国航空运输协会、中国民用航空局职业技能鉴定指导中心颁发的民航类上岗资格证书。企业则负责推荐学生到各大航空公司的相关岗位就业。该专业自2015年招生以来，受到业界和社会各界的热切关注，并多次应邀为地方各种重大活动提供礼仪、接待服务。

又如，美术与设计学院在教学中高度重视培养学生的创新设计能力，不少学生的设计作品在全国竞赛中夺得大奖，更被企业大量采纳。

此外，该校作为全国11所"红色经典艺术教育示范基地"之一，努力深挖左右江革命根据地红色文化资源，创作完成《百色起义组歌》，成为全区第一个演唱原创组歌的高校，为挖掘利用红色文化、以红色精神育人做出了开创性贡献。

创新永不止步，创新引领发展。百色学院坚持创新引领创业、创业带动就业，主动适应经济发展新常态，以推进素质教育为主题，以提高人才培养质量为核心，以创新人才培养机制为重点，推动高等教育与科技、经济、社会紧密结合，培养富有创新精神、勇于投身实践的创新创业人才队伍，为建设创新型国家、实现"两个一百年"奋斗目标和中华民族伟大复兴的中国梦提供强大的人才智力支撑。

紧跟时代步伐，让梦想从校园启航。创新创业是国家发展、社会进步的永恒动力，青年充满活力、怀揣梦想、富有进取精神，是创新创业的生力军。百色学院健全机制，激励全体有志创业、大胆尝试创业的师生在校园中紧跟"双创"时代步伐，积极为实现人生创业梦想而努力打拼，在拼搏中展现了百色学院大学生的青春风采。

为此，学校多方筹划，与企业共建全区首家实体创业学院——百色学院中科创业学院，为勇于创业的大学生提供免费的创业孵化基地和创业指导。一年来，中科创业学院扶植了四个获得企业百万元基金支持的大学生创业团队，为39个创业团队提供业务基地和资金支持。

以政治与公共事务管理学院2013级的达威同学为首的百色市威山福金电子商务有限公司表现不俗，他们不仅帮助百色市的果农把杧果卖到了全国各地，实现利润过百万元，而且还为本校的师兄师姐们提供就业岗位，推动了学校创业就业工作的开展。公司成立以来，多次代表学校在全区大学生创业大赛中获得各种奖励。2016年9月，百色市威山福金电子商务有限公司项目获得第二届中国大学生"互联网+"创新创业大赛"新道杯"广西选拔赛金奖，并入围全国总决赛。（摘自《广西日报》2016年9月22日第25版）

（2）激发红色基因，打造老区品牌——百色学院 10 年服务地方建设纪实。

高等学校的办学目标是培养适应社会发展需要的合格人才，最终目的是为经济社会建设服务。百色学院自 2006 年升为本科院校以来，10 年间着眼于百色及广西经济社会发展，始终紧扣百色地方发展脉络，以服务老区的振兴发展为己任，不断强化服务职能，走出了一条独具特色的道路。

瞄准地方经济发展，对接产业培养人才。百色学院早在升为本科院校初期，就把为地方服务作为学校的重要工作，积极奔赴百色市各县区广泛征求地方政府部门、企业的意见和建议，明晰了学校的办学定位和特色专业建设方向。2008~2010 年，学校与百色市 12 个县区全部签订了首批次的框架合作协议。根据广西和百色市发展需要以及学校发展定位，学校科学申报新专业，积极改造旧专业，重点建设特色优势专业。截至 2016 年学校 43 个本科专业中，35 个可与百色市相关产业对接，学科专业建设与地方产业事业关联度超过 80%。

不仅如此，学校主动开展校企合作，积极培育和打造产业服务型特色专业，形成了铝工业产业学科专业群、亚热带农业产业学科专业群、城镇化建设学科专业群三个特色学科专业群，打牢了提升人才培养质量的根基，为左右江革命老区振兴发展奠定了扎实的人才基础。

开展双创特色活动，打造人才培养高地。创新创业是国家发展、社会进步的永恒动力。近年来，百色学院健全机制，激励全体师生的校园"双创"活动，展现了百色学院大学生的青春风采。学校创办了广西首家实体创业学院——百色学院中科创业学院，免费为大学生提供创业孵化基地。

一年多来，中科创业学院扶持了 4 个获得企业百万元基金支持的大学生创业团队，为 39 个创业团队提供业务基地和资金支持。以百色市威山福金电子商务有限公司为例，这个由学校政治与公共事务管理学院部分学生组成的大学生创业团体，将百色市的杧果卖到全国各地，实现利润过百万元，推动了学校创业就业工作的开展。

目前，学校以创业学院为基石，与百色市共青团组织构建了"百色市青年创客大街"，为地方创客队伍搭建了科研创新、特色农业、旅游服务、文化传媒、电子商务等创业孵化与实训一体化平台，成为百色市创新创业人才培养基地和集散地。

继续教育围绕需求，科技创新持续发展。百色学院在做好全日制人才培养的同时，还突出抓好继续教育发展，通过短期培训为地方政府部门、各行各业培育了大批人才。2 年间，学校通过国培、区培，为中小学和幼儿园培训教师 665 人，有 352 位幼儿教师取得岗位资格，百色市 140 位中小学校长取得任职资格。还培训百色高速公路基层骨干 80 人，广西司法行政戒毒系统警察 567 人，培训百色市县区地方税务部门干部 540 人。还与百色市组织部门共同开办"红城夜校"培训，

80 位市直处级干部得到提高。

在科技创新方面，百色学院全面推动与行业企业共同实现产、学、研相结合，承担了各类横向科研项目 20 项，为行业企业的技术改革提供了动力。目前，以百色学院为专利权人提交的专利申请达 365 项，其中发明专利 85 项，实用新型专利 122 项，外观设计专利 158 项，获得专利授权 182 项，其中发明专利 2 项，实用新型专利 52 项，外观设计专利 128 项。

以文化事业为例，学校与地方文化、文博部门合作，对右江流域及周边的非物质文化遗产实施研究和保护性开发，建有全区高校首所非物质文化遗产博物馆——右江流域非物质文化遗产博物馆。此外，学校作为全国 11 所 "红色经典艺术教育示范基地" 之一，创作完成了《百色起义组歌》，成为全区首个演唱原创组歌的高校，这些都为发展地方文化产业提供了强有力的支撑。

现在，百色学院广大师生正以 "创新驱动发展" "互联网+" 的国家战略和 "一带一路" 倡议为契机，将充分发挥自身的办学特色、专业优势和科研实力，在建设具有百色精神的高水平应用型大学中，为左右江革命老区的振兴发展提供源源不断的创新动力，为百色革命老区建成小康社会提供人才保证。（摘自《中国教育报》2016 年 12 月 19 日第 11 版）

## （二）地方电视台的报道

### 1. 校企合作的报道

（1）产教结合　校企协同育人。

企业、行业是我国高等教育多元办学的重要力量，今天上午，百色学院举行 "校中企、企中校" 揭牌仪式暨百色学院首届 "产教融合、协同育人" 论坛活动。

活动中，百色学院领导与企业负责人共同为 "校中企、企中校" 揭牌。百色学院通过与广西建通投资集团联合设立 "百色学院校中企" "百色学院驻广西建通投资集团企中校" "广西建通投资集团驻百色学院事业部"，为学院实践教学、师生参加企业项目提供全程支持；通过引入 "项目团队计划" 充实百色学院校中企技术力量，实行 "项目驱动下的团队培养" 模式，培养具有综合素质技能的应用型人才，推动学校转型快速发展。（直播百色 2015 年 12 月 16 日百色台）

（2）电工进网许可证广西百色考试点揭牌成立。

今天上午，国家能源局南方监管局电工进网许可证广西百色考试点在百色学院揭牌成立。电工进网许可证广西百色考试点由百色学院与广西中意达电气工程有限公司合作申报，近日通过验收并获得了国家能源局南方监管局的授牌。

电工进网作业持证是为了遵照国家能源局对进网作业电工的管理及规范进网电工作业许可行为，保障供用电的安全。电工进网许可证广西百色考试点成立后，将为百色、云南、贵州周边电力施工企业人员及百色各所技术院校对口专业在校生，参加进网电工作业持证培训、考试等提供服务。同时，为学校探索校企合作、教产融合为核心的联合培养应用型人才的模式、人才培养新理念和新途径奠定良好基础。（百色新闻2016年5月31日百色台）

（3）校企合作 快速培养电商人才。

今天上午，百色学院与广西百易购网络科技有限公司举行了校企战略合作揭牌仪式，为人才培养搭建起了一个走进实践的桥梁。

揭牌仪式上，校企双方一致表示，将进一步创新校企合作体制机制，通过构建电子商务创业型人才培养机制，集聚创新创业教育要素与资源，在电商人才的培养、实习、推荐就业、创业孵化等方面深度合作，实现学校、企业和学生的共赢。

近年来，随着"互联网+"行动计划的展开，百色市不断积极推动互联网、云计算、大数据、物联网等与现代制造业的结合，促进电子商务、工业互联网和互联网金融健康发展。在这样的背景下，此次校企合作，将为百色学院在校人才的培养提供新平台。（直播百色2016年12月22日百色台）

2. 学生竞赛的报道

（1）百色市4项大学生创业项目获400万元资金支持。

今天上午，百色学院2015大学生创业项目征集暨投资孵化遴选大赛总决赛在百色学院澄碧校区开赛。经过激烈角逐，最终有4个项目脱颖而出，并分别获得100万元的创业投资资金及免费的创业孵化基地。

经过初赛、复赛的选拔，共有11个创业项目进入总决赛。决赛中，11个参赛团队的选手代表分别通过PPT演示和口头讲解，一一对他们所带来的创业项目进行展示和介绍。这些创业项目包括了新能源汽车、智能家居、文化教育、农产品深加工、电子商务等内容。来自教育部教育管理信息中心、百色学院等的专家评委从项目的可行性、市场空间、创新能力等方面分别进行现场点评和提问，由参赛选手进行现场答辩。经过激烈角逐，最终，广西福金农特优电子商务、杜果深加工技术与产品研发、铁皮石斛深加工、中药植物植物保护营养系列产品四个项目因很好地结合了百色农产品发展实际而获得评委的一致好评，每个团队分别获得由中科招商集团提供的100万元奖金和免费的孵化场地。（百色新闻2015年10月11日百色台）

（2）基金投资孵化大赛，托起大学生创业的翅膀。

在当今大学生就业形势依然严峻的形势下，大学生自主创业，为发挥当代青年自身潜能，实现自身价值开辟了一条新路。今天上午，百色学院举行创新创业项目遴选与基金投资孵化大赛总决赛，助力大学生创新创业成功。

据了解，百色学院创新创业项目遴选与基金投资孵化大赛于12月初开始，持续了近一个月，报名初期总共收到91个创新创业项目计划书，共800多名师生参与本次大赛，与2015年同期相比，参赛师生及项目数量均增加了约30%。除了举行创新创业项目遴选与基金投资孵化大赛，百色学院还在今天成立了创新创业公益基金，前期募集到的150万元公益基金将全部投入大学生创新创业项目中。

在对参赛项目进行预审初评、复评的基础上，最终共有17个项目晋级总决赛，选手们将角逐一、二、三等奖及优秀奖，获胜项目将分别获得一千元至两万元的项目启动资金。

本次决赛主要以PPT文稿演示为主，参赛选手结合制作精美的PPT，针对企业概述、项目展望、风险因素、投资回报、组织管理、财务预测等内容进行了全面介绍，激情洋溢地阐述了团队产品及模式的创新亮点与创业理念，评委则从项目可行性、市场空间、创新能力、营利能力等方面对同学们的项目进行了点评。（直播百色2016年12月30日百色台）

（3）百色学院举办"互联网+"创新创业大赛。

转眼又到毕业季，是就业还是创业，这个问题又摆了在大学生的面前，5月21日上午，百色学院举行了首届"百易购杯""互联网+"创新创业项目大赛，助力大学生创新创业成功。有3个团队能够跟我签约那么我会拿出这次活动2%的销售业绩奖励给业绩最高的团队这个项目是可以继续合作、长期签约的。

此次大赛形式与以往的创业大赛形式有所不同。最大的区别就在于项目的提供方由参赛者转变为企业，项目的内容也由虚变实。（直播百色2017年5月23日百色台）

### 3. 服务社会的报道

百色学院积极转型谋发展，办好教育服务老区。

近年来，作为我市重要高校之一的百色学院，不断探索，积极转型，植根革命老区，致力于教育扶贫，谋求新发展，培养一批批人才，努力为地方经济社会发展做出贡献。

百色学院2013年成为广西首批四个整体转型发展试点高校之一，2014年顺利通过教育部本科教学工作合格评估，2015年加入全国应用技术大学（学院）联盟。2006年升本以来，百色学院及时谋划转型发展思路，经过"明思路、求合作、创模式"等阶段，实现了从以专科教育为主向以本科教育为主、从以师范教育为主向以产业服务型教育为主的"两个转型"。（百色新闻2016年7月5日百色台）

（三）新闻网站的报道

1. 校企、校政合作的报道

（1）校地共建百色青年创客大街。

2016年1月25日上午，百色学院与共青团百色市委就携手共建"百色市青年创客大街"签订合作协议，共同努力培育、规范、引导和扶持全市青年创业项目的健康有序发展。百色学院党委书记唐拥军、团市委书记刘芳共同出席签约方式，并为创客大街揭牌。

据悉，"百色市青年创客大街"以百色学院中科创业学院为载体建立，将为解决创业主体创业中存在的热点难点问题，通过政府引导、市场运作、政策支持等措施，整合国内及百色市创新创业资源、协同创新链与产业链，打造线上、线下结合，多样互动的新型创业服务集聚区，引导广大青年创业者走合法、优质、高效的创业道路，储备一批成长性中小企业，培育一批规模创新企业，为百色市经济发展提供后续动力。（百色新闻网2016年1月26日讯）

（2）百色学院与中科招商集团合作共建中科创业学院。

2015年5月27日上午，百色学院与中科招商集团合作共建的百色学院中科创业学院正式挂牌成立。该学院将面向百色地区有创新精神和创业潜力的大学生及创业青年开展创业教育，为创业团队提供从科技成果专利保护、成果转化、创业咨询到创业资金支持的"一条龙"服务。

百色学院中科创业学院成立仪式暨首届大学生创新创业教育论坛在百色学院澄碧校区东区实验中心报告厅举行。百色学院党委书记唐拥军在致辞中表示，百色学院中科创业学院的成立，是百色学院创新创业教育改革与中科招商集团设基金、建基地、兴基业"三基工程"结合的结晶。

据中科招商集团合伙人、中科创大总经理刘继军介绍，中科招商集团将在百色学院设立总规模为五亿元的"中科百色创新创业投资基金"和创新创业教育公益基金，基金将优先用于百色学院师生及校友创新创业、项目孵化、成果转化等方面。刘继军说，中科招商集团依照创业型大学的范式先后与天津大学、哈尔滨工业大学、合肥工业大学、内蒙古大学等国内高校签约，此次中科招商集团与百色学院合作建立实体创业学院，在广西尚属首次。中科招商集团计划未来10年在国内高校建立百所创业学院，连接学校和产业的开放式平台。

唐拥军表示，"百色学院中科创业学院，不同于一般的创业实践基地"。据他介绍，该学院除了有"真金白银"作为支撑，借助成立的中国创新创业发明中心（百色学院分中心）、千导计划办公室创业学院等平台，还将借鉴、消化、吸收国外"创业型大学"发展的先进经验，结合百色学院特色专业和发展现状，在管理体制、教学模式、课程体系等方面进行全面创新。该学院将实施学历和非学历教育，办学初期以双学位、国际合作办学、非学历高端培训为起点，逐步扩大教育范围和规模，充分利用互联网技术、手段与工具，构建新型线上线下教学与管理交互的大数据综合信息系统平台，培养具有综合素质技能的创新创业型人才。（人民网百色 2015 年 5 月 27 日电　朱晓玲、沈泉池）

（3）百色学院：校企合作推进人才培养新模式。

7 月 12 日上午，百色学院与广西中意达投资有限公司合作签约仪式在该校举行，校企双方对深入合作推进人才培养新模式寄予厚望。

百色学院作为百色市的高等学府，承担着培养高素质人才的重任。随着信息时代的来临，原来工厂化、标准化的培养模式已经满足不了社会发展的需要，因此近些年来，百色学院在人才培养模式上不断进行着摸索和创新，与企业形成产、学、研一条龙合作，是高等学校创新人才培养模式的重要举措，也是百色学院自升为本科院校以来高度重视的工作。百色学院将以校企合作为契机，加强与相关企业在科学研究、人才培养、学术交流和教学实践等方面的合作，积极探索和发展校企合作的新领域、新途径，进一步加大校企合作的力度，进一步将产学研融为一体，促进百色学院教学质量和科学研究能力的提高，共同培养高素质复合型合格人才，满足地方电力行业对高素质、应用型人才培养的需要，取得互利共赢的丰硕成果。

据了解，此前百色学院与广西中意达投资有限公司已合作共建电工进网作业许可证百色考试点培训基地，并于 2016 年 4 月通过了国家能源局南方监管局的验收，至今已为中意达投资有限公司及地方培训学员近 500 人，取得了良好的社会效益。据介绍，此次双方签约合作后，校企双方将深入整合优势资源，深度推进产教研融合，共同探索校企合作共同培养人才的创新模式，着力打造电力工程类双创平台，锻造百色电力工程项目的综合服务者，更以百色的经济社会发展所需为导向，开展大数据服务传统产业的研究和应用，通过技术手段将人的发展与城市发展结合在同一个平台上，最终实现产、学、研、设一体的枢纽性载体。（中国教育在线广西站 2017 年 7 月 12 日）

2. 学生竞赛报道

百色学院大学生创业大赛总决赛开赛。

2015 年 10 月 11 日，百色学院 2015 大学生创业项目征集暨投资孵化遴选大赛总决赛在百色学院澄碧校区开赛。本次大赛中，百色学院经广泛发动，在对参赛项目进行预审和初评的基础上，经过层层选拔，共有 11 组选手晋级总决赛。决赛以 PPT 文稿演示为主，参赛选手结合制作精美的 PPT，针对企业概述、项目展望、风险因素、投资回报、组织管理、财务预测等内容进行了全面介绍，阐述了自己的创新思维与创业理念。

本次大赛于 9 月初开始，持续将近一个月，总共收到 67 个项目计划书，共 400 多名师生参与本次大赛；大赛复赛阶段有 39 个项目进入初选，20 个项目进入复选；决赛阶段有 11 个项目进入总决赛，其中有部分项目获得百万元投资以及免费孵化场地，将近 20 个项目获得万元以上投资基金。

此次大赛为百色学院大学生创业提供了广阔的平台，通过培训选手撰写创业项目策划书，让大学生参与创业实战来增强创新意识与创意思维，引导广大师生积极参与自主创新，投身创业实践，搭建好项目与资金的对接平台，全面推进了该校大学生创新创业工作。

据了解，中科招商集团在百色学院设立"中科百色创新创业投资基金"，基金总规模 5 亿元，中科招商集团每年投入 5 000 万元，连续 10 年支持百色学院师生创新创业，资金主要用于百色学院师生创新创业、项目孵化、成果转化等方面，此外，基金在满足支持创业学院师生、校友创业种子期资金需求的前提下，可按市场化原则参与风险可控的多元化投资，包括风险投资、私募股权投资、Pre-IPO、并购等方面的资本运作，实现基金的增值。（人民网百色 2015 年 10 月 11 日电）

3. 创业精英相关报道

百色学院：一个果农孩子的校园电商创业故事。

达威，一个果农的孩子，是百色学院政治与公共事务管理学院的一名学生。带领乡亲们摆脱贫困，是达威父亲的心愿，于是父亲联合山区农民组建了一个合作社种植杧果。但乡里人一时适应不了激烈的市场竞争，杧果销售总是一种"淡淡的忧伤"，贫困的阴影仍然笼罩。出售的价格十分低廉，收入惨淡。达威看着父辈们紧蹙的眉头，意识到必须寻找一条低成本、高收益的销售途径。于是，达威和志同道合的小伙伴，拉起了名为福金团队的电商队伍，开启了校园创业的道路。

创业初期并没有达威想象的那么顺利，当达威带领的福金杧果直营团队的杧果正式上市销售的那天，仅仅接到了 5 个订单，并没有那种网络营销的火爆。销量的低迷和大家的期望形成了巨大的反差，小伙伴们情绪十分低落。但困境没有让达威产生放弃的念头，而是想方设法寻找解决问题的途径。恰在这个时候，学校趁着中央"大众创业、万众创新"的东风，创办了区内第一所实体创业学院，为致力于创业的同学们搭起了一个平台。于是，达威带着自己的团队走进了百色学院中科创业学院，导师们对杧果电商项目进行了深入指导，增强了他们的信心。

经过一段时间的努力，在学校、学院领导、老师们的支持帮助下，福金杧果直营团队先后获得了百色首届青年涉农电子商务创业大赛创意组决赛银奖、"储蓄银行杯"百色市首届创业大赛三等奖、第二届中国"互联网+"大学生创新创业大赛全国总决赛铜奖、广西选拔赛决赛金奖、2016 年"创青春"大学生创新创业大赛全国总决赛三等奖、广西区赛金奖、2016年广西电子商务创业大赛银奖的好成绩。而电商的销量节节攀升，销售的水果也更加多样，满足了全国各地消费者的需求，幸福的笑容也再次洋溢在父辈们的脸上。截至2016年10月，福金杧果直营团队年交易额已经超过百万元，达威个人也收获了人生的第一桶金，为了扩大业务，达威还率先购置了私家车。

在一年多的创业历程中，达威不仅学到了课本上没有的知识，还获得了人生财富。如今，达威带着他的创业团队又开始了新的征程。（摘自中国高校之窗网站）

### （四）百色学院网站的报道

#### 1. 校企合作的报道

（1）弘扬石磨精神，激发创新活力——百色学院与中科招商集团合作共建中科创业学院。

2015年5月27日，百色学院中科创业学院成立暨首届大学生创新创业教育论坛在我校澄碧校区隆重举行。广西教育厅林宁巡视员，广西人社厅于祖毅巡视员，百色市委常委、副市长朱孔军，中科招商集团合伙人、中科创大总经理刘继军，中科招商集团高级副总裁曹伟伟，我校党委书记唐拥军、校长金长义、副校长韦宗发，以及广西教育厅学生处，广西人才服务办公室，百色市人社局、教育局、科技局领导，百色市有关高校领导，百色市重点企业负责人，百色学院师生代表出席了成立仪式。人民网、《中国教育报》、《科技日报》、《广西日报》、广西新闻网等新闻媒体记者参加会议。仪式由金长义校长主持。

林宁巡视员代表广西高校工委、广西教育厅向百色学院中科创业学院的成立和大学生创新创业教育论坛的举办表示了热烈的祝贺。他指出，校企合作是一种双赢的模式，使学生既有较强的动手能力又有很高的理论水平。中科创业学院的成立，将为百色学院的大学生提供一个创业能力培养提升、创业实践经验积累的有效平台。

于祖毅巡视员代表自治区人社厅对百色学院中科创业学院的成立和大学生创新创业教育论坛的成功举办表示了热烈的祝贺。他认为中科创业学院不仅将为百色乃至广西培养培训创新创业人才，而且也将为我们探索利用社会力量和民间资本培训和孵化大学生创业积累了宝贵的经验。

朱孔军副市长代表百色市委、市政府到会祝贺，他希望百色学院中科创业学院要发挥积极作用，带动广大青年学生和农民群众开展创业活动，逐步形成先创业带动后创业、创业带动就业的新型就业创业格局。

唐拥军书记在讲话中指出，百色学院中科创业学院是百色学院创新创业教育改革与中科招商集团设基金、建基地、兴基业"三基工程"真诚结合的结晶，借鉴、消化、吸收国外"创业型大学"发展的先进经验，结合百色学院特色学科专业发展和中科招商集团的优势，在管理体制、课程体系、教学模式等各方面进行全面创新。通过"产教结合、工学结合"的创新形式，寻求学校、企业、学生之间的契合点，根据全新模式培养应用型人才，推动校企联合办学的深度融合与发展。唐书记表示，创业学院一定能开创一番新天地，为高校创新创业教育探索出一条独具特色的道路。

刘继军总经理首先向来宾们简要介绍了中科招商集团的基本情况。他表示，中科招商集团将全面支持百色学院构建适合创新创业人才培育的生态环境，包括在百色学院设立创业投资基金、孵化加速器、中国创新创业发明中心（百色学院分中心）、千导计划办公室创业学院等，为百色学院内涵式发展服务，为师生和社会人士创新创业服务，为促进百色地区的经济发展和创新型国家的建设服务。

在区、市领导，现场来宾和师生们的共同见证下，唐拥军书记和刘继军总经理携手为百色学院中科创业学院揭牌。

据悉，中科创业学院将面向百色地区有创新精神和创业潜力的大学生及创业青年开展创业教育，为创业团队提供从科技成果专利保护、成果转化、创业咨询到创业资金支持的"一条龙"服务。中科招商集团在百色学院设立总规模为5亿元的"中科百色创新创业投资基金"和创新创业教育公益基金，优先用于百色学院师生及校友创新创业、项目孵化、成果转化等方面。中科招商集团与百色学院合作建立实体创业学院，以创业学院为核心，围绕产业和资本，建立高校"硅谷"，加强产学研创一体的人才培养模式，使之成为连接学校和产业的开放式平台，在广西尚属首次。

百色学院和中科招商集团共同设立的百色学院中科创业学院，不同于一般的创新创业实践基地。除了有"真金白银"作为支撑，借助成立的中国创新创业发明中心（百色学院分中心）、千导计划办公室创业学院等平台，还借鉴、消化、吸收国外"创业型大学"发展的先进经验，结合百色学院特色专业和发展现状，在管理体制、教学模式、课程体系等方面进行全面创新，是百色学院创新发展的"特区"。创业学院将实施学历和非学历教育，办学初期以本科双学位、国际合作办学、非学历高端培训为起点，逐步扩大教育范围和规模。充分利用互联网技术、手段与工具，构建新型线上线下教学与管理交互的大数据综合信息系统平台，培养具有综合素质技能的创新创业型人才。

此次百色学院与中科招商集团强强联合，双方合作在百色学院建立超级孵化加速器（SuperG），以创业学院为核心，围绕团队和项目、产业和资本，以项目小组形式开展相关的组织教学、模拟大赛、实验课堂、创业实践等活动，大力营造创新创业微环境，搭建创新创业全过程的支持平台，目标是打造百色学院创新创业产业集群成为区域经济发展的核心驱动引擎。

（2）我校举办首届大学生创新创业教育论坛。

2015年5月27日上午，百色学院首届大学生创新创业教育论坛在澄碧校区公共实验中心报告厅举办。论坛由我校与中科招商集团联合举办，中科招商集团高级管理人员、创业导师等为现场师生和嘉宾做了主题演讲，并从项目前景、运营成本等几个方面对我校大学生创新团队进行了点评，论坛由中科招商集团张祖亮先生主持。

中科招商集团执行副总裁曹伟伟首先做了题为"实施三基工程，构建众创空间"的主题演讲，介绍了中科招商集团的概况和发展战略、三基工程的架构，以及平台化服务的内容。

中科创大副总经理周渊以"门客/Maker——高校创业移动服务平台"为题展开演讲，阐述门客的概念，介绍了门客的商业运营模式，并以自身经历与现场师生分享如何克服创业过程中遇到的各种困境。

中科创大特聘教授、教育部大学生创业培训指导委员会主任委员李肖鸣教授在会上分享了自己的创业历程，指出大学生创业切忌盲目跟随潮流，而是要结合实际选定的创业方向，同时要敢于面对创业过程中遇到的困难，害怕失败是阻碍自己创业成功的最大敌人。

在论坛期间，来自我校的三支大学生创新团队通过视频、PPT、现场试验等方式对创新创业项目进行展示，向大家介绍了自己研发的智能蓝牙开关控制器、高楼玻璃清洁机器车、三轴Wi-Fi摄像头舵机云台等科技创新作品。这些作品在国家级学科竞赛中都取得过优秀的成绩。曹伟伟、周渊等对我校大学生的科技创新水平给予了充分肯定，并通过现场问答，对展示作品一一进行了点评，分析了市场应用前景。

（3）我校与杭州闻远科技有限公司（简称闻远科技）签署校企合作协议。

2015年7月14日下午，我校与闻远科技校企合作签约揭牌仪式在办公楼二楼举行。仪式由教务处副处长杨秀富主持。我校副校长韦复生，闻远科技总经理余斌、副总经理张健、广西区项目部经理徐婷出席仪式，我校教务处、信息工程学院、美术与设计学院负责人及师生代表参加了仪式。

韦复生副校长热烈欢迎余斌总经理一行的到来，并向来宾简要介绍了百色学院办学的基本情况。韦副校长表示，闻远科技是知名的电子商务运营商，此次校企双方签署合作协议，将助推我校培养电子商务人才和发展大学生就业创业。韦副校长指出，今后校企双方合作重点在三个方面：一是构建电子商务人才训练与实训的培养平台；二是充分利用企业的人才优势开展教学活动，推动我校电子商务教学队伍建设；三是优势互补，建设电子商务研发平台。

余斌总经理介绍了闻远科技的概况，并对百色学院取得的办学成就表示赞赏，他认为百色学院高质量的人才培养工作和办学成就是双方合作的坚实基础。余总经理表示,闻远科技与百色市政府合作建设百色市电子商务平台,为百色市产业经济尤其是农业产业的发展服务,而与我校合作共建将为百色市电子商务平台提供必要的人才支持。

签约仪式上,韦复生副校长与余斌总经理分别代表校企双方在《百色学院—闻远科技有限公司校企合作协议书》上签字,并共同为"百色学院—闻远科技有限公司校企合作人力资源培训基地"揭牌。根据双方合作协议,分别在我校及闻远科技设立"百色学院就业实习基地"和"百色学院电子商务实训基地"。

(4)我校与南宁高新技术产业开发区协商共建创新创业孵化平台。

日前,我校与南宁高新技术产业开发区管理委员会(简称高新区管委会)在南宁市滨河路1号火炬大厦会议室召开洽谈会,协商校地共建创新创业孵化平台。双方达成共识:将积极探索在经济发展新常态和大众创业、万众创新新趋势下校地合作的新模式,不断夯实合作基础,建立起校地合作的有效机制,共同推进创新创业。我校党委书记唐拥军、中科创业学院院长唐金湘、中科创大项目总监张艺驰、南宁高新区管委会副主任左伟以及高新区管委会有关部门负责人参加了洽谈会。

洽谈会上,唐拥军书记介绍了我校创新创业的进展情况,并对我校的长远发展、办学理念、校企合作办学模式等重点问题进行了详细的阐述。唐书记在会上表达了与南宁高新区协商共建创新孵化平台的意向,提出了希望能与高新区共建中科创业学院,形成一个良好的合作机制,共同推进大学生创新创业。

左伟副主任对我校的到访表示欢迎,并介绍了南宁高新区的相关情况。左副主任对我校校企合作人才培养模式予以赞扬和肯定,认为我校的人才培养模式是创新之举,走在了广西各高校的前面。

双方对有关工作充分、深入地进行了交流和协商,一致同意要做好创新创业的合作,并就共建中科创业学院基本达成一致协议。

会后,在南宁高新区管委会相关负责人陪同下,我校一行实地考察了高新区创业孵化基地创客园。考察过程中,相关负责人对具体对接和推进事宜与我校进行了详细交流,高新区领导表示,高新区将会以此为契机,增强与我校的沟通与合作,使南宁高新区成为人才汇聚的基地和成果转化的基地,为青年创新创业提供更加优质、及时和全面的支撑。

据悉,我校与南宁高新区管委会相关合作正在有效推进中,双方正积极筹备签订相关合作协议事宜。

(5)"百色市青年创客大街"落户百色学院。

2016年1月25日上午,我校与共青团百色市委就携手共建"百色市青年创客大街"签订合作协议,共同努力培育、规范、引导和扶持全市青年创业项目的健康有序发展。学校党委书记唐拥军、共青团市委书记刘芳共同出席签约方式,并为创客大街揭牌。签约仪式由教务处处长兰翠玲主持。

唐拥军书记在签约仪式上表示，目前百色学院在大学生创新创业教育工作上已经率先走出一条新的路子，并得到了自治区各级领导的肯定，在国内也已经产生示范效应。此次与共青团百色市委合作创建"百色市青年创客大街"，在区内也将是一次创举，不仅将为百色市各阶层青年创业提供优良的孵化条件和基地，也将使百色学院更进一步发挥服务职能，为百色市扶贫攻坚做出贡献。

刘芳书记表示，创客大街的创建，是共青团百色市委积极响应党中央、国务院"大众创业、万众创新"号召，以及自治区大力发展创客事业的决策，充分利用百色区位优势和产业优势以及百色学院创业孵化基地的智力支持，打造高端青年创客队伍。

会上，兰翠玲处长与刘芳书记共同签署了百色学院与共青团百色市委共建"百色市青年创客大街"合作协议书。唐拥军书记与刘芳书记共同为"百色市青年创客大街"揭牌。

我校党办、教务处、校团委、中科创业学院、信息学院、农学院负责人及中科招商集团代表，共青团百色市委相关人员参加了签约仪式。

据悉，"百色市青年创客大街"以百色学院中科创业学院为载体建立，该学院由百色学院与中科招商集团合作共建。青年创客大街建立后，将解决创业主体创业中存在的热点、难点问题，通过政府引导、市场运作、政策支持等措施，整合国内及百色市创新创业资源，协同创新链与产业链，打造线上、线下结合，多样互动的新型创业服务集聚区，引导广大青年创业者走合法、优质、高效的创业道路，储备一批成长型中小企业，培育一批规模创新企业，为百色市经济发展提供后续动力。

（6）我校大学生创新创业孵化基地进驻南宁高新区。

2016年12月19日，我校与南宁高新区及中科招商集团在南宁高新区创客城举行了百色学院大学生创新创业孵化基地合作协议签约暨揭牌仪式。我校校长金长义、副校长罗志发，南宁高新区党工委书记张先进、管委会副主任左伟，中科招商集团副总裁、中科创大常务副总裁刘志强，中科创大副总裁张艺驰等出席了揭牌仪式，合作三方还就促进大学生创新创业工作进行了座谈交流。

座谈会上，金校长对南宁高新区和中科招商集团给予我校支持与帮助表示感谢，并介绍了学校发展创新创业教育的情况及我校近两年创新创业工作取得的成绩和需要改进的问题，希望通过三方的合作，实现资源共享及长期深度交流共赢，为我校大学生提供宽广的就业创业平台。

南宁高新区管委会左副主任对我校在南宁高新区合作创建"百色学院大学生创新创业孵化基地"表示热烈欢迎，并肯定了我校创新创业教育所取得的成绩，表示欢迎我校优秀大学生创业项目入驻南宁高新区进行孵化，并提供项目路演、项目孵化、项目运营服务等系列支持。

张先进书记与金长义校长共同为"百色学院大学生创新创业孵化基地"揭牌。

仪式结束后，金校长一行实地考察了南宁高新区创新创业孵化基地运行管理情况。我校教务处、中科创业学院负责人及南宁高新区企业代表参加了揭牌仪式。

（7）南宁高新区百色学院大学生创新创业孵化基地正式启用。

2017年4月18日，南宁高新区百色学院大学生创新创业孵化基地正式投入使用，当天，我校中科创业学院教师在办理入驻手续后，正式开始基地的日常工作。

该基地是由南宁高新区、百色学院、中科招商集团三方合作共建。旨在整合三方资金、科技、产业、平台等资源，用市场化手段为大学生创业项目提供优质服务资源，拓宽就业渠道。按照合作协议，南宁高新区为我校在南宁高新区创客城二楼设立了独立办公室，便于我校在孵化基地组织实施各类创新创业类培训、讲座、论坛等系列活动。

据悉，基地计划于今年在南宁举办一次大学生及青年创业项目路演活动，为在校大学生及创业青年提供相互交流的平台。

2. 学生竞赛报道

（1）百万元资金助飞创业梦想——我校举办2015大学生创业项目征集暨投资孵化遴选大赛。

2015年10月11日上午，百色学院2015大学生创业项目征集暨投资孵化遴选大赛总决赛在我校澄碧校区公共实验中心报告厅隆重举行。大赛由我校与中科招商集团携手创办，中科创业学院承办。副校长徐魁峰，中科招商集团领导曹伟伟、牛旼、张艺驰，特邀嘉宾丘珂玮，学校教务处处长兰翠玲，招生就业处处长赵世安担任本次大赛的评委，副校长罗志发出席大赛并致辞。

罗志发副校长在致辞中衷心感谢中科招商集团对百色学院创新创业教育工作的支持，他认为本次大赛是双方合作办学，为师生创新创业、项目孵化、成果转化提供全程支持最有力的见证。罗副校长表示，创新创业是国家发展、社会进步的永恒动力，青年充满活力、怀揣梦想、富有进取精神，是创新创业的生力军；本次大赛是促进我校师生创新创业的有益尝试，更是为我校师生搭建的展示自我、实现梦想的平台。罗副校长希望全体有志创业、大胆尝试创业的师生奋勇前行、实现创业理想，实现中华民族伟大复兴的中国梦、展现青春风采、书写精彩人生。

在总决赛现场，11组创业团队通过PPT向评委和观众介绍自己的创业项目，他们从创业出发点、市场分析与预期、资本管理与收益及投资风险等方面对自身的创业理念和创新思维进行了详尽的解读，并认真回答了评委的提问。对各个创业团队来说，更重要的是评委们给予贴合市场需求的合理建议。经过激烈角逐，广西福金农特优电子商务（政治与公共事务管理学院）、杧果深加工技术与产品研发（农业与食品工程院）、铁皮石斛深加工（化学与环境工程学院）、中药植物保护营养系列产品（农业与食品工程院）四个大学生创业项目最终脱颖而出，各获得中科招商集团 100 万元的创业投资基金。

本次大赛于 2015 年 9 月初开始，持续将近一个月，初赛阶段总共收到 68 个创业项目计划书，400 余名师生为实现创业梦想积极参赛，竞逐百万元创业基金。经大赛评委会严格评审，39 个项目进入复赛阶段，最终有 11 个项目突出重围闯入 10 月 11 日的总决赛。除了获得百万元投资的 4 个项目外，还有 20 个项目获得中科招商集团万元以上投资基金。中科创业学院同时还将为以上和另外 39 个大学生创业项目提供免费的创业孵化场地，中科招商集团也将派出创业导师对各创业团队进行创业指导。

此次大赛为百色学院大学生创业提供了广阔的平台，通过培训选手撰写创业项目计划书，让大学生参与创业实战来增强创新意识与创意思维，培养创业精神、提高创业能力、提升创业素质，激发大学生的创业潜能和热情，引导广大师生积极参与自主创新，投身创业实践，搭建好项目与资金的对接平台，全面推进该校大学生创新创业工作。

据悉，中科招商集团在百色学院设立"中科百色创新创业投资基金"，基金总规模 5 亿元，中科招商集团每年投入 5 000 万元，连续 10 年支持百色学院师生创新创业，资金主要用于百色学院师生创新创业、项目孵化、成果转化等方面，此外，基金在满足支持创业学院师生、校友创业种子期资金需求的前提下，可按市场化原则参与风险可控的多元化投资，包括风险投资、私募股权投资、Pre-IPO、并购等方面的资本运作，实现基金的增值。

（2）我校创业团队摘取全区大赛金奖。

2016 年 9 月 2 日至 5 日，第二届中国大学生"互联网+"创新创业大赛"新道杯"广西选拔赛在广西大学举行。我校百色市威山福金电子商务有限公司项目获得金奖，同时入围全国总决赛。

本届比赛由中科创业学院精心组织，我校在教务处的悉心指导下，在学校学工部（处）、团委的积极配合下，经过了前期评选项目、指导学生项目计划书、赛前预演等模拟环节，最后有 4 个优秀项目入围全区决赛，项目涉及电子商务、物联网、智能养车技术等方面，其中 3 个项目进入金奖赛的角逐，1 个项目进入银奖赛的角逐。大赛当天，我校教务处处长兰翠玲率由学工部（处）、团委、中科创业学院等的指导老师和参赛队员共 20 名师生组成的参赛队，携入围决赛的 4 个优秀项目赴现场参赛。最终无忧养车、智慧家居项目分别获得银奖，快乐你我项目获得铜奖，收获 1 金 2 银 1 铜的好成绩。百色市威山福金电子商务有限公司项目同时还获得了 2016 广西电子商务创业大赛银奖。

此次选拔赛是由自治区教育厅、网信办、发改委、工信委、人社厅、商务厅、知识产权局、团区委、广西科学院等主办，全区59所高校提交的项目作品有7 200个，参与的学生超过40 000人，共遴选出160个项目进入现场决赛。比赛期间，自治区教育厅副巡视员杨林听取了我校师生对参赛作品的介绍，对师生的共同努力给予了肯定。

（3）让梦想起航——我校举行2016大学生创新创业项目遴选与基金投资孵化大赛总决赛。

2016年12月30日上午，我校2016大学生创新创业项目遴选与基金投资孵化大赛总决赛在澄碧校区公共实验中心报告厅隆重举行。学校领导金长义、徐魁峰、罗志发，广西中意达电气工程有限公司董事长王国端、总经理莫永，环球集团董事长林爱国，南宁培育图书有限责任公司董事长刘立新，广西教苑图书有限公司总经理张琦，深圳国泰安教育技术股份有限公司昆明泛亚风险投资研究院执行院长鲜于钧，杭州贝腾科技有限公司广西区域负责人方能，百色市平速办公设备有限公司总经理付红亮，百色市百晟广告策划有限公司总经理黄志明等企业家出席决赛开幕式，我校各职能部门、各二级学院师生到现场观看了比赛。副校长徐魁峰、罗志发，教务处处长兰翠玲，以及到会企业家担任总决赛评委。

校长金长义在开幕式上致辞，向长期以来关心、支持我校发展的各企业代表及社会各界人士表示衷心的感谢。金校长表示，我校近年来一直响应国家"双创"号召，积极摸索地方应用型本科高校创新创业教育特色道路，探索出校企合作协同育人的创新创业教育体系。金校长认为，各企业在我校成立"百色学院创新创业公益基金"将促使我校创新创业教育特色变得更加鲜明，学生的创新创业道路更加宽广。希望全校教师以大赛为契机，做好创新创业教育工作，培育更多创新创业人才；全校同学以大赛为平台，启迪自身智慧，开阔视野，互相交流学习，练就创新创业本领。

莫永总经理代表企业致辞，希望同学们通过这次大赛，充分展示自己的创业项目，提高自身的创新创业能力，抓住这个良好的发展机遇，成就自己的创业梦想。

开幕式还进行了百色学院大学生创新创业公益基金揭牌仪式，该基金以各有关企业名称命名，基金规模达到150万元，主要用于我校师生开展创新创业活动及大赛项目孵化，有效解决了大学生创业初期启动资金难的问题，也使我校校企合作、协同育人得到进一步升华。

在随后开始的总决赛上，17组参赛选手结合PPT，从企业概述、项目展望、风险因素、投资回报、组织管理、财务预测等方面对自己的项目进行了全面介绍，激情洋溢地阐述了团队产品及经营模式的创新亮点与创业理念。评委肯定了选手的创业热情，并结合参赛团队特色，给予他们求真务实的可行性建议和指导。尤其是企业家评委对项目的分析点评深具市场参考价值，也对我校大学生提出了更高的挑战及更深入的指导。经过激烈角逐，"智慧家居"获得一等奖及 20 000 元项目启动资金，艾普斯教育科技、Promise 摄影工作室获得二等奖及各 10 000 元项目启动资金，校园第一站特产等获得三等奖及各 5 000 元项目启动资金；新一阁家教辅导中心等 10 支参赛队伍获得优秀奖及各 1 000 元项目启动资金。

据悉，本次大赛由教务处主办，中科创业学院承办，于 2016 年 12 月初开始，持续近一个月，报名初期总共收到 91 个创新创业项目计划书，共 800 多名师生参与本次大赛。与 2015 年同期相比参赛师生及项目数量均增加了约 30%。

此次大赛为我校大学生创业提供了广阔的平台，赛前学校还通过培训使参赛学生参与创业实战来增强创新意识、培养创意思维和创业精神、提高创业能力、提升创业素质，激发大学生的创业潜能和热情，引导广大师生积极参与自主创新，投身创业实践，搭建好项目与资金的对接平台，全面推进我校大学生创新创业工作。

3. 项目立项与孵化、学生创新创业活动的报道

（1）我校大学生创业孵化基地获批为自治区级众创空间。

2017 年 7 月初，自治区科学技术厅下发了《关于公布 2017 年第一批自治区级众创空间名单的通知》（桂科高字〔2017〕165 号），根据文件，我校创新创业学院大学生创业孵化基地被自治区科技厅批准为自治区级众创空间，也是目前百色市唯一的自治区级众创空间。据悉，此次全区共有 500 多个单位进行申报，16个单位获批为自治区级众创空间。

近年来，我校积极响应党和国家"大众创业、万众创新"的号召，在校内积极开展和推进大学生创新创业教育，并结合百色市地方经济社会发展需求，为百色市"双创"工作的开展提供智力支持，取得了显著成效，一批大学生创新创业项目落地生根，也在校园中培养了一批大学生创业达人。

（2）我校举行 2015 大学生创业项目签约入驻仪式。

2015 年 10 月 29 日上午，我校 2015 大学生创业项目签约入驻仪式在澄碧校区公共实验中心报告厅举行。副校长罗志发、中科招商集团副总裁李冬、我校中科创业学院院长唐金湘，以及中科招商集团有关人员出席了签约仪式，我校共有39 支大学生创业团队代表参加仪式。

罗志发副校长在签约仪式上发表讲话。罗副校长表示，经过 2015 大学生创业项目征集暨投资孵化遴选大赛的选拔，39 支大学生创业团队即将入驻创业孵化基地，这标志着我校与中科招商集团校企合作共同推动大学生创新创业工作进入实质性操作阶段，我校的大学生创业团队将在中科招商集团的资金支持和创业导师支持下放飞创业梦想，目前这在区内高校中是绝无仅有的。罗副校长希望各个创

业团队的同学们抓住机遇，做好创业规划，虚心听取中科招商集团的创业导师的指导，努力实现自己的创业梦想。

我校大学生创业团队广西福金农特优电子商务负责人达威同学代表 39 支创业团队发言，对中科招商集团、学校为同学们创造的有利创业环境表示衷心感谢，全体同学一定会珍惜机会，把学校、企业领导和老师的指导、帮助转化为创业动力，为人生理想努力奋斗。

中科招商集团副总裁李冬代表集团与各创业团队代表签订了投资意向协议书。

据悉，我校与中科招商集团合作共建的创业孵化基地位于澄碧校区工科实训中心，基地面积近 2 000 平方米，可容纳 80 个创业团队。

（3）2015 年我校大学生创新创业训练计划项目立项创新高。

教育部高等教育司下发《关于公布 2015 年国家级大学生创新创业训练计划项目名单的通知》（教高司函〔2015〕41 号），根据文件，2015 年我校申报的"百色市常见水培花卉的筛选及水培技术研究"等 27 个大学生创新创业训练计划项目获得国家级立项，每个项目获得上级 1 万元经费资助。

另据自治区教育厅《关于公布 2015 年自治区级大学生创新创业训练计划立项项目的通知》（桂教高教〔2015〕53 号），我校获自治区级立项的大学生创新创业训练计划项目共有 90 个（含国家级项目）。

近年来，我校加大在大学生中开展创新创业教育的工作力度，培养和提升大学生创新意识与创业能力，激励学生积极投入创新创业。

此次我校大学生创新创业训练计划项目获得的国家级立项和自治区级立项均创历史新高，获得上级经费资助共计 42.6 万元，彰显了我校创新创业教育工作取得的成效。

（4）我校举办创新创业教育课程培训活动。

为促进我校创新创业教育工作持续发展，加强我校创新创业教育师资队伍建设，提高教师创新创业教育教学技能，激发大学生创新创业热情，有效提高大学生创新创业技能培养，2016 年 3 月 26 日，我校举办了创新创业教育课程培训系列活动，培训活动由教务处牵头主办，中科创业学院承办。中科招商集团派出创业导师担任此次活动的主讲。

当天，东合校区图书馆二楼报告厅举办了百色学院 2016 年创新创业类课程慕课教学法培训班，各二级学院及有关职能部门负责创新创业教学的指导教师参与了培训。教育部信息中心全国大学生创业培训指导委员会主任委员李肖鸣博士主讲了慕课教学法在创业教育中的运用。在培训中，李博士从"趋势、取道、优术"三个方面诠释了慕课教学法的重要性及创新创业教育教师技能提升的重要性，分享了创业基础慕课教学案例，介绍了翻转课题教学法的具体实训操作，重点讲解了创业计划书的撰写及各项创新创业大赛的注意事项。培训后期李博士还现场点评了我校师生的创业项目，凭借自己多年担任大赛评委及高校教学的经验对创业项目存在的盲点提出了改进措施，为我校创业师生指明了下一步努力的方向。

此次培训还邀请了上海宝盒速递有限公司创始人、上海理工大学客座教授袁雪峰主讲品类创新课程精要讲座，专门针对在校大学生开展创新创业能力培训。讲座在志远楼报告厅举办，我校 400 余名学生代表听取了讲座。袁雪峰先生主要通过现实商业中的"穿越"案例、"穿越+进化"案例，以及自己在商业创新、营销战略、品牌传播、团队建设等领域独到的研究和丰富的实战经验，向同学们讲授了"品类创新"的本质、新产品品类打造的方法和提高品类创新能力的技巧等内容，使同学们理解和掌握品类创新的基本理论，学会初步掌握品类创新的实践方法，能够初步运用在实际的企业战略、营销和品牌管理中，进一步运用课程知识发现新的市场机会为创业创造条件。

参与讲座的同学对袁先生的讲座内容给予了好评，并在互动交流环节积极踊跃发言。部分有创业项目的同学大胆发表了自己创业方面的见解和困惑，袁先生一一进行了解答，并就创业项目进行了现场指导。

4. 对外交流

2015 年 10 月 17~18 日，校长金长义应邀参加第二届全球创新创业教育论坛暨"大学三基工程"工作会议。本次论坛在中国湖南韶山隆重举行，由中科招商集团主办、中科创大承办、中科招商财富俱乐部协办。本届论坛的活动主题是"新平台、新机遇、新挑战"及实施"大学三基工程、构建大学众创空间"。参加这次论坛的有国内外 207 所高校和 16 家政府机构的领导、500 多位专家，规模盛大。

会议安排了圆桌对话环节，圆桌对话在教育部全国大学生创业培训指导委员会主任、中科创大创新创业教育研究院院长李肖鸣女士和总裁刘继军先生的主持下展开，来自香港城市大学、暨南大学、上海财经大学、百色学院等全国高校的10 多位学者围绕"高校创业教育人才培养模式探讨"，以及"大学创业教育中企业的定位与作用"两个议题进行了深入充分的研讨交流。我校金长义校长就我校的"石墨精神"，与中科招商集团合作创办中科创业学院，以及高校创新创业教育等内容与与会嘉宾进行了深入探讨和交流。

本届论坛的成功召开，标志着"实施大学三基工程，构建大学众创空间"已经成为一种驱动创新创业的新模式，论坛既是创新人才培养的高层对话，也是分享智慧、凝聚共识的平台，既是我校学习借鉴高等教育先进经验的有效途径，也为高等教育界近距离观察、认识我校打开了一扇窗户。我校中科创业学院院长唐金湘陪同出席了会议。

5. 教育扶贫

（1）自治区人民政府副主席黄世勇到我校视察教育扶贫工作。

2016年1月21日上午，自治区人民政府副主席黄世勇率自治区人民政府办、教育厅、人社厅、扶贫办、发改委、财政厅负责人及全区各市、县、区人员来到我校澄碧校区，考察我校教育扶贫及大学生创新创业教育工作。学校领导唐拥军、金长义、韦宗发、韦复生、徐魁峰、罗志发陪同考察，校办、宣传部、教务处、学工部（处）、总务处、团委、中科创业学院等部门负责人在现场随同考察。

学校党委书记唐拥军向黄世勇副主席及全体参会人员汇报了百色学院教育扶贫和大学生创新创业工作的总体情况，并介绍了我校与中科招商集团合作创建中科创业学院、共同推动大学生创新创业教育的具体情况。唐书记表示，百色学院在办学过程中高度重视发挥高校的服务职能，为百色市地方经济建设和扶贫攻坚提供了智力支持和科技服务。教务处、学工部（处）、中科创业学院负责人也分别就大学生创新创业教育、学生资助、大学生创业孵化基地建设等具体工作进行了情况介绍。

黄世勇副主席对我校的工作和成效给予了充分肯定，希望学校在继续办好高等教育事业、为老区培养更多合格人才的同时，进一步为广西、百色市的扶贫事业做出更大贡献。

黄世勇副主席及全体参会人员饶有兴致地参观了大学生创业孵化基地，并与同学们亲切交谈。黄世勇副主席向同学们详细了解了各个创业项目的进展情况，对同学们的努力和成果表示满意与赞赏，并现场品尝了同学们自主研发的杜果酒。在参观过程中，自治区各厅局领导和各地市领导对百色学院的大学生创业工作给予了积极的评价。

百色市人民政府市长周异决，市委常委、宣传部部长、副市长黄建宁陪同视察。

（2）百色学院教育扶贫系列报道之一：推进创新创业孵化，教育精准扶贫结硕果。

为贯彻落实《国务院关于大力推进大众创业万众创新若干政策措施的意见》有关精神，共同推进大众创业、万众创新蓬勃发展，百色学院与中科招商集团经过多次协商，于2015年4月18日共同签署成立"百色学院中科创业学院"，合作开展创新创业教育和孵化，创办校园科技园等，以市场化运营的教育组织和创业支撑平台，培养具备创业素质的复合型人才。其中双方合作项目"百色学院孵化加速器（SuperG）"自实施以来，成效显著。2015年11月，中科创业学院举行大学生创业项目征集及投资孵化遴选大赛，经过答辩、评委评选，有4个项目获得中科招商集团百万元意向投资基金和免费孵化场地，16个项目获得不同金额的投资基金以及孵化场地。截至2015年12月底，共有36个大学生创新创业团体入驻孵化场地,其中有 12 个已经进行工商登记,为百色学院科技园建设打下良好基础。

百色学院与中科招商集团合作,独辟蹊径,以中科创业学院为载体和依托,实施大学生创新创业和教育精准扶贫,在区内高校率先成立以创新创业教育和孵化为特征的实体学院,这使创新创业教育改革走出难能可贵的一步,成为中科招商集团实施"大学三基工程"的成功模式——"百色模式",提高了中科创大与百色学院的知名度。2016 年 1 月 21 日,自治区人民政府副主席黄世勇在视察中科创业学院时,对百色学院和中科招商集团合作的思路与教育精准扶贫的做法给予了充分肯定。

（3）百色学院教育扶贫系列报道之二:成立中科创业学院,构建教育精准扶贫平台。

为了构建坚实的教育精准扶贫平台,百色学院和中科招商集团合作成立广西高校首家创新创业实体学院——中科创业学院。以中科创业学院为平台,开展创新创业教学科研和服务,以培养具有新儒商精神的高素质创业精英为目标,以全新教育模式来培养应用型、创业型人才,构建全新的大学生创新创业教育与实践体系,面向全校学生及百色市 12 个县（区、市）青年创业者开展创新创业教育和孵化工作,实现教育精准扶贫目标。

目前,在中科创业学院创业孵化基地入驻的 36 个创业团队共 354 名学生中,贫困生 144 人,占总人数的 40.68%。平台提供免费孵化场地、免费导师培训、对外宣传招商引资等,对创业团队进行帮扶,有部分企业,如百色市威山福金电子商务有限公司等已经进行工商登记,走向市场,获得盈利,有效地解决了在校贫困大学生的学费、生活费不足问题,减轻了贫困大学生家庭的经济负担。在基地孵化的 36 个创业项目中有 80%以上的企业与百色 12 个县（区、市）农村合作社及贫困户进行了无缝产业对接,签订了产销合作协议。通过优势互补、紧密合作带动地方产业更好更快地发展,带动贫困户脱贫致富。

为解决百色市创业者普遍存在的能力弱、规模小、布局散、层次低、融资难、应对风险能力弱等问题,带动了百色市中青年进行创新、创业、创富,推动民营经济迅速发展,为做好扶贫致富,为全面建成小康社会做出积极贡献。百色学院以中科创业学院教育体系和孵化基地为平台,与共青团百色市委、百色市人社局等单位合作,共同对百色市 12 个县（区、市）36 家中青年创业项目进行培训和帮扶,吸引全市中青年创业者入驻创业学院创新创业孵化基地,为中青年创业者提供金融服务、创业服务、知识产权服务、政策服务、人力资源服务及法律服务等多方面服务。2015 年 1 月 25 日,百色学院与共青团百色市委共建"百色市青年创客大街",利用百色学院创业孵化基地的智力平台,打造百色市高端青年创客队伍。

（4）百色学院教育扶贫系列报道之三:强化创新意识、创业技能,提升教育扶贫质量、内涵。

为了提升学生创新创业能力和专业技能，学校成立了创新创业教育体系建设领导小组，构建了教学、培训、训练、比赛、咨询、指导、服务、资助"八位一体"的工作体系，实施大学生学科系列竞赛和大学生创新创业训练计划项目，大力建设大学生创业孵化园，成立大学生创新创业实体学院等，组织、引导、激励广大学生尤其是贫困生广泛参与各类创新创业教育活动，提升大学生的创新创业意识和创新创业能力，为贫困大学生提升职业技能、实现脱贫致富提供智力保障。

学校积极鼓励大学生踊跃参加各类学科竞赛，以教师辅导、结合专业学习开展学科竞赛活动，通过学科竞赛锤炼学生的创新能力。2009~2015 年，在校大学生累计共获得省部级及以上学科竞赛奖项 1 699 项，获奖学生 2 845 人次，其中有 45.6%属于家庭经济困难学生。

2014 年，学校拿出 100 万元实施应用型人才培养提升工程，在专业学习的基础上，以提升专业技能为目标，结合学生的特长、就业需求设立了主持人班、篮球班、足球班、书法班、电子维修班、合唱团、舞蹈班等，通过专项技能训练，提升大学生的专业技能。

2012 年以来，学校实施大学生创新创业训练计划项目，通过项目申报立项建设，培养学生的创新精神和创业能力。截至 2015 年底，共获国家级立项 74 项、自治区级立项 232 项、校级立项 308 项，参与学生人数 1 091 人次，其中家庭经济困难学生占 63.2%。

建设大学生创业孵化基地，以培养、提升学生的自主创业能力。学校设立创业专项基金，在东合和澄碧两个校区分别建设两个大学生创业孵化基地。2013~2015 年，已经有 72 个大学生创业团队先后入驻，其中有 32 个团队已注册成微型企业或个体工商户，实现自主创业。2015 届毕业生中共有 23 名学生自主创业，创办了自己的公司。

6. 创业精英报道

开启创业之门，引领创业潮流——访我校 2014 届毕业生陆康。

刚毕业走出校门的大学生，通过自主创业，做到企业年产值 40 万元，可谓是一颗冉冉升起的企业家之星。这个富有商业头脑的青年才俊到底是谁呢？他就是百色学院 2014 届毕业生陆康。

陆康，2010 年就读于广西经济职业学院工程监理专业，2012 年专升本至百色学院经管系工程管理专业。在校期间，他勤奋好学、表现优异、团结同学、与人为善，更是老师的好帮手，曾多次获得百色学院优秀学生干部、百色学院优秀共产党员荣誉称号，2014 年他还被评为自治区优秀毕业生。

一台电脑开启的企业。梦工厂是百色学院首个由学生组织创建的代销企业，创建于 2013 年国庆节期间,主营业务为代理销售手机、电脑配件及订制团体服装,是卖家与买家沟通的桥梁、媒介。

"梦工厂的创建,起初是老师给予的建议,根据这个建议,我开始了'找灵感'之旅,一天到晚,有事没事便上赶集网、淘宝网,寻找创业的切入点。"功夫不负有心人,2013 年暑假,经过十多天不分白天黑夜的努力,陆康发现了订制班服在我校具有巨大商机。寻得这一商机,陆康欣喜若狂,不久在老师的指导下开始了他的创业之旅,并迎来了三位同样有能力、有胆识的同学。

2013 年秋季学期开学之际,陆康自筹了 2 000 元启动资金,自带电脑,在志远楼三楼开始营业。时值开学季,陆康在新生的身上看到了希望。很快,事实验证了陆康具有一定的创业能力——结束军训,全校红歌比赛就开始了。按照比赛要求,参赛班级需统一着装,陆康抓住机会,与他的队友深入各个班级、宿舍,挨个宣传量身定制班服的消息。在他们的努力下,宣传取得了卓越的效果——几乎所有参赛班级都订制了班服。于是陆康从网站上搜索并大胆地联系制作团体服装的厂家。首战告捷,随后,右江民族医学院的市场也被顺利打开。自此,联系他订制团体服装的人急剧增多,从几套到几万套的订制,从最初的班服订制延伸到舍服、比赛专用服、食堂阿姨工作服及电信员工服订制等。

梦工厂稳定盈利后,陆康决定扩大梦工厂的规模:增加电脑、手机及其配件的售卖,着力将梦工厂打造为综合性企业,全方位为师生服务。梦工厂越做越大,然而,这并不能让陆康满足,他将目光投向了更广阔的市场,随后,他又与广东、中国台湾、越南等的众多企业建立了长期的代购合作关系,这使得梦工厂不仅走出了校园,更走出了国际范儿。

创业起步难、磨难多,梦工厂也不例外。"梦工厂可以说是由一台电脑开启的企业,学校只是给我们提供了一个场地,其他的全部自己解决。当时我们只有三个人,一台办公电脑,寻找厂家、联系厂家、汇总数据,都由这台电脑包办"。陆康告诉记者,刚起步没多久,他们就出现了一次纰漏:给厂家报错了 40 多套班服的尺码,而此时厂商的衣服也已经做完,没办法改动。为了维护公司信誉,遵守诚信,陆康和队友们亲自上街寻找裁缝,将 40 多套班服改成客户原来要求的尺寸,"这次没有赚到钱,但是保住了市场,没有造成客户流失,同时收获了经验教训",陆康笑道。

2013 年,在陆康和团队成员的艰苦创业下,梦工厂的营业额达到二十多万元。同年,梦工厂还给学校"红微尘"公益基金组织捐款,以帮助更多有困难的同学。

受梦工厂影响,大量创业团队开始在百色学院创立。2014 年秋季,除了微店、淘宝店之外,近 30 多家实体店如雨后春笋般出现在百色学院澄碧校区。

天行健,君子以自强不息。2014 年 6 月,陆康从百色学院毕业了,毕业后他找到了一份稳定的工作，但是他对创业仍然念念不忘。

"怎么说呢，创业是个很累人的事儿，但是创业也是件很有激情的事儿，很刺激，很充实，也很有安全感。"像每一个青春热血的年轻人一样，陆康不甘于平淡，不甘于平庸，渴望闯出自己的一片天。在这种信念的支持下，2014年3月，陆康与其他三个朋友一拍即合，当即决定成立一个公司。经过层层审核，陆康与朋友的公司——广西百色市腾兴电器安装工程有限公司正式成立。

"这种感觉挺奇妙的，像是自己的孩子一样，怎么看怎么喜欢"，陆康幽默地说。虽然在学校有过创业经验，但是对于自己的"孩子"，"初为人父"的陆康还是觉得经验不足。最大的问题就是资金，对于一个刚刚毕业的学生来说，去哪里融资，如何才能保证公司每天的正常运转是一个非常考验人的问题。"简单来说，税费，铺面每月的租金，水电费，日常生活开销，平常与客户的应酬等，样样都是钱"，这些问题困扰着陆康。"实在没有办法了只能向朋友借，刚开始的时候大家接到我的电话还会乐呵呵地和我称兄道弟，时间久了，大家看到我的电话都怕了"，陆康自嘲道。坚强如陆康，尽管资金十分紧张，他还是坚持了下来，"创业本来就是在走独木桥，铤而走险，只要过了最艰难的时刻，我相信一切都会好起来的！"

在陆康和他的朋友的努力下，他们成功地与百色学院澄碧湖校区、百色川惠国际大酒店等建立了长期的合作关系，产值突破了40多万元。

"尽管我们的'孩子'还在慢慢地学习走路，但是，每一步我们都稳中求胜"，这位年轻的创业人自信地说道。

# 第五章　"D-TSO"模式的完善与规划

## 第一节　"D-TSO"模式的不足与完善

百色学院创新创业教育"D-TSO"模式自构建实施以来已经取得了较大的成绩，获得了政府、兄弟院校、企业、在校学生和社会的充分肯定，但作为一个全新的创新创业教育模式，还需要不断摸索，不断加以完善。

## 一、主要不足

百色学院创新创业教育"D-TSO"模式分为两个层次，第一个"TSO"，是全校创新创业教育模式，由全校通识课程（理论教育）、模拟训练（模拟教育）、实操训练（实操教育）组成；第二个"TSO"，由创新创业学院实施，也是采取"TSO"模式进行培养。该模式属区内首创、国内领先的模式，学校资源也不充足，每一个层次的"T""S""O"在实施过程中都存在需要完善和改进的地方。

### （一）第一个层次的"TSO"尚存在的不足

#### 1. 理论教育部分尚存在的不足

首先，创新创业通识理论课程师资数量还明显不够。由于创新创业通识理论课程，即创商培育与测评、创业基础、职业发展与就业指导三门通识课面向全校学生开放，需要覆盖全校所有学生，因此需要专任教师的数量较多。此类师资本来就不多，学校主要采取"转型"方式从其他专业课老师转行而来，由于受到各种条件限制，较短时间内难以实现大量师资通过"转型"成为创新创业教育理论课程专任教师。其次，教师教学能力有待进一步提升。创新创业教育具有综合性和跨学科特点，对其任课老师提出了很高要求，任课教师一方面要有扎实的管理学及相关学科的理论基础，另一方面还要有丰富的创新创业实战经验。百色学院的创新创业通识理论课程的任课教师基本属于学院派，虽然近年来加大了对任课教师的培训力度，但由于教师缺乏创新创业实战经验，不少创新创业教育理论课程教师在上课过程中难以做到讲活、讲深、讲透。

### 2. 模拟教育部分尚存在的不足

创新创业模拟训练主要依托大学生创新训练计划项目、大学生"挑战杯"竞赛、"互联网+"大学生创新创业大赛、大学生创新创业遴选大赛及其他各种学科竞赛等活动而展开。这方面尚存在的不足如下。

第一，指导教师数量和教师指导能力有限。由于我校大学生创新训练计划项目、大学生"挑战杯"大赛、"互联网+"大学生创新创业大赛、大学生创新创业遴选大赛等指导教师都是以自己学院的专业教师为主，不少教师缺乏创新创业的经验，这导致竞赛指导与实践相脱节。由于竞赛项目存在时间短、任务重、专业对口教师不足等问题，学生感到创新创业专业知识储备不足。第二，质量监督有待提高。一方面，目前百色学院教师教学任务普遍偏重，以学科专业竞赛为依托的模拟训练指导不同于传统的课堂教学，具有分散性、复杂性、动态性特点，传统的质量监控模式难以监控到位。虽然学生参与面广，但是高质量的竞赛成果较少，如 2011 年以来，百色学院学生获省部级及以上中国"互联网+"大学生创新创业大赛奖 34 项，但国家级奖项才有 1 项。另一方面，在指导各类竞赛和项目时，指导教师在提供个性化指导的同时，还要根据比赛进度随时调整指导方式，这对于百色学院目前大部分指导教师而言存在一定的难度。基于以上情况，指导教师的责任心和专业素养对提高指导质量起到关键作用，而这种责任心和专业素养却难以量化到质量监控标准中。

### 3. 实操教育部分尚存在的不足

这个阶段主要是指经过第一个阶段的模拟训练后，重新选拔，进入学校大学生创业孵化基地和大学生创业园进行企业孵化。目前这个阶段尚存在以下不足。

第一，内部运行机制尚不完善。高校大学生创新创业孵化平台的管理、运营是一个系统工程，包括创业项目计划的制订、创业风险的预测和规避、创业信息的提供和利用、创业服务的提供和创新等一系列过程[①]。除了需要管理者有较高的素质要求外，还需要建立一套完善的、运转协调的内部运行机制。百色学院的"D-TSO"模式尚存在管理主体分散等问题，如创新创业学院、教务处、学工部

---

① 兰华，杨宏楼. 高校大学生创业园建设现状与对策[J]. 教育与职业（下），2016，（10）：74-76.

（处）、招生就业处、校团委、各二级学院等部门都有对创新创业特别是实操训练管理的责任，但缺少专职专业的管理人员，加上管理运营机制还不够完善，模式运行的保障力还不足。第二，孵化企业的整体质量有待提高。创新创业企业孵化涉及专业知识的广度、深度和实际经验，由于在企业孵化指导方面缺乏高水平、专业性的指导老师和创业导师，百色学院孵化的企业一般以小商品买卖和校园服务为主，而技术含量较高的、专业性比较强的高质量企业孵化成功的较少。2013年以来，虽然先后有80个学生创业团队（项目）入驻东合校区大学生创业园和澄碧校区大学生创业孵化基地，且全部注册成微型企业或个体工商户，有55个学生创业团队入驻创新创业学院创业孵化基地，但总体而言，百色学院创新创业教育还缺乏科技含量高的创新创业团队（项目）。

## （二）第二个层次的"TSO"尚存在的不足

### 1. 理论教育部分尚存在的不足

这个阶段主要是指有志于参加创新创业实际操作的学生，一部分经考核进入我校基金植入式实体创业学院——创新创业学院学习和企业孵化。进入创新创业学院的学生，首先要进行一定的企业经营理论学习，主要是学习企业经营管理、创新创业技能、创新创业模拟、创新创业实操等专业性较强的课程，这就是"D-TSO"模式第二个层次的理论教育部分。这部分尚存在以下不完善之处。

首先，课程体系还有待进一步完善。由于进入创新创业学院的创新创业团队和个人都经过比较严格的考核录入，相对于其他没有入驻资格的团队与个人而言，这些创新创业团队与个人有了较为成熟的创新创业理念、技能，这时就需要开设更具高层次、更具针对性和更具适应性的创新创业课程理论。完善的创新创业教育课程体系应该是一个有机整体，除了数量充足外，还需要知识体系相对完整，紧密对接专业和实践。目前，百色学院"D-TSO"模式的此层次课程在对接专业和课程系统化方面还显得不足，存在课程知识简单堆积，部分课程之间内容重复或关联性不强、理论与实践结合不紧密等问题，还没有很好地做到将创新创业课程与学生所学专业相结合，和创业实践相结合。因此有的课程难以实现预期教学效果。

其次，对课程建设、课程管理、教学效果难以进行比较科学的衡量。百色学院"D-TSO"模式起步时间不长，关于此层次理论教学的课程建设和有关制度还不够完善，课程建设的内容、课程运行的管理、教学效果的衡量、课程的考核方式、教学师资队伍建设等方面的制度还需要不断健全。

最后，课程的信息化程度不高。微课、慕课是一种新型的教学方式，基于微课、慕课的创新创业教育体系尚未得到很好的建立。网络课程也是创新创业教育的重要教学渠道，虽然学校已从超星尔雅课程平台引入了一些创新创业类课程，但与学生对创新创业教育网路课程的需求相比，仍有一定的差距。

2. 模拟教育部分尚存在的不足

这部分主要是指针对经过创新创业学院系统的理论学习的学生开展的企业经营模拟训练。百色学院主要采用了基于网络环境的项目驱动式团队培养模式，通过模拟软件 3D 建模、Flash 技术模拟企业经营，让学生掌握企业运营中的基本知识。这部分尚存在的不完善之处如下。

第一，信息化平台比较落后，在一定程度上限制了企业经营模拟训练效果。百色市作为西部欠发达地区，信息化水平比较滞后，特别是学校开发平台的力度不足，而购买平台的资金成本高，学校难以承担过高的成本。面对市场上的各类平台，高校要经过反复权衡才购置使用，然而没有足够的经费购买最先进或大规模、大容量的平台。信息化平台建设滞后不利于我校创新创业训练体系的运行。第二，专业师资缺乏，即指导学生开展模拟训练的教师数量不足，能力有限。第二层次的模拟训练需要创新创业方面高素质的师资队伍，目前百色学院正进一步加大人才引进和教师培训力度，但要经过一段时期的努力才能建成数量充足、高素质的专业师资队伍。

3. 实操教育部分尚存在的不足

第一，百色市位于西部欠发达地区，高校数目少，经济比较落后，没有形成大学生创业所需的产业集群，这些客观因素在一定程度上制约了大学生企业孵化实践的开展。第二，相关管理机制尚不健全。孵化基地的管理和运作，包含政策及信息咨询、创业计划重整、管理咨询、提供风险投资、降低企业风险等，这些工作的实施，需要在孵化基地内部建立一个良好的机制并组建一支拥有丰富市场经验的运作队伍，但学校在此方面还存在不足，有待在今后进一步强化。

# 二、完善办法

上述百色学院创新创业教育"D-TSO"模式存在的不足，应在以下几个方面下大功夫，促进模式的逐步成熟与完善。

## （一）加大宣传力度，改善办学条件

### 1. 加大宣传，不断提高思想认识

百色学院创新创业教育"D-TSO"模式坚持创新引领创业、创业带动就业，

以提高应用型技术人才培养质量为核心，以创新人才培养机制为重点，以完善条件和政策保障为支撑，以"D-TSO"模式双层培养为特色，着力培养大学生的创新意识、创业精神和创新创业能力。百色学院需通过各种方式的宣传和引导活动，不断提高全校师生对"D-TSO"模式重要性的认识，让全校师生正确而全面地理解"D-TSO"模式的理念和思想，如通过学校网站、专题报告会等形式进一步加大对创新创业教育的宣传力度，了解学校有关创新创业的政策规定，了解"D-TSO"模式的组织运行，了解国家创新创业的有关政策法规，了解创新创业的重要意义，让更多的学生真正参与创新创业。

2. 加大投入，不断改善实践条件

百色学院虽然成立了创新创业学院，拥有了大学生创业园，但技术含量高的创新创业项目和活动不多，需要学校创造条件。一方面，学院需要加大设备、设施条件改善力度，加强学校实验教学资源的建设和共享，添置学生从事创新创业的器材、设备，加强专业实验室、虚拟仿真实验室、创新创业实验室的建设，逐步向学生开放各类研究基地、重点实验室等创新资源。另一方面，学院需要加大软件方面的投入，不断拓展学生创新创业学习、实训平台，拓展学习空间。百色学院位于西部地区，办学条件并不优越，学生生源也主要来自西部地区，这需要我们艰苦创业，不断改善创新创业教育的实践条件；学院也要尽量争取更多的财政支持和企业支持。

## （二）推进队伍建设，提升教师能力

### 1. 加大教师队伍建设力度

百色学院推进创新创业教育师资队伍建设，需要在现有的创新创业教育教学团队基础上，在学校内根据专任为主、专兼结合的原则，跨学院、跨专业配齐配强创新创业教育专职教师队伍。同时继续在全校各专业选聘一批在创新创业教育方面有引领作用的专业教师。加大创新创业教育课题研究的资助力度，激发教师自身研究、自我提升热情，引导教师通过申报相关课题和开展相关研究不断提升创新创业教育指导能力。通过大力推进创新创业教育"专业+"课程的落实，促进创新创业教育与传统课堂教学有机结合，努力建设一支高素质、多元化、专兼职结合的创新创业指导教师队伍。

### 2. 提升教师队伍的指导能力

在提高教师创新创业教育能力方面，要着力做好以下几点。一是需要培养教师的创新创业意识，聘请创新创业研究专家到学校面向全体教师进行创新创业教育讲座,强化全体教师创新创业教育意识,提高教师对创新创业教育的认同度;二是要加强对教师的专业培训,选派教师参加国家或高校组织的创新创业教育教师培训班,掌握创新与创业教学的知识;三是要落实专业教师到相关行业的企业挂职锻炼,使其了解本专业领域内的创新创业情况、发展趋势和社会需求变化,体验企业管理与创业过程,获得企业管理运作的第一手资料,丰富其管理实践经验,提高其创新创业教育能力;四是聘请一些创业成功人士或投资家、企业家与专职教师配合作为兼职教师,弥补实践性教师不足的缺陷。

### (三)加强课程建设,优化课程体系

大力推进人才培养方案中创新创业"专业+"课程的落实,在专业课程中融入创新创业教育思想观念、原则方法和精神指向,促进专业教育与创新创业教育有机融合;加强创新创业课程研究,从课程定位、课程目标、课程内容、教材编写、课程实施、课程评价等维度系统设计创新创业教育课程体系;大力发展创新创业第二课堂和线上课堂,大力开发创新创业微课、慕课,加大校企合作力度,吸纳校外创新创业的专业人才参与课程开发,共同设计和开发创新创业教育课程,建设选修必修、理论实践、课内课外、线上线下、校内校外相结合与专业培养相融合的形式多样化的创新创业教育课程体系。在教学方法上,鼓励教师在课堂上引入互动教学、情景仿真、模拟训练等教法,运用大数据技术,掌握不同学生的学习需求和规律,为学生自主学习提供更加丰富多样的教育资源。

### (四)完善管理制度,健全运行机制

百色学院创新创业教育"D-TSO"模式是2011年正式被提出的,相关制度还需不断完善。例如,进一步完善创新创业联动机制、学生入驻创新创业学院相关规章制度、创业学生毕业就业相关优惠制度、企业孵化制度;进一步完善第二层次的"TSO"师资引进、课程体系建设、教学质量监督制度等。

### (五)深化校企合作,推进产教融合

百色学院创新创业教育"D-TSO"模式需要进一步加强与政府、企事业单位的多方合作,赢得多方支持,形成校内校外相融合的创业教育实践基地,搭建良好的创业实践平台。

一是重点建设一批有内涵、有特色的校内外创新创业教育实践基地。基地可以按照"D-TSO"模式分为两个层次,满足不同层次学生的创新创业需求。二是深化校企合作,进一步加大企业与高校合作力度,争取更多的企业为创新创业教

育"D-TSO"模式的创新创业项目注入资金，争取建设融专业教学与创新创业教育为一体的综合性实践基地。三是进一步加强与各级政府主管部门的合作。百色学院通过与地方政府加强沟通合作，形成创意链—技术链—产业链—市场链的完整的知识型产业生态链，构建地方政府—百色学院—产业协同推动区域创新型产业集群的新模式，同时为学生从事科技发明、成果转化、科技服务等提供有效帮扶，促进创新创业成果转化。

### （六）健全评价体系，强化质量监控

#### 1. 健全质量监督体系

一方面，学校要进一步加强对创新创业课程教学效果的监督，依据不同的课程性质，制定不同的监督标准，形成科学的监督管理制度。另一方面，学校教学质量监控部门要对创新创业教育"D-TSO"模式实施过程进行全程监督，提出有价值的建议，以便更好地设计教学内容，改进教学方法等。因为考虑到创新创业课程的特殊性，创新创业课程的监督需要创新创业经验较为丰富的教师实行。

#### 2. 完善质量评价体系

一是进一步完善学生的学习效果评价体系。由于创新创业教育教学内容的特殊性，教学方法的特殊性，其考核形式应该多样化、动态化，既考核学习过程，也要对学习成果进行评价，采用能够反映学生创新创业能力的指标进行考核。二是进一步完善创新创业教师教学效果评价机制。教学主管部门应从教师的教学环节、创新创业指导能力等方面入手，建立创新创业教育教学评价体系。

## 第二节 "D-TSO"模式与广西百色创新创业教育发展项目

百色学院创新创业教育"D-TSO"模式的实施带动了其他重大项目的建设。以创新创业教育"D-TSO"模式为核心申报的百色创新创业教育发展项目被列入2016年外国政府贷款滚动项目库，获得由德促贷款项目提供的约3 500万欧元建设经费，是2016年国家发改委、财政部批准的全国首家由大学承担建设的创新创业教育项目。2018年国家发改委、财政部正式下发通知，以创新创业教育"D-TSO"

模式为核心申报的百色创新创业教育发展项目,入选 2018~2019 年沙特阿拉伯、科威特、欧佩克基金贷款,贷款额度 2 000 万美元。正因如此,百色市人民政府在原无偿划拨 1 603 亩场地给百色学院建设百色东新校区的基础上,再次划拨917.65 亩场地,用于支持以创新创业教育"D-TSO"模式为核心的百色创新创业教育发展项目的运行。目前项目正在落实以下规划。

# 一、"D-TSO"模式的全面落实

百色创新创业教育发展项目在百色学院百东校区占地 1 681 274 平方米的校园内,主要包含以下内容:其一,建设支撑"D-TSO"模式运行的硬件设施;其二,开发保障"D-TSO"模式运行的软件资源。

## (一)"D-TSO"模式运行的硬件设施建设

一是建设创新创业教学与研究中心的办公运行大楼。作为"D-TSO"模式的主要运行场所,内含创新创业模拟训练中心、知识产权管理中心、创新创业导师工作中心、创新创业基金工作中心、创新创业教学研究中心等机构。二是建设一个可供 300 家以上企业入驻的大学生科技园。三是建设化学与环境工程学院、材料科学与管理工程学院、农业与食品工程学院等二级学院创新创业实验实训综合楼、创新创业研究中心等。

## (二)保障"D-TSO"模式运行的软件资源开发

主要是支持"D-TSO"模式运行的课程资源、教师资源、企业资源和基金资源的开发。

课程资源。"D-TSO"模式的理论教学现在主要有创商培育与测评、创业基础、职业发展与就业指导 3 门创新创业通识课程,以及各二级学院根据专业特点至少开设一门以上的创新创业课程,未来将要组建企业专家、高校教师、创新创业成功的学生,共同开发 2~4 门更符合、更贴近学生创业实际的创业理论课程,组建创新创业课程资源库。

教师资源。培养更多的"双师型"创新创业指导教师,培养全校 60%以上的专任教师成为创新创业指导教师。

企业资源。引入 100 家以上有影响力的实体企业到大学生科技园办公,由这些实体企业直接深度参与"D-TSO"模式的运行,派出企业中的业务骨干、优秀员工参与模拟训练、项目孵化、实操训练等环节的指导，指导成功孵化的项目进驻大学生科技园，进一步提升学生基于真实环境的创新创业教育，培养其创新创业的能力和素质。

基金资源。一是引入大量的智力型企业基金，主要是校企合作的企业基金、百色市产业相关联的专业孵化基金；二是募集大量公益基金，主要是由政府资金、社会公益组织资金、知名企业家资金、优秀校友募捐的资金组成学校公益资金；三是支持大学生某个具体项目的众筹基金，主要利用互联网+公布大学生创业项目融资及股权交易比例，众筹项目孵化资金。以上基金的大量引入，为进入创新创业学院的学生（团队）的项目提供百分之百基金保障。

## 二、项目建设的创新性和示范性

### （一）模式构建的创新性

百色创新创业教育发展项目要构建的是"国际先进，国内一流，广西首创"的创新创业教育模式，即"D-TSO"模式。这一模式在我国目前仅在个别高校得以运行。

### （二）社会效益的显著性

百色创新创业教育发展项目的社会效益：每年培养 7 000 名左右具有较强创新精神、创新创业意识、创新创业能力和实践能力的大学本科毕业生，对区域地方社会经济发展起到良好的促进作用。

### （三）改革创新的示范性

百色创新创业教育发展项目整合"沙特阿拉伯、科威特、欧佩克基金贷款，央企、百色地方产业集群"的力量，推动现代创新创业教育模式的改革，为其他地方高校开展创新创业教育改革提供参考，起到示范作用。

### （四）教育价值的凸显性

在"大众创业、万众创新"和"精准扶贫"大背景下，在集"老、少、边、山、穷、库"六大落后发展特征于一体的百色地区实施此项目。通过利用外国政府贷款实施创新创业教育改革，通过创新"D-TSO"模式培养人才，提升学生的创新创业能力，促进地区职业教育发展和地方经济社会发展，其示范价值和标杆意义将远远高于发达地区的同类项目。

# 第三节 创新创业学院发展规划

创新创业学院的主要职责是整合全校资源，组织实施面向全校学生的创新创业教育通识理论的课程教学；整合校内外资源，具体开展面向通过择优遴选后产生的学生（项目）创新创业教育，尤其是创业教育的理论教学、模拟训练和实操孵化。

创新创业学院是"D-TSO"人才培养模式的主要践行机构之一，主要从全校层面开展创新创业教育、创业模拟及创业实操三个方面的工作。同时探讨如何有效构建百色学院创新创业教育生态系统，如何培养创新创业型人才，如何选拔培养有创新创业能力的师资队伍，如何孵化大学生创业项目等诸多问题。为了更好地解决以上问题，创新创业学院在"D-TSO"模式框架下做出如下发展规划。

## 一、大力实施创新创业教育改革，加快完善创新创业教育体系步伐

### （一）推动系统性创新创业教育资源整合

首先，整合各类创新创业孵化载体，打造一条"创业苗圃—孵化器—加速器"三位一体的"孵化链条"。其次，整合各类创新创业人才资源，为创新创业提供人才支撑。统筹优化全校创新创业教育、社会培训师资，整合一支涵盖校外企业家、专家学者、校内优秀创业导师的专兼职师资队伍。再次，整合各类创新创业资金，加大创业资金保障力度。整合政府、社会团体、优秀企业等创业基金，为大学生企业提供贷款担保、贴息补助和融资服务等。最后，整合校内外各类政府资源，完善和出台一整套校内创新创业政策，鼓励有志向创业的教师和学生进行共同创业。

## （二）健全创新创业教育体系及培养机制

健全培养机制，加强创新创业教育顶层设计。把创新创业教育融入人才培养总体方案，贯穿于课堂教学、课外实践训练和社会实践活动中。与南宁高新区、百色工业园区、团市委等共建人才培养基地，完善及尝试校企联合培养、国际联合培养等创新培养模式。与企业联合创办 "创业精英班"，开展人才培养改革试点，以点带面，发挥示范、辐射和引领作用。围绕创新创业教育 "D-TSO" 模式，以培养具有高素质的创新创业型人才为目标，构建一套完整的、具有典型示范意义的创新创业人才培养模式。

## （三）加强全校性创新创业教育协调力度

建成一套完善的课程体系，推进创新创业教育植根课堂。把创新创业教育与专业相融合，建成以创商培育与测评、团队组建与管理、创业项目策划、中小企业运营等为代表的创新创业教育课程群。建成一套完善的教学实训体系，强化创新创业课程教学实践环节。以赛促学、以孵促训，构建创新创业教育三级模式，建成一套完善的支持体系。做好创新创业教育指导帮扶，注重教学动态跟踪，建立一套创新创业教学质量监控与评估体系。

## （四）精心组织大赛，提高项目孵化能力

首先，精心组织全校各类创新创业大赛，确保每年的参赛项目优质保量。其次，大力培育优秀项目，全程跟踪指导，不断优化、不断完善、不断改进优秀项目。再次，精心孵化大学生创业项目，确保每个入驻孵化基地的项目都能落实五个 "百分之百"。不断扩大公益基金规模，争取更多的社会资源支持，同时不断引入大量优质的商业化基金，为大学生创业项目寻找更多的投融资渠道。最后，精心组织校外风险投资机构专场融资路演活动，优化融资环境，确保融资路演活动顺利进行。

## （五）提升创新创业教师团队的综合能力

健全创新创业 "双师型" 教师的遴选、确认、培养、培训体系，建设一支基本满足深化创新创业教育改革需要的，具有先进创新创业教育理念，教学、科研、指导及实操能力强的创新创业 "双师型" 教师队伍。同时不间断地进行创新创业 "双师型" 教师培养对象遴选及培养，不断扩大创新创业 "双师型" 教师队伍规模；每年邀请校外专家到学校开展 "双师型" 教师能力培训或每年派出 "双师型"

教师外出学习、培训及考察，从而不断提高创新创业"双师型"教师水平。

### （六）落实"专业+"创新创业教育改革

协助推进各学院探索"专业+"课程改革，面向全体学生，因材施教，结合专业，在人才培养中融入创新创业教育，在全校范围内各专业教育中融入至少 2 门"专业+"创新创业理论课程，3 门创新创业技能选修课程，3 门创新创业实践选修课程，真正完善符合本专业的"通识培养+技能培训+实践锻炼"的"专业+"课程体系。协助打造各学院"专业+"实践载体，指导学生参加各类专业技能竞赛，协助指导学生参加各类国家、省级技能大赛，协助指导学生申报科技创新项目，加强对各学院创业项目孵化的指导等。

## 二、不断改革创新创业教学模式，提升创新创业理论教学水平

### （一）构建创新创业理论课程体系，提升专业理论教育水平

为更好地服务创新创业教育"D-TSO"模式的人才培养，构建创新创业理论课程体系，优化创新创业理论教育水平。创新创业学院将建设一批涵盖培养学生创新思维、创业意识、创业能力、创业知识内容的理论课程体系，研发有针对性的创新创业理论教材，不断创新教学模式。同时，面向创新创业双学位班和创业精英班学生以及百色创业青年开发一套有项目特色、有地域特点的创新创业课程。

### （二）优化创新创业实训课程教学，创新模拟课程教学模式

关于学院创业模拟实训课程，要把创新创业实践教学课程融入各个专业的人才培养方案和教学计划中，围绕专业培养目标，确立应开设的课程和课时分配。首先，在教学环节设计上，学生动手操作实训课时应该占总课时的 60% 以上；其次，在课程体系的设置上，专业课程必须要融入基本技能训练、专业技能训练和综合技能训练模块，所有模拟实训课程以能力达标作为课程的最终考核方式；最后，在课程教学内容上，体现培养学生创新创业能力、个性化教育的教学内容不少于教学内容的 20%。除了原有的实训教学内容外，应增加一系列具有专业特色、有利于全面提升学生素质、促进学生个性发展的实践教学内容，尊重学生个性发展，培养学生的创新、创业能力，把个性教育、创新教育、创业教育的实施过程

融入人才培养过程中。

### （三）校企合作开发纯商业化课程，加大校企协同育人力度

聘请一定规模的企业家、创业者与校内教师共同开发出一套完善的纯商业化课程体系。聘请从业经历丰富、管理操作能力强的企业人士组成导师团队，通过定期举办专家讲座、专题沙龙及承担课程授课等方式参与课堂教学；同时拟派一批专任教师到企业进行顶岗实习或挂职锻炼，切实提高专任教师的教学能力；每个学科专业形成来自校内外的两名专业带头人，组织专任教师、企业导师共同编写课程教材，共同制订人才培养方案。

## 三、大力建设创新创业教育的模拟硬件设施、模拟课程资源和模拟教学

创新创业学院的创业模拟主要是针对由创业学院的本科、专科学生、百色创业青年及从全校遴选出来对创业有激情、有梦想的大学生组成的创新创业双学位班和创新创业精英班而开展的创业模拟。接下来，学院将在学校整体布局下，逐步完善创新创业模拟体系建设及硬件建设，加大创业模拟教学力度，健全创业模拟实训课程，包括模拟课程实践、科技社团、学科竞赛、项目路演、创新创业大赛、项目孵化、市场模拟创业等，确保创业模拟体系各环节之间形成相互对接、层次递进的有机结合关系。

## 四、提升创新创业教育的实操指导能力，打造高水平创业实操基地

### （一）提高国家级众创空间建设水平

孵化基地自成立以来，在硬件建设、机制体制建设和高新技术项目孵化方面开展了卓有成效的工作，并于 2017 年 12 月成功获得国家级众创空间称号。为了将来能够提供深层次的专业孵化服务，降低创业者的创业风险和创业成本，提高创业成功率。也同时为了争创自治区级孵化器称号，在现有基础上，继续做好软硬件投入，做好孵化基地升级改造，做好导师引入、项目孵化、科技服务、成果

转化等工作，按照国家级众创空间及自治区级孵化器标准，做好各项具体工作。

（二）加强创业孵化基地的队伍建设

开展各类学习培训，包括指导教师的能力培训，管理队伍的素质培训，服务人员的专业培训等，提高孵化基地各类人员的业务素质和工作水平，进一步提高全体工作人员的服务质量和办事效率。

（三）强化内涵发展，提升孵化能力

结合创新创业实训中心建设，强化内涵提升和质量建设，对孵化基地进行全面升级改造，着重优化场地内部功能结构，完善运行体制机制，提升指导服务能力，营造良好创新创业氛围，让企业拥有一个更好的孵化空间和资源环境，为申请更高级别的孵化器提前布局。

## 五、积极推进大学科技园建设，扩大创业孵化基地规模

未来，待百东校区建设完毕后，校区面积将大幅度增加，创新创业学院可依托百东新校区拓展和推进大学科技园的建设，依托各个二级学院的知识创新和人才聚集优势，聚焦技术创新、高新技术研发、科技成果转化、高新企业孵化等主业，充分发挥创新创业学院的项目孵化优势，从科技项目源头开始，利用孵化带动技术发展，培育企业创新，最终形成良性的链式发展格局。

## 六、加强对外合作共建孵化网，不断增强校外资源整合能力

对外合作共赢一直是创新创业学院秉承的优良传统，从成立至今，学院分别与政府单位、科技孵化器等进行了深度合作。创新创业学院将继续通过资源共享与政府、企业合作共建科技孵化基地，构建创新创业孵化网及创新创业生态环境，拓宽服务平台与渠道，开展创业项目融资路演及融资对接活动，更好地服务校内外创新创业青年，从而更加有效地完成"D-TSO"模式框架下创业实操环节的各项任务。

# 后　记

在百色学院即将迎来 80 周年华诞之际，《百色学院创新创业教育 "D-TSO" 模式发展报告（2017 年）》出版了。本书既是对百色学院近年来大力实施创新创业教育改革的一次阶段性总结，又是百色学院几十年来的优秀办学传统和干事创业精神在创新创业教育改革方面的一次集中性体现，也是给百色学院 80 周年华诞献上的一份特殊礼物。本书以特别的方式展现了百色学院在某一个发展阶段中的、某一方面的、真实且值得纪念的历史。

本书是特别的，因为其内容丰富，大团队写作，写法多样，既有专家学者的理论探讨和经验总结，又有参与学生、指导教师、管理人员、学生家长、合作企业人等代表的心得体会和认知评价，还有来自区内外同行高校网站和其他有关媒体的报道性文章等。其中，包括 56 位同学（或项目组）的 56 篇体会感悟文章（含参与理论教育的体会感悟文章 18 篇、参与模拟教育的体会感悟文章 26 篇、参与实操教育的体会感悟文章 12 篇），34 位指导教师的 34 篇体会感悟文章（含从事或指导理论教育的体会感悟文章 11 篇、从事或指导模拟教育的体会感悟文章 17 篇、从事或指导实操教育的体会感悟文章 6 篇），9 位管理干部（或管理部门）的 8 篇体会感悟文章（有 1 篇文章是两人合作），10 位学生家长的 10 篇体会感悟文章，4 家合作企业的 4 篇体会感悟文章，10 所区外来访高校的 9 篇新闻报道（主要来源于来访高校的网站，有 1 篇报道涉及两所高校）、2 所区内高校的 2 篇新闻报道（来源于来访高校网站）。另有来源于其他媒体渠道的新闻报道 42 篇，包括报刊报道 10 篇、电视台报道 7 篇、新闻网站报道 5 篇、百色学院网站报道 20 篇。这些代表不同主体的集理性和感性于一体的、极具个性化和多视角的体会感悟或认知评价文章，以及来自不同单位（媒体）的新闻报道素材，提高了本书的丰富度和可读性。这也是本书有别于其他同类图书的显著特点。

本书除了前言和绪论之外，共有五章。其中，前言由唐拥军教授撰写；绪论由黄建雄博士撰写；第一章："D-TSO" 模式的探索与构建，由肖福流博士撰写；第二章："D-TSO" 模式的组织与运行，其中的第一、二、三、五节由教务处撰写，第四节由唐金湘博士撰写，最后由黄建雄统稿；第三章："D-TSO"模式的亲历与感悟，其中的第一、二节由肖福流组稿，第三节由易忠君副教授组稿，第四节由创新创业学院组稿，最后由肖福流统稿；第四章："D-TSO"模式的交流与评论，其中的第一节由创新创业学院组稿，第二节由教务处和有关二级学院组稿，第三节由宣传部、创新创业学院以及其他有关二级学院组稿，最后由张泽丰高级经济师统稿；第五章："D-TSO"模式的完善与规划，其中的第一、二节由张泽丰撰写，第三节由肖福流撰写，最后由张泽丰统稿。全书各章节内容编撰完成后，先由黄建雄、肖福流、张泽丰负责统稿，再由唐拥军教授、罗志发教授、兰翠玲教授审定。

本书是多个研究、改革、建设课题（项目）的成果，它们分别是：利用亚洲开发银行贷款广西百色职业教育发展项目（多层次职业教育能力建设与创新）（CS1）子项目，广西教育科学规划"十二五"规划 2015 年度广西教育科学重点研究基地重大课题"广西高校创业教育发展重点、难点、着力点研究"（项目编号：2015JD211），2014 年广西高等教育本科教学改革工程重点项目"新升格本科院校推进内涵发展的理论与实践"（项目编号：2014JZ143），2016 年广西高等教育本科教学改革工程一般项目 A 类项目"应用型本科院校创新创业教育改革与实践研究——以校企共建实体型创业学院为牵引"（项目编号：2016JGA332），2017 年广西高等教育本科教学改革工程重点项目"应用型本科院校创新创业教育模式的研究与实践"（项目编号：2017JGZ153），2018 年广西高等教育本科教学改革工程一般项目 A 类项目"利益相关者视角下后发展高校构建创新创业教育生态系统的策略研究"（项目编号：2018JGA264）。在此特对各资助单位表示衷心感谢。

本书得以出版，要感谢无私提供个人体会感悟性文章的各位同学、指导教师、管理人员、家长代表和合作企业代表，感谢本书组稿所采用的各个新闻报道的媒体单位和各位相关新闻稿作者。还要感谢提供推广应用证明的各个同行高校。此外，本书从各种文献或其他渠道参考和引用了诸多专家学者的宝贵观点和材料，在此一并表示衷心感谢。

本书在组稿过程中，学校的教务处、招生就业处、学工部（处）、校团委、创新创业学院等各职能部门和各二级学院积极参与，协同合作。在此一并表示感谢。

本书在出版过程中，得到科学出版社的大力支持。出版社领导对此给予了极大关心和大力指导，各位编辑精心设计和校对，付出了大量精力，才使得本书能顺利和读者见面，在此特表示真挚谢意。

最后，衷心感谢多年来关心、支持百色学院创新创业教育改革的各位领导、专家、社会各界人士以及各个行业的企业家，感谢广大师生以主人翁精神积极参与百色学院的创新创业教育事业。

编撰小组

2018 年 8 月 31 日